U0791136

# 全球房地产

夏磊　任泽平◎著

中信出版集团 | 北京

**图书在版编目（CIP）数据**

全球房地产 / 夏磊，任泽平著 .— 北京：中信出版社，2020.4（2023.6重印）

ISBN 978-7-5217-1493-7

Ⅰ . ①全… Ⅱ . ①夏… ②任… Ⅲ . ①房地产－研究－世界 Ⅳ . ① F293.3

中国版本图书馆 CIP 数据核字（2020）第 024705 号

**全球房地产**

著　　者：夏　磊　任泽平

出版发行：中信出版集团股份有限公司

（北京市朝阳区东三环北路27号嘉铭中心　邮编　100020）

承 印 者：北京诚信伟业印刷有限公司

开　　本：787mm × 1092mm　1/16　　印　　张：29　　字　　数：400 千字

版　　次：2020 年 4 月第 1 版　　印　　次：2023 年 6月第11次印刷

书　　号：ISBN 978-7-5217-1493-7

定　　价：72.00 元

版权所有 · 侵权必究

如有印刷、装订问题，本公司负责调换。

服务热线：400-600-8099

投稿邮箱：author@citicpub.com

# 目　录

# 下 篇
# 中国房地产：制度建设与未来展望

# 导　论

本章作者：夏磊、任泽平、俞涛、易炜林

房地产事关国计民生，它是国民经济的支柱，财富的象征，大类资产配置的核心，经济周期之母，民生的保障，金融危机的策源地。

住房制度则是国之重器，决定房地产市场的运行，是其基因密码，决定居民能否安居乐业，房价能否平稳运行，房地产风险能否有效化解。

我们通过系统深入研究中国香港、英国、美国、日本、德国、新加坡、中国内地等不同经济体的房地产市场运行，探寻背后深层次的住房制度逻辑。只有用更加开阔的全球视野、更加深入的历史维度和更加扎实的数据逻辑来观察当下，才能在众说纷纭中拨云见日。

我们曾在《房地产周期》中提出“房地产长期看人口，中期看土地，短期看金融”，这成为业内广为流传的标准分析框架。在此基础上，我们在过去两年集中精干团队力量梳理全球代表性经济体的案例，深入剖析很多房地产关键问题，并将成果精练雕琢成本书。

概言之，为什么各经济体房地产市场表现差异极大？住房制度决定房地产市场表现！

全球各经济体房地产市场表现差异极大。有的陷入高房价困境，带来各类经济和社会问题，如中国香港和英国；有的暴涨暴跌，引发金融危机，如美国和日本；有的房价长期稳定，居者有其屋，如德国和新加坡。

房地产市场差异的根源在于住房制度设计。住房制度是以房地产

表 0.1 典型经济体住房制度与房地产市场运行结果

| 经济体 | 住房制度五大支柱 | | | | | 房地产市场运行结果 |
|---|---|---|---|---|---|---|
| | 土地 | 住房金融 | 房地产税收 | 住房保障 | 住房租赁 | |
| 中国香港 | 土地国有，供给长期不足 | 利率低，按揭灵活多样，刺激居民加杠杆 | 重交易轻保有，抑制炒房 | 公屋租金低廉，但供给严重不足 | 公屋主导，私人租赁住房以个人出租为主 | 房价居高不下，居民购房压力大，人均住房面积仅 16 平方米 |
| 英国 | 土地私有，供给长期不足 | 首付低，刺激居民加杠杆 | 重交易轻保有，抑制投机炒房 | 以租赁为主，辅以租房补贴 | 法律制度完善，租客和房东双方面保护 | 房价长期上涨，居民购房压力大，人均住房使用面积 38 平方米 |
| 美国 | 土地私有，居住用地供给充足 | 首付低，抵押贷款多元，刺激居民加杠杆 | 保有环节税负低，支持住房自有 | 私有主导供给，政府财税补贴 | 资金来源多元，市场为主，机构主导 | 房价合理，居民购房压力小，新建单户住房人均建筑面积 96 平方米 |
| 日本 | 土地私有，供给不足，金融属性较强 | 浮动利率为主，居民购房自有资金占比高，合理加杠杆 | 重交易轻保有，税制变化过快 | 公营、公社、公团多主体供应 | 租赁市场发达，机构主导，配套制度完善 | 爆发两次房地产危机，住房空置率高，人均住房面积仅 22 平方米 |
| 德国 | 土地私有，供给充足，使用高效 | 商业按揭和住房储蓄并重，居民合理加杠杆 | 重交易轻保有，打击投机 | 金融、财税、土地等政策支持市场建房增加供给 | 租赁制度完善，租赁市场发达 | 房价长期稳定，居民购房压力较小，人均住房面积 46.5 平方米 |
| 新加坡 | 土地国有，集约化运作 | 存贷挂钩，限制居民加杠杆 | 交易保有并重，抑制投机 | 组屋供应充足，保障 80% 以上居住需求 | 政府供给面向超低收入公民，市场主要面向外国人 | 房价稳定，居民购房压力小，住房自有率高达 91% |

资料来源：恒大研究院。

市场为核心，关于住房供给、需求、建设、消费、流通、市场监管、保障等的一系列基本制度安排，包括土地制度、住房金融制度、房地产税收制度、住房保障制度和住房租赁制度五大支柱。有什么样的住房制度，就有什么样的房地产市场。住房制度作为房地产市场的基因，具有决定性、基础性、稳定性和选择性四大特征。典型经济体住房制度与房地产市场运行结果见表 0.1 所示。

当前中国房地产市场存在的问题，根本上与中国住房制度有关，解决之道在于住房制度改革。深入研究全球住房制度，是为了透视房地产运行的基本规律，破译房地产的进化密码，以及背后土地、金融、税收等制度的深层次逻辑。借鉴国际经验教训，可以为中国住房制度改革和长效机制建设提供镜鉴，促进房地产市场平稳健康发展。

## 一、深陷高房价之困的中国香港和英国：供地不足，购房高杠杆

研究中国香港和英国的房地产市场及住房制度具有特殊意义。

中国内地房地产发展初期引进了很多中国香港的做法和模式，而英国住房制度又是中国香港房地产的启蒙，两个经济体又都陷入高房价困境。追本溯源，深入研究中国香港和英国住房制度，对改革内地住房制度，并解决一、二线城市高房价难题有重要意义。

### （一）中国香港经济高度发达自由，却深陷高房价困境

#### 1. 香港房价涨冠全球，而且居住条件差

自开埠后，香港经济快速发展，成功跻身“亚洲四小龙”，2017 年人均 GDP（国内生产总值）高达 5.77 万美元，是全球最富裕的地区之一，但却因高房价和居住条件差而全球有名。（参见本书第一章《中国香港为何深陷高房价困境》，夏磊、郑南宏、陈雨田。）

香港房价长期上涨，涨幅领先全球。从绝对涨幅看，香港房价涨幅远超其他主要经济体。1980—2017 年，香港名义房价上涨 15.8 倍，同期英、法、韩、美、德分别上涨 9.7 倍、4.0 倍、3.9 倍、3.6 倍、0.8 倍。从相对涨幅看，香港房价涨幅远超居民收入涨幅。1993—2017 年，香港房价上涨 259%，居民人均收入上涨 137%，房价涨幅是人均收入涨幅的 1.9 倍。

全球大都市房价与房价收入比情况见图 0.1。

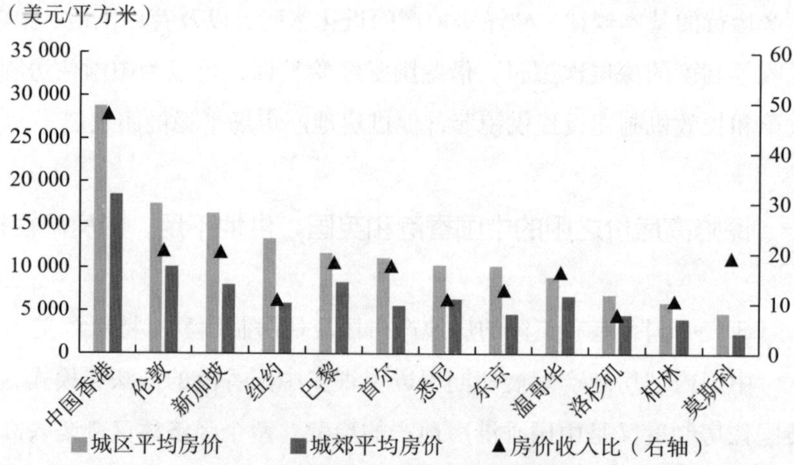


图 0.1 全球大都市房价与房价收入比情况

资料来源：Numbeo（城市生活资源数据分析网站），恒大研究院。

注：数据截至 2018 年 11 月；在房价收入比计算中，假设房屋面积中位数为 90 平方米，价格取城区与郊区价格的平均值。

中国香港绝对房价和房价收入比均位居世界主要城市前列。从绝对房价看，2019 年 8 月香港城区均值为 3.05 万美元 / 平方米，远超伦敦的 1.58 万美元 / 平方米、新加坡的 1.79 万美元 / 平方米和纽约的 1.39 万美元 / 平方米。从房价收入比看，2019 年 8 月香港高达 50.8 倍，远超伦敦的 21.9 倍、新加坡的 23.5 倍和巴黎的 21.7 倍。

中国香港居民背负巨大的买房压力，居住条件差。2015 年，香港人均住房面积仅 16 平方米，远远落后于其他发达经济体。近 20 万市民租住劏房，人均住房面积不到 5.8 平方米。尽管香港政府兴建了一批公营房屋，但数量有限，所以很难满足中低收入家庭的居住需求。

### 2. 中国香港有四大住房制度，高房价困境的根源是供地不足和金融高杠杆

（1）土地制度：使用权批租，土地供给长期不足

土地所有权归国家所有，批租后使用权可自由转让。鸦片战争后，港岛、九龙土地陆续归英国王室所有；1997 年香港回归祖国，香港土地所有权归国家所有，使用权延续土地批租制度，通过拍卖、招标、协议对外出让，以公开拍卖为主，允许使用权自由转让；新批土地除特殊用地外，期限为 50 年。1984 年《中英联合声明》要求香港回归前每年批地不超过 50 公顷，政策的初衷在于防止英国超售土地，但客观上使限制土地供给成为香港土地制度基因的一个关键特征。

高度重视生态环保，以及由于部分利益集团阻挠，土地供给长期不足，人均住宅用地仅 10 平方米。1985—2017 财年，香港政府累计出让土地 779 万平方米，其中住宅用地 556 万平方米；同期，香港年末人口增长 198 万，新增住宅用地与新增人口比例仅 2.81 平方米 / 人。截至 2012 年中期，全港未经批租或拨用的、用于住宅建设、适合发展的土地仅剩 3.92 平方公里，土地短缺问题严峻。香港的土地出让以公开拍卖为主，供给受到严格限制，稀缺的土地由价高者得，必然导致地价越拍越高，从成本端推升房价。1986—2017 年，港岛、九龙、新界的私人房屋均价分别上涨 20 倍、20 倍和 14 倍，年均增长 10%、10% 和 9%。

土地供给不足主要有三大原因。第一，香港延续了英国重视生态

保护的规划理念，加剧了土地短缺。依据1976年制定的《郊野公园条例》，占地37%的郊野公园无法开发。第二，由于可开发土地有限，香港政府新增土地供应主要来自填海造地与土地征收，但由于环保人士抗议，2005年以来填海造地大幅减少，而土地征收耗时较长，导致政府可出让土地资源较少。第三，2003—2010年为维护楼市稳定，以及由于部分利益集团阻挠，政府大幅减少土地出让。

（2）金融制度：利率低，杠杆高，刺激居民加杠杆购房

按揭灵活多样，支持多种形式贷款，见表0.2。香港本地居民购买首套房最低首付40%，但购买资助出售房屋或申请按揭保险，首付可低至5%；地产商与财务公司按揭首付低于20%，并支持首付款按揭。香港还有加按、转按、楼换楼按揭等按揭业务。

房贷利率低。香港实行联系汇率制，利率追随美国而长期处于低位，目前三大发钞银行按揭利率上限为2.35%。按揭业务灵活，叠加利率低，刺激居民加杠杆购房。2017年，香港按揭贷款余额占GDP的45%，居民杠杆水平较高。

表0.2　香港按揭业务类型

| 按揭类型 | 业务说明 | 贷款人 | 利率 |
|---|---|---|---|
| 一按 | 对首付款以外的房款提供按揭贷款。银行首付40%以上，发展商首付基本低于20% | 银行、地产发展商和财务公司 | 银行利率2%~2.35%；发展商利率3%~5% |
| 二按 | 对首付款按揭 | 地产发展商和财务公司 | 利率比一按高1%~2% |
| 加按 | 购房者偿还部分贷款后，将原有物业再作抵押套现 | 提供一按的银行 | 与银行一按接近 |

续表

| 按揭类型 | 业务说明 | 贷款人 | 利率 |
|---|---|---|---|
| 转按 | 为客户提供银行间按揭业务转移 | 不同银行 | 与银行一按相同 |
| 楼换楼按揭 | 以借款人旗下旧楼转让收益为还款来源，发放的用于支付新楼首付款的贷款 | 旧楼与新楼按揭贷款人需是同一家银行 | 与银行一按接近 |

资料来源：恒大研究院。

（3）税收制度：炒房成本高，但保有环节税负低

交易环节征收重税。香港居民购买首套房需缴纳4.5%以下的从价印花税，购买二套以上住房需缴纳15%的从价印花税；非香港居民购房除缴纳15%的从价印花税，还需缴纳15%的买家印花税。此外，如果购买的是未满3年即转售的房屋，买家还需与卖家共同缴纳10%~20%的额外印花税。税基均为物业售价或评估价的较高者。

保有环节税负低。保有环节基于租金征税，包括5%的差饷与3%的土地租金，出租物业另缴15%的物业税。但差饷与土地租金只占物业价值的0.2%~0.5%，与欧美物业税1%~2%相比偏低。

（4）公营房屋制度：低价租售，但条件偏差，且供应不足

公屋租金低廉，但轮候时间长，条件偏差。公屋租金为私人房屋的1/7 ~ 1/3，居民满足资产收入限制，便可排队轮候。但平均需要轮候5.3年，且人均面积中位数仅为13平方米。2007—2017年，人均面积中位数仅提高1平方米。

资助出售单位折价出售，但价格偏高，且供应少。资助出售单位以居屋为主，售价约为私人房屋的60%~70%。由于与市场价挂钩，价格水涨船高，房源供应少。2002—2017年，房委会年均仅竣工580个单位。

从市场结构看，香港住房供给呈现“双轨制”。第一，政府主导建设的公营房屋居住人口占比近半。公营房屋包括公屋与资助出售单位两类。2016 年，公屋居住人口占香港人口的 29%，资助出售单位居住人口占 16%，合计占比 45%。第二，公屋数量众多，叠加房价过高，近一半家庭选择租房。2016 年，香港租房家庭占比 49%。

### 3. 反思：不要把教训当成经验

人口持续增长背景下，土地供应不足，叠加金融环境宽松，造成中国香港房价持续大涨。中国香港对房地产过度依赖、深陷高房价困境的后果已经显现，如竞争力下降、产业空心化、社会阶层固化撕裂等。

房地产业在经济中占比过高。香港房地产相关行业占 GDP 的比重一度超过 30%，2006 年以来保持在 20%~25%。2016 年，土地出让金占财政收入的 22%，持有环节税收约占 5%，交易环节印花税占 3%，合计贡献 30%。

中产置业缺乏支持，住房阶层逐渐固化。理想情况下，香港可形成“公屋—居屋—私人住宅”的阶梯化供应体系。但由于居屋供给大幅减少，叠加房价持续上涨，中低收入阶层购房困难，住房条件难以改善。2018 年，新特首在房屋政策中提出，在加大土地供给的同时，将公营房屋供应比例从六成提高至七成，重点资助中低收入群体购房置业。

## （二）英国房价长期领跑全球，但实现了较高的居住品质

英国是最早出现政府干预住房市场的国家，也是香港住房模式的启蒙。对比中国香港，英国居民居住品质高，且具有浓郁的田园特色，但房价同样呈长期上涨趋势，居民购房压力大。（参见本书第二章《英国房价何以刚性上涨》，夏磊、俞涛、郑南宏、赵璇。）

**1. 英国房价长期领跑全球，跑赢通胀，但也实现了较好的居住品质**

1917—2017 年，英国名义房价指数上涨 888 倍，年均涨幅达 7%，同期，CPI（消费者物价指数）仅上涨 48 倍，年均 4%。国际对比看，1970—2017 年，英国名义房价指数上涨 52.8 倍（见图 0.2），明显高于意大利、法国、美国、德国和日本的 33.9 倍、16.1 倍、12.5 倍、2.3 倍和 2.3 倍的涨幅。近一百年，英国房地产市场还经历过四轮房价快涨、大涨的“快牛”现象，房价在短暂的趋稳或下跌之后总是重新上涨。2017 年，名义房价指数较次贷危机前最高点的 2007 年累计上涨了 20%，实际房价也已接近历史高点。

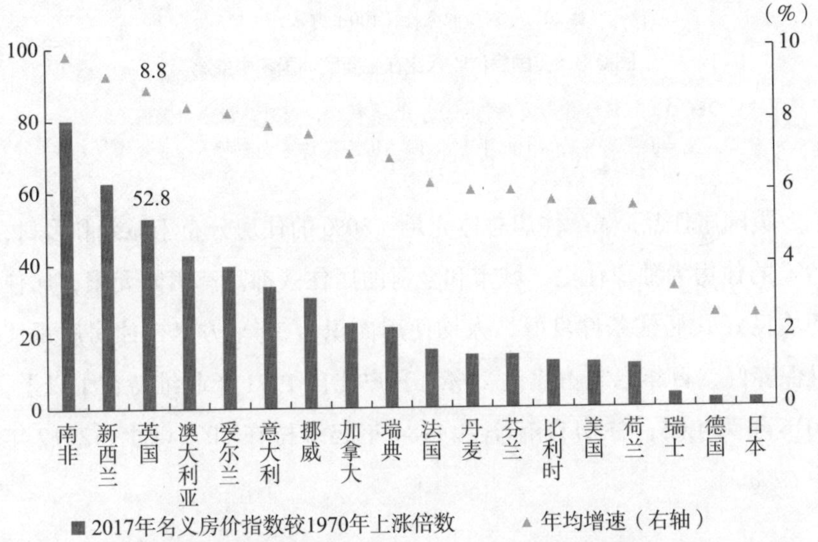


图 0.2　1970 年以来英国房价涨幅在主要发达经济体中排名居前

资料来源：BIS（国际清算银行），恒大研究院。

居民购房压力较大，2017 年英国中位房价收入比为 5.9，高于多数欧美发达国家（见图 0.3）。伦敦房价收入比达 21，房价在全球主要城市中位居第二，仅次于香港。

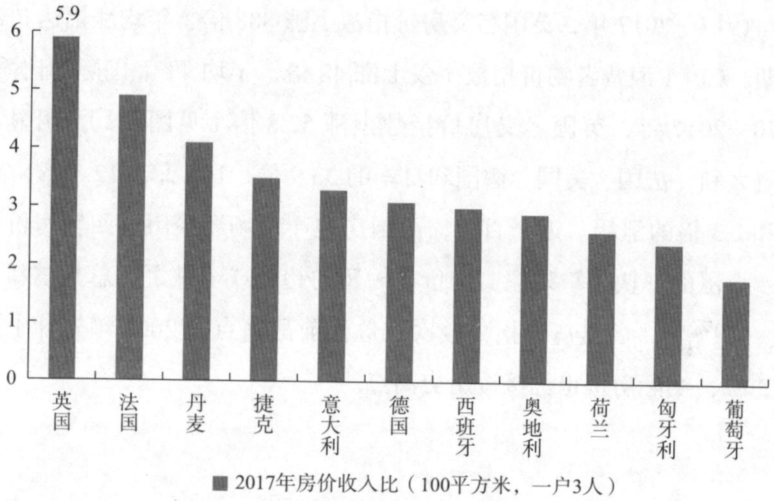


图 0.3　英国房价收入比在主要欧洲国家中最高

资料来源：OECD（经济合作与发展组织），世界银行，德勤，恒大研究院。

注：房价收入比 =（平均房价 ×100 平方米）/（居民人均可支配收入 ×3 人）。

英国居住品质高，住房总体充足。80% 的住房分布于城郊和乡村，79% 的住房为独户住宅，城市和乡村的居住区都富有田园元素，居住环境良好；居住条件良好，人均使用面积为 38 平方米，住房质量佳且保养好，百年老宅占比达 21%。套户比自 1971 年起维持在 1 以上，2016 年为 1.05；住房自有率自 1984 年起维持在 60% 以上，2017 年为 62%。

### 2. 英国住房制度：供地不足、货币超发和金融高杠杆，但重视城市规划和生态环境

英国住房制度与中国香港有很多类似之处：供地不足、货币超发和金融高杠杆、高房价。但也有不同之处：英国住房质量更高，居住

环境更好，人均居住面积更大。

（1）土地制度以自由保有为主，土地规划重视环境保护，住宅供地不足

土地私有，但分配不均。英国实行独特的保有制度，土地名义上归属王室，但土地的自由保有者可以永久保有与自由转让土地，是实质上的土地所有者，英国 80% 的土地由私人部门自由保有。英国的资产阶级革命和工业革命并未颠覆英国近千年来的封建土地制度和分配情况，1/3 的土地仍掌握在极少数贵族手中，土地集中度在欧洲发达国家中明显较高。

英国政府的土地规划理念是重保护轻开发，住宅用地占比显著偏低，推高了地价房价。尽管土地多为私人实质所有，但发展权归属政府所有，房地产开发需向地方政府申请规划许可。英国政府重视保护乡村与生态环境，将英格兰一半土地划为保护区，特别是在大城市周边设置绿带，控制大城市开发规模，限制了可供开发的土地。政府轻视开发需求，40% 的地区缺乏满足人口持续增长的住房规划，新开发项目要求 60% 来自土地重新开发。截至 2005 年，英格兰已开发用地占比 9.8%，住宅用地占比仅 1.1%。住宅用地供给不足，导致地价大幅攀升，1963—2002 年，英国住宅用地价格上涨 112 倍，远高于同期房价 45 倍的涨幅。

（2）货币金融制度发达自由，货币超发，居民杠杆高

20 世纪 80 年代以来，金融自由化，货币增长偏快，通胀程度较高。撒切尔夫人执政后，摒弃英国奉行已久的凯恩斯主义政策，大力推行“新自由主义”，主张放松管制、减税和私有化，特别是在金融领域开启自由化浪潮，包括取消外汇管制、取消信用约束、存贷款利率完全市场化、放松住房金融管制、改革资本市场的“大爆炸”等。英国的金融自由化和国际金融地位的重新崛起，大力刺激了货币增

长。1980—2014 年，英国 M2（广义货币供应量）与名义 GDP 的年均增速差高达 4.6 个百分点，在主要发达经济体中处于明显偏高水平。1950—2017 年，英国 CPI 年均增速达 4.8%，高于多数欧洲主要发达国家，更是德国的两倍。

住房金融体系从 20 世纪 80 年代之前以建房合作社为主的互助性体系，转变为以银行为主的市场化体系。建房合作社起源于 18 世纪 70 年代，之后逐渐发展成为互助性、专业性的住房抵押贷款发放机构。受益于自身的互助性质、政府的税收优惠和银行面临的信用扩张约束，建房合作社在 80 年代前垄断英国住房金融市场，市场占有率达 80%，房贷利率较为稳定。80 年代之后，由于政府放松金融管制，住房金融市场竞争加剧，以银行为主的市场化机构大量发放抵押贷款，还有阿倍国民、哈利法克斯等多家大型建房合作社转型为银行，形成了市场化的住房金融体系，银行占比约 2/3，仍保持互助性质的建房合作社占比约 1/4。

首付低，期限长，居民杠杆较高。在英国，主流的首付比例通常为 20%~30%，如果贷款购房者资质较好且愿意承担更高的初始利率，那么甚至可以零首付。2017 年，英国居民平均首付比例为 28%，其中首次购房的比例更低至 21%，国际对比显著偏低。抵押贷款的期限较长，存量贷款平均剩余期限保持在 22 年以上，半数以上的贷款期限超过 25 年。英国居民部门杠杆在发达国家中处于显著偏高水平（见图 0.4）。2017 年，英国居民部门负债占 GDP 比重达 87%，高于发达国家 76% 的平均水平。

（3）税收制度：重交易轻保有

交易环节对二套住房征收重税，抑制投机。土地印花税根据住房价值征收，采取超额累进税率，购买首套住房税率为 0 ~ 12%，二套及以上各档税率提高 3 或 4 个百分点，且免税额度更低。对转让投资

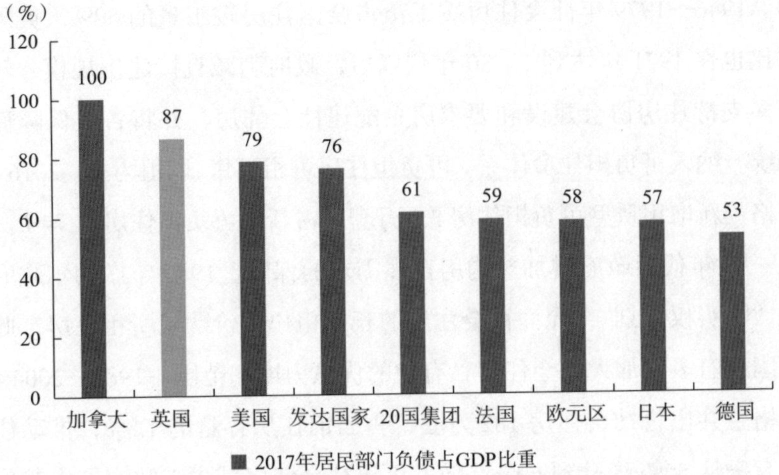


图 0.4　英国居民部门杠杆率明显高于发达国家平均水平

资料来源：BIS，恒大研究院。

性住房的收益征收资本利得税，个人所得税税率为 20% 的基本纳税人，资本利得税税率为 18%；个税税率为 40% 或 45% 的高薪及附加税率纳税人，资本利得税税率为 28%。此外，居民去世前 7 年内赠与财产和去世后的遗产需缴纳遗产税，最高税率为 40%。

保有环节税制历史悠久，税负较轻。英国自 17 世纪开始对存量住房征收房地产税，目前主要为市政税。市政税实行住房分级定额征收，即根据住房价值划分住房等级，地方行政区内同一等级住房纳税额相同。2017 年平均税率仅约 1.8%，如考虑房价上涨因素，则实际税负更轻。市政税是地方财政收入的重要来源，2016 年占地方本级财政收入的 43%，主要用于公共服务支出。居民出租住房的租金所得需纳入个人所得，征收个人所得税，税率最高为 45%。

（4）住房保障制度以租赁为核心

英国住房保障一直以租赁为主，供给由政府到市场。"二战"后至 80 年代前，中央财政提供补贴，地方政府直接建设低价出租的社会住房。1946—1979 年社会住房竣工量占全国住房竣工量的 50%，英国套户比也在 1971 年达到 1。80 年代以后，政府削减直接建房规模，转向更多支持住房协会建设和要求房企配建社会住房，并将各类保障性住房统一纳入可负担住房体系。可负担住房可租可售，以租为主。2016 年，英格兰新增租赁型可负担住房 3.1 万套，占新增可负担住房的 74%。

80 年代后政府增加对购房自住需求的保障。1980 年撒切尔政府推出“购买权计划”，允许社会住房的长期租户折价购买所租住房，此后英国政府多次加大社会住房私有化的优惠力度和范围。1980—2004 年，英格兰共出售社会住房 182 万套，占当前住房存量的 7.8%，推动住房自有率从 55% 提升到 69%。随着可售社会住房减少，政府推出其他手段以支持低收入的无房家庭购房，包括供应共享产权房、首次置业房等出售型可负担住房，发放股本贷款，给予购房储蓄补贴等。

政府向低收入或失业的租房家庭提供住房补贴，以可负担住房家庭为主。80 年代以来，政府的住房补贴逐渐从供给端转向需求端。2016 年，租住可负担住房和私人住房的家庭中，分别有 59% 和 22% 的家庭领取补贴。

### 3. 启示：移民增多人口流入、土地供应不足、金融高杠杆、城市规划重视生态环境、建设新城发展都市圈

英国住房制度的教训是很明显的。土地供应不足，低利率，高杠杆，货币超发，必然导致高房价。

但是，英国城市规划重视居住环境，推崇田园特色，住宅普遍设有花园庭院，重视生态环保，城市内部修建大量公园，城市外围则环绕着绿带，显著改善了城市生态环境，有效提升了居住质量。20 世纪中期，英国通过建设 33 座宜居新城，促进都市圈周边地区发展，有效缓解了大城市的人口压力。

与其他欧洲国家不同，英国人口长期增长，移民增多，结构年轻，支撑了高房价。1850—2017年，英国总人口增长近3倍，达6 604万人，年均复合增长率为0.66%。20世纪80年代以来，英国移民净流动由出转入，且不断加快，对人口增长的贡献率达到50%，移民推动英国人口增长创历史新高。英国72%的购房贷款者为25~44岁，1970—2017年25~44岁人口年均增长0.54%，支撑长期住房需求。2017年英国人口年龄中位数为40.1岁，明显低于其他主要欧洲发达国家普遍超过41岁的水平。1990年以来住房建设基本保持在年均新完工不足20万套的低位水平，人口增长有力地支撑了高房价。

## 二、十次危机九次地产，房地产过度金融化是风险之源：美国次贷危机、日本“失去的二十年”

房地产是周期之母，十次危机九次地产。

我们通过国际经验对比研究发现，房地产过度金融化是风险之源，而保持金融稳定（货币不超发、适度杠杆）是实现房地产市场平稳健康发展的根基。这在美国、日本案例上反映最深刻。

### （一）美国房地产大泡沫与次贷危机：都是金融闯的祸

美国房地产60年大牛市走向泡沫化，最终泡沫破裂，引发次贷危机，并升级成国际金融危机。（参见本书第三章《美国60年房地产大牛市的巅峰繁荣与骤然落幕》，夏磊、俞涛、庞欣。）在对美国案例的研究中，我们发现，住房金融过度支持居民加杠杆，容易滋生房地产泡沫。

#### 1. 美国房地产大牛市走向泡沫化，并最终爆发危机

“二战”结束至次贷危机前夕，美国房地产市场经历了长达60年

的大牛市。1946—2006年，住房新开工保持在100万套/年以上，年均153万套；名义房价指数持续正增长，累计上涨24倍，年均增速5.4%，实际房价指数累计上涨121%；住房自有率从1940年的44%提高至2006年的69%。

移民流入、经济增长较快、政府支持、货币金融助推，成就大牛市。大牛市处于人口和经济稳定增长、城市化较快的时代背景。“二战”结束后，美国每年新增人口保持在200万以上，1946—2006年年均新增247万人，较1900—1945年多105万人。名义GDP从1945年的2 280亿美元增长到2006年的13.8万亿美元，年均名义和实际增速分别为7%和3.1%。城市化步入尾声，但仍较快，1950—2000年年均提升0.3个百分点至79%。提高住房自有率逐渐成为美国政府的住房政策价值取向。大萧条之后，美国开启了政府干预住房领域的历史，罗斯福总统提出“每个家庭获得体面住房的权利”。20世纪90年代以后，老布什、克林顿、小布什三位总统以提高住房自有率为住房战略，加强对中低收入和少数族裔家庭的融资支持。流动性长期充裕，有效满足新增住房信贷需求，助推牛市。1944年布雷顿森林体系建立，奠定了以美元为中心的国际货币体系，1976年牙买加体系延续美元霸权地位。美国享有向全球征收铸币税的特权，可以输出通胀，因此货币政策长期宽松，住房市场获得充裕流动性，满足人口增长和城镇化创造的住房需求。1946—2006年，M2年均增速6.5%，与名义GDP增速基本相当，比实际GDP增速高出3.4个百分点，较1900—1945年的差值增加0.5个百分点；同期，居民住房抵押贷款余额增长442倍，年均增速高达10.5%。

那么，美国房地产泡沫是如何破裂并引发次贷危机的呢？

房地产牛市走向泡沫。1946—1999年名义和实际房价指数年均增速分别为5.0%和0.7%，牛市表现温和。2000—2005年，市场交易过热，房价暴涨：一、二手房交易量增长38%，交易额增长102%；名义房价指数累计上涨66%，年均增速高达10.6%；实际房价指数累计上涨46%，年均增速高达7.9%。

房地产泡沫是一个货币现象，政府的货币金融政策是关键推手。一是宽货币。为应对互联网泡沫危机，2000—2003年美联储连续13次降息，政策利率和房贷利率降至20世纪50年代以来的低位水平。2001—2004年M2年均增速为6.8%，比名义GDP增速高2.3个百分点，货币显著超发。二是宽信用。在住房金融一级市场，政府通过《美国梦首付款法》《零首付法》降低首付比例要求；在二级市场，政府要求两房（房利美与房地美）加大对中低收入家庭的贷款购买比例，2001—2006年不低于50%，刺激银行与按揭公司大量发放次贷。2005年抵押贷款余额突破10万亿美元，较1999年翻倍。三是弱监管。金融自由化浪潮下，大型金融机构混业经营但分业监管，影子银行体系庞大但缺乏监管，衍生品创新活跃但难以监管，在房价只涨不跌的一致预期下，金融体系大量投资抵押贷款相关证券及其衍生品，导致资本市场流动性过度流入住房市场。2006年抵押贷款相关证券的规模接近10万亿美元，占抵押贷款余额的比重达到80%。

加息刺破泡沫，房地产风险传导至金融市场，最终升级为严重的经济危机。次贷家庭的首付比例、收入水平、信用等级较低。2006年新发放房贷中次贷占近1/4，新发行和存量非机构RMBS（住房抵押贷款支持证券）中非优级或次贷占2/3，房地产和金融市场集聚较大风险。2004—2006年美联储连续加息17次共425个基点，导致浮动利率为主的次贷家庭月供大增，偿付困难，因此违约和止赎激增，2007年次贷止赎率超过10%，最终引发房价大跌，房地产牛市终结。房地产危机触发抵押贷款相关证券及场外衍生品大幅贬值，众多参与投资的大型金融机构巨亏甚至破产，市场恐慌和流动性危机波及整个金融体系，更进一步冲击房地产市场，最终升级为全球金融和经济危机。

次贷危机后，美国政府加强金融监管，控制杠杆，房地产市场逐渐复苏，过度投机风险不明显，市场整体较为健康。政府改革金融监管体系，加强对系统重要性金融机构、商业银行、投资机构、评级机构、资产证券化业务、衍生品业务的监管，特别是实施“沃尔克规则”，限制商业银行自营交易。同时，提高 FHA（美国联邦住房管理局）贷款的最低首付比例，下调对两房购买低收入家庭和区域贷款比例的要求，弱化过于激进的住房金融支持。2016 年，名义房价指数已经回升至危机前的最高水平，住房自有率企稳回升至 64%。投机需求退场，2018 年自住住房和租赁住房的空置率分别为约 1.5% 和 7%，均回落至 20 世纪八九十年代的平均水平。

### 2. 美国房地产泡沫的形成与破裂：美国住房制度尤其是住房金融制度的巨大影响

房地产泡沫属于资产价格通胀，归根结底是一个货币现象，宽货币是泡沫的温床。美国住房制度有三大支柱。

#### （1）货币金融制度：住房过度金融化，住房市场风险传导至整个金融体系

美元在当前国际货币体系中独占霸权地位，美国政府可以通过超发货币向全球征收铸币税，导致倾向于宽松的货币政策和积极的财政政策。截至 2018 年二季度，美元资产在全球外汇储备中占比超过 60%。作为最主要的储备货币发行国，美国享有铸币税特权，可以通过发行美元为政府债务赤字和经常项目逆差融资，而过剩流动性则被全球各经济体吸收。

美国政府为住房金融市场增信，促进住房信贷供给。第一，一级市场通过保险降低信贷门槛。美国首付比例要求低，新发放房贷实际

首付比例不足20%，明显低于德国、新加坡、日本等国超过30%的水平（见表0.3）。居民享有多样化的抵押贷款产品和用途，再融资比重高达1/3。对于低首付、低信用、低收入居民家庭，通过政府机构为主、私营保险相结合的抵押贷款保险体系进一步降低信贷门槛，最低可实现零首付。第二，二级市场支持金融机构将抵押贷款出表。美国的贷款发放机构依赖出表来收回流动性，2016年转让了85%的新发放贷款。二级市场以资产证券化为主，住房抵押贷款相关证券每年发行规模达2万亿美元，存量超过9万亿美元。政府性机构是二级市场的最重要主体，抵押贷款相关证券市场份额超过90%。其中，房利美和房地美是发行机构，市场占有率超过60%；吉利美是担保机构，市场占有率超过30%，为FHA、VA（退伍军人事务部）等政府机构保险贷款的资产证券化提供兑付担保。

表0.3 各经济体购房首付比例对比

| 国家或地区 | 金融机构房贷主流首付要求 | 特别渠道首付要求 | 新发放房贷实际首付水平（2017年） |
|---|---|---|---|
| 美国 | 20% | VA/RHS（农村住房服务局）0%<br>PMI（私营按揭保险机构）3%<br>FHA 3.5% | <20% |
| 德国 | 20%~30% | 0% | >30% |
| 新加坡 | 20% | HDB（建屋发展局）优惠贷款10% | >30% |
| 日本 | 20% | 0% | 30%~40% |
| 中国香港 | 40% | 房企或财务公司20%<br>购买按揭保险10%<br>居屋计划5%<br>租屋计划0% | 53% |
| 中国内地 | 20%~35% | 无 | >40% |

资料来源：恒大研究院。

住房市场过度金融化。2017 年，新房销售中 94% 为贷款购买。2005 年以来，居民住房贷款存量保持在 10 万亿美元以上。2017 年人均住房贷款余额为 3.7 万美元，为全球第一；64% 的存量自有住房仍负有抵押贷款；居民债务占 GDP 比重为 79%，高于发达经济体平均水平。

金融自由化将住房市场风险充分传导至整个金融体系。资产证券化为抵押贷款提供主要资金来源，超 80% 的新发放抵押贷款被转让并资产证券化，但风险也因此直接转移至资本市场。金融衍生品进一步将风险渗透到整个金融体系，2007 年 CDO（债务担保证券）的发行规模约 5 000 亿美元，由银行、证券公司、保险公司及各类影子银行投资机构参与，是次贷危机爆发后导致金融机构巨额亏损、陷入困境的主要投资品之一。

美国居民杠杆率高于多数主要发达经济体，见图 0.5。

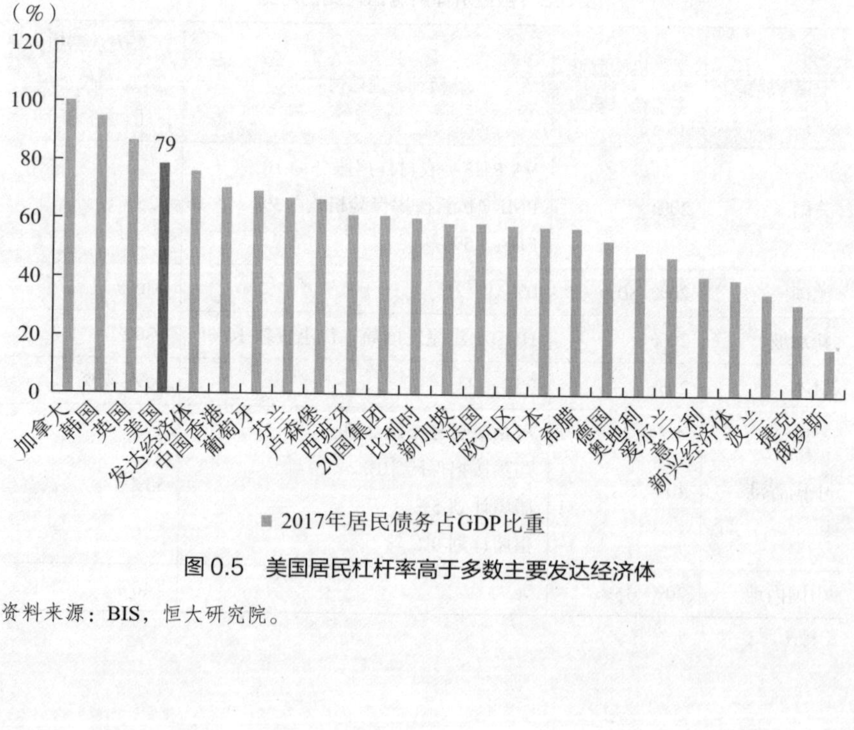


图 0.5　美国居民杠杆率高于多数主要发达经济体

资料来源：BIS，恒大研究院。

（2）土地制度：私有为主，供给充足，支持高水平住房消费

美国土地以私人所有为主，居民住宅用地供给充足。2017 年，美国 60% 的土地为私人所有，38% 为政府所有，2% 为印第安人保留地，人均私有土地为 1.7 万平方米。私有、自由的土地制度成就美国的“超级大地主”，前十大私人地主拥有土地 5.7 万平方公里，占全国土地的 0.58%，占私人所有的 1%。全国居住用地共 56 万平方公里，占国土面积的比重达 6.2%，人均居住用地面积高达 1 728 平方米。

土地制度有效保障住房供给足而价格低。在 20 世纪 60 年代，美国就实现套户比超过 1.1，住房自有率超过 60%，至今保持在 1.15 和 64% 左右；60% 的住房为拥有 3 个甚至更多卧室的大户型，平均每个房间人数超过 1 人的住房仅占 2.1%，拥挤程度很低；62% 的住房为独立式单户住房，新建单户住房平均建筑面积近 250 平方米，人均近 100 平方米。美国房价合理偏低，普通家庭 5 年收入即足以购房，租金收益率长期达 6%~7%，主要城市房价普遍不超过 1 万美元 / 平方米，房价收入比低于 10，在国际对比中明显偏低。

（3）住房税收制度：轻买方重卖方，鼓励住房自有，抑制投机作用有限

保有环节的房地产税，提升区域房地产价值，有房户直接受益，对居民房价预期影响不大。房地产税为州和地方政府税种，主要用于当地的教育、医疗卫生、公共安全、道路交通等公共服务。政府以支定收确定税率。从总体上看，房地产税占 GDP 和居民总收入的比重分别仅 2.7% 和 3.2%，居民实际税负较轻。从结构上看，税率越高，公共服务投入越大，有房户受益越多。房地产税自殖民地时代就已存在，在 19 世纪末普遍实施，并不能阻止美国房地产市场 60 年大牛市及泡沫化和随之而来的次贷危机。

交易环节轻买方重卖方，对短期投机行为从重征税，但抑制作用

有限。房地产转让税费，包括转让税、记录税（费）、抵押贷款税等项目，主要以成交房价为税基，通常总和成本不超过5%，买卖双方共同分担，买方所承担交易成本普遍不超过3%；卖方还需承担双方的经纪人佣金，卖方总交易成本可达10%。对卖方还征收资本利得税，持有1年以上的联邦税率为0～20%，持有不到1年的则纳入个人所得税综合征收，联邦税率为10%～37%，税负更重。20世纪70年代以来，资本利得税收入波动显著，且与房地产市场冷热基本同步，住房投机活动存在周期性活跃和冷却现象，并未受到有效抑制。

美国联邦政府的住房税式支出安排，重点鼓励自住需求。2018年，联邦住房税式支出近3 000亿美元，其中针对自住住房设有估算净租金收入免除、抵押贷款利息扣除、资本利得免除、房地产税扣除四个税收优惠项目，支出规模占比超90%。

### 3. 启示：持续吸引移民流入、货币特权、住房自有率魔咒

美国是世界上经济最发达的国家，科技实力最强，拥有全球金融和军事霸权，研究其房地产市场运行和住房制度具有重要价值。美国房地产成功之处在于持续吸引移民流入、高度自由发达的金融和创新体系等，但是也有很多教训，比如超前消费、民粹主义、追求高住房自有率、把居住问题更多交给市场解决而租赁保障体系不健全等。

第一，美国作为主要移民国家，人口长期流入、持续增长、结构年轻，长期住房需求有长期持续的支撑，好于大多数发达国家的人口老龄化、低生育率、对移民政策不开放等。1970年以来，移民对美国人口增长贡献占比近30%，2017年移民人口超4 400万，占总人口比重达13.7%，回升到19世纪的水平。美国人口年龄结构保持相对年轻状态，2017年人口年龄中位数为38.1岁，明显低于其他发达国家普遍40岁以上的水平，人口金字塔处于“稳定型”状态，老龄化问

题不显著。房地产周期，长期看人口。1910 年至“二战”前，美国年均新增人口 134 万，住房新开工年均 44 万套；“二战”结束以来，年均新增人口约 250 万人，住房新开工年均 144 万套。目前美国人口增长仍保持年均 250 万以上的水平，继续支撑长期住房需求。

第二，美国货币金融制度易引发严重的房地产泡沫与全球性经济危机。美国政府享有全球性的货币特权，又天然以国内政治利益为先，倾向于对住房领域过度支持，这导致美国住房领域长期处于高杠杆、过度消费的繁荣期，房地产泡沫化程度高，最终破裂后升级为全球性的金融危机与经济危机。次贷危机并未改变美元霸权地位与内政优先立场，大型房地产泡沫和全球经济危机的风险仍然存在。

第三，房地产市场和金融市场天然具有高度相关性，一旦发生危机，就会相互传染。大萧条前，名义和实际房价均保持平稳，房地产市场较为健康，但金融危机导致流动性不足，居民再融资困难，引发房地产危机。次贷危机前，房地产泡沫与金融风险共存，2004—2006 年美联储加息刺破房地产泡沫，继而导致大型金融机构破产，金融市场未能幸免。

第四，房地产是周期之母，十次危机九次地产。从对经济增长的带动看，经济起落多与房地产消费、投资活动高度相关。次贷危机前，住宅投资占固定资产投资的比重接近 30%，危机后最低降至 13%。从财富效应看，2005 年美国居民和非营利机构部门持有房地产资产 24 万亿美元，占总资产的 32%，是 GDP 的 1.9 倍，2011 年分别降至 18 万亿美元、23% 和 1.2 倍。由于房地产对经济增长和财富效应的巨大影响，大型的经济危机多与房地产有关。大萧条期间，房地产危机加剧经济危机，而次贷危机对全球经济的冲击至今仍未完全恢复，影响远超股市崩盘。

第五，住房自有率有自身规律，追求过高的住房自有率，将导致不合理的需求进入市场，形成泡沫甚至引发危机。1965—1995 年，美国住房自有率连续 30 年保持在 64% 左右。1990—2008 年，老布什、克林顿、小布什三位总统以提高住房自有率为目标，倡导住房自有的“美国梦”，用金融手段强行刺激住房自有，短期有效，住房自有率在 2004—2006 年达到历史最高的 69%。但高风险的次贷占比大幅提升，形成严重的房地产泡沫和金融风险，最终爆发次贷危机，住房自有率重回 64% 的合理水平。

第六，过度超前的住房消费理念会给整个房地产市场酝酿风险。虽然美国房价中等偏低，但是鼓励自有、偏爱单户住房、住房面积较大的消费理念，导致居民住房负担过重，2017 年 31% 的家庭住房负担超过 30%，其中绝大多数超过 35%。过重的住房负担降低居民的抗风险能力，降薪、失业，甚至自然灾害造成的紧急性住房维修都会给居民造成严重的支出压力，形成逾期风险。一旦外部冲击影响面较大，就可能引发较严重的房地产危机。次贷危机前夕，家庭住房负担创历史高位水平，2006 年有贷款自住家庭的住房负担水平超过 30% 的比例达 37%，较 1989 年提高了 13 个百分点，居民债务风险显著上升。

### （二）日本“失去的二十年”：还是金融闯的祸

房地产长期看人口，中期看土地，短期看金融。日本从人口悬崖坠落，土地一度供应不足，货币政策大放大收，正是验证我们经典判断的典型样本。

日本房地产市场的运行过程中，发生过两次泡沫和危机。（参见本书第四章《日本房地产市场大起大落的终极逻辑》，夏磊、易炜林、王菁菁。）第一次是在 20 世纪 70 年代初前后，房地产市场短暂回调后，重拾上涨。第二次是在 20 世纪 80 年代末，导致日本陷入“失去的二十年”。为何两次危机结局不同?

### 1. 两次房地产大危机，完全不同的结局

第一次危机产生于日本快速工业化时期对土地激增的需求。日本工业经济自1950年开始高速发展，带动工业用地价格大涨。1965年后日本调整产业结构，以金融服务业为代表的第三产业兴起，叠加城市化快速推进、战后“婴儿潮”进入置业高峰，住宅和商业用地供不应求。在工业化和城市化的双重推动下，土地价格不断飙升，1955—1974年，全国城市地价指数上涨28倍，六大城市上涨34倍。

受加息和土地税收改革的双重冲击，1974年地价下跌，但在1976年之后重拾上涨。1973年石油危机引发日本国内恶性通胀，央行多次加息，地价上涨势头减缓。同年，土地税制改革，针对5年内短期交易的法人土地，在营业税基础上追加征收20%的土地转让所得税，并创设特别土地保有税。在一系列针对性收紧措施出台后，1975年全国和六大城市地价指数分别下跌4.4%和8.1%，但1976年起重回上涨通道。

第二次危机产生于日本金融自由化时期宽松的货币环境。1979年土地税收政策放松，降低了个人交易成本和法人长期持有成本，导致地价上涨开始提速。1984年“日元－美元委员会”成立，日本金融市场对外开放和日元国际化步伐不断加快。1985年《广场协议》签署，日元升值，出口下降，政府开始多次降息并放松金融管制。在低利率、金融自由化、国际资本涌入的刺激下，1986—1990年日本房地产泡沫再次膨胀，全国和六大城市地价指数年均涨幅高达8.3%和20.6%。法人企业是本次泡沫的直接推手，由于实体产业利润率下降，企业拿到贷款后并非投入再生产，而是大量购置土地、抵押套现后再炒地，循环往复吹大泡沫。

日本政府实施加息、加税、不动产融资总量控制等措施，1991 年房地产泡沫被刺破，随后日本经济陷入“失去的二十年”。紧缩政策导致房地产泡沫在 1991 年破灭，并从商业地产传导至住宅地产，从东京圈蔓延至日本全境。此后的 20 年里，全国城市地价指数从 1991 年的最高点大降 62.7%，六大城市跌幅更高达 76.0%，房地产市场从此一蹶不振。日本两次房地产危机对比情况见表 0.4。

表 0.4　日本两次房地产危机对比情况

| | 第一次房地产危机（1955—1974 年） | 第二次房地产危机（1986—1991 年） |
|---|---|---|
| 特征 | · 地价大涨：1955—1974 年复合增速，全国 18.2%，六大城市 19.3%<br>· 居民杠杆快速上升：1965—1973 年居民总负债年均增速 19%，超过收入 3 个百分点 | · 地价大涨：1986—1991 年复合增速，全国 9.5%，六大城市 21.9%<br>· 信贷扩张见顶：1990 年信贷比 GDP 缺口高达 23.9%，远超 10% 警戒线 |
| 产生 | · 经济高增长：1956—1973 年 GDP 年增速 9.1%<br>· 快速城市化：1945—1975 年从 27.8% 增至 75.9%<br>· 流动性充足：1968—1973 年 M2 年增速 19.8% | · 经济中速增长：1975—1990 年 GDP 年增速 4.1%<br>· 国内货币宽松：1986—1987 年连续 5 次加息；1986—1989 年 M2 年增速 10.2%<br>· 国际热钱涌入：1986—1988 年外汇储备年增速 57%<br>· 金融机构输血：1980—1989 年不动产贷款占比从 5.8% 增至 10.3%<br>· 企业炒地盛行：1986—1990 年企业土地购入额年均 6.8 万亿日元，是 1980—1984 年的 8 倍 |
| 破灭 | · 第一次石油危机冲击：GDP 增速降至 -0.5%，贴现率由 4.25% 提升至 9%，货币收紧<br>· 地价指数：仅 1975 年下跌，全国城市 -4.4%，六大城市 -8.1% | · 政府主动刺破：连续 5 次加息，不动产融资总量控制，开征地价税和特别土地保有税<br>· 地价指数：下跌 20 年，全国城市大降 63%，六大城市大降 76% |

续表

| | 第一次房地产危机（1955—1974 年） | 第二次房地产危机（1986—1991 年） |
|---|---|---|
| 影响 | · 迅速反弹：地价指数仅在 1975 年小幅下降后重回上涨通道，1975—1986 年全国城市年增速 4.4%，六大城市 6.6% | · “失去的二十年”：1992—2012 年 GDP 年增速 0.9%，CPI 为 -0.1%，增长停滞，长期通缩<br>· 国民财富缩水：地价下跌，持续跑输通胀<br>· 大量企业倒闭：2000 年倒闭企业负债 24 万亿日元<br>· 金融机构倒闭：1995—2001 年合计倒闭 172 家<br>· 失业率攀升：1992—2002 年从 2.2% 增至 5.4% |

资料来源：恒大研究院。

两次危机结局迥异在于经济发展阶段、人口结构发生了显著变化。

在城市化率不足 75% 时，日本房地产市场从未积累泡沫，即使短期有泡沫，也能被城市化进程消化。

而当城市化率超过 75% 时，日本经历了两次房地产危机，但两次危机的背景显著不同。

一是经济发展阶段不同。第一次危机爆发后日本经济成功换挡至中速增长，而第二次危机爆发后日本经济陷入长期停滞。

二是人口年龄结构不同。第一次危机爆发时日本适龄置业人口尚处高位，真实需求旺盛，而第二次危机爆发时日本老龄化问题已十分严峻，65 岁以上人口占比高达 12.1%，此后不断攀升，20~49 岁适龄置业人口从 2000 年后开始回落，有效需求下降。从数据上看，2010 年城市化率是 90.7%，比第一次危机爆发时城市化率明显提高。实际上，第二次危机后，特别是 2000 年城市化率大幅提升，主要在于行政区划调整和町村老龄人口去世造成的被动提升，而非人口真实流动，无法形成有效需求，房地产市场仍无起色。

### 2. 日本住房制度有四大支柱，货币金融是罪魁祸首，土地供给不足火上浇油，突加保有环节税和大幅加息刺破泡沫

（1）货币金融制度：货币政策缺少独立性，为刺激经济增长大幅放水酿成泡沫和危机

央行缺乏独立性，受大藏省影响较大。1997 年之前，日本央行独立性较弱，“日本银行的任务是根据国家政策进行货币、金融调节及维护信用秩序，以有效发挥国家整体经济力量”，大藏省拥有对日本银行的一般业务命令权、监督命令权、官员解雇命令权等。1997 年新《日本银行法》出台，明确规定央行政策目标是“通过保持物价稳定，促进国民经济健康发展”，强调“尊重日本银行货币政策自主性，确保经营决策透明性”。但大藏省对央行仍有较大影响，必要时大藏省有权要求日本银行提供信用支持，且日本银行在人事、预算、国际金融活动、外汇市场操作等方面并非完全独立。因此，央行货币金融政策随日本经济形势而频繁变动。

货币政策定力不足，调控目标在经济增长和稳定物价之间不断切换。战后日本央行的首要目标是为经济增长提供充足资金。70 年代因两次石油危机，货币政策目标转向控制通胀。1985 年《广场协议》签订后日元升值抑制出口，央行的目标重回经济增长。90 年代泡沫破灭后又转向解决通缩。直至 1997 年新法出台，才从法律上明确“日本银行的基本使命是稳定物价”。货币政策目标频繁切换，导致政策忽松忽紧。

（2）土地制度：土地稀缺，金融属性强，刺激投机

土地金融属性过强，刺激投机。日本商业银行等金融机构以土地为抵押品进行放贷，赋予土地很强的融资功能。20 世纪 80 年代中后期，存款利率市场化导致银行吸储成本大增，大企业对银行贷款依赖性下降，腹背承压的银行开始放宽信贷标准，转向为中小企业和个人提供

不动产抵押贷款，宽松的资金面刺激炒地。

土地稀缺导致人们产生地价只涨不跌的预期。日本国土面积仅37.8万平方公里，但3/4以上被山体覆盖，建筑用地占比极低。60%左右为私人所有，其中建筑用地占比仅10%，土地供给严重不足。而亚洲人的传统观念中将置业作为安家的基础，土地需求旺盛。地少人多的现状使人们产生地价只涨不跌的心理预期，将土地视为最好的投资品。

（3）税收制度：重交易轻保有，泡沫顶峰时期突加保有环节税加重危机

重交易轻保有，在房地产上升期加速泡沫形成。保有环节税负较轻，只需缴纳固定资产税和都市计划税，综合税率不到1.7%，鼓励长期持有。交易环节收重税，需缴纳转让所得税、不动产取得税等，若持有不到5年，仅转让所得税的综合税率就高达39.63%，抑制短期交易。在房地产价格大涨时，不动产持有成本低，交易成本高，居民倾向于持有，导致土地市场供应不足，推升地价。

保有环节突然加税，在房地产下行时加速泡沫破灭。1991年，为抑制地价上涨，日本政府开始加征地价税，并强化特别土地保有税，尽管税负不高，但此时房地产市场已处下行期，加税体现政府调控决心，市场预期迅速扭转，加速地价下跌。

（4）租赁制度：保护租户，租购同权，机构主导

租约保护。日本家庭租房率在38%左右，主要集中在城市。2017年三大都市圈住房租赁市场中97.5%为普通租约，到期后自动接续，房东在无"正当理由"情况下不允许终止。

租购同权。依法纳税的租客也能享受当地教育、医疗等社会公共资源服务，不受限于住房产权。

机构主导。在日本民营租赁住房管理上，2010年，25.5%由业主部分委托机构管理，65.3%完全委托机构运营，而自行管理仅占9%，

机构深度参与运营民营住房租赁市场。

3. 启示：人口老龄化、人口向大都市圈集聚、住房金融体系弱监管、机构主导租赁市场

第一，人口老龄化深刻影响经济增长、产业结构和房地产市场。随着平均寿命延长和生育率下降，日本从1970年开始进入老龄化社会，65岁以上人口比重达7%，且老龄化速度快，2001年达18%，2018年升至28%。人口老龄化影响劳动生产率提升，导致经济缺乏活力。日本历史上的两次房地产危机，结局大不同，很大程度上跟人口年龄结构有关。日本人口红利与地价拐点几乎同步，见图0.6。

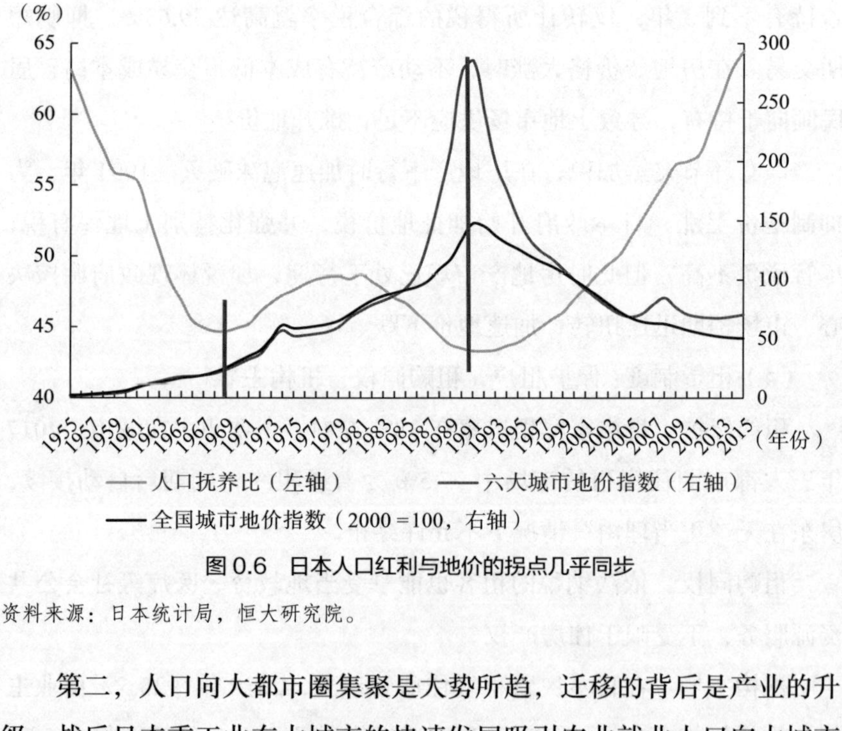


图0.6 日本人口红利与地价的拐点几乎同步

资料来源：日本统计局，恒大研究院。

第二，人口向大都市圈集聚是大势所趋，迁移的背后是产业的升级。战后日本重工业在大城市的快速发展吸引农业就业人口向大城市

聚集。20 世纪 60 年代重工业向大城市周边转移，带动市中心和周边人口向大都市圈集聚。70 年代以金融、不动产、批发贸易为代表的第三产业较快发展，服务业能提供更多更好的就业，吸引人口进一步流向大都市圈。尤其是东京，在总人口负增长、其他两个都市圈人口净流出的情况下，仍保持人口净流入状态。

第三，只有人口流动的城市化率提高才能引致真实的房地产需求。日本历史上有两次城市化率快速上涨阶段：第一次由 1945 年的 28% 升至 1975 年的 76%，主要是人口加速向城市聚集；第二次由 2000 年的 79% 升至 2010 年的 91%，主要因为町村老人相继离世和日本“市町村大合并”，并非人口真实流动。农村老龄人口离世和行政区划调整导致城市化率被动提升，无法形成有效需求。

第四，房地产泡沫是一种货币现象，保持货币金融政策的连续性和稳定性有助于稳定房地产价格。1985 年《广场协议》签署后，为抑制日元过快升值及其对经济的不利影响，政府在 1986 年连续 4 次下调贴现率至 3% 的低利率水平。为了稳定国际货币市场，1987 年 2 月，日本签署《卢浮宫协议》，并再次下调贴现率至战后最低值 2.5%，并一直维持历史最低水平到 1989 年 4 月。1985—1989 年 M1（狭义货币供应量）、M2 月增速分别达 7% 和 10%，高于同期 4.5% 的经济增速。持续低利率和日元升值导致大量资金流入股市和房地产市场，资产泡沫快速膨胀。为了抑制经济过热和资产泡沫化，1989—1990 年政府又连续 5 次上调贴现率至 6%，1990 年大藏省出台政策限制房地产融资，1991 年和 1992 年 M2 增速分别为 2% 和 –0.4%，政策快速收紧挤破泡沫。货币金融政策频繁变动是日本房地产市场大起大落的重要原因。

第五，弱监管的专业住房金融机构孕育房地产泡沫。日本的个贷业务经历了从被忽视到争抢、从银行到专业机构的演变。

1965 年以前，住房金融体系以政策性金融机构为主，民间机构多采取先存后贷的模式，贷款占比较低。1965 年，个人住房抵押贷款模式兴起，部分地方银行个贷业务开始快速发展，但大银行仍不愿涉足。随着民间金融机构的个贷市场规模不断扩大，70 年代初，大藏省主导设立“住专”公司，管理层主要由大藏省退休官员和母行派驻人员担任，主要提供个人住房抵押贷款业务，贷款资金来自大银行等机构拆借。

80 年代，金融脱媒出现，迫使银行转型进入个贷领域，大银行抢占了“住专”的市场份额，导致“住专”把业务从个贷转向房企融资。1980—1990 年，七大“住专”向房企贷款余额占比从 4.4% 大幅增至 78.6%，为房地产行业输送了大量资金。

1990 年，大藏省虽出台政策限制房地产融资，但因 6 家“住专”公司社长均为大藏省退休官员，“住专”和农林系统金融机构并未受到影响。1991 年地价快速下跌，导致“住专”不良债权高筑，无法偿还母行资金，大量金融机构因此倒闭，日本金融系统稳定性受到严重冲击。

第六，房地产的持有和交易成本在不同阶段对居民和企业行为影响不同。当房地产市场处于上升期，持有成本低、交易成本高导致居民和企业倾向于持有土地，供给减少，与价格形成正反馈效应，反推价格快速上涨。当房地产市场处于下行期，小幅增加持有成本也能加剧土地抛售行为。

第七，住房存量时代，规范建设租赁市场是解决住房难题的有效手段。日本在 1973 年各个都道府县住房套户比均超过 1，供求基本平衡，市场开始进入存量时代。80 年代末房地产市场非理性上涨，政府加大租赁住房供应，培育发展租赁住宅管理业态，对租赁市场规范发展至关重要。90 年代以来，住宅资产管理业务蓬勃发展。受益于住房租赁市场的规范发展，尽管房地产市场波动起伏，但居民住有所居。

第八，机构主导管理有利于住房租赁市场规范健康发展。从专业化角度看，租赁机构的规模化管理运作，可提供更好的住房租赁产品和服务，有利于提升住房质量；从监管角度看，专业机构为主的市场，能避免过多一对一的纠纷，大幅提高监管效率，节约行政成本；从行业发展角度看，机构主导的 C2B2C（顾客与企业之间、顾客与顾客之间的信息交流）模式有利于行业规范和完善，对出租人来说提高了出租率和流通率，对承租人来说提升了体验和信息透明度。目前日本八成以上的民营租赁住房由专业机构参与管理，住房租赁市场发展规范，值得我们反思和借鉴。

## 三、不是没有出路，全球房地产市场健康发展的典范：德国房价稳定奇迹，新加坡居者有其屋

如果说中国香港和英国深陷高房价之困，美国和日本深受房地产危机之苦，那么德国和新加坡则是全球房地产市场健康发展的典范，德国房价长期稳定，新加坡有力地保障了居者有其屋。

### （一）德国房价长期稳定之谜：金融稳定、租赁发达

#### 1. 德国房价长期稳定的奇迹

举世赞叹德国制造和德国房价长期稳定的奇迹。（参见本书第五章《德国房价长期稳定之谜》，夏磊、任泽平、俞涛、易炜林。）“二战”后，德国不仅很好地解决了住房短缺问题，套户比从 1945 年的 0.57 提高到 2016 年的 1.02，人均住房面积达 46.5 平方米；还保持了房价长期稳定，在全球此起彼伏的房地产大泡沫中独善其身，1970—2017 年，德国名义房价指数仅上涨 2.3 倍，年均增速只有 2.6%，同期，

英国、法国、美国分别上涨 52.8 倍、16.1 倍和 12.5 倍，年均增速分别高达 8.8%、6.1% 和 5.5%。

德国还形成了独具特色的住房市场结构。居住结构上以租房为主流，德国住房自有率为 45%，55% 的人口租房居住，租赁群体人均住房面积为 38 平方米，租赁条件较好。供应结构以居民所有为主，多类机构有力补充，居民家庭持有住房 81%。房龄结构上展现“住房质量奇迹”，住房持久耐用，70% 以上的住房房龄超过 40 年，27% 超过 70 年，14% 为百年老宅。

见贤思齐，是什么造就了德国房价稳定的奇迹？

### 2. 德国住房制度有三大支柱，其中稳健的金融制度和完备的租赁制度起到了至关重要的作用

（1）稳健的金融制度

央行的自我约束和货币政策目标。“二战”以后，德国央行的首要目标是保持物价稳定，其次才是经济增长。1998 年，欧洲央行成立，总部设在德国法兰克福，很大程度上继承了德国央行严控通胀的货币政策传统。《马斯特里赫特条约》使欧洲央行成为世界上独立性最强的中央银行，规定物价稳定是欧洲央行压倒一切的长期目标。1950—2017 年，德国 CPI 年均增速仅 2.4%，通胀控制能力是全球典范。

住房金融体系以商业按揭为主，辅以独特的住房储蓄，引导居民理性加杠杆。德国按揭贷款的首付比例通常在 20%~30%，在国际对比中处于相对较高水平，住房贷款以固定利率合同为主。推行独特的住房储蓄模式，先存后贷，以存定贷，专业经营，固定低息。德国居民房贷占 GDP 的比重仅为 36%，居民负债占 GDP 的比重仅为 53%，居民杠杆在发达国家中处于显著偏低水平。

（2）完备的租赁制度

德国充分保障租户权益，成功地实现了租购并举、租购同权。德国住房自有率仅 45%，55% 的人口租房居住，柏林、汉堡等大城市更高达 80% 以上，而且租赁群体人均住房面积达 38 平方米，同样能较好地满足居住需求，是租赁需求与购房需求实现均衡发展的典范，这离不开德国对租房者权益的全面保障。

完善的法律保障。德国通过《民法典》《住房租赁法》《住房补贴法》《经济犯罪法》等完善的法律体系，加强租约保护与租金限制，充分保障租户权益。一是租约保障。租赁合同默认为无固定期限合同，房东要解约，必须符合法定的特殊情形，仅限于租户违约、自住需求、重大经济性改造开发等。租户在房东转让住房时享有优先购买权。二是租金限制，包括限制提租、限制涨幅、限制过高租金。房东要上调租金，必须满足租金 15 个月未变，且目标租金不超过市政当局或其他城市的大小、设施、质量、位置等条件相当的同类型住房的租金标准。租金在 3 年内涨幅不得超过 20%，在市政府判定的住房供应严峻的特殊区域不得超过 15%，特殊限制期最长 5 年。在市政府判定的住房供应严峻的特殊区域，新签订租赁合同的租金不得超过租金标准的 1.1 倍；房东目标租金过高，将可能面临高额罚款和长期监禁处罚。1971 年以来《住房租赁法》的演变情况见表 0.5。

租购同权。居民只要在居住地的市民管理处登记注册并依法纳税，就可以享有当地医疗、养老、教育等公共资源与服务，不存在住房产权的门槛限制。

租金补贴。政府根据收入和家庭规模，向租房户提供住房补贴，户均补贴额逐年提升，保障受补贴家庭的实际补贴水平与生活水平不受到物价和租金上涨的损害。

表0.5 1971年以来《住房租赁法》的演变情况

| 日期 | 住房租赁系列法律 | 关键条款 |
|---|---|---|
| 1971.11.25 | 第一部《住房解约保护法》 | 对房东的解约权利予以限制，仅在租客违约、房东有自用需求或改造升级需求的情况下，才可解约<br>对房东的提租权利予以限制，此前一年内租金未变，且目标租金不超过可比租赁房的标准租金 |
| 1974.12.18 | 第二部《住房解约保护法》 | 出租人由于房屋改造、房屋维护成本上升、贷款成本增加等而要求增加租金，必须拿出充分的证据征得承租人同意 |
| 1982.12.23 | 《增加租赁住房供应法》 | 租金在3年内涨幅不得超过30% |
| 2001.6.19 | 《住房租赁法改革法》 | 租金在3年内涨幅不得超过20%<br>房东提高租金，要求在此前15个月内租金未变 |
| 2013.3.11 | 《住房租赁法修正案》 | 在市政府判定的住房供应紧张的区域，租金在3年内涨幅不得超过15% |
| 2015.4.21 | 《住房租赁法修正案》 | 在市政府判定的住房供应紧张的特殊区域，新签订租赁合同的租金不得超过租金标准的1.1倍 |

资料来源：联邦法律公报，恒大研究院。

（3）均衡的税收制度

交易环节征收重税；使用环节征收二套住房税，减少空置；保有环节仅征收土地税。住房税收占全国税收收入的比重仅为3.7%，占财政收入的比重仅为1.9%，居民住房税收负担较低。

交易环节有不动产交易税、差价盈利所得税、遗产税和赠与税。不动产交易税税率高达3.5%~6.5%，叠加公证费、不动产登记费、中介服务费等各类交易费用，交易成本可达10%甚至更高，对交易获利部分还要征收差价盈利所得税，只有转让前用于长期出租或自住的住房，才予免征。

使用环节有二套住房税和租金收入所得税。二套住房税，以居民登记使用而非持有的第二套及以上住房为征税基础，增加了居民占用多套住房的成本，引导居民不超额占用住房，减少住房空置。2017 年德国住房空置率只有 3.2%。

保有环节仅对土地所有权征收土地税，住房无须纳税，土地税实际税率低，鼓励居民长期持有。

**3. 启示：政府强调对居民的住房责任，住房不仅是经济发展手段，也是社会保障**

第一，德国在对房地产定位上强调政府对居民的住房责任，在经济发展战略上强调制造业，对房地产依赖度低。政府建立以居住为导向、以法律为基石、三大支柱鼎立的住房制度，持续完善法律以明确住房责任，建设金融、税收、租赁三大制度（见图 0.7），从量、价、质三方面践行住房责任：户均 1 套是政府应予保障的需求；住房支出占收入的 15%~20% 为合理水平；支持业主通过改扩建提高住房现代化水平。德国实行土地私有制，土地主要归自然人、法人等私人所有，政府对土地财政依赖度低。房地产业在德国主要经济指标中的占比一直保持平稳，并不是经济增长的引擎。德国支柱性产业在 20 世纪 90 年代以前靠制造业，在 90 年代以后靠“现代服务业 + 制造业”。

第二，住房制度发展应与经济发展阶段相适应，高速增长期重建设，增速换挡后重租赁。在经济高速增长阶段，进行大规模住房建设，既有助于拉动其他产业，促进经济增长，也有助于提高居民收入，改善住房消费水平。但经济转向中高速增长阶段，若继续大规模建房，则会挤占宝贵的信贷资源，影响实体经济发展，还会积累泡沫风险。经济增速换挡期，要更加关注租赁，保障低收入群体的住房需求。

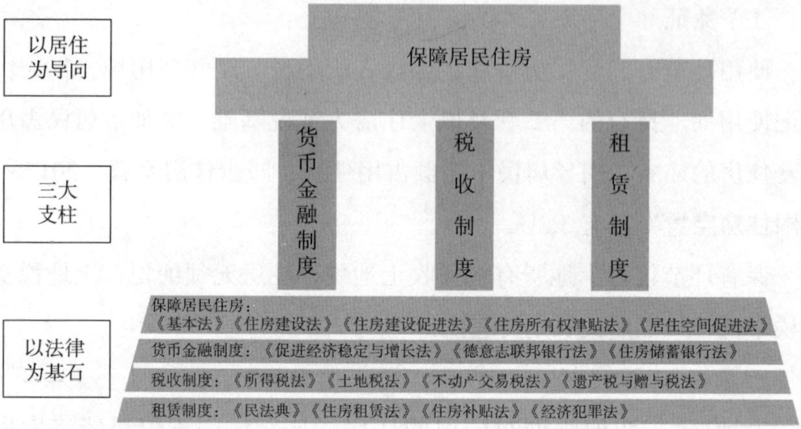


图 0.7 德国以居住为导向、以法律为基石、三大支柱鼎立的住房制度

资料来源：恒大研究院。

第三，城市化进程与住房供需格局，推动住房制度建设。

城市化初期阶段，城市化进程启动，住房缺口不断扩大，由于工业化水平比较低，尚不具备大规模住房建设的基础，应采取政府主导的住房分配制度。

城市化中期阶段，居民大量进城，住房缺口处于高位，居住需求重要性提升，同时扩大供给成为可能，政府应加大金融财税支持力度，撬动市场建房。

城市化后期阶段，城市化速度仍较快，但住房增量越过顶点，存量市场体量可观，重要性显著提升，政府应加强对需求侧保障，特别是租赁制度建设。

城市化末期阶段，城市人口增量显著减少，套户比保持在 1 以上，住房总量充裕，居住需求和供给的增量都较小，投机性需求对市场的边际影响显著，政府应完善税收制度建设，对交易环节征收重税，遏制投机。

第四，德国也有其特殊性，城市经济发展均衡，德国人并非大城市不可。德国城市体系具有均衡化、特色化的特征：产业布局均衡，每个州都以先进制造业或现代服务业为主导产业；经济发展水平相当，人均 GDP 最高的州是全国的 164%；住房供给均衡，各州的人均住房套数为 0.48~0.58 套，不存在明显短缺的地区。人口布局分散化，人口第一大城市柏林只有 357 万人，占全国人口的比重仅为 4%，远低于法国、英国、日本等体量相近经济体首都城市 10% 左右的平均水平。

### （二）新加坡“居者有其屋”：高住房自有率，组屋主导的充足住房供应体系

新加坡是“居者有其屋”的成功践行者，不仅解决了自治初期的“房荒”问题，还形成了“廉租房—廉价组屋—改善型组屋—私人住宅”的阶梯式供应体系，住房自有率更高达 90.9%，成为世界上拥有住房率最高的国家之一。（参见本书第六章《新加坡如何实现“居者有其屋”》，夏磊、王菁菁。）

#### 1. 新加坡的高住房自有率奇迹

建国后短短 30 年，新加坡就成功地从第三世界跻身第一世界，在创造经济奇迹的同时，更以其高住房自有率而成为全球典范，被公认为全世界解决住房问题最好的国家之一。人均住房面积从自治之初的不足 6 平方米提高至 2015 年的 27.6 平方米；套户比在 1985 年达到 1 后，一直稳定在 1 以上；住房自有率在 2001 年达到历史高点 93.1%，此后一直维持在 90% 左右。

1998--2018 年，新加坡名义房价仅上涨了 51.6%，同期美国、法国、英国和中国香港分别上涨了 129.6%、162.4%、237.1% 和 174.8%；从相对涨幅看，自亚洲金融危机以来，新加坡名义房价涨幅 / 人均收入涨幅仅为 0.48，房价涨幅明显低于购买力增速。

新加坡还形成以组屋为主、私宅为辅的住房供给结构（见表 0.6）。82% 以上的新加坡人居住在政府提供的组屋中，仅有不到 18% 的高收入家庭和外国人住在开发商建设的私人住宅。组屋类型多元，不仅有提供给中低收入家庭的普通组屋，还有面向“夹心层”家庭提供设计更好、面积更大、配套更全的 EC（执行共管公寓）和 3-Gens（三代同堂）公寓，满足多层次住房需求。组屋价格不到私人住宅的 1/3，房价收入比始终维持在 5.5 左右，私人住宅的房价收入比约为 21，均远低于香港（47）、北京（44）和上海（44）等亚洲发达城市，居民购房压力较小。

**2. 新加坡住房制度四大支柱：国有为主的土地制度和公积金主导的金融制度共同服务于组屋主导的住房保障制度**

（1）国有为主的土地制度

新加坡国有土地占比近九成，政府在土地规划、出让、管理上拥有绝对话语权。1966 年颁布的《土地征收法》规定，政府出于公共利益需要可强制征地，并限定赔偿款在较低水平，保障政府低价获取大量土地，国有土地占比从 1960 年的 44% 快速上升至 2006 年的 87%。所有权和使用权两权分离，政府以招标和拍卖转让土地使用权（住宅 99 年）。

政府以低价把土地转让给 HDB，保障组屋建设量足价廉：一是保证组屋建设用地充足，由 SLA（新加坡土地管理局）征收并向 HDB 供应大量公共建设用地；二是 HDB 以远低于市价获取土地，组屋售价远低于私宅。

（2）公积金主导的住房金融制度

住房金融体系以强制储蓄型的中央公积金为主，辅以商业贷款。《中央公积金法》明确规定，所有公民和永久居民均需缴纳公积金，

表 0.6　新加坡当前的住房供应形式：组屋为主，私宅为辅

| 大类 | 住宅类型 | 目标人群 | 基本情况 | 资质要求 | 开发商 | 收入限制（新元 / 月） | 2017 年底市场份额 | 2017 年底均价（新元/平方英尺） |
|---|---|---|---|---|---|---|---|---|
| 公共住宅 | HDB 组屋 | 中低收入群体 | HDB 承建和销售，提供多种户型，满足多层次需求 | 仅限新加坡公民，且核心家庭至少还有一位新加坡公民或永久居民 | HDB | 12 000/ 多代家庭 18 000 | 67.5% | 421 |
| | 执行共管公寓 | 中等收入群体 | 作为 HDB 推出的改善型组屋，由私人开发商自建自销 | | 私人开发商 | 14 000 | 4.6% | 799 |
| | 私人组屋住宅 | 更高收入群体 | 私人开发商设计、兴建和销售 | | | 12 000/ 多代家庭 18 000 | 0.6% | 2012 年以后停售 |
| 私人住宅 | 非有地私宅 | 高收入群体 | 分为普通、执行和高级公寓，设施较好，一般为 99 年地契 | 新加坡公民及永久居民、外国人 | | 无收入限制 | 21.9% | 1 335 |
| | 有地私宅 | 高收入群体 | 分为独立别墅、半独立别墅、排屋，设施较好，带花园和草坪，面积大，隐私度高，一般为永久地契 | 主要是新加坡公民，极少部分为永久居民和外国人 | | | 5.4% | 1 241 |

资料来源：HDB，恒大研究院。

注：1 平方英尺 ≈0.093 平方米。

2017 年覆盖率高达 95.3%。1968 年开始用于购买组屋，1981 年扩至私宅，中央公积金制度大幅提升了新加坡人的房屋购买力。

中央公积金采用存贷分离、高存低贷、固定利率、封闭管理的运行机制。中央公积金局负责收取，政府投资公司负责增值，HDB 负责发放住房贷款，保证专款专用。新加坡公积金缴存比例极高，2016 年以来为 37%（雇员 20%，雇主 17%），远高于德国、中国、巴西、智利等国家。公积金存款利率高于同期银行存款，贷款利率一般为公积金存款利率上浮 0.1%，1993 年来稳定在 2.6%。这可以发挥两大关键作用：一是支持政府“建得起”组屋，中央公积金局为 HDB 提供间接资金支持；二是让居民“买得起”组屋，通过优惠贷款和补助形式支持居民买房。

（3）组屋主导的住房保障制度

早在 1960 年，新加坡就已建立组屋制度，从满足基本居住到支持改善需求，从帮助低收入家庭到全面覆盖中等收入群体。组屋是新加坡最主要的住房供应形式，也是新加坡成功实现“居者有其屋”的关键。

目前约 82% 的新加坡人居住在政府提供的组屋，仅 18% 的新加坡人住在开发商建设的私宅。组屋可分为两种：一是面向中低收入家庭的普通组屋，二是面向收入超过组屋申请上限但又无力购买私宅的“夹心层”提供的改善型组屋。私人住宅主要面向高收入公民及无法购买组屋的外国人，按照是否拥有土地所有权，可分为有地私宅和非有地私宅。

新加坡住房自有率极高，2017 年高达 90.9%。只有收入极低的公民和短暂旅居的外国人租房居住，占比不到 10%。

新加坡住房制度的演变过程见图 0.8。新加坡住房制度中各参与主体之间的关系见图 0.9。

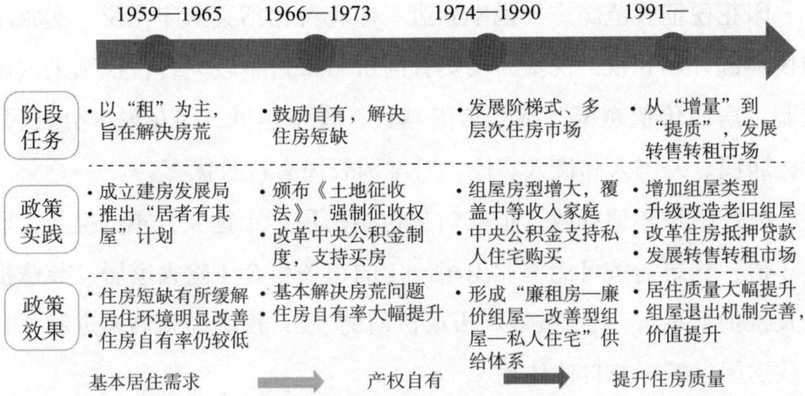


图 0.8 新加坡住房制度的演变过程——由“量”到“质”

资料来源：恒大研究院。

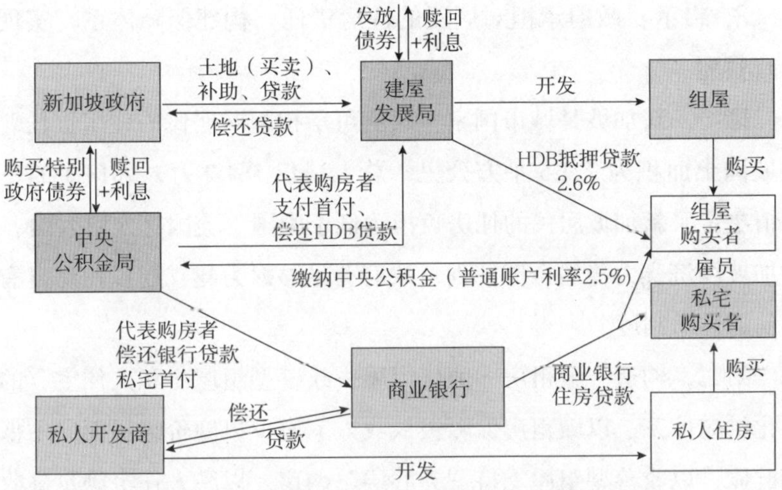


图 0.9 新加坡住房制度中各参与主体之间的关系

资料来源：恒大研究院。

（4）交易保有并重的税收制度

新加坡房地产相关税种包括印花税、财产税和所得税，2017 年前两项合计 91.2 亿新元，占总税收的 13.9%，占财政预算收入的 9.8%。

印花税征收范围广，税率累进。印花税包括买家印花税、卖家印花税和额外印花税；税基为买卖合同价与市价中较高者，税率采取累进制，房屋价值越低，持有年限越长，税率越低；印花税区分公民、永久居民、外国人和法人实体，对本国公民有税收优惠。

财产税按年值征收。征收对象包括房屋、土地及公寓；税基为资产年值，建筑物按可比物业出租一年的市场租金（除去家居、装修折旧及维护费用），土地按地块市场价值的5%；税率为超额累进制，且自住房屋远低于非自住住宅。

租售环节均需缴纳所得税。租赁环节由出租人缴纳，买卖环节只针对投资炒作的个人征收。

### 3. 启示：政府承担对居民的住房责任，构建保障体系，实现居者有其屋

第一，新加坡是城市国家，政府可承担起对居民的住房责任。新加坡国土面积为721.5平方公里，总人口仅561.2万，人口少的基本国情决定了新加坡居民的住房负担远低于中国、美国等人口大国；而新加坡经济实力稳居全球前列，政府有足够财力建立起以住房自有为导向的住房制度。

第二，构造“廉租房—廉价组屋—改善型组屋—私人住宅”的阶梯化供应体系。以廉租房保障极低收入家庭，以廉价组屋面向中低收入群体，以改善型组屋支持“夹心层”购房，以私人住宅满足高收入群体及外国人，层层递进，满足多样化需求。

第三，供给端发力解决住房问题，辅以需求端调控。新加坡人口较少，政府对住房市场拥有绝对控制权，往往从供给侧发力解决住房问题，通过不断调整住房供给去适应新的住房需求：“基本自住需求—实现产权自有—提升住房质量”；需求端主要是通过限售、差别

化税率、严惩弄虚作假等方式抑制投机。

第四，始终保持政策连续稳定。1966 年颁布《土地征收法》，赋予政府低价征地权，为组屋大规模、低成本建设提供土地保障；1968 年开始允许公积金购买组屋，1981 年拓展至私宅，大幅提高居民购买力；1996 年推出 EC 公寓，2005 年推出 DBSS（设计、建设和出售计划）公寓，2013 年推出 3-Gens 公寓，从供给形式上不断满足住房消费升级的新需求。新加坡始终保持住房政策的连续性，循序渐进实现“居者有其屋”的住房目标。

## 四、客观评估中国房地产二十年的历史功过和当前难题

在系统研究各典型经济体房地产运行和住房制度之后，对中国房地产的现状、问题与出路的研究就会变得十分清晰。当前中国房地产市场存在的问题，很大程度上与中国住房制度有关，而促进市场平稳健康发展，则根本上取决于住房制度改革和长效机制建设。

房地产是周期之母。1998 年房改释放了中国房地产市场化的洪荒之力，创造了人类城市化、经济增长、民生改善的辉煌成就，也埋下了高房价、土地财政、财富差距拉大等待解难题。

二十年沧海桑田，历史巨变，站在新时代的起点上，客观评价二十年来中国房地产的历史功过，直面中国房地产发展过程中遇到的问题和难题，在“房住不炒”的新定位下，如何通过住房制度改革和长效机制建设，促进房地产市场长期平稳健康发展，事关国运。本书最重要的是分析背后深层次的制度原因，为改革建言献策，不负一代学人的使命。为天地立心，为生民立命，为往圣继绝学，为万世开太平。

## （一）客观评价二十年住房制度改革的历史功过

1998 年，为应对亚洲金融风暴冲击，房改启动商品房市场。国务院 23 号文要求停止住房实物分配，逐步实行住房分配货币化；建立和完善以经济适用住房为主的多层次城镇住房供应体系。中国房地产二十年市场化发展大幕就此开启。

### 1. 房地产行业从无到有，逐渐走向成熟

房改以来，受益于城镇化和经济增长，居民住房需求集中释放。1998—2018 年，中国城镇化率从 33.4% 上升至 59.6%，年均提升 1.3 个百分点，住房需求快速增加；城镇人均可支配收入年均增长 11%，居民购买力大幅提升。

中国房地产由此历经二十年长周期繁荣，行业各项指标大幅增长。二十年来，房屋新开工面积从 2 亿平方米增至 20.9 亿平方米，累计上涨 9.3 倍，年复合增速 12.4%。房地产开发投资完成额从 0.2 万亿元增至 12 万亿元，累计上涨 55.8 倍，年复合增速 22.4%。商品房销售面积和销售金额分别从 1.2 亿平方米增至 17.2 亿平方米，从 0.3 万亿元增至 15 万亿元，累计上涨 13.1 倍、58.7 倍，年复合增速 14.1%、22.7%。

伴随房地产业的快速发展，中国的房地产企业从无到有、从国企先行到民企崛起，队伍逐渐壮大。2018 年，全国房地产开发企业数量达 9.8 万个，比 1998 年的 2.4 万个增长了 3.1 倍，全国有 5 家房企位列世界 500 强。

行业发展模式从粗放走向成熟，三个趋势逐步显现。一是行业集中度逐渐提高，2018 年前 10 强、20 强、50 强房企市场占有率分别为 26.9%、37.4%、55.1%，分别较 2010 年提升 17.4、24.7 和 39 个百分点。二是产品不断升级完善，对园林绿化、建材品质、家装设计和智能科技等提出更高要求，多家龙头房企的精装修比例均超过 50%。三

是供应结构转变，党的十九大报告提出“加快建立多主体供给、多渠道保障、租购并举的住房制度，让全体人民住有所居”，房地产供应主体由开发商转变为政府、企业、开发商等主体共同参与，形成商品房、租赁房、保障房、共有产权房等各渠道多元供给的模式。

### 2. 住房制度建设在探索中逐步完善

中国住房制度采取循序渐进的稳步改革措施。前期探索试点，“98房改”奠定基础，后续配套政策推进，最终形成符合当前国情的，以住房金融、土地、税收、住房保障和住房供应为五大支柱的中国特色住房制度。

第一，以商业贷款为主、公积金贷款为辅的住房金融制度。1994年《国务院关于深化城镇住房制度改革的决定》颁布后，住房公积金制度建立；1998年《国务院关于进一步深化城镇住房制度改革加快住房建设的通知》规定所有商业银行在所有城镇均可发放个人住房贷款，商业性住房金融快速推进。

第二，以招拍挂为主的土地供应制度。1990年《城镇国有土地使用权出让和转让暂行条例》规定，按照所有权与使用权分离的原则，采取协议、招标、拍卖三种方式出让城镇国有土地使用权。2002年国土资源部颁布11号令，明确经营性用地必须招拍挂出让。2010年北京试点“限房价、竞地价”土地出让方式，2011年《国务院办公厅关于进一步做好房地产市场调控工作有关问题的通知》提出推广“限房价、竞地价”方式供应中低价位普通商品住宅用地，热点城市开始创新土地出让方式，打破传统招拍挂价高者得的模式。

第三，鼓励长期持有自住住房的税收制度。中国个人持有和交易住房主要涉及9个税种。保有环节2个税种，房产税及土地增值税分别依据1986年、1988年的暂行条例征收，目前均对个人非营业住房免征。交易环节 7 个税种，涉税种类多、税率相对较高，但对长期持有和家庭唯一住房设置了减免优惠。其中，契税依据 1997 年暂行条例征收；增值税及附加依据 2016 年《关于全面推开营业税改征增值税试点的通知》征收；个人所得税依据 1999 年《关于个人出售住房所得征收个人所得税有关问题的通知》征收；印花税和土地增值税依据 2008 年《关于调整房地产交易环节税收政策的通知》征收。

第四，包括公租房、经济适用房、棚户区改造安置房、共有产权房等多样化的住房保障体系。1998 年房改 23 号文提出“最低收入家庭租赁由政府或单位提供的廉租住房；中低收入家庭购买经济适用住房；其他收入高的家庭购买、租赁市场价商品住房”，廉租房和经济适用房被用于保障中低收入家庭居住。2010 年，《关于加快发展公共租赁住房的指导意见》出台，公租房成为保障性住房的方式之一，面向中等偏下收入家庭。2008 年中央大规模保障性安居工程启动了国有林区、垦区和煤矿棚户区改造；2010 年城市和国有工矿棚户区改造工作全面展开；2014 年国开行住宅金融事业部建立，中国人民银行创设抵押补充贷款，为全国范围内大规模棚改和货币化安置提供了成本适当、长期稳定的资金支持。棚户区住房困难家庭可通过棚改安置房和货币化购买商品房两种方式改善居住条件。2017 年住建部发文，支持北京、上海开展共有产权住房试点，重点解决“夹心层”住房问题。自此，针对不同收入群体的住房保障供应体系得以建立。2019 年住房保障立法加快推动，将明确国家层面住房保障顶层设计和基本制度框架。

第五，租购并举的住房供给体系。2015 年以来，租赁制度大获推进。2016 年，国务院出台《关于加快培育和发展住房租赁市场的若干意见》。2017 年，党的十九大报告中提出，“坚持房子是用来住的、不是用来炒的定位，加快建立多主体供给、多渠道保障、租购并举的住房制度”，明确住房供应体系主要框架和目标。2017 年开始试点政策积极推进，7 月《关于在人口净流入的大中城市加快发展住房租赁市场的通知》出台，选取广州、深圳等 12 个城市开展试点；8 月《利用集体建设用地建设租赁住房试点方案》发布，明确将在北京等 13 个城市开展利用集体建设用地建设租赁住房试点；2019 年南京等 16 城入围中央财政支持住房租赁试点。

### （二）客观评价二十年来房地产的历史贡献

#### 1. 房地产是拉动中国经济高增长的火车头

1998 年国务院 23 号文明确提出“促使住宅业成为新的经济增长点”，2003 年国务院 18 号文进一步将房地产定位为支柱性产业。20 年来，房地产作为中国经济发展的火车头，当之无愧。一是行业体量大，对经济增长直接贡献高；二是产业链条长，关联行业多，房地产投资和消费带动一大批上下游行业发展。其中，房地产开发投资带动建筑业以及水泥、钢铁、有色金属、挖掘机等上下游制造业；房地产消费，既直接带动与住房有关的家电、家具、家纺、装潢等制造业，也明显带动金融、媒体服务、互联网、物业管理等第三产业。2018 年，房地产业增加值占 GDP 的比重为 6.6%，房地产对上下游相关行业增加值的拉动占 GDP 的比重为 9.2%，二者合计占比高达 15.8%。

房地产提供的土地出让金和税收收入，有力地支持了地方政府推进大规模基础设施建设、工业税收减免和地价补贴，帮助中国制造业在过去 20 年的国际竞争中脱颖而出，为国家创造大量外汇收入，使出口成为拉动经济发展的重要马车。2012—2018 年，全国 300 个城市工业用地成交楼面价累计涨幅仅 4.2%，而住宅用地成交楼面均价累计涨幅达 178.6%。1998—2018 年，全国公路、铁路里程分别由 127.9 万公里、6.6 万公里增长至 485 万公里、13.2 万公里。

房地产是最重要的货币创造媒介之一，推动信用扩张和经济发展。

第一，中国金融体系以间接融资为主，房地产资产质量高，价值稳定，作为最重要的抵押物为信用扩张创造基础条件。2018 年末，上市银行贷款余额中抵押贷款占比 42%，其中四大国有银行为 45%。抵押贷款超 10 万亿元的上市银行的抵债资产中，房地产占比高达 76.4%。第二，在快速工业化、城镇化阶段，大规模的房地产开发建设是经济发展、城市建设的引擎。房地产项目投资金额高，单体规模大，需要信贷支持。2018 年房地产开发贷款占金融机构贷款余额的 9.5%，支撑起相当于全社会固定资产投资 18.6% 的房地产开发投资。第三，在住房市场化国家，住房贷款是支持居民购买住房、改善居住条件的重要手段，是居民部门的主要负债，也是金融机构的重要资产投向。以美国、日本和德国为例，2017 年居民住房贷款占总负债的比重分别为 67.4%、64.5% 和 72.4%，占金融机构贷款余额的比重分别为 24.1%、24.5% 和 39.8%。2018 年中国居民住房贷款余额占居民总负债的 56.4%，占金融机构贷款余额的 18.9%，均低于发达国家水平。

### 2. 房地产是地方政府进行大规模基础设施建设的主要财政来源

1994 年分税制改革后，事权下沉、财权上移，地方政府财政压力加大。房地产为地方政府筹集稳定的财政收入。

房地产相关税收是地方政府的重要税收收入。与房地产相关的税种主要有 11 个，其中契税、土地增值税、城镇土地使用税、耕地占用税和房产税为房地产专项税收。随着房地产市场迅速发展，房地产相关税收规模持续扩大。2017 年房地产行业贡献地税 1.3 万亿元，2018 年 5 项房地产专项税共 1.8 万亿元，分别占当年地方本级税收收入的 19%、23.7%。

土地出让金是地方政府最重要的政府性基金预算收入，也是当前单项贡献最高的地方财政收入项目。通过房地产，地方政府以市场化的方式变现国有土地使用权的未来价值。1998 年，土地出让金规模为 507.7 亿元，相当于地方本级财政收入的 10.2%。2018 年，土地出让金规模增长至 6.5 万亿元，相当于地方本级财政收入的 66.5%。

土地抵押贷款是城市政府关键的外部融资来源。房地产发展带来的巨额土地增值红利，使地方政府的土地资产大幅增值，成为重要的信贷抵押物。以原国土资源部监测的 84 个城市为例，2015 年底土地融资余额达 11.3 万亿元。

### 3. 房地产是中国快速城镇化的发动机

改革开放以来,中国城镇化进程进入快速发展时期。1978—2018 年，城镇人口由 1.7 亿人增长至 8.3 亿人，40 年间增长约 3.8 倍；1981—2017 年，全国城市建成区面积由 7 438 平方公里增长至 56 225 平方公里，增长约 6.6 倍。

房地产为城市发展提供启动资金。对于尚处于起步和快速扩张期的城市，除了需要提供教育医疗、环卫绿化、治安消防等政府公共服务，更亟须大规模建设道路交通、水电气暖供应、城市管网等基础配套设施，传统预算内收入难以提供充足资金。1999—2018 年，全国地方本级一般公共预算支出合计 148.5 万亿元，而地方本级一般公共预算收入仅 82.7 万亿元。土地出让收入成为地方政府启动城市建设的重要财源，1999—2018 年，全国土地出让收入合计 43 万亿元，覆盖地方本级一般公共预算支出的 29%。

房地产帮助农转非人口在城镇安居乐业。一是为农业剩余劳动力提供充足的就业岗位和较高的收入水平。2018 年农民工总人数 2.9 亿人，其中建筑业从业人员占比 18.6%；建筑业月平均工资 4 209 元，比农民工整体水平高 13.1%。随着物管服务、房产中介、长租公寓等劳动力密集型细分领域快速发展，房地产将承接更多的农业剩余劳动力就业转移。二是为大量新增城镇人口提供住房。1998—2018年，中国经历了世界历史上规模最大、速度最快的城镇化进程，城镇化率年均提升1.3个百分点，城镇常住人口年均增加2 000万人。房地产通过市场化手段调动社会资源大规模建设住房，不仅解决了福利分房时代下的城镇住房短缺问题，还有效满足了快速城镇化产生的新增住房需求。1995年全国城镇存量住房面积尚且仅66.8亿平方米，2018年大幅提升至276亿平方米。

房地产加速城市开发进程，提升城市开发水平。一是改善城市面貌。多样化的房地产项目为城市风貌注入多元化色彩。棚户区和旧城改造改善了城市功能和面貌，但资金需求大，协调难度高，需要房企支持。二是减轻政府统一规划和建设的压力，土地出让后，除道路外的部分都可由房企完成。商业性房地产项目开发，往往还需要在红线内建设园林绿化、学校、医院、社区商业等相关配套设施。三是推动新区建设和发展，加速城市扩张。政府部门需要借助房企丰富的专业开发运维经验，打造聚拢人气的商圈、环境优美的住宅区和运营规范的产业园区。

### 4. 房地产是提高居民居住品质、实现消费升级的有力保障

房改是一次供给侧改革，大幅提高了住房供给效率，激发了老百姓对居住品质的追求，展现出崭新的生活方式。

房改有效提高了居民住房条件。一是家庭住房面积增加。城镇人均住房建筑面积由1998年的18.7平方米增至2018年的39平方米，增长了1.1倍，年均提升1平方米。二是楼房占比提升，平房占比下降。2000—2015年，全国平房住户占比由63.1%降至38.7%，年均下降1.6个百分点。三是住房设施明显改善。2000—2015年，城镇家庭中拥有独立厨房住户占比由84.7%升至92.4%，年均提升了0.5个百

分点；拥有独立抽水厕所住户占比由42.1%升至74.2%，年均提升了2.1个百分点。

房地产推动居民住房消费实现了多层次升级。一是购房观念升级。1998年前买公房，解决“有房住”的问题，此时消费者的观念是有房就行，多数公房没有成熟规范的小区。1998年后买带小区的商品房，实现对便民化居住服务的需求。物业管理行业也从无到有，逐渐发展成熟。进入21世纪后购买品质住宅，对园林绿化、建材品质、一体化装修等提出高要求，追求更有视野的生活理念，实现“住好房”。二是消费区域升级。城市间由低能级城市到高能级城市升级，由中小城镇向区域内核心城市和大都市圈升级；城市内由老区旧宅到新区新房升级。三是消费品牌升级。购房需求从缺乏建设标准和服务保障的地方中小房企向标准化运营、服务完善的品牌房企集中。2009—2018年，前三强、前十强和前二十强房企的市场占有率分别由3.5%、8.1%和11.8%增至12.6%、26.9%和37.4%。凭借品牌溢价、精装交房、智能家居、优质物业等优势，品质住宅占据主流。以精装修为例，90年代末首次在广州、上海等城市出现，2005年恒大率先开启全精装交房的业内风潮，2018年全国全装修渗透率提升至23%以上，一线城市则提升至56%。

### 5. 房地产是增加居民收入、财富和消费的主力军

房地产带动居民收入增长，促进居民财富增值，让居民消费能力提升，消费底气增强。第一，房地产及上下游产业链条长，吸纳大量就业人口，增加居民收入。2018年房地产业就业人数达466万人，建筑业就业人数达2 711万人，合计占城镇就业人数的7.3%。第二，房地产是中国居民资产的压舱石，房地产市场发展带动资产增值。2000—2018年，城镇住房总价值从17万亿元增长至261万亿

元，人均住房价值从 3.7 万元增长至 31.4 万元，分别增长 14.4 倍和 7.5 倍。

房地产为居民消费持续升级提供坚实保障。衣食住行是居民的基本生存需求，在消费中应优先满足。20 年来，随着城镇居民收入的快速增长，家庭恩格尔系数从 44.7 持续下降至 27.7。城镇家庭消费结构发生巨大变化，1985—2018 年，用于吃穿用的支出占比由 75.4% 快速下降至 40.9%，而用于居住和交通、通信的占比从 6.9% 大幅增加至 37.3%。要实现消费的进一步升级，必须依靠居住条件的群体性成规模持续改善。房改有效地激活了住房市场，1978—2018 年，城镇居民套户比从 0.81 上升至 1.09，实现了从全民蜗居到基本适居的飞跃，为消费继续升级打下了坚实的物质基础，未来用于教育医疗、休闲娱乐等的支出将进一步上升。

随着全精装交房和配套完善的小区式住宅推广、家居环境改善，房地产对建材、家电、家具等下游产品消费带动力大幅增强。1998—2018 年，商品房销售面积由 1.2 亿平方米增长至 17.2 亿平方米，带动水泥和钢材销量由 6.2 亿吨增长至 32.6 亿吨，家用电冰箱、洗衣机、彩电和空调由 0.67 亿台增长至 5.6 亿台。

### （三）直面我国房地产发展过程中遇到的问题和难题

二十年来，中国房地产市场繁荣发展，但也埋下了高房价、土地财政、财富差距拉大等难题。中国住房制度不断调整，但整体碎片化，未进行系统性变革，问题突出表现在：第一，土地供应方面，人地错配，结构失衡，导致一、二线高房价，三、四线高库存；第二，住房金融层面，货币超发助推房价上涨，信贷政策频繁变动不利于市场稳定；第三，住房保障方面，供给不连续，进入门槛高，退出门槛低；第四，税收方面，重建设交易轻保有，影响存量住房流通，且强化房地产投资属性；第五，住房供应方面，重购买轻租赁，住房租赁制度不完善，市场不成熟。

**1. 定位：房地产服务于经济增长，住房制度建设兼顾住房责任和宏观调控**

房地产是中国国民经济的支柱产业（参见本书第八章《中国住房制度支柱》，夏磊、郑南宏、庞欣）。1998 年以来，房地产增加值占 GDP 的比重不断创新高，从 1998 年的 4.0% 增加至 2017 年的 6.5%；房地产开发投资占固定资产投资的比重自 2000 年以来保持在 20% 左右，2017 年为 17.4%。房地产还带动了众多上下游产业，申万一级行业分类的全部 28 个行业中，有 14 个行业受房地产带动。

中国住房制度建设除了解决居民住房问题，还服务于宏观经济发展。1978 年以前，住房建设被挤压来源于重工业优先战略；1978 年起强调住房商品化，源于经济体制由计划向市场的转型；1998 年房改大步推进，是为应对亚洲金融危机的影响；2003 年转向以商品住房为主的住房供应体系，是对中央“发挥市场在资源配置中的作用”的响应；2008 年大力发展保障房，是为对冲国际金融危机的影响。因此，中国住房制度还承担了部分宏观调控职能，不利于住房市场的稳定。

**2. 土地制度：人地错配，结构失衡，招拍挂和土地财政推升地价房价**

人地错配，城镇用地在地区、城市之间配置失衡。长期以来，在“控制大城市人口、积极发展中小城市和小城镇、区域均衡发展”的城镇化思路指导下，人口向大都市圈集聚，但土地供给长期向中西部、中小城市倾斜，人口城镇化与土地城镇化明显背离。分地区看，2009—2016 年东部城镇建设用地增量比例低于城镇人口增量比例 12.9 个百分点；而中部、东北、西部分别高出1.7、4.4、6.8个百分点。从城市规模看，2006—2017年1 000万人以上城市城区人口增长34.1%，但建设用地仅增长6.1%，居住用地仅增长1.1%；20万人以下城市人口增长1.5%，建设用地增长19.8%，居住用地增长15.3%。

城乡失衡，农村建设用地高于城市建设用地。中国城镇建设用地占国土面积的1%，远低于发达国家，如美国、日本达到3.1%、2.8%。2010—2016年，在农村人口减少8 140万人的情况下，农村建设用地反而增加了990万亩，直接原因是农民工群体在城镇和乡村“双重占地”，形成众多“空心村”。在北京，2016年农村建设用地高达1 184平方公里，相当于城镇建设用地的71%；在上海，农村建设用地为812平方公里，相当于城镇建设用地的43%。

土地供应结构失衡，特别是工业用地占比过高，住宅用地占比过低。2010—2018年我国住宅用地供应仅占总建设用地供应的17.8%，而工业用地供应占比为27.1%。工业用地供应总量过大，占比过高，利用效率低下；而住宅用地供应总量不足，占比偏低，制约了住房有效供应。此外，从住宅用地细分结构看，租赁住房用地和中小户型普通商品住房用地供应不足，住宅用地供应与实际住房需求错配。

土地价高者得，推高地价和房价。土地招拍挂制度以价高者得为原则，虽公开透明，但也不断推升地价，产生地王，助推房价上涨。2004—2017年，全国土地购置均价由722元/平方米上涨至5 349元/平方米，年复合增速为16.7%，地价占房价的比重由26.6%上升至67.8%。

### 3. 住房金融政策：货币长期超发，金融政策缺少连续性和稳定性

货币超发推涨房价，房地产具有很强的保值增值属性，是货币的重要蓄水池。1998—2017年，M2从10万亿元增至169万亿元，上涨了16倍，而同期名义GDP仅上涨了9倍。根据货币数量方程

MV=PQ（货币供应量 × 货币流通速度 = 价格水平 × 商品交易量），若货币供应增速持续超过名义 GDP 增速，则资产价格上涨。如 2009 年、2012 年、2015 年，“M2 增速 - 名义 GDP 增速”与全国新建商品住宅价格涨幅走势一致（见图 0.10）。

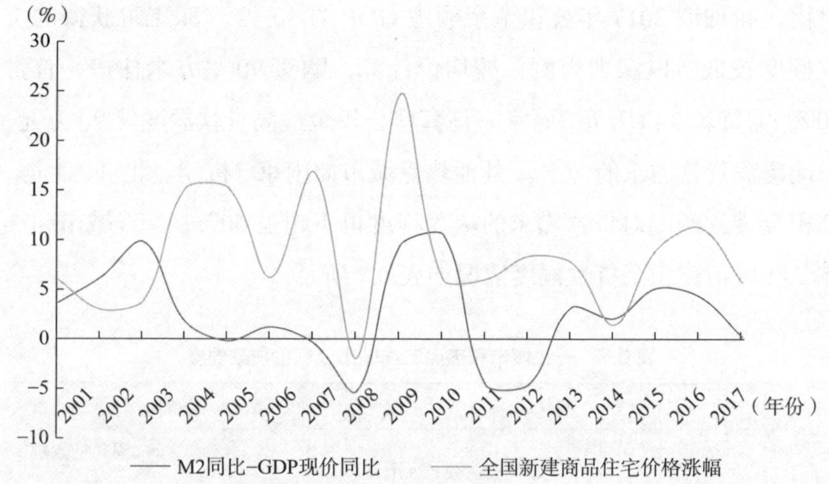


图 0.10 中国 M2 与名义 GDP 增速差及商品住宅价格涨幅

资料来源：国家统计局，中国人民银行，恒大研究院。

信贷政策不稳定，特别是频繁调整首付比例，扰动市场预期，推高居民杠杆。2003 年至今累计动用全国性金融调控达 12 次（不含 2016 年推行因城施策后各地的调整），7 次收紧、5 次刺激，首付比例在 20%~60% 变动，利率在基准利率 7 折 ~1.3 倍变动。国际货币基金组织统计，2007—2013 年，金融调控频繁的韩国、中国香港、马来西亚、波兰分别共动用金融调控 7 次、6 次、4 次和 3 次，中国内地为 6 次，金融调控频率在国际处于较高水平。信贷政策的“油门”和“刹车”频繁交替使用，导致市场预期不稳定，居民在政策放松时过度加杠杆，2014—2017 年伴随四降首付比，居民部门杠杆率从 35.7% 上升至48.4%，累计上涨12.7个百分点，杠杆率在发展中国家中已处于较高水平。

政策性住房金融支持不足，将居民房贷需求更多地推向市场。中国公积金资金池在设区城市封闭运行，相互不融通，且整体规模较小，2017年末，全国公积金缴存余额5.2万亿元，占GDP的6.3%。作为对比，新加坡2017年公积金余额占GDP的80.4%。职工可获得的贷款额度较低。以深圳为例，按均价计算，购买90平方米住房，首付30%，需贷款340万元，而家庭首套房公积金最高贷款额度仅90万元，只能覆盖贷款需求的26%。其他热点城市如南京、杭州、北京、上海，公积金贷款额度对贷款需求的覆盖程度也不超过50%。一线城市和热点二线城市公积金贷款额度情况如表0.7所示。

表0.7　一线城市和热点二线城市公积金贷款额度

| 城市 | 首套 | | | 二套 | | |
|---|---|---|---|---|---|---|
| | 最低首付比例 | 最高贷款额（万元） | | 最低首付比例 | 最高贷款额（万元） | |
| | | 个人 | 家庭 | | 个人 | 家庭 |
| 北京 | 20% | 120（缴1年可贷10万） | 120 | 20% | 80 | 80 |
| 上海 | 90平方米（含）以下20%，90平方米以上30% | 50 | 100 | 普通住房50%，非普通住房70% | 40 | 80 |
| 广州 | 无房、无贷款记录30%；无房、已结清贷款40%，非普通住宅70% | 60 | 100 | 有房无贷50%；商业住房贷款未结清70%；公积金未结清停贷 | 60 | 100 |
| 深圳 | 30% | 50 | 90 | 70% | 50 | 90 |
| 天津 | 30% | 60 | 60 | 60% | 40 | 40 |
| 南京 | 20% | 30 | 60 | 20% | 30 | 60 |

续表

| 城市 | 首套 | | | 二套 | | |
|---|---|---|---|---|---|---|
| | 最低首付比例 | 最高贷款额（万元） | | 最低首付比例 | 最高贷款额（万元） | |
| | | 个人 | 家庭 | | 个人 | 家庭 |
| 杭州 | 30% | 50 | 100 | 60% | 50 | 100 |
| 武汉 | 20% | 70 | 70 | 20% | 50 | 50 |
| 成都 | 30% | 40 | 70 | 40% | 40 | 70 |
| 长沙 | 20% | 60 | 60 | 40% | 60 | 60 |

资料来源：各地住房公积金管理中心，恒大研究院。

### 4. 住房保障：供给不连续，进入门槛高，退出门槛低

中国保障房供给不连续，呈“N”形走势。1995年国务院出台《国家安居工程实施方案》后，保障房起步；1998年房改23号文提出“建设以经济适用房为主的多层次城镇住房供应体系”，将经济适用房置于中心位置；2003年18号文提出“大多数家庭购买或租赁商品房”，保障房供给缺位；2007年，为应对房价过快上涨，出台《国务院关于解决城市低收入家庭住房困难的若干意见》，标志着保障房建设重启；2008年为应对国际金融危机，国务院把“建设保障性安居工程”列为四万亿刺激计划的首项，大规模保障房建设开启。

多数保障房如经济适用房，申请条件要求“具有当地城镇户口”“家庭收入符合市、县人民政府划定的低收入家庭收入标准”，通过户籍和收入限制，将非户籍家庭以及收入水平不在规定范围内的家庭排除在外，进入门槛较高。但在退出机制上，经济适用房房主5年后拥有全部产权，“可以按市场价格出售”“按届时同地段普通商品住房与经济适用住房差价的一定比例交纳土地收益等价款”，退出门槛相对较低，购房者可获得较大退出收益。

## 5. 房地产税收制度：重交易轻保有

中国住房的保有和交易环节涉及9个税种（见表0.8），呈现“重增量轻存量”“重交易轻保有”的特征。保有环节涉及房产税和城镇土地使用税两项，目前均对个人非营业住房免征；交易环节涉及增值税、增值税附加（含城市维护建设税和教育费附加）、契税、个人所得税、印花税、土地增值税七个税种，对首套房、长期持有设置减征条件。

表0.8　中国住房保有和交易环节税种一览

| 大类 | 税种 | 计算 | 征税对象 | 减免条件 | 中央分成比例 | 地方分成比例 |
|---|---|---|---|---|---|---|
| 保有 | 房产税 | 房产原值×（70%~90%）×1.2%；若个人出租，租金×4% | 持有者 | 个人非营业住房免征 | 0 | 100% |
| | 城镇土地使用税 | 2~20元/平方米/年×实际占用土地面积 | 持有者 | | 0 | 100% |
| 交易 | 增值税 | 营业额×5% | 卖方 | 产权证满2年免征 | 0 | 100% |
| | 城市维护建设税 | 实际缴纳的增值税额×7% | 卖方 | | 0 | 100% |
| | 教育费附加 | 实际缴纳的增值税额×5% | 卖方 | | 0 | 100% |
| | 契税 | 转让成交额×（1%~3%） | 买方 | 90平方米以下减免，首套房减免 | 0 | 100% |
| | 个人所得税 | 纳税所得额×20%或计税价格×1% | 卖方 | 满5年且为居民唯一住房免征 | 60% | 40% |
| | 印花税<br>土地增值税 | 个人销售住房免征 | | | | |

资料来源：恒大研究院。

“重交易轻保有”的税收基因，导致房地产成为居民资产配置的重要手段。居民在自住需求之外，也为投资而持有更多住房。一方面，在交易环节征收重税，特别是对短期持有征收重税，促使居民延长持有期限以规避交易税费，影响了存量住房的流通性。另一方面，保有环节税负偏低，居民住房持有成本较低，进一步凸显了房地产作为长期资产配置手段的优势，导致居民持有的住房数量超出了家庭自住需求。中国现行房产税主要征税对象为办公楼和商业营业性用房，对个人所有非营业用房产免征，意味着占全国城镇商品房存量金额 80% 以上、存量面积 90% 以上的房产被纳入免征范围。

### 6. 住房租赁制度：以售为主，尚待补短板

租购不均衡，居民以购为主，追求住房自有。第五次、第六次全国人口普查数据显示，2000—2010 年中国城镇家庭租房比例维持在 21% 左右，明显低于发达经济体普遍超过 30% 的租房率。其中，2000 年有 14% 的家庭租公房，6% 的家庭租商品房；2010 年有 2% 的家庭租公房，19% 的家庭租商品房。

租赁市场有待进一步规范和完善。现阶段中国租房市场发育不成熟，存在商品房占比低、租赁体验差、市场乱象多、租期不合预期导致搬家频繁等问题。此外，还存在租赁机构“恶意涨租”“租金贷占比过高”“爆仓跑路”等现象。

租赁住房供给不足，特别是热点城市缺口较大。以北京为例，2016 年末北京常住人口 2 173 万人，租赁人口占比约 34%，估算租赁房需求为 238 万套，而目前北京租赁房屋约 150 万套左右，存在约 1/3 供需缺口。

住房租赁以散户经营为主，机构管理规模较小。中国住房租赁市场缺少规模化、规范化、长期机构投资者，个人房源占比达 83%。日

本住房租赁市场经验表明，机构主导管理有利于住房租赁市场规范健康发展。从专业化角度看，租赁机构的规模化管理运作，可提供更好的住房租赁产品和服务，有利于提升住房质量；从监管角度看，专业机构为主的市场，能避免过多一对一的纠纷，大幅提高监管效率，节约行政成本；从行业发展角度看，机构主导的 C2B2C 模式有利于行业规范和完善，对出租人来说提高了出租率和流通率，对承租人来说提升了体验和信息透明度。

## 五、从全球视角看如何破解中国房地产难题：什么才是务实有效的住房制度改革

当前中国房地产市场存在的高房价、高杠杆风险、产业空心化、财富差距拉大等问题十分严峻，住房制度改革亟待破题。如果不及时做出调整，我们可能重蹈中国香港和英国的覆辙，深陷高房价困境，并引发深层次的经济社会问题；也可能爆发类似于美国次贷危机和日本“失去的二十年”房地产泡沫危机。但如果我们能够及时科学地变革，也可能实现类似于德国和新加坡的房价稳定、居者有其屋，实现房地产与金融、实体经济的良性循环。

路在何方？何为正解？为什么各经济体房地产市场表现差异极大？我们在六大全球代表性经济体的研究中发现，住房制度决定房地产市场表现！有什么样的住房制度，就有什么样的房地产市场。当前中国房地产市场存在的问题，根本上与中国住房制度有关，解决之道在于住房制度改革。只有放在更加开阔的全球视野、更加纵深的历史维度和更加扎实的数据逻辑来观察当下，才能在众说纷纭中拨云见日，才能提炼出规律和共识。借鉴国际经验，结合中国国情，推进住房制度改革，让住房制度从宏观调控刺激经济增长的职能中解放出来，回

归解决居民居住问题，进而化解当前中国房地产面临的困境。

综合国际正反两面的经验教训，我们认为，中国住房制度改革成功的关键就是八个字："人地挂钩，金融稳定。"这八字改革方针能够真正长治久安地实现稳地价、稳房价、稳预期，促进房地产市场长期平稳健康发展。

## （一）土地制度的关键是人地挂钩，优化土地供应，重视城市规划，实现供求平衡

中国香港和英国深陷高房价困境，主要是由于土地供给不足叠加货币超发与金融高杠杆，而德国和新加坡住房问题解决得好则主要是因为供应充足。

人随产业走，区域间土地需求不均衡是客观规律，解决之道是人地挂钩。推行新增常住人口与土地供应挂钩，人口流入的城市群都市圈要加大建设用地供应，人口流出的区域要减少土地供应；在城市间，要在严守耕地红线的基础上，完善跨区域耕地占补平衡与城乡用地增减挂钩，化解人口净流入地区土地供不应求和人口净流出地区土地供过于求共存的结构性失衡；在城市内部，将产业用地与住宅用地配套供应，从根本上促进职住平衡，避免"睡城"现象，化解潮汐交通压力。

用地规划上，优化城市工业用地、住宅用地和商业用地结构。中国长期存在工业和商业办公用地供给过多、住宅用地偏低的问题，2010—2017 年全国年均供应住宅用地 157.9 万亩，商服用地 66.0 万亩，工矿仓储用地 240.5 万亩，住宅用地占国有建设用地的供应比重年均仅 17.8%。应优先保障住房，以及教育、医疗、养老、就业等民生和城镇基础设施建设用地，合理安排必要的产业用地。

完善城市规划，指导土地供应。依据城市人口、居住、环境等要素，合理编制城市规划，用以指导城市开发建设活动的实施，对城市更新

改造、生态园林建设、完整社区缔造、基础设施建设等做出统筹安排。城镇建设用地的指标与空间布局，要与城市规划相衔接。

改革土地招拍挂制度，土地不能唯价高者得。发达经济体房地产市场波动历程表明，限制供给、价高者得的土地制度设计是推高房价的核心基因。目前中国已有多个城市在调整和创新土地出让方式，如“限房价、竞地价”“限地价、竞房价”“限地价、竞配建”等方式，甚至还有“平均价者得”规则，尝试打破土地价高者得的困境。

### （二）保持住房金融制度的稳定性和连续性，避免货币超发和过度杠杆

国际经验表明，房地产过度金融化和过度收紧是风险之源，美国和日本爆发金融危机，中国香港和英国深陷高房价困境，均与货币超发、金融高杠杆及随后过度收紧高度相关，而德国和新加坡则控制得较好。

中央的定调是“三稳”，不是“三松”也不是“三紧”。老成谋国是时间换空间，既不要刺激，也不要刺破。房地产一半是金融，一半是实体经济和制造业，带动的上下游产业链条较长，解决就业规模大，国民经济占比高，有必要推动改革更多地发挥其实体经济的功能，回归居住属性和制造业属性。不要从一个极端走向另一个极端，从放水刺激到过度收紧，货币信贷政策应保持稳定，不宜大收大放，首付比例不宜频繁变动，支持刚需和改善型需求，拓宽政策性住房金融体系以补充商业性住房信贷体系。

应避免货币超发和过度杠杆，货币供应增速与名义 GDP 增速相匹配，建立住房金融体系与其他金融体系之间的防火墙。从量和价两方面推动房地产相关的货币金融制度变革，防止资金过度流入、违规流入房地产领域。

首付比例不宜频繁变动，同时支持刚需和改善型需求。一方面，

提高和降低首付比例是关键的“刹车”和“油门”工具，过快过急将导致市场短期内剧烈波动，频繁变动则导致市场预期混乱。另一方面，首付比例的确定也要保持一定柔性，应坚持差异化的住房信贷政策，支持刚需和改善群体购房自住，控制投资性购房；个别城市在市场过热时迅速、大幅提高首付比例以冷却市场，在市场平稳阶段则应平缓“松开刹车”，确保居民自住需求得到有效支持。

政策性住房金融体系是商业性住房信贷体系的重要补充，需拓宽资金来源。可通过住房金融二级市场拓宽公积金资金池，推动公积金个人住房贷款证券化，以公积金住房贷款资产为底层资产，以公积金中心为主体进行融资；扩大归集范围，将农民工等群体逐渐纳入住房公积金的缴纳和保障范围；加强公积金异地合作，包括全面落实异地互认和转移接续等。

### （三）完善住房保障体系

德国和新加坡通过居住导向的政府定位、充足的住房供应、阶梯式的供应体系等，实现了房价长期稳定和居者有其屋。

中国应继续完善以公租房、经济适用房、棚户区改造安置房、共有产权房为主体的多层次住房保障体系。降低进入门槛，提高退出门槛。例如，近年来北京等地推行的“共有产权房”是优化住房保障缺陷的有益尝试，在进入端放开户籍限制，退出端规定转让对象应为代持机构或其他符合共有产权住房购买条件的家庭。

建立以租为主、去产权化的保障方式，防止制度套利。以租为主的保障房结构，能有效避免保障房资源的流失，减轻产权式保障房大规模建设带来的财政压力以及土地市场的出让压力。同时，从产权上实现保障房体系封闭运作，与商品房双轨并行，彻底消除将保障房转化为商品房的制度套利空间。

### （四）加快建立租购并举的住房制度

继续推进租售并举的住房供应体系，引导居民租购并举。从典型发达经济体的经验来看，住房自有率有其自身规律：过低将导致居民缺乏恒产，不利于发挥财富效应；但追求过高的住房自有率，也会导致不合理的需求进入市场，产生泡沫，甚至引发危机。因此，不必一味地追求高住房自有率，而是要建设租售并举的住房供应体系。

充分保护租赁家庭权益，逐步落实租购同权。保障租约和租金稳定，是稳定租户预期的重要前提。应立法保护租约，限制房东随意解除租约的行为，为租户提供解约保护，实现租期稳定；定期出台区域租金基准价格，限制租金涨幅，赋予租户议价能力。同时，应逐步充分落实“租购同权”。国际来看，德国居民只要依法纳税，就可以享有当地医疗、养老、教育等公共资源与服务，不存在住房产权的门槛限制；日本《房屋租赁法》规定，片区公立学校选择以实际居住地为准。

发展以机构为主导的租赁市场。一方面，要培育多元化的市场供应主体，包括发展住房租赁企业，鼓励房地产开发企业开展住房租赁业务，规范住房租赁中介机构，支持个人出租住房。另一方面，要重点发展以机构为主导的租赁市场，可借鉴日本的租赁管理机构信用披露制度、营业保证金制度，规范租赁机构经营行为。

### （五）稳步推进房地产税改革

房地产税的最佳出台时机是经济稳定发展、房地产市场平稳健康运行时期。在经济稳定发展、房地产市场健康运行时期出台房地产税，边际影响最小，更容易被市场接受。当房地产市场上行时，房地产税预期成本远低于房价和房租上涨的预期收益，征税虽不会对市场产生重大冲击，但市场继续上行带来的风险也越来越大。当市场下行，一方面持有房地产的预期损失放大，另一方面也强化了政府调控和房价下跌的预期，使持有者更急于脱手，加速房价下跌。

征税对象上，从空置住房、高端住房逐步过渡到所有住房，有利于改革推进。房地产税是直接税，居民对税负敏感，房地产税应由小范围、低税负向全面征收过渡。从国际看，房地产税是财产税的一种，税制设定上以“宽税基、低税率”为主，针对存量住房征收房地产税可确保税源规模。开征初期，考虑居民负担水平和接纳程度，可从空置房、高端住房逐步过渡到所有住房。

设定合理的价值评估基期和税率调节机制，确保居民可负担。美国房地产评估价值虽与市场价值接近，但可通过评估率来调节实际税率，2018 年，各州的房地产税实际税率在 0.27%~2.4%。德国土地价值评估基期较早，联邦德国为 1965 年，民主德国为 1935 年，基准税率由联邦政府统一制定。同时，设置稽征率来调节实际税率，由地方政府自行确定。由于评估标准较早，居民实际税负水平不高，2017 年土地税为 140 亿欧元，占财政收入的比重为 0.98%。

# 上篇

# 全球房地产：市场表现与制度基因

# 第一章

# 中国香港为何深陷高房价困境

本章作者：夏磊、郑南宏、陈雨田

香港模式是内地房地产市场的启蒙。近年来，在内地房地产市场迅速发展的同时，有些城市也面临着同样的高房价困境。追本溯源，深入研究香港住房制度，对反思内地住房制度、解决高房价难题有积极意义。

香港自开埠以后，经济快速发展，成功跻身“亚洲四小龙”，2017 年人均 GDP 高达 5.77 万美元，是全球最富裕的地区之一。香港经济高度繁荣，住房却面临困境。香港房价持续多年上涨，1980—2017 年名义房价上涨近 16 倍，年均增长 8%，2018 年房价收入比接近 48 倍，位居世界主要城市前列。受高房价等影响，香港人均住房面积仅为 16 平方米。

由于鸦片战争后被英国殖民，香港长期实行土地批租制度，并逐渐形成以土地、金融、税收和保障为支柱的住房制度体系。土地制度方面，香港土地所有权归国家所有，批租后使用权可自由转让，但土地供给数量受重视生态环保等影响而长期不足，人均住宅用地仅 10 平方米。金融制度方面，香港实行联系汇率制，市场利率低且货币超发严重，叠加按揭业务灵活多样，刺激居民加杠杆购房，房地产市场过度金融化。税收制度方面，香港对交易环节征收重税，炒房成本高昂，但保有环节税负低。保障制度方面，政府兴建公营房屋对外低价出租或出售，保障中低收入群体住房需求，但公营房屋条件偏差，并且近年来供应严重不足。

从房地产业贡献上看，房地产在香港经济中占比较高，相关行业占 GDP 比重一度超过 30%，2006 年以来保持在 20%～25%，同时，2016 年土地出让金和房地产相关税收合计占政府财政收入的 32%。从房价上涨原因看，在人口持续增长的背景下，香港土地供给过少，尤其是 2001—2010 年年均出让住宅用地仅 5 公顷，叠加金融环境过度宽松，推动香港房价持续上涨。从住房保障上看，由于 2002 年以后居屋供给大幅减少，中产置业缺乏支持，住房条件难以有效改善。近期，香港特首林郑月娥在房屋政策上提出，在加大土地供给的同时，将公营房屋供应比例从六成提高至七成，重点资助中低收入群体购房置业。

## 第一节　经济高度繁荣，住房面临困境

### 一、香港是全球最富裕的地区之一

香港自开埠以后，从传统的小渔村转变成重要的贸易港口，经济实现腾飞，已成为全球最富裕的地区之一。20 世纪 50—70 年代转型工业化，纺织、成衣、电子等劳动密集型产业快速发展；80 年代以后，金融、地产、贸易物流等成为主导产业，推动香港经济向金融服务业转型。1961—2017 年，香港 GDP（不变价）从 988 亿港元增长到 25 852 亿港元，年均增长 5.89%。2017 年，香港人均 GDP 高达 57 713 美元，是全球最富裕的地区之一。

### 二、房价居全球前列

香港房价与房价收入比均领先于其他国际大都市。2018 年 11 月，香港城区平均房价 2.88 万美元 / 平方米，郊区平均房价 1.85 万美元 / 平方米，房价收入比接近 48 倍，房价与房价收入比均领先于其他国际大都市（见图 1.1）。

从房价绝对涨幅看，香港房价涨幅远超其他主要经济体。1980—2017 年，香港名义房价上涨 15.8 倍，而英国、法国、韩国、美国、德国分别上涨 9.7 倍、4.0 倍、3.9 倍、3.6 倍、0.8 倍。1980—2017 年各经济体名义房价涨幅对比情况见图 1.2。

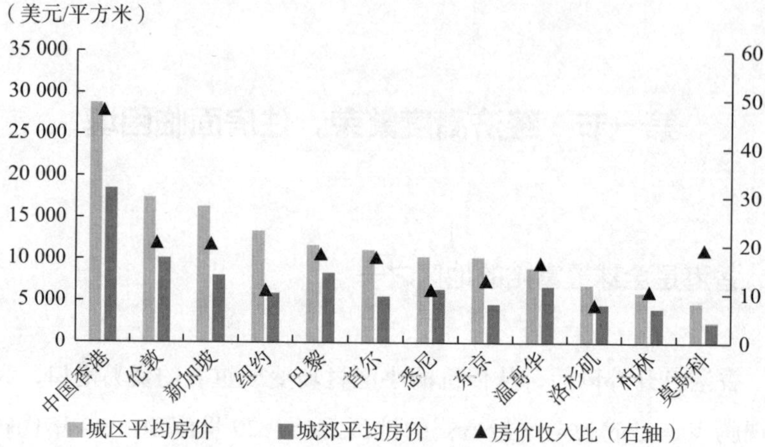


图 1.1　全球大都市房价与房价收入比情况

资料来源：Numbeo（城市生活资源数据分析网站），恒大研究院。

注：数据截至 2018 年 11 月；在房价收入比计算中，假设房屋面积中位数为 90 平方米，价格取城区与郊区价格的平均值。

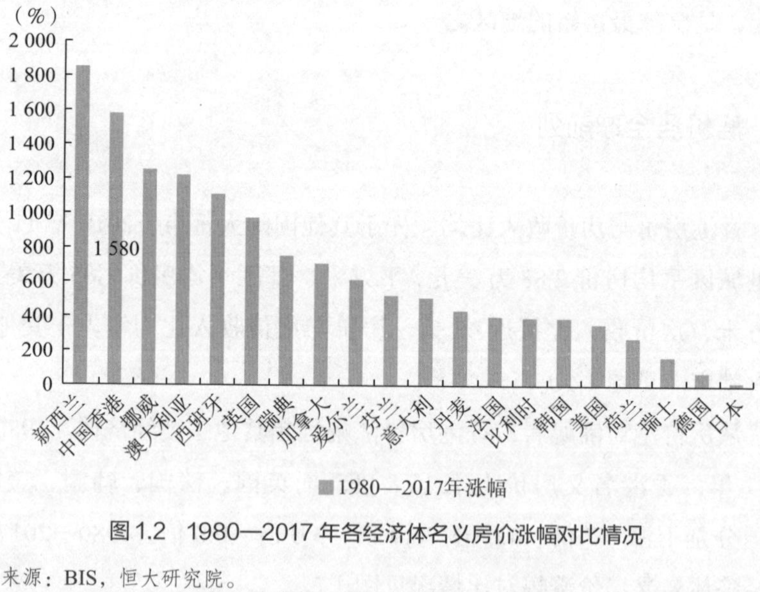


图 1.2　1980—2017 年各经济体名义房价涨幅对比情况

资料来源：BIS，恒大研究院。

高房价令市民背负巨大的购房压力。一方面，高房价脱离了居民购买能力，自置居所住户在香港家庭住户总数占比从2004年的54%下滑到2017年的49%；另一方面，高房价使小面积户型广受欢迎，居民住房条件改善有限。2009—2017年，香港40平方米以下的私人房屋竣工量占私人房屋竣工总量的比重从5%提高到39%。1982—2017年香港自置居所住户占比情况见图1.3。

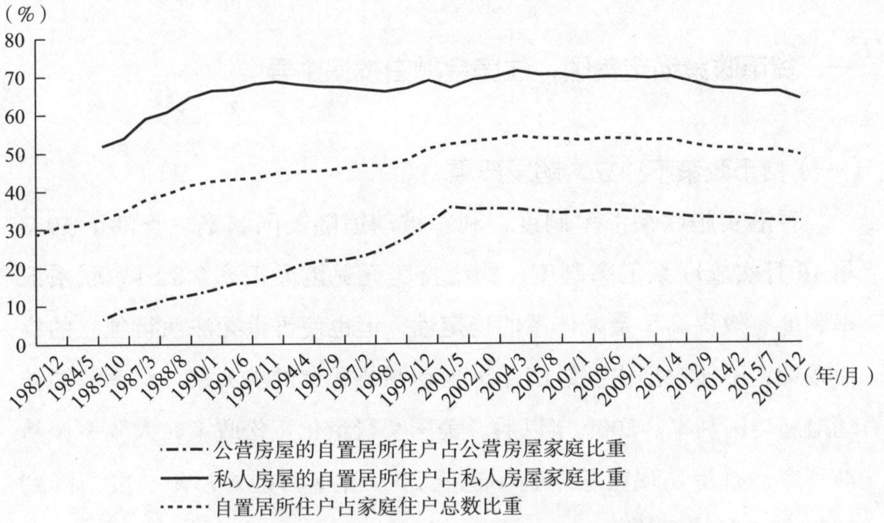


图1.3 1982—2017年香港自置居所住户占比情况

资料来源：香港政府统计处，恒大研究院。

## 三、住房面积小

香港房屋普遍小型化。2015年，香港公屋、居屋、私人楼宇的面积中位数分别为23平方米、51平方米、52平方米，人均住房面积仅为15平方米，显著落后于其他发达经济体。

近20万名市民租住劏房，人均住房面积5.8平方米。劏房即分间楼宇单位，指住宅单位被分成两个或两个以上较小单位用于出租。2016 年，香港劏房居住人口达 19.99 万，占总人口比重约 3%，人均居住面积仅 5.8 平方米。

## 第二节　香港住房制度支柱

### 一、货币政策锚定美国，住房金融由按揭主导

#### （一）货币政策不独立，超发严重

香港实施联系汇率制度，利率被动追随美国利率。香港于 1983 年 10 月实施联系汇率制度，约维持美元兑港元汇率 7.8∶1。联系汇率制度有效提高了金融体系的稳定性，但也使香港无法执行独立的货币政策，不能根据内部经济需求主动调节资金供求关系，利率只能被动追随美国利率。2009 年以后，美国实行量化宽松政策，大幅下调基准利率，香港贴现窗基本利率也从 2007 年 8 月的 6.75% 一度下降到 2009 年 3 月的 0.5%。

作为国际金融中心，香港金融体系发达且汇率稳定，吸引了大量国际资本流入，叠加利率追随美国而长期处于低位，导致货币供给增长较快。1980—2014 年，香港 M2 与名义 GDP 的年均增速差高达 6.5 个百分点（见图 1.4），远超其他发达经济体。

#### （二）住房金融体系：按揭业务灵活多样

香港按揭业务灵活多样（见表 1.1），支持多形式按揭贷款，包括“一按”“二按”“加按”“转按”“楼换楼按揭”，还款方式灵活。

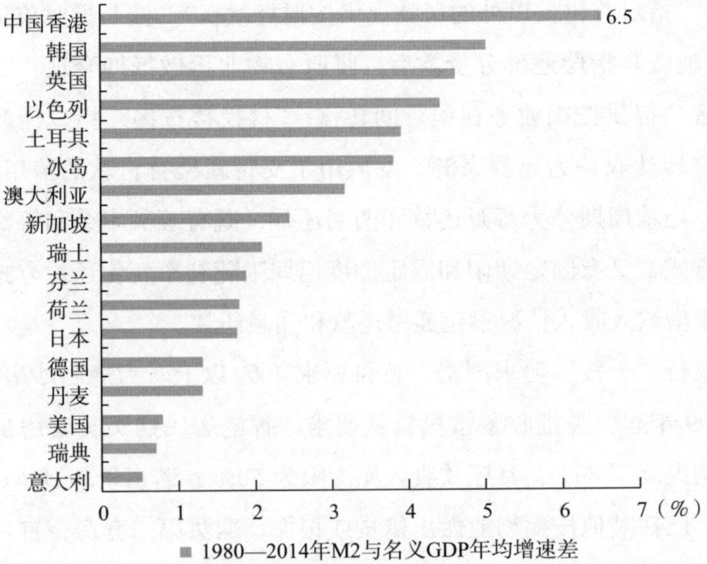


图1.4 香港货币超发程度高

资料来源：世界银行，德国联邦统计局，香港金融管理局，恒大研究院。

表1.1 香港按揭业务类型

| 按揭类型 | 业务说明 | 贷款人 | 利率 |
| --- | --- | --- | --- |
| 一按 | 对首付款以外的房款提供按揭贷款。银行首付40%以上，发展商首付基本低于20% | 银行、地产发展商和财务公司 | 银行利率2%～2.35%<br>发展商利率3%～5% |
| 二按 | 对首付款按揭 | 地产发展商和财务公司 | 利率比一按高1%～2% |
| 加按 | 购房者偿还部分贷款后，将原有物业再做抵押套现 | 提供一按的银行 | 与银行一按接近 |
| 转按 | 为客户提供银行间按揭业务转移 | 不同银行 | 与银行一按相同 |
| 楼换楼按揭 | 以借款人旗下旧楼转让收益为还款来源，发放的用于支付新楼首付款的贷款 | 旧楼与新楼按揭贷款人需是同一家银行 | 与银行一按接近 |

资料来源：恒大研究院。

“一按”指对首付款以外的房款提供按揭贷款；“二按”指对首付款按揭；“加按”指偿还部分贷款后，将原有物业再做抵押套现；“转按”指为客户提供按揭业务在银行间转移；“楼换楼按揭”指以借款人旗下旧楼转让收益为还款来源，发放用于支付新楼首付款的信用贷款。此外，还款周期分为每月还款和两周还款，既有等额本金和等额本息还款方式，又有固定期限和固定额度但期限随利率变化还款方式，还可根据借款人收入情况设定递增还款和递减还款。

银行“一按”要求严格，首付要求40%以上。为遏制炒房投机，从2009年起，香港收紧按揭贷款要求。香港居民购买首套房最低首付比例提高至40%，月还款收入比上限为50%；若房价超过1 000万港元，已在其他按揭物业做出借贷或担保，购买第二套房，首付比与还款收入比要求进一步提高。2018年6月，香港新批出住宅按揭贷款的平均按揭比例为47%，平均贷款期限为27年。

部分情况可向银行申请低首付，同时地产发展商与财务公司按揭要求宽松，近年来这类业务活跃。在获得香港按揭证券保险公司审核通过且购买保险的情况下，收入来自香港的居民购买600万港元以下的首套房，银行按揭首付比例只需10%；购买政府资助出售单位同样可申请低首付，如居屋计划仅要求首付比例5%，租者置其屋计划首付低至0。此外，地产发展商与财务公司也提供按揭服务，首付比例普遍只要20%，且提供“二按”服务，吸引许多购房者申请按揭贷款。中原地产资料显示，2017年落成的新盘由财务公司提供按揭的有921宗，涉及买卖合约金额73亿港元，数量与金额分别占总数的15%及16%。

按揭贷款以浮动利率为主，主要参考银行同业拆借利率。香港住房按揭主要有三种定价方式。第一，以香港银行同业拆借利率作为定价参考，是2014年以来最主要的按揭贷款方式，占比接近90%。第二，以最优惠贷款利率作为定价参考。2018年9月，三大发钞行之一的香港汇丰银行最优惠贷款利率为5.125%。第三，保持固定利率。由于同业拆借利率波动范围大，部分银行采取两种利率定价相结合的方式。如香港汇丰银行推出的银行同业拆息按揭计划，贷款期30年，按揭利率等于一个月期香港银行同业拆借利率加1.6%，上限为2.25%。

1997年，香港按揭利率普遍在10%或以上。随着楼市低迷与美国货币政策宽松，香港利率大幅下降，以浮动利率为主的按揭贷款利率也随之下降，目前三大发钞银行按揭利率上限为2.35%。其中，与香港银行间利率挂钩的按揭利率上限为2.35%，以最优惠利率为基准的利率上限为2.25%。

按揭业务灵活多样，叠加房贷利率低，刺激居民加杠杆购房意愿，香港居民杠杆在国际上处于较高水平。2017年，香港居民按揭贷款余额为1.21万亿港元，占GDP比值为45%，高于英国、德国、日本等发达经济体。2016年，香港家庭总贷款/GDP为67.6%，杠杆水平处于国际较高水平（见图1.5）。

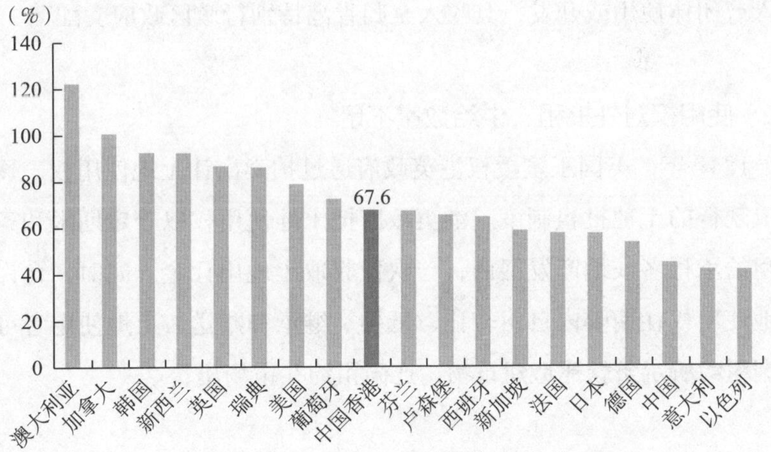


图1.5　2016年香港家庭总贷款/GDP处于较高水平

资料来源：BIS，恒大研究院。

## 二、土地实行批租制，供给严重不足

### （一）香港回归后，土地所有权归属国有

1842—1997年香港回归前，土地归英国王室所有（新界除外）。1842年8月29日，英国与清政府签订《南京条约》，改变了香港沿袭的土地私有制度，英国王室获得香港岛土地所有权。1860年英国与清政府签订《北京条约》，英国王室又获得九龙半岛土地所有权。1898年英国强迫清政府签订《展拓香港界址专条》，强行租借新界土地，租借期至1997年6月30日。但英国承认清政府发给新界原居民土地契约的法律地位，征用这些土地需支付费用，未列入契约范围的土地，由英国政府行使支配权。

1997年香港回归后，土地归属中华人民共和国所有。1997年7月1日，中国对香港恢复行使主权。依据《中华人民共和国香港特别行政区基本法》，"香港特别行政区境内的土地和自然资源属于国家所有，由香港特别行政区政府负责管理、使用、开发、出租或批给个人、法人或团体使用或开发，其收入全归香港特别行政区政府支配"。

### （二）使用权对外批租，供给数量不足

1841年，英国王室授权港英政府通过拍卖出让土地使用权，逐渐形成现行的土地批租制度。港英政府把土地使用权以一定期限和条件批租给承租者或地产发展商，一次性收取土地出让金。同时，允许该土地使用权在期限内自由转让、抵押、继承和赠送，土地使用者可以根据租约所定条款建造建筑物，连同租约在市场出售。

#### 1. 土地批租期限：回归后统一为50年

香港回归前土地批租期限多样，以75年为主。港英政府早期批

出土地期限包括75年、99年、999年等，1898年起将后续出让土地期限统一为75年，并容许契约续期。1984年《中英联合声明》规定，1985年5月27日起港英政府土地批租期限不得超过2047年6月30日，对于1997年6月30日前期满的契约，也可续期至2047年。

1997年7月1日，香港特区政府颁布新政，新批租的土地除特殊用地外，租期一律为50年。

### 2. 土地出让方式：以公开拍卖为主

政府出让土地方式包括公开拍卖、投标、协议与勾地，以公开拍卖为主。公开拍卖适用于一般住宅、工业等用途的土地，是香港最主要的出让方式；投标、协议主要用于涉及社会公益、公共事业或政府鼓励投资建设的土地；勾地是在土地拍卖前增加询价程序，避免土地贱卖与流拍。勾地于1999年推出，2004—2010年土地市场低迷，政府全面采用勾地方式出让土地，2013年取消勾地。

政府还可通过两家公营机构——市区重建局、香港地铁有限公司对外出售土地。市区重建局负责确定需要重建的市区地皮，邀请私人地产商提交有关地皮的发展建议书，也有权收回市区的残破旧楼重建，并与业主商讨赔偿方案。香港地铁有权出售获批土地（邻近铁路的土地或地铁站上盖物业）的发展权，为铁路建设筹集资金。市建局与香港地铁的地皮招标采用半公开方式进行，中标者需向政府补缴地价。

### 3. 土地出让数量：由于重视生态保护、维护楼市发展等原因供给不足

香港土地供给长期不足。1985—2017年，香港政府累计出让土地779万平方米、年均23.6万平方米，其中住宅用地541万平方米、年

均 16.4 万平方米。同期，香港人口从 1984 年的 543 万增长到 2017 年的 741 万，累计增长 198 万，对应人均仅增加住宅用地 2.7 平方米。1985—2017 财年香港土地出让情况见图 1.6。

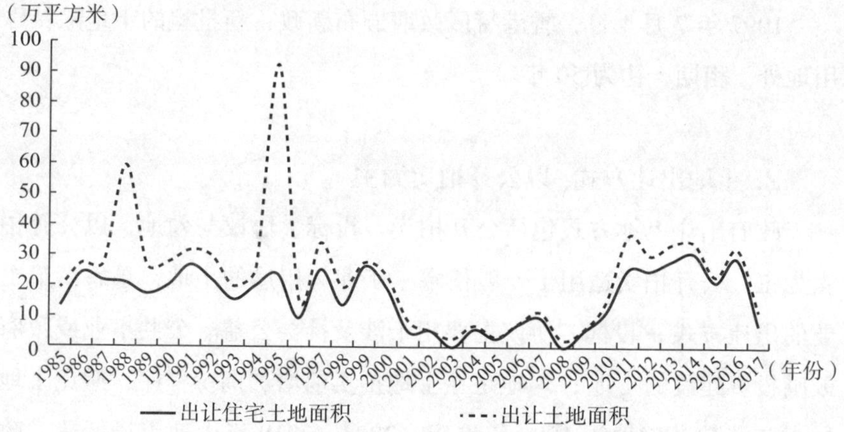


图 1.6　1985—2017 财年香港土地出让情况

资料来源：香港地政总署，恒大研究院。

土地供应不足有三个原因。

第一，香港重视自然生态，大量土地受到保护。香港土地面积 1 111 平方公里，地形以丘陵为主（20% 土地为低地），地表多被植被覆盖，林地 / 灌丛 / 草地 / 湿地占比高达 66%。依据 1976 年《郊野公园条例》与 1996 年《海岸公园及海岸保护区规例》，超过 415 平方公里（占比 37%）的郊野公园与特殊地区受到政府保护，无法进行开发。目前，已开发城市用地占香港土地的比重为 24%，住宅用地占比 7%（包括大量利用率低下的乡郊用地），人均住宅用地仅为 10 平方米。2017 年香港土地用途见图 1.7。

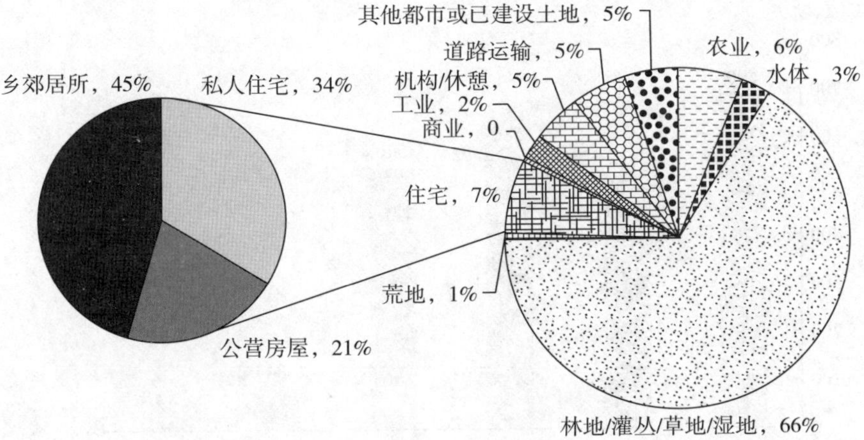


图 1.7 2017 年香港土地用途

资料来源：香港规划署，恒大研究院。

注：私人住宅包括私人发展商发展的住宅用地（村屋、资助房屋和临时房屋区除外），公营房屋包括资助房屋和临时房屋区，乡郊居所包括村屋和临时搭建物。

第二，因环保人士抗议，2005 年以来香港填海造地面积大幅减少（见图 1.8）。由于土地可开发数量有限，填海造地成为政府新增土地的重要来源。1887 年以来，政府填海造地面积超过 69 平方公里，占已开发城市土地的 25%，约容纳香港 27% 的人口与 70% 的写字楼总楼面面积。由于大量环保人士抗议填海，2005 年以来政府填海造地几近停顿。2005—2009 年填海面积减少至 84 公顷，2010—2013 年则低至 8 公顷。

第三，2001—2010 年为维护楼市稳定发展，政府减少土地出让。2003 年，香港政府暂停土地出让一年。2004 年，为防止土地贱卖与恢复楼市信心，政府放弃定期土地拍卖，全面采用勾地方式。由于政府勾地底价有所提高，叠加楼市尚处于恢复阶段，房地产开发商拿地动力不强。2001—2010 年，香港年均供应住宅用地 5.35 万平方米。1985—2017 财年住宅土地出让面积及均价见图 1.9。

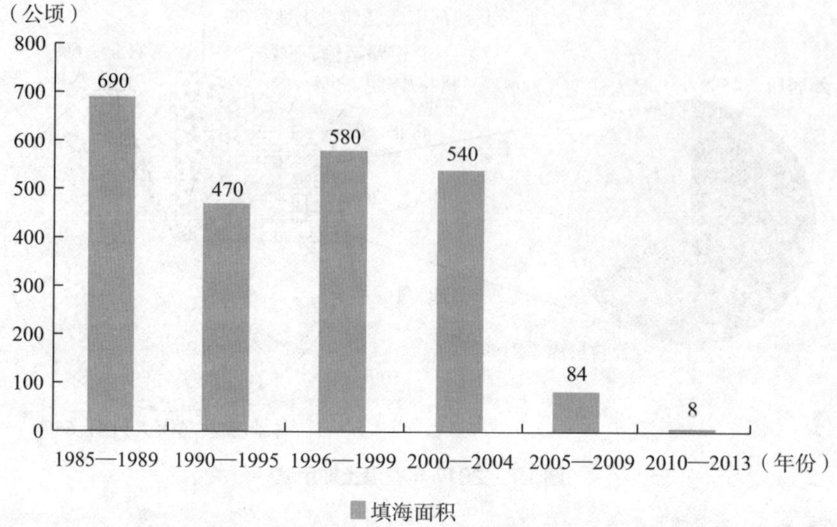


图 1.8　近年来香港填海造地面积大幅下降

资料来源：团结香港基金，发展局，恒大研究院。

注：1990—1995 年不含赤鱲角及西九龙 1 274 公顷填海土地。

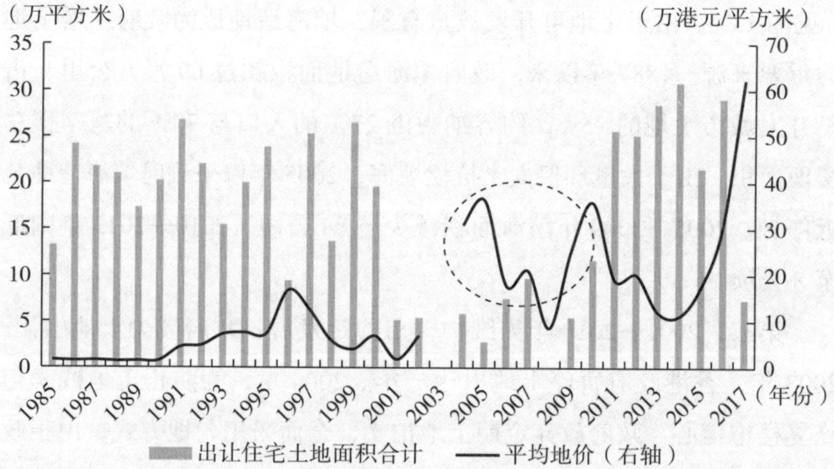


图 1.9　1985—2017 财年住宅土地出让面积及均价

资料来源：Wind（金融数据和分析工具服务商），恒大研究院。

注：2003 年香港暂停土地拍卖，当年无地价数据。

### （三）政府有权征收土地，但难度较大

香港政府有权征收土地，征地类型包括三种。一是依据《收回土地条例》，政府因卫生、健康、军事等公共目的有权收回土地，主要用于公营房屋、道路基建、军事基地等项目建设。二是依据《土地（为重新发展而强制售卖）条例》，针对分散、多业主的物业强制征收土地，用于私人重新发展旧物业。三是特定历史时期内，政府为征收新界原居民根据传统习惯法享有的土地所有权，而特别制定的土地征收政策，现已不适用（林峰，2007）。

由于原住民、环保人士等利益群体反对，政府征地重新开发难度大、耗时长，加剧了土地短缺问题。由于香港可发展土地不足，回收郊区利用效率低下的土地成为政府增加土地房屋供应的重要策略。但因土地使用权分散，政府回收土地需咨询公众意见，往往因触发争议而不断被搁置。因此，尽管香港荒废农地、工业用地等数量众多，但政府短期内难以开发，土地短缺问题进一步加剧。

典型的如“新界东北发展计划”。政府计划将古洞、粉岭北和坪輋/打鼓岭的农地划出为新界东北新发展区，预计可建成 5.4 万个住宅单位，其中 60% 为政府公营房屋。自 2008 年发展计划立项以来，经过三个阶段的公众参与，仍有部分社会团体因担忧毁坏村民家园、破坏生态农业、涉嫌利益输送、反对香港内地融合、浪费财政等而予以反对，直到 2014 年 6 月，发展计划前期工程拨款申请才获得立法会通过。

## 三、交易环节税负重抑制投机，保有环节低成本

香港税收制度中，与居民相关的房地产相关税种主要包括差饷、地租、物业税、从价印花税、额外印花税、买家印花税、租约印花税，

如表 1.2 所示。税负设置上，香港在交易环节多层次加征印花税，抑制投机炒房；但保有环节差饷与地租只占物业价值的 0.1%~0.2%，与欧美物业税 1%~2% 相比偏低。

表 1.2　香港房地产税征收税种

| 环节 | 征收税种 | | 纳税人 / 应税条件 | 税基 | 税率 |
|---|---|---|---|---|---|
| 保有环节 | 差饷 | | 租赁、持有或占用物业者 | 应课差饷租值 | 5% |
| | 地租 | | 土地契约业主 | 应课差饷租值 | 3% |
| | 物业税 | | 物业对外出租 | 应评税净值 | 15% |
| 交易环节 | 印花税 | 从价印花税 | 住宅物业买卖协议的买卖各方及其他签立人 | 物业售价与物业价值取其高 | 不超过 15% |
| | | 额外印花税 | 居民购房三年内对外转让 | | 10%~20% |
| | | 买家印花税 | 非香港永久居民或公司购房 | | 15% |
| | | 租约印花税 | 租约的买卖各方及其他签立人 | 年租或平均年租 | 0.25%~1% |

资料来源：香港政府官网，恒大研究院。

## （一）差饷：土地房屋拥有者缴纳，税率 5%

差饷面向物业占有者征收，对政府物业等少数情况免征。如果土地与楼宇归属同一业主，则合并征收差饷；如果属于不同业主，则分别征税；对于出租物业，如果租约无规定差饷由业主缴纳，则由物业使用人缴纳；对于政府物业、领事馆、军事用地、坟场及火葬场，以及若干新界乡村式屋宇，可免征差饷。

差饷税基为物业的应课差饷租值，由差饷物业估价署每年重估，居民若不同意新租值可提出建议或上诉。应课差饷租值指物业在某一指定估价日期时，假设在市场上按年出租，并剔除维修、保险等相关开支后所得的租金。应课差饷租值每年的征收与重估由差饷物业估价署负责，并在 3 月底至 5 月底通过载有新的应课差饷租值的估价册及地租登记册向居民公开。若居民认为其物业的应课差饷租值不合理，可在此期间向估价署提交《建议书》，由后者复核后在当年 12 月 1 日前通知是否做出修改；若仍不满意该决定，可在 28 天内向香港土地审裁处提请上诉。

差饷税率每年由香港立法委决定，1999 年以后保持为 5%。

香港特区政府常年宽减差饷。如 2018 年 4 月至 2019 年 3 月，规定每个应缴差饷物业的宽减额为每季 2 500 港元，如该季度应缴差饷额不超过 2 500 港元，则免缴该季度差饷。

### （二）地租：土地契约业主缴纳，税率 3%

香港回归后，地租根据不同土地契约条款可分为四类。第一类是根据《地租（评估及征收）条例》评估的地租，税基为土地应课差饷租值，指土地所包含的各物业单位的应课差饷租值总和；若物业需同时缴纳差饷与地租，一般采用相同的应课差饷租值征收；税率根据《中英联合声明》固定为 3%。第二类是优惠地租，一般是象征式金额，适用于由新界原居村民自 1984 年 6 月 30 日起持续拥有的合资格业权。第三类是区域地税，一般是象征式金额，在政府契约上写明需在整个契约期内缴纳。第四类是根据《政府租契条例》的可续期契约在续租期内应缴的地税，税额为续期当日土地应课差饷租值的 3%，在收回土地前保持不变。目前以第一类地租为主，如表 1.3 所示。

表 1.3　香港四类地租比较

| 类型 | 适用对象 | 税额 | 征收依据 | 征税主体 |
|---|---|---|---|---|
| 地租 | 新界和新九龙（界限街以北）的土地契约 | 土地应课差饷租值的 3%（每年重估） | 《地租（评估及征收）条例》 | 香港差饷物业估价署 |
| | 1985 年 5 月 27 日（《中英联合声明》生效日）或以后批出或收回后重批的土地契约 | | | |
| 地租 | 无续期权利的土地契约，而该类契约在 1985 年 5 月 27 日或以后期满但获准以缴纳地租的形式延期 | 土地应课差饷租值的 3%（每年重估） | 《地租（评估及征收）条例》 | 香港差饷物业估价署 |
| 优惠地租 | 新界原居村民自 1984 年 6 月 30 日起持续拥有的合资格业权 | 象征式金额 | | 香港地政总署 |
| 区域地税 | 早期签定的部分土地契约，目前仍在契约期内 | | 土地契约 | |
| 可续期契约在续租期内应缴的地税 | 港岛与九龙的可续期土地契约（如年期 75 年到期后可续期 75 年），在续租期内所缴纳的地税 | 续期当日物业差饷租值的 3%（收回土地前保持不变） | 《政府租契条例》 | |

资料来源：香港差饷物业估价署，恒大研究院。

注：香港早期土地批租期限可分为两种：一种是无续租权利的 75 年、99 年、150 年或 999 年固定批租期，另一种是到期后可续租相同年期的 75 年、99 年或 150 年批租期。

差饷物业估价署通过一并发单、分四季度预缴的方式征收差饷与地租，对迟缴者加征附加费。缴纳人通常于季初收到差饷物业估价署的《征收差饷及 / 或地租通知书》，并要求在该月缴清差饷与地租（指第一类地租）；超过缴交限期，估价署将在差饷与地租总额上加征 5%

的附加费，六个月后仍未缴清再征收总额（含附加费）的 10%，对长期欠款者可向法院申请对其楼宇或土地抵押。

地政总署负责征收地税，征收频率与地租不同。如港岛与九龙的物业，若地税超过 100 港元 / 年，则地政总署每年 5 月和 11 月分别发出缴纳地税通知书，若地税不超过 100 港元 / 年，则每 5 年发出一次通知。对于拖欠或不缴纳地税的行为，政府将通过法律程序向业权人采取执法行动，甚至收回物业。

### （三）物业税

物业税面向出租物业者征收。物业税于 1940 年开始征收，是向土地及建筑物拥有人出租物业所得收入征收的税种，对全部由业主自住和纯作家用的楼宇、空置或不作任何用途的物业以及社会或商会拥有的物业免征。此外，有限公司将拥有的物业出租，所得收入可豁免物业税，只需缴纳利得税。物业税税基为应评税净值（剔除不能追回的租金、差饷、修葺及支出免税额后的出租收入，由差饷物业估价署负责确定），税率为 15%，征税主体为香港税务局。

### （四）印花税

#### 1. 从价印花税

不动产买卖或转让时需缴纳从价印花税，纳税主体原则上为买卖双方，实际操作中基本由买方缴纳。从价印花税税基是物业售价和价值的较高者，税率自 2013 年 2 月起分为第一标准与第二标准，香港永久性居民购买首套房屋适用第二标准，税率不超过 4.25%；其他交易情况税率从第二标准提高到第一标准，税率为 1.5%～8.5%，即“双倍印花税”。2016 年 11 月 5 日起，从价印花税第一标准进一步提高到 15%，即非香港居民购房或香港居民购买第二套房起税率从

1.5%～8.5% 提高到 15%，香港居民购买首套房税率保持不变。

2. 额外印花税

如果个人或公司购房未满 3 年就转售，转售时买卖双方需缴纳额外印花税，并协商决定各自缴税比例。额外印花税自 2010 年 10 月 27 日开始征收，原先规定任何个人或公司购房 2 年内转售，需缴纳额外印花税，税基为物业售价和价值较高者，税率为 5%～10%，按转售前持有物业的期限而定。2012 年 10 月 27 日，香港提高额外印花税，物业持有期 6～36 个月期内出售，税率提高到 10%～20%。

3. 买家印花税

非香港永久性居民、香港及外地公司购房，买家需再缴纳买家印花税。2012 年 10 月 27 日起，香港开始向非香港永久性居民及公司（不论在何地注册）购房征收买家印花税，纳税主体为买家或承让人。买家印花税税基取物业售价与价值的较高者，税率为 15%。买家印花税是在从价印花税的基础上，就非香港永久性居民、香港及外地公司购房加征的印花税。

4. 租约印花税

签订租约需送交政府打厘印，并缴纳租约印花税。为处理租务纠纷、保障业主及租客权利，政府要求业主与租客签订楼宇租约时，租约应送交政府打厘印，并缴纳租约印花税，未经打厘印的租约将不会被法律承认。租约印花税税基是不动产租约协议的代价款额或价值，税率采用比例税率、定额税率、比例税率与定额税率相结合的多种方式，为年租或平均年租的 0.25%～1%，费用由租客与业主公平承担。

## 四、保障靠公屋，但供应有限

### （一）公营房屋：数量众多，房委会主导供应

香港政府兴建了大量的公营房屋，占房屋总量比重高达 44%，包括公营租住房屋与资助出售房屋两种。2017 年公营租住房屋单位 80.8 万个，资助出售单位 40 万个，合计 120.8 万个，占香港非临时性房屋比重的 44%。1998—2016 年香港永久性房屋构成情况见图 1.10。

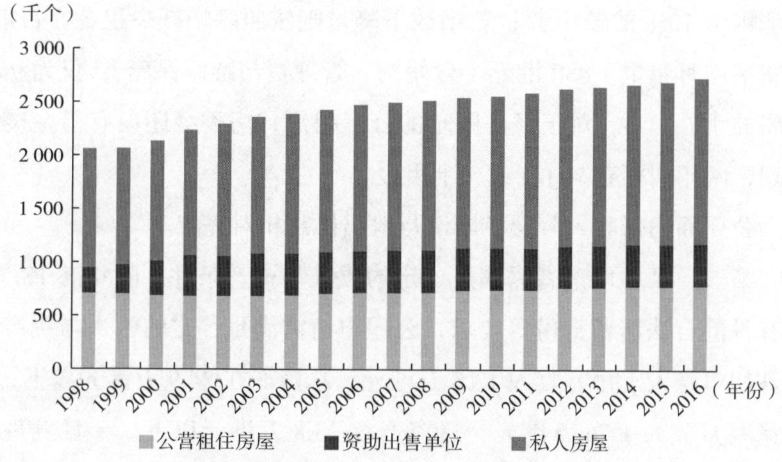


图 1.10　1998—2016 年香港永久性房屋构成

资料来源：Wind，恒大研究院。

注：私人永久性房屋包括可在公开市场买卖的居屋 / 中等入息家庭房屋计划 / 私人参建居屋 / 可租可买计划 / 重建置业计划 / 租置计划 / 住宅发售计划 / 夹心阶层住屋计划的单位。

公营房屋供应以房屋委员会为主，以房屋协会为辅。房屋委员会成立于 1973 年，由政府重组原先负责公营房屋的多个机构合并而成，下设执行机关房屋署，负责推展公营房屋计划，政府给予免费或低价划地、拨出资本与低息贷款支持。房屋协会成立于 1948 年，由社会人士创立，属非政府与非牟利机构，政府给予低价划地和低息贷款支

持。2016 年，753.6 万个家庭住在房委会提供的公屋中，33.1 万个家庭住在房协提供的公屋中。

（二）公营租住房屋：租金低廉，但条件偏差，轮候时间长

公屋租金低廉，并对困难租户宽减租金。公屋起源于 1954 年的徙置屋建设，1972 年港英政府启动"十年建屋计划"，开始大规模的公屋建设。公屋租金根据收入指数每两年调整一次，该指数利用 2.4 万个公屋家庭收入数据编制而成。若指数上升，则公屋租金涨幅取指数涨幅与 10% 的较小者；若指数下降，则按照跌幅减少租金。目前，公屋平均月租金 1 880 港元（含差饷、管理费与维修保养），仅为私人房屋的 1/7 ~ 1/3。对于经济困难的公屋租户，房委会还设有租金援助计划，两年内可获减 1/4 或一半租金。

公屋面向低收入阶层，申请与退出机制相对完善。

第一，公屋申请者需满足一定的收入与资产条件。除年满 18 岁、拥有香港合法居留身份等要求，公屋申请需满足一定的收入与资产限制。如单身人士每月收入 1.15 万港元，总资产在 24.9 万港元以下；两人家庭月收入 1.76 万港元，总资产在 33.8 万港元以下。一旦发现虚假申报，房委会可立即终止租约并对其控诉，最高可判罚款 2 万港元及监禁 6 个月。

第二，富裕租户需缴纳高额租金。房委会要求在公屋居住满 10 年的住户每两年申报资产收入情况，依据《富户政策》，如果家庭收入介于收入限额的 2 ~ 3 倍，则需缴交 1.5 倍租金（另加差饷）；若介于限额的 3 ~ 5 倍，则需缴交两倍租金（另加差饷）。

第三，强制退出机制。一旦公屋租户家庭收入超过申请限额的 5 倍，或家庭资产超过限额的 100 倍，或租户任何家庭成员拥有香港任何住宅物业，则公屋租户家庭必须搬离公屋。此外，为打击公屋滥用，对

于将公屋分租、逾三个月非经常持续居于单位或在单位进行非法活动的租户，一律终止租约。

然而，公屋机制存在一定的局限性。

一是排队时间长，平均需要轮候 5.3 年。公屋按照配额和计分制进行轮候排位，优先照顾长者、残疾人士，申请人一般不可要求指定入住地区、楼龄、面积、层数或单位类别。由于 2002 年以来公屋供应减少，平均轮候时间增长到 5.3 年（见图 1.11）。截至 2018 年 6 月底，约有 15.06 万宗一般公屋申请，以及 11.79 万宗配额及计分制下的非长者一人申请。

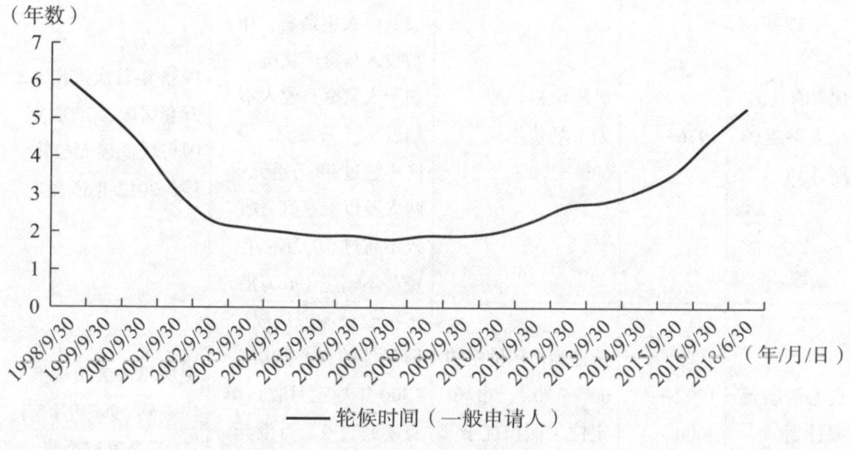


图 1.11　目前公屋平均轮候需要 5.3 年

资料来源：房委会，恒大研究院。

二是居住条件偏差，人均居住面积中位数仅为 13 平方米。公屋面积狭小是历史发展的产物，最初的徙置屋只为满足灾民与拆迁户最基本的住房需求。但 20 世纪 70 年代大规模推广公屋以来，标准提高过于缓慢。2007—2017 年，公屋人均居住面积中位数仅从 12.2 平方米提高到 13.2 平方米。

## （三）资助出售房屋：折价出售，但价格偏高，房源供应少

资助出售房屋类型多样（见表1.4），以居屋为主，主要面向中低收入群体。1976年，房委会推出“居者有其屋计划”，将居者有其屋屋苑（简称居屋）低价出售给公屋租户和其他符合资产收入限制的中低收入家庭，之后陆续推出“私人参建居屋计划”“夹心阶层置屋计划”“租者置其屋计划”“可租可买计划”“重建置业计划”“绿表置居先导计划”，满足不同收入阶层的购房需求。

表1.4　资助出售主要房屋类型

| 类型 | 时间（年） | 价格 | 销售对象 | 供应情况 |
|---|---|---|---|---|
| 居者有其屋/私人参建居屋计划 | 1976— | 居屋价格一般为市场价格的60%～70% | （1）绿表申请者；（2）白表申请者：限制收入与资产状况，如一人家庭月收入不超过2.85万港元，资产不超过98万港元；两人及以上家庭月收入不超过5.7万港元，资产不超过196万港元 | 1985年首次推出4.2万套居屋；2003年因市场低迷而被暂停，2012年恢复 |
| 夹心阶层置屋计划 | 1992—2000 | 价格为市场价格的60%～70%，市场定位、面积优于居屋（限售五年） | 不符合公屋或居屋申请条件的夹心阶层，2000年规定月收入单身不超过2.2万港元，两人家庭3万～6万港元，另有资产限制 | 由房屋协会负责推出，到1997年约有1.3万个家庭受惠 |
| 租者置其屋计划 | 1998—2006 | 市场价格的55%～70% | 公屋租户 | 超过15万个公屋租户购买居住公屋 |
| 绿表置居先导计划 | 2016— | 定价略低于居屋，首个项目“景泰苑”以市价6折发售（限售五年） | 绿表申请者 | 2016年首次推出857个绿表置居单位 |

资料来源：房委会，恒大研究院。

售价约为私人房屋的60%～70%，可申请低首付贷款，限制转让。资助出售房屋价格为私人房屋价格的60%～70%，购买者还可申请特别按揭贷款，如居屋计划最高贷款比例为95%，租者置其屋计划最高贷款比例为100%。另外，资助出售房屋限制转售，居住满两年后才可在居屋第二市场转售给公屋住户和绿表申请人，如果在公开市场出售，则需缴付补价。

资助出售房屋同样存在局限性。

一方面，资助出售房屋价格水涨船高。由于售价与私人房屋价格挂钩，资助出售房屋近年来价格上涨过快，售价偏高。

另一方面，2002年以来房源供应过少，对中产置业缺乏支持（2002年以来资助出售单位竣工量情况见图1.12）。1979—2001财年，房委会旗下资助出售单位年均竣工9 238个。2002—2017财年，年均仅竣工580个，多数资助出售计划已经终止。2018年7月，房委会推出新一期白表居屋第二市场计划，房屋配额只有2 500个，却收到超过60 000份申请。

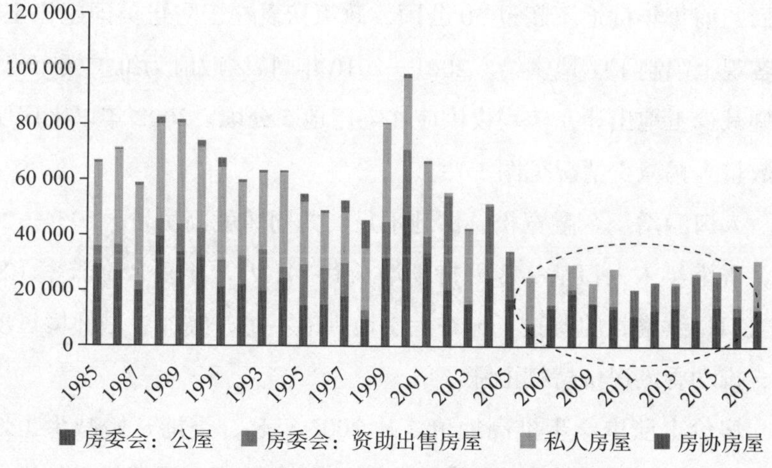


图1.12　2002年以来资助出售单位竣工量大幅减少

资料来源：香港统计年鉴，恒大研究院。

注：2005年起资助出售单位落成量除居屋计划外，还包括私人参建居屋计划和可租可买计划／重建置业计划的房屋。

## 第三节　地价房价螺旋上涨机制：供地不足铸就高房价，高房价推高地价

因重视生态保护，香港可开发土地有限，土地储备少。香港重视生态保护，依据 1976 年制定的《郊野公园条例》，占地 37% 的郊野公园无法开发。由于可开发土地有限，政府新增土地供应主要来自填海造地与土地征收。但 2005 年以来填海造地大幅减少，而土地征收耗时较长，导致政府可出让土地资源较少。截至 2012 年中期，全港未经批租或拨用的、用于住宅建设的土地（扣除不适合 / 现时未能发展的土地）仅剩 3.92 平方公里，土地短缺问题严峻。

土地出让减少，加剧供给不足。1984 年《中英联合声明》要求香港回归前每年批地不超过 50 公顷，政策初衷在于防止英国超售土地，但客观上限制了土地供给。2001—2010 年，特区政府为维护楼市稳定，大幅减少土地出让，年均仅供应住宅用地 5 公顷。2002 年以来房屋竣工数量大幅减少情况见图 1.13。

人口激增、金融宽松、供地不足，共同铸就高房价。1954　2017 年，香港年末人口从 243 万持续增长到 741 万，年复合增长率 1.8%。在人口持续增长的背景下，香港土地供给不足，叠加金融环境过度宽松，推动香港房价持续上涨。

房价上涨进一步推高地价。从 2003 年起，香港开始减少土地与公屋供给，以求维护房地产市场稳定，但也造成公屋轮候时长进一步增加，因此私屋价格开始大幅上涨。2002—2017 年，港岛、九龙、新界的私人房屋均价分别从 4.5 万港元 / 平方米、3.3 万港元 / 平方米、

2.9 万港元 / 平方米提高到 19.5 万港元 / 平方米、17.6 万港元 / 平方米、10.7 万港元 / 平方米，分别增长约 3.3 倍、4.3 倍、2.7 倍。房价快速上涨明显推高地价，2017 年香港平均地价为 62.2 万港元 / 平方米，是 2002 年（7.0 万港元 / 平方米）的约 8.9 倍。

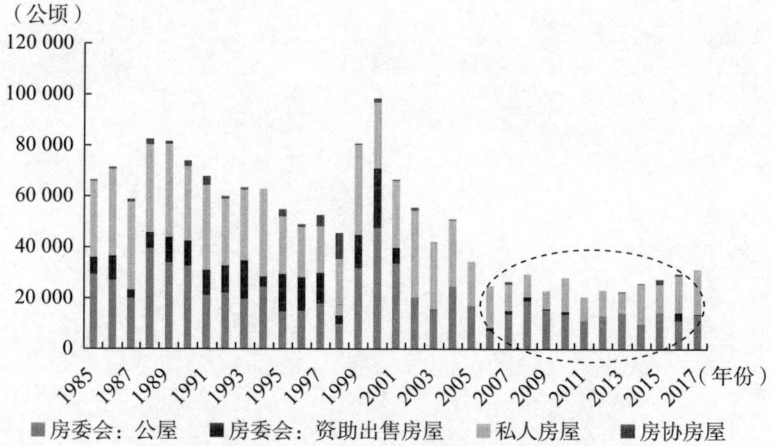


图 1.13　2002 年以来房屋竣工数量大幅减少

资料来源：香港统计年鉴，恒大研究院。

# 第二章

# 英国房价何以刚性上涨

本章作者：夏磊、俞涛、郑南宏、赵璇

英国是最早出现政府干预住房市场的国家，也是中国香港住房模式的启蒙。英国住房总体充足，居住品质高，但与中国香港一样，房价长期上涨，居民购房面临较大压力。英国住房独具田园特色，居住环境良好，80%的住房分布于城郊和乡村，79%的住房为独户住宅，城市和乡村的居住区都富有田园元素；居住条件良好，人均使用面积38平方米，住房质量佳且保养好，百年老宅占比达21%。住房总体充足，套户比自1971年起维持在1以上，2016年为1.05；住房自有率自1984年起维持在60%以上，2017年为62%。但房价水平偏高，居民购房压力较大，2017年房价收入比为6.1，高于多数欧美发达国家；伦敦房价收入比达21，房价位居全球第二，仅次于中国香港。

英国房价长期跑赢通胀，领先全球，虽有周期变动，但是总体上涨。1917—2017年，英国名义房价指数上涨888倍，年均涨幅达7%，同期，CPI仅上涨48倍，年均涨辐为4%。国际对比看，1970—2017年，英国名义房价指数上涨52.8倍，明显高于意大利、法国、美国、德国、日本分别为33.9、16.1、12.5、2.3和2.3倍的涨幅。近一百年，英国房地产市场还经历过四轮房价快涨、大涨的“快牛”现象，房价在短暂的趋稳或下跌之后总是重新上涨。2017年，名义房价指数较次贷危机前最高点的2007年累计上涨了20%，实际房价也已接近历史高点。

英国房价刚性上涨、居民购房压力大的背后是制度设计。土地制度以自由保有为主，但分配不均，1/3的土地仍掌握在极少数贵族手中；土地规划重视环境保护，住宅用地占比显著偏低，截至2005年，英格兰已开发用地占比9.8%，住宅用地占比仅1.1%。同时，80年代英国金融自由化和国际金融地位的重新崛起，大力刺激了货币增长，导致房价不断上涨。

## 第一节 高品质与高房价的共同体

英国政府大力支持住房市场发展，居民住房条件良好，总体充足，但购房压力较大。“二战”以后英国政府大规模兴建社会住房，20 世纪 80 年代以后鼓励住房自有，有效解决了住房短缺问题，提升了住房自有率。从“质”上看，住房环境良好，田园式风格显著，独户住宅占比达 79%，人均使用面积 38 平方米；从“量”上看，英国住房供给已基本充足，套户比自 1971 年以来维持在 1 以上，住房自有率自 1984 年以来维持在 60% 以上；从“价”上看，房价收入比处于历史高位，高于多数欧美发达国家。

### 一、富有田园特色的居住环境，住房品质高

#### （一）田园式居住环境

英国居民崇尚自然、生态、绿色的居住环境，住房的田园式特征显著，主要体现在：分布上以郊区和乡村为主，结构上以独户住宅为主，城市和乡村的居住区都富有田园元素。

80% 的住房分布于城郊和乡村。英国的郊区和乡村环境优美，公共交通等基础配套服务设施完善，宜居性强。2012 年伦敦奥运会开幕式更是以田园风光和生活为重要元素，彰显英国人对田园生活的热爱。2016 年英格兰存量住房中分别有 62% 和 18% 位于郊区和乡村。

独户住宅占比高达 79%，郊区和乡村地区更超过 80%。英国住房

类型可分为公寓和独户住宅。其中独户住宅包括联排住宅、半独立住宅、独立住宅和平房，截至2016年分别占比为28%、25%、17%和9%，合计达79%。独户住宅多数设有花园和院子，配有停车位，私密性较好。郊区和乡村地区的独户住宅占比更高。2013年英格兰地区，郊区和乡村的独户住宅占比分别为83%和95%，显著高于城市中心区域的56%。

居住区周边具有丰富的田园元素。住房设计上，常用灰泥墙面，搭配红色、棕色为主的清水砖，加上白色门窗，同绿草绿树形成鲜明对比；住房配套上，常有短前院、长后园，保证私密性和独立的亲近自然的活动空间；城市规划上，注重绿化带和绿色开放空间；而郊区和乡村的住房，更是直接与自然植被融为一体。

### （二）居住水平高

人均住房使用面积为38平方米。2016年，英国住房套均使用面积为94平方米，人均使用面积为38平方米。2018年人均房间数为1.9，在国际上处于中上水平。

住房质量佳、保养好，百年老宅占比高。2016年英国存量住房中，房龄超50年的占比76%，超70年的占比37%，百年老宅占比达21%。即使是在“一战”中受到轰炸的房屋，经过修复后仍能屹立至今，高度保留了百年前的式样与结构。郊区的住房由于开发较晚，近50%的住房房龄不到50年。而乡村地区保留了大量城堡式建筑、庄园和传统民居，百年老宅的比例高达28%。

### （三）套户比稳定在1以上

套户比自1971年起稳定在1以上，2016年为1.05，但从国际对比看处于偏低水平。1971年，全国家庭数量1 694万户，存量住房

1 718 万套，套户比超过 1，此后维持在 1 以上，2016 年为 1.05，居民住房需求基本满足。但与国际对比看，2017 年，美国、日本、新加坡、中国、德国的套户比分别为 1.15、1.16（2013 年）、1.09、1.07、1.02，英国的套户比相对较低，仅高于以租赁为主的德国。大伦敦区套户比更低，2011 年为 1.03，低于同期全国 1.05 的平均水平。

住房空置率低，得到有效利用。2017 年，英格兰住房空置率 2.5%，低于日本（2013 年，13.5%）与德国（2017 年，3.2%），空置 6 个月以上且未配置家具的住房长期空置率仅 0.9%。分区域看，大伦敦、英格兰东南区、东英格兰区的住房空置率显著低于全国水平。

住房自有率保持在 60% 以上。“二战”以后，英国住房自有率持续提高，在社会住房私有化政策的推动下，1984 年突破 60%，至今维持在 60% 以上。2017 年为 62%，在国际上处于中等水平。乡村地区的住房自有率更高，2011 年达 71%。

私有为主的住房供应结构。随着 1980 年英国政府正式推行社会住房私有化，地方政府持有的住房持续减少，住房协会逐渐替代地方政府在建设社会住房上的角色，私人租赁部门在 20 世纪 80 年代租赁管制放松后迅速发展。2016 年，自有住房、私人租赁住房、住房协会租赁住房和地方政府租赁住房的占比分别为 63%、20%、10% 和 7%。

## 二、百年房地产见证四轮快牛

### （一）英国房价百年上涨 888 倍，共经历四轮快牛

英国房价长期上涨，大幅跑赢通胀。1917—2017 年，英国名义房价指数上涨 888 倍，年均涨幅达 7%。同期，CPI 上涨 48 倍，年均涨幅为 4%。

英国房价涨幅显著跑赢其他主要发达经济体。1970—2017 年，英国名义房价指数上涨 52.8 倍，明显高于同期意大利、法国、美国、德国分别为 33.9、16.1、12.5、2.3 倍的涨幅。

伦敦等主要大城市涨幅更突出。伦敦是英国政治、经济、文化、金融中心，伦敦以 0.65% 的土地占比，承载了超过 20% 的总增加值和 13% 的人口，房价涨幅领跑全国。1995—2018 年，伦敦房价累计上涨 540%,年均涨幅 8.4%,明显高于全国 308% 和 6.3% 的水平。同期，剑桥、牛津、曼彻斯特、卡迪夫等大城市年均涨幅分别为 7.9%、7.6%、7.4% 和 6.4%，也都高于全国水平。

近 100 年，英国房价除了实现 888 倍的累计涨幅，还经历过四轮房价快涨、大涨的“快牛”行情。英国房价在短暂的趋稳或下跌之后总是重新上涨。2017 年，英国名义房价指数较次贷危机前最高点的 2007 年累计上涨了 20%，实际房价已接近历史高点。

### （二）居民购房压力普遍较大

房价收入比在主要欧洲国家中明显较高。按中位房价和中位收入计算，1977—2017 年，英国房价收入比从 3.3 提高到 6.1，普通家庭的购房难度持续提升。按三口之家购买 100 平方米住房所需年限计算，英国房价收入比在主要欧洲国家中最高，2017 年达 5.9。

租金收益率处于国际中等偏低水平。2017 年，英格兰租金收益率为 3.5%。主要大城市中，伦敦为 3.2%，利物浦为 3.3%，同欧美、大洋洲国家的大城市相比处于中等偏低的水平。

购房压力较大是城市和乡村居民共同面临的问题。从 1/4 分位数计算的房价收入比看，2017 年，英格兰整体房价收入比为 9.1，其中，主要乡村区域房价收入比为 8.6，剔除伦敦后的主要城市区域为 7.4，并无显著分化。

房价高涨导致居民置业年龄延后。1990—2017年，英国购房贷款者中，25岁以下居民的占比从19.6%下滑至7.4%，首次置业贷款中，25岁以下居民占比更是从30.0%下滑至13.9%。年轻人更加依赖父母，选择合住。1996—2017年，20～34岁人口中，与父母同住的群体从268万人增长到339万人，占比由21%上升至26%。预计到2020年，30岁人群中拥有住房的比例将降至约25%，而目前即将退休的一代人中，在其30岁时拥有住房的比例超过50%。

## 第二节　英国住房制度支柱

### 一、金融自由化，住房金融体系市场化

#### （一）20世纪80年代以来英国的金融自由化

20世纪80年代之前，英国面临经济滞胀和金融影响力减弱的双重困局。“二战”以后，英国经济增长相对缓慢，在世界主要发达经济体中的地位有所下降，“英国病”初现。20世纪70年代，布雷顿森林体系解体和石油价格冲击使英国经济陷入滞胀，“英国病”激化。同时，伦敦的国际金融中心地位也不断衰退。伦敦在17世纪至18世纪曾是英国乃至整个世界最重要的金融中心，19世纪初更达到鼎盛，几乎主导世界上各种商业活动及国际金融活动，是全球最大的外汇交易中心。但“二战”以后，英国实行严厉的政府管制，金融管制苛刻，伦敦的金融业务开始萧条，特别是股票市场业务渐渐流向纽约。

撒切尔夫人执政后，开启英国的金融自由化浪潮。撒切尔夫人摒弃英国奉行已久的凯恩斯主义政策，大力推行“新自由主义”，主张

放松管制、减税和私有化。特别是在金融领域，采取了一系列举措，包括取消外汇管制、取消信用约束、存贷款利率完全市场化、放松住房金融管制、改革资本市场的“大爆炸”等。

金融自由化浪潮，使金融为主的现代服务业替代制造业成为英国的支柱产业。英国作为世界工业革命的起源地，20 世纪 80 年代以前，以工业为支柱产业，制造业占总增加值 GVA（全国总附加值）的比重超过 30%。但 90 年代之后，制造业的占比下降至不足 20%，而金融、商业服务、租赁与房地产的占比则不断提升，超越制造业，2015 年占比达 37.1%。

英国的金融自由化和国际金融地位的重新崛起，大力刺激了货币增长。与历史对比，20 世纪 60—70 年代，英国 M4/GDP 基本稳定在 50% 左右，而 80 年代以后显著攀升，2009 年创历史最高 137%，2018 年为 114%，较 70 年代末翻番。在主要发达经济体中，1980—2014 年，英国 M2 与名义 GDP 的年均增速差高达 4.6 个百分点，明显处于偏高水平，货币超发程度较严重。

### （二）市场化的住房金融体系，贷款发放机构以银行为主

20 世纪 80 年代之前，互助性质的建房合作社（Building Society）垄断住房金融市场。20 世纪 80 年代之后，住房金融体系市场化，银行逐渐占据主导地位。

#### 1. 20 世纪 80 年代以前，建房合作社垄断住房金融市场

建房合作社起源于 18 世纪 70 年代，逐渐发展成为互助性、专业性的住房抵押贷款发放机构。1775 年，英国首个建房合作社——凯特利建房合作社在伯明翰成立，此后各地相继成立建房合作社。早期的建房合作社，主要是产业工人为建造和购买住房而在一定范围内集资

运作的短期存续的互助性组织，规模为 20 ~ 30 人，每位成员定期缴纳资金，合作社汇集资金为其成员逐个建造住房，直至每位成员都拥有住房后，建房合作社即自动解散，这种模式的合作社也称为终结型合作社（Terminating Society）。最后一个终结型合作社 First Salisbury 于 1980 年 3 月解散。19 世纪 40 年代，建房合作社开始吸收没有融资建房需求的投资者的储蓄，向其支付利息，并在合作社解散时，归还储蓄款。通过吸收存款，建房合作社开拓了资金来源，也创造了长期经营的可能。1845 年，英国第一家永久型建房合作社 Metropolitan Equitable 成立。此后，建房合作社开始向包括非成员在内的居民提供住房抵押贷款，这标志着建房合作社逐渐从小规模的互助社团向专业性的住房抵押贷款发放机构转变。由于早期的建房合作社为小规模、终结型，因此建房合作社数量较多，1900 年，英国有 2 286 家建房合作社，总资产 6 000 万英镑。随着建房合作社的永久化和对非会员的开放，以及终结型合作社的全部解散，截至 1980 年，建房合作社仅余 273 家，但总资产达 538 亿英镑。

20 世纪 80 年代以前，建房合作社的抵押贷款利率较为稳定。多数建房合作社均为 BSA（建房合作社协会）的成员。BSA 推荐的抵押贷款利率，成员合作社通常会遵照执行，有较强的约束力，形成了利率卡特尔，限制了行业的利率竞争。由于推荐利率调整频率较低，保持了按揭利率的稳定。

20 世纪 80 年代以前，建房合作社在住房金融市场上占据垄断地位。一方面，由于建房合作社的互助性质和英国政府的税收支持，建房合作社的存款利率较高，具有吸储优势。建房合作社作为互助机构，由成员所有，没有股东，因此不追求利润最大化，主要目的是通过长期相对稳定的利率来满足存款人对高利率以及借款人对低利率的需求。建房合作社的互助性质有助于住房保障，因此英国政府通过税收优惠等政策予以支持，对建房合作社实施独特的综合税率，个人投资者和储户的分红及利息收入，直接按基础税率纳税。此外，建房合作社在新会计年度开始九个月后才缴纳上一年度的税收。建房合作社的互助性和税收优惠，形成了显著的利率优势，例如，1982 年，建房合作社普通股的分红净收益率为 6.25%，而清算银行的 7 天存款总利率（税前）为 5.5%。另一方面，银行受制于政府的信用约束，也难以进入按揭市场。20 世纪 70 年代，英国政府为了控制货币增速，实行补充特别存款安排（supplementary special deposits scheme），对银行等金融机构计息负债增速予以限制，增速过快的金融机构必须按比例缴纳无息的超额准备金。而且银行的资金主要来源于批发市场和零售市场中的交易类账户，与长久期的抵押贷款不匹配，不具有参与抵押贷款市场的优势。因此，建房合作社在住房金融市场上长期占据垄断地位。20 世纪 70 年代，建房合作社各占存量房贷和新增房贷的比重基本保持在 80% 左右。

### 2. 20 世纪 80 年代以后，住房金融更加市场化，银行逐步占据主导地位

英国政府的管制放松，促使住房金融市场的竞争显著加剧。一方面，银行开始大力开拓抵押贷款和居民存款业务。1980 年，英格兰银行取消补充特别存款安排，不再限制银行等存款性金融机构的负债扩张，1981 年实行完全的存贷款利率市场化，为银行发展零售业务提供了基础。对于银行自身而言，20 世纪 70 年代的滞胀和 80 年代初的拉美债务危机，提高了企业贷款的风险，因此银行转向收益较好、风险更低的抵押贷款业务。同时，银行也加强零售存款业务，既能充分利用分支机构，又能拓宽客源，带动保险、年金和抵押贷款产品的销售，而且能形成批发和零售两个市场的融资能力，丰富融资策略。

另一方面，建房合作社面对来自银行的外部竞争，自身也不断向市场化转型，强化竞争。在 20 世纪 70 年代，已经有非 BSA 成员的合作社，提供了比 BSA 推荐利率更高的股金和短期存款账户。80 年代之后，BSA 主导的利率卡特尔也逐步终结。随着市场竞争的加剧，《1962 年建房合作社法》对建房合作社的资产和负债的要求已构成重要障碍，因此，英国政府颁布《1986 年建房合作社法》(1987 年开始生效)，放松对建房合作社的限制。第一，负债端不再限定于零售市场，允许通过批发市场获取资金，占比可达 20%。第二，资产端不再限定于抵押贷款，允许发放无抵押贷款、投资土地或投资附属机构，合计占比不超过 7.5%。第三，机构类型上允许建房合作社改组为银行等公共有限公司。随后，建房合作社出现了去互助化浪潮和集中度提升趋势。1989 年，阿倍国民（Abbey Nationwide）放弃互助机构地位，成为首家改组为银行和公共有限公司的合作社。1997 年，更是有五家建房合作社转型为银行，包括当时全国最大的建房合作社 Halifax。在银行化和并购潮之下，建房合作社的数量从 1980 年的 273 家减少至 2000 年的 67 家，前五大合作社的总资产占比从 1980 年的 55% 提升至 2000 年的 69%。

如图 2.1 所示，近年的新发放抵押贷款中，银行占比约 2/3，仍保持互助性质的建房合作社占比约 1/4。随着银行从 20 世纪 80 年代开始加码参与抵押贷款市场，建房合作社的比重从 80 年代前的 80% 降至 90 年代初的 60%，1997 年的集中银行化更是使比例降至 36%，目前基本稳定在 25% 左右。而银行自 1998 年以来一直保持 60% 以上的市场份额，占据主导地位达 20 年。目前，前十大抵押贷款机构中，7 家为银行，市场占有率为 60%；3 家为建房合作社，市场占有率为 18.6%。

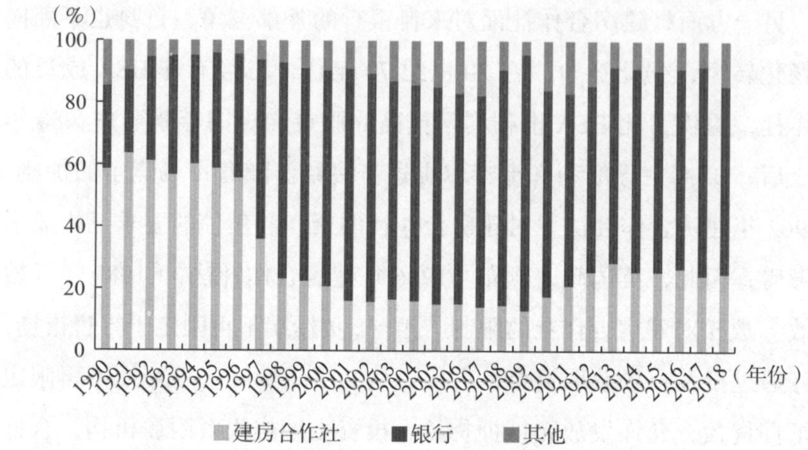


图 2.1　1990—2018 年英国新发放房贷中各类机构占比

资料来源：英国政府网，BOE（英格兰银行），BSA，恒大研究院。

### （三）抵押贷款首付低、期限长，居民杠杆水平较高

#### 1. 首付比例较低，期限较长

英国首付比例在国际处于显著偏低水平。在英国，主流的首付比例通常为 20%～30%，如果贷款购房者资质较好且愿意承担更高的初始利率，则最低享受 5% 的首付。2017 年，英国居民平均首付比例为 28%，其中首次购房的比例更低至 21%。

住房抵押贷款的期限较长。抵押贷款平均年限自 1990 年以来保持在 22 年以上，2010—2017 年持续上升至 26 年。2017 年，51% 的抵押贷款年限超过 25 年，27% 的贷款年限超过 30 年。

#### 2. 浮动利率为主，还款方式灵活

英国实行浮动利率机制，抵押贷款利率与贷款比例、年限、收入、用途等挂钩。贷款比例与年限越高，或资产收入越低，贷款利率越高。区分自住住房与投资性住房（Buy-to-let，购房后出租），后者抵押贷款

利率更高。抵押贷款利率合同主要有三类可供选择。第一类，可变利率（或标准可变利率，Standard variable rate）。利率部分参考央行基准利率，具体由贷款机构自行确定。第二类，追踪利率（Tracker rate）。贷款机构设定最初利率，随后利率随央行基准利率或伦敦银行同业拆借利率的变化而变化。第三类，固定利率（Fixed rate）。指定期间（1～5年）内采用固定利率，随后转为浮动利率。由于浮动利率变动大，部分贷款机构会对抵押贷款利率设定上限或下限。目前，英国抵押贷款利率为3.5%～5.0%。

1999年以来英国典型房贷利率变化情况如图2.2所示。

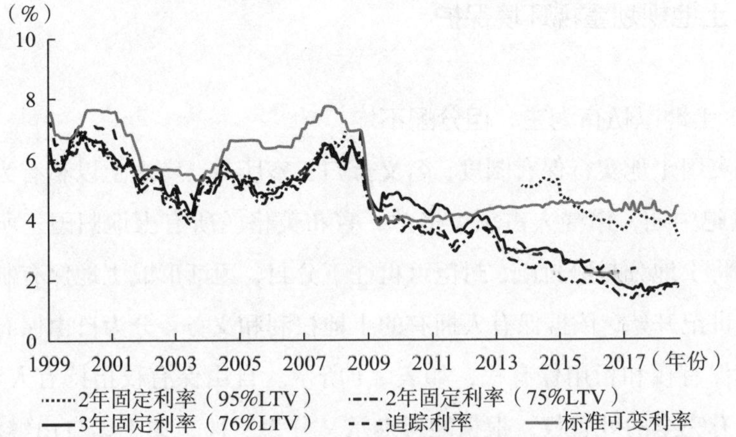


图2.2　1999年以来英国典型房贷利率变化

资料来源：BOE，恒大研究院。

注：LTV为贷款价值比。

抵押贷款还款方式灵活，允许还本付息（Repayment）或只付利息（Interest only），但目前只付利息贷款占比很小。还本付息为常规还款方式，购房者每月还款包括本金与利息。只付利息是购房者每月只还利息，合同期满后还清贷款总额。2014年金融行为监管局（FCA）

加强监管，规定购房者申请只付利息还款，需通过额外购买理财产品等方式提供还款保障。2012—2017 年，只付利息的住房抵押贷款余额从 3 990 亿英镑减少至 2 510 亿英镑。

### 3. 居民部门杠杆水平较高

英国居民部门杠杆在发达国家中处于显著偏高水平。2017 年，英国居民房贷余额占 GDP 比重达 42%，在主要可比发达经济体中处于中等水平。居民部门负债与 GDP 比值高达 87%，高于发达国家 76% 的平均水平，也高于金融同样发达、居民热衷于借贷消费的美国。

## 二、土地规划重视环境保护

### （一）土地以私有为主，但分配不均

英国土地实行保有制度，名义上归王室所有，实质上以私有为主。11 世纪中期，诺曼人占领英格兰，宣布英格兰所有土地归国王所有。国王将土地分封给封臣，封臣可再往下分封，逐渐形成土地保有制度。从中世纪开始，依据保有人拥有的土地权利和义务，分为自由保有权、公簿保有权和租用保有权，如表 2.1 所示。自由保有权指持有人对土地拥有完全的处置权，根据能否继承又分为三种：第一，自由继承地产权指持有人死亡后，土地可由其继承人（包括独立法人）继承，可自由继承的自由保有权实际上等同于土地所有者；第二，限定继承地产权指土地只可由持有人的直系亲属继承；第三，终身地产权指土地处置权只存续于持有者生前，在其死亡后土地需归还领主或国王。公簿保有权指农民在租地时从庄园法庭获得文书记录副本以兹证明，可终身或世代拥有土地占有权，但需向地主提供不定时劳役服务或缴纳地租。租用保有权指拥有不超过 999 年的土地使用权，其间需向自由

保有者支付地租，如购买公寓一般只拥有 99 年使用权，每年需缴纳地租，通常不超过 400 英镑。1922 年英国颁布《财产法》，废除公簿保有权，1925 年又取消限定继承地产权和终身地产权，促使其通过补偿等方式转为自由继承地产权。目前，可自由继承的自由保有权和租用保有权成为英国普通法上仅存的两种合法保有权，并以可自由继承的自由保有权最为普遍。

表 2.1　英国土地保有权类型

<table>
<tr><th colspan="2">保有权类型</th><th>形式</th></tr>
<tr><td rowspan="3">自由保有权</td><td>自由继承地产权</td><td>持有人占有地产权，在其死亡后可由其继承人（包括独立法人）继承，目前最为普遍，实际上等同于土地所有者</td></tr>
<tr><td>限定继承地产权</td><td>持有人占有地产权，土地可由其直系亲属继承，1925 年废除</td></tr>
<tr><td>终身地产权</td><td>持有人占有地产权，但土地不可继承，在其死亡后需归还领主（土地封授者）或国王，1925 年废除</td></tr>
<tr><td colspan="2">公簿保有权，也称非自由保有权、维兰保有权</td><td>农民在租地时从庄园法庭获得文书记录副本以兹证明，可终身或世代拥有土地占有权，但需向地主缴纳地租或不定时提供劳役服务，1922 年废除</td></tr>
<tr><td colspan="2">租用保有权</td><td>租用保有权拥有不超过 999 年的土地使用权，其间需向土地自由保有者支付地租。如购买公寓一般只拥有 99 年使用权，每年需缴纳地租，一般不超过 400 英镑</td></tr>
</table>

资料来源：英国国家档案馆，咸鸿昌（2009），恒大研究院。

英国 80% 的土地为私人部门所有，但分配不均，贵族占有大量土地。20 世纪 70 年代，王室持有 1% 的土地，政府和国企共持有 19% 的土地，私人部门持有土地约占 80%，其中，贵族持有全国 32% 的土地，占私人部门的比重高达 40%。

## （二）土地利用重视环境保护

土地发展权归国家所有，开发需获得规划许可。土地发展权是指对土地在利用上进行再发展的权利，即土地所有权人或土地使用权人突破原有的土地利用形式，改变土地现有用途或提高土地利用程度的权利。1947 年，英国修订《城乡规划法》，规定所有土地发展权收归国有，所有建筑、工程、矿业开采等项目，或对现有规划用途做出改变，均需向地方政府申请规划许可证，并要求所有地区编制发展规划。由于英国大多数土地由私人自由保有，政府通过分离土地发展权，为全面实施规划控制与管理提供了保障。此后英国又出台多部相关法律，规划制度逐渐完善。

英国的土地利用规划起源于对公共卫生与住房问题的关注，奠定了重视环境的理念。英国作为率先开展工业革命的国家，也是最早开启大规模城市化的国家之一，城市人口急剧膨胀带来了住房拥挤、贫民窟、卫生条件差、环境污染、传染病流行等典型城市病。1848 年以后，英国颁布多部《公共卫生法》与《工人阶级住房法》，授权地方政府制定住房建设法规，控制街道宽度，以及建筑物高度、结构与布局，拆除不合格住房。1909 年，英国颁布首部城市规划法规——《1909 年住房和城镇规划法》，中央政府授权地方政府编制规划法案，控制新居住区发展。1932 年，英国出台首部《城乡规划法》，开始将乡村纳入规划保护范畴。1935 年，《限制带状开发法》颁布，要求控制道路沿线开发活动蔓延，避免过度占用乡村土地。

经过一个半世纪的发展，英国形成了重视环境保护的土地利用制度，具有保护区占比高、严控大城市规模、注重土地再开发、规划审批严格四大特征。

第一，设置大量自然保护区，受保护土地占比约一半。目前，英国设有特殊科研价值地、特殊保护区、特别保育区、自然风景区、绿带、国家公园等多类保护区。以英格兰为例，保护区域土地面积约占英格兰土地的一半，受保护土地比重约为 OECD 经济体平均水平的两倍。

第二，在大城市周边设置绿带，严格控制大城市规模。20 世纪 40 年代以后，随着大城市的不断发展，城区蔓延与占用乡村土地问题日益严重。伦敦、兰开夏郡、南威尔士等多个地区在制定区域规划时，都强调必须将剩余人口安置到新的、已扩建的城镇，不再允许大城市向乡村无节制蔓延。50 年代开始，英国政府陆续在伦敦、伯明翰等城市周边建立绿带，严格限制绿带的土地开发，英格兰有 13% 的土地划分为绿带，且至今保护良好，这有效限制了城市蔓延。国际上，日本、韩国、澳大利亚等国家也曾建立环城绿带，但随着城市扩张压力不断加大，绿带用地管制被迫逐渐放松，如东京绿带已基本变为城市建成区，首尔绿带也部分转变为城市建设用地。

第三，注重土地再开发，提高城市土地利用效率。20 世纪 90 年代中期以后，政府要求新开发用地中 60% 为已开发土地，鼓励私人开发棕地，即利用后闲置的、遗弃的或未充分利用的土地。2016 年，英国 56% 的新建住宅来自土地再开发。

第四，规划审批综合考虑多方面因素，历时长、标准严。英国规划许可申请需要遵循一整套严格的程序，包括申请前的咨询、项目公示和公众咨询、规划委员会审查等。首先，地方规划部门将评估开发项目是否符合国家与地方规划政策。其次，采取环境影响评估程序，并综合考虑是否有助于当地经济发展，是否影响历史建筑，以及项目建筑规模、布局、选址、设计、外观、美化环境等因素，再决定是否予以批准。从审批时长看，2011 年以前，住宅项目获得规划许可证平均需要 44 周，41% 的项目超过 1 年，6% 的项目甚至近 3 年。从审批结果看，2017 年，英格兰大型住宅项目（超过 10 套）与小型住宅项目修建审批通过率分别仅为 41% 和 26%。

### （三）住宅用地供给不足，地价涨幅显著

英国住宅用地占比较低，英格兰仅为1%。英国土地利用重视环保，客观上导致开发用地供给不足。截至2005年，英格兰87.5%的土地为绿地，已开发用地占比9.8%，住宅用地仅占1.1%。

住宅用地价格显著上涨，涨幅高于房价。如图2.3所示，1963—2002年，英国住宅用地价格指数上涨112倍，是同期房价涨幅的2.5倍。分地区看，伦敦地价远超英格兰其他地区。

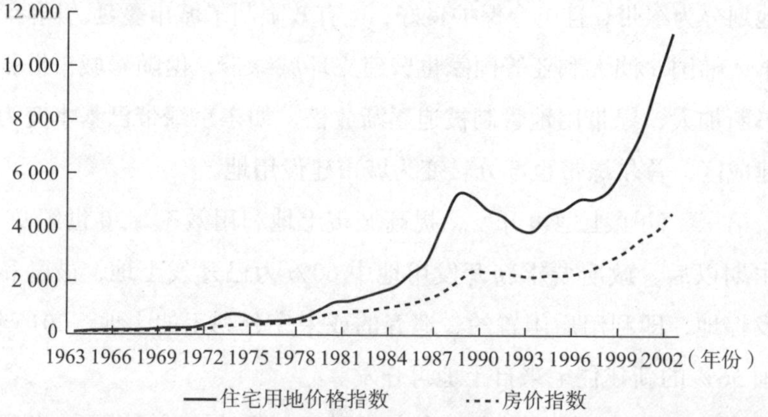


图2.3　1963—2002年英国住宅用地价格与房价涨幅（1963年为100）

资料来源：BOE，恒大研究院。

## 三、交易环节对非首套房从重征税

英国税收制度中，与居民相关的房地产税种主要包括土地印花税、资本利得税、遗产税、市政税、个人所得税，如表2.2所示。税收设置上，交易环节对非首套住房征收重税，抑制投机；保有环节税收历史悠久，税负较轻。

住房相关税收占全国公共部门收入比重较小。英国实行高度集中

的财政管理体制及收入分配制度，90% 以上税收归中央政府支配和使用，因此在英国税收体系中，与住房相关的 5 类税种中，仅一种由地方政府征收并拥有自由支配权。从英国公共部门收入看，土地印花税和市政税等直接与住房相关的税收占全国财政收入比重较低，2018—2019 年仅占 6%。

表 2.2　英国税收制度与居民住房相关的房地产税种

| 环节 | 税种 | 征税条件 | 税基 | 税率 | 税收归属 |
|---|---|---|---|---|---|
| 交易环节 | 土地印花税 | 交易不动产 | 不动产价值 | 首套房或换房：0～12%（超额累进），二套及以上各档税率提高 3 个或 4 个百分点 | 中央政府 |
| | 资本利得税 | 转让住房 | 住房价值扣除获得与交易成本 | 基本纳税人税率 18%，高薪及附加税率纳税人 28% | 中央政府 |
| | 遗产税 | 居民去世 | 去世前 7 年内赠与和去世后遗产 | 遗产税率 40%，去世前赠与 8%～40% | 中央政府 |
| 保有环节 | 市政税 | 住房所有者或承租者 | 按 1991 年房价分为 8 个等级（威尔士按 2003 年房价分为 9 个等级） | 根据住房等级定额征收，税收乘数为 6/9～21/9 | 地方政府 |
| | 个人所得税 | 出租住房 | 租金剔除维修等成本后的净收入 | 纳入个人所得税征收范围，实行四级超额累进税率：0、20%、40% 与 45% | 中央政府 |

资料来源：恒大研究院。

## （一）土地印花税

英国对超过一定价值的不动产（住房或土地）交易征收土地印花税。2003 年，英国政府颁布《金融法》，设置土地印花税，替代了传统的印花税，英格兰、北爱尔兰及苏格兰开始对不动产交易征收土地印花税。2015 年 4 月，苏格兰设置土地和建筑物交易税，取代土地印花税。2018 年 4 月，威尔士设置土地交易税，以取代传统印花税。

土地印花税、土地和建筑物交易税和土地交易税采取超额累进税制，对二套及以上住房从重征税。一方面，二套住房税率更高，英格兰、北爱尔兰及威尔士的二套房税率，分别比同等房价区间的首套房高出 3 个百分点，苏格兰则高出 4 个百分点。另一方面，二套房的免税额度更低，对于首套房或者非首套房但现在无房的情况，在英格兰及北爱尔兰、苏格兰、威尔士分别享有 12.5 万、14.5 万和 18 万英镑的税前扣除额。此外，在英格兰，若房价不超过 50 万英镑，则扣除额为 30 万英镑。而对于二套房，只对房价不超过 4 万英镑的住房免予征税；若房价不低于 4 万英镑，则不予扣除。同时，若居民在购买第二套房的一定期限内出售原有住房，可予退税。英格兰、北爱尔兰及威尔士、苏格兰分别规定，购买第二套房 36 个月、18 个月内出售原有住房，可要求退还土地印花税税款。

对于居民购买新的租用保有权不动产，租约购买价格部分参照通用规则缴纳土地印花税，未来租金的净现值超过 12.5 万英镑的部分按 1% 税率缴纳土地印花税。对于居民购买存量的租用保有权不动产，只对购买价格按照通用规则缴纳土地印花税。

### （二）资本利得税

居民转让投资性住房或二套及以上住房时获得的收益，需缴纳资本利得税。对同时满足以下条件的住房免征资本利得税：该住房为出让方唯一住房且自持有起即为主要住房，未将该住房任何部分用于出租，未将该住房任何部分用于商业，该住房所有建筑在内的占比面积不超过 5 000 平方米，出让人购买该住房的目的不是获利。此外，向配偶或慈善机构赠送住房，也无须缴纳资本利得税。

资本利得税的应税收益，为转让住房收入扣除取得成本、改善住房成本及转让成本后的净额。转让成本包括房地产经纪费用、律师费用等。此外，纳税人每年还有一定额度的应税收益扣除额，年度扣除额由财政部每年核定调整。

资本利得税税率，与纳税人的收入情况及适用的个人所得税税率挂钩，个人所得税税率越高，资本利得税税率也就越高。个人所得税税率为 20% 的基本纳税人，资本利得税税率为 18%；个人所得税税率为 40% 的高薪纳税人或 45% 的附加税率纳税人，资本利得税税率为 28%。具体计算方式，由个人应纳税所得（即年收入总和 – 个人所得免税额 – 其他优惠额）和资本利得净收益（资本利得应税收益 – 扣除额），确定个人所得税税率，再据以确定资本利得税税率，最后对个人应纳税所得和资本利得净收益分别按照所确定的个人所得税税率和资本利得税税率进行纳税。

（三）遗产税

遗产税税基为居民去世时全部遗产和去世前 7 年内赠与他人之财产的市场评估价总和，减去扣除额之后的余额。财产包括不动产、股票、现金等。扣除额由财政部确定，通常每年调整，根据赠与时间距离去世时间，由远及近地优先从赠与财产中扣除，仍有额度时才扣除去世时遗产。

遗产税税负较重，税率最高为 40%。赠与财产的遗产税由受赠与人缴纳，税率介于 8%～40%，赠与日期越临近去世，则税率越高。去世遗留财产的税率为 40%。如果居民将超过 10% 的遗产赠与慈善机构，则部分遗产的税率可降为 36%。如果将超过 32.5 万英镑扣除额部分的遗产赠与配偶或慈善机构，则免征遗产税。

### （四）市政税

英国房产税征收历史悠久。17 世纪中后期，英国开始征收炉灶税，此后房产税税名与征税标准经过多次调整，包括以窗户数量为征税依据的窗户税，以租金为征税依据的房屋税，按人头均摊的社区税。1993 年，英国开始按照居民住房的资本价值征收市政税，纳税主体为年满 18 周岁的房屋实际使用人。

市政税（也称住宅税、地方议会税）由各地方政府征收，主要用于地方市政支出，包括警察和消防服务、公园等休闲场所、图书馆和教育服务、街道清洁、住房保障、运输和公路服务、环境卫生和贸易标准、地方选举等事务管理。

税基由评估机构评估房屋价值，分为八个或九个等级。市政税以评估价值征收，税基由各地方自行确定。如表 2.3 所示，英格兰和苏格兰将每个住宅在 1991 年 4 月 1 日的房屋价值分为 A ~ H 八个等级，威尔士按照 2003 年 4 月 1 日的房屋价值分为 A ~ I 九个等级，后续建成房屋按照这两个基期的价格进行分类。英国房屋以 A ~ D 级为主，2018 年，英格兰 A ~ H 等级住房占比分别为 24%、20%、22%、15%、10%、5%、4%、1%。

表 2.3　英国各地区住房分级标准及对应市政税收乘数

| 住房等级 | 住房价值（英镑） | | | 税收乘数 |
| --- | --- | --- | --- | --- |
| | 英格兰 | 苏格兰 | 威尔士 | |
| A | ≤ 40 000 | ≤ 27 000 | ≤ 44000 | 6/9 |
| B | 40 001 ~ 52 000 | 27 001 ~ 35 000 | 44 001 ~ 65 000 | 7/9 |
| C | 52 001 ~ 68 000 | 35 001 ~ 45 000 | 65 001 ~ 91 000 | 8/9 |
| D | 68 001 ~ 88 000 | 45 001 ~ 58 000 | 91 001 ~ 123 000 | 1 |
| E | 88 001 ~ 120 000 | 58 001 ~ 80 000 | 123 001 ~ 162 000 | 11/9 |

续表

| 住房等级 | 住房价值（英镑） | | | 税收乘数 |
|---|---|---|---|---|
| | 英格兰 | 苏格兰 | 威尔士 | |
| F | 120 001 ~ 160 000 | 80 001 ~ 106 000 | 162 001 ~ 223 000 | 13/9 |
| G | 160 001 ~ 320 000 | 106 001 ~ 212 000 | 223 001 ~ 324 000 | 15/9 |
| H | ＞ 320 000 | ＞ 212 000 | 324 001 ~ 424 000 | 18/9 |
| I | — | — | ＞ 424 000 | 21/9 |

资料来源：英国政府网，恒大研究院。

注：英格兰和苏格兰住房价值标准为 1991 年 4 月 1 日，威尔士为 2003 年 4 月 1 日。

税率以 D 级住宅为基准，实行定额税收，税额累进。对 A ~ H（或 I）每个等级实行定额税收，D 级为基准税基，其他等级的纳税额等于 D 级住宅纳税额乘以相应的税收乘数，房价越高，税收乘数越高。

D 级住宅纳税额由各地自行决定，实行"以支定收"原则。市政税作为地方税种，由各地区政府根据当年财政预算的支出缺口决定该地区 D 级住宅的课税额，通过控制政府支出以限定住房税应纳税税额，有效平衡了财政需求与纳税人之间的税负关系。2017 年，英格兰 D 级市政税税额为 1 591 英镑。据此估算，2017 年英格兰市政税仅相当于 1991 年住房价值的 1.8%，如考虑房价上涨推升住房名义价值，则实际税率更低，见表 2.4。

市政税是地方财政收入的重要来源。英国实行高度集中的财政管理体制及财政收入分配制度，90% 以上税收归中央政府支配和使用。市政税作为地方政府主要税种，2016 财年，英格兰市政税合计征收 261 亿英镑，占地方政府本级财政收入的 43%，占地方政府全部财政收入的 16%。

表 2.4　2017 年英格兰市政税平均税率估算

| 等级 | 1991 年各级住房平均价值（英镑） | 2018 年各级住房数量（万套） | 市政税征收率 | 各级征税住房总价值（亿英镑） | 征税住房总价值（亿英镑） | 2017 财年市政税税额（亿英镑） | 市政税税额 / 征税住房总价值 |
|---|---|---|---|---|---|---|---|
| | ① | ② | ③ | ④ = ①×②×③ | ⑤ =SUM ④ | ⑥ | ⑦ = ⑥ / ⑤ |
| A | 20 000 | 591 | 97% | 1 146 | 15678 | 276 | 1.8% |
| B | 46 001 | 475 | | 2 119 | | | |
| C | 60 001 | 528 | | 3 072 | | | |
| D | 78 001 | 374 | | 2 830 | | | |
| E | 104 001 | 231 | | 2 334 | | | |
| F | 140 001 | 122 | | 1 661 | | | |
| G | 240 001 | 85 | | 1 980 | | | |
| H | 400 000 | 14 | | 543 | | | |

资料来源：英国政府网，恒大研究院。

注：A～G 级住房平均价值取价值区间上下限的平均值，H 级住房取 40 万英镑。

市政税计算以一个房屋有两名成年人为标准。若房屋中只有一名成年人，则市政税税额减少 25%；若均为未成年人，则减少 50%；若均为全日制学生，则可免缴。对于残疾人士，政府也会给予适当税收减免。此外，居民带家具的第二套房或度假用房可获得最高 50% 的市政税减免，但对于空置两年及以上的房屋，地方政府可加征最高 50% 的额外市政税，以避免房屋过度空置。

### （五）个人所得税

住房出租所得需纳入个人所得，征收个人所得税。应税租金收入为剔除住房成本之后的净租金收入，住房成本包括租赁中介费用、贷款利息、小区管理费、住房保险费、房产维护等，首次出租住房所得

1 000 英镑租赁收入予以扣除。个人所得税实行超额累进税率，最高边际税率为 45%。

## 四、以租赁为主的住房保障制度

英国政府的住房保障自诞生以来，就是以租赁为核心，保障手段从政府直接供给逐渐转向加大市场供给和需求补贴。20 世纪 80 年代以前，英国政府的住房保障，主要为地方政府直接建设用于低价出租的社会住房（2004 年以后，社会住房及其他保障性住房统称为可负担住房）。20 世纪 80 年代以后，一方面，政府削减建房规模，开始更多地支持社会资本建设社会住房，逐渐建立起可负担住房体系，继续以保障租赁需求为重心，同时适度兼顾保障购房自住需求。另一方面，在需求端实施租金补贴政策。

英国可负担住房可租可售，以租为主。可负担住房包括社会租赁住房、可负担租赁住房以及中级可负担住房三类。其中，中级可负担住房还包括租赁型的中级租赁住房与出售型的低成本住房，如共享产权房等。可负担住房以租赁型为主，从存量看，2016 年，由地方政府与住房协会出租的住房分别为 285 万套和 202 万套，合计占英国住房总量的 17%。从增量看，2016 年，英格兰分别供应社会租赁住房、可负担租赁住房、中级租赁住房 0.59 万、2.44 万、0.10 万套，合计占新增可负担住房供应量的 74%。

政府向低收入或失业的租赁家庭提供住房补贴，主要补贴可负担住房家庭。2016 年，租住可负担住房家庭中，领取住房补贴的占比达 59%，平均每周领取 82 英镑。租住私人住房家庭中，领取住房补贴的占比达 22%，平均每周领取 103 英镑。

## （一）住房供给保障以租赁为主

20 世纪 80 年代以前，地方政府直接大规模建设租赁住房，供应了 50% 的新增住房、31% 的存量住房。英国保障性住房建设始于 19 世纪末，“二战”以后地方政府兴建大量低租金的社会住房。早在 1890 年，英国颁布《工人阶级住房法》，授权地方政府直接建房供工人居住，但建房规模较小。“二战”以后由于房荒严重，中央政府给予地方政府大量财政补贴，兴建低租金的社会住房。从住房增量看，1946—1979 年，地方政府累计建成 514 万套，占全国新完工住房总量的 50%。从住房存量看，1951—1980 年，地方政府租赁住房占全国住房总量的比重从 19% 提高到 31%。

20 世纪 80 年代以后，政府建房减少，保障性租赁住房转由住房协会与开发商主导供应，目前英国的新增可负担住房中仍有 74% 为租赁住房。1979 年撒切尔政府上台后推行住房制度改革，一方面采取社会住房私有化政策，另一方面削弱地方政府供应住房角色，通过扶持住房协会与要求开发商配建补充供应社会住房，并逐渐建立起可负担住房体系，将社会住房及其他保障性住房统称为可负担住房。1991—2016 年，英格兰年均供应 3.5 万套租赁型可负担住房，虽然较之前 1946—1979 年地方政府年均 15 万套社会住房的水平显著减少，但仍是可负担住房的主要类型。2016 年，英格兰供应租赁型可负担住房 3.13 万套，占可负担住房的 74%。

住房协会属于非营利性组织，是英国租赁型可负担住房建设与运营的主要机构。住房协会大部分成立于 20 世纪 60 年代以后，早期主要协助负责城区改造工作和无家可归群体的住房供给，1974 年开始获得政府公共补贴，1988 年被明确为社会住房供给主体，获得地方政府大量住房转让，同时可以向私人市场借贷。从增量看，2016 年住房协会供应租赁型可负担住房 9 620 套，占英格兰租赁型可负担住房供应量的 31%。从存量看，2016 年英国住房产权分布中，住房协会租赁住房占比 10%，而地方政府租赁住房占比仅 7%。

开发商配建是租赁型可负担住房的另一个重要来源。1979 年，英国政府开始通过规划手段促进私人开发商建设社会住房，并在 1990 年《城乡规划法》第 106 条中将其正式化。根据《城乡规划法》要求，房地产开发项目需向地方规划管理部门提出规划申请，而地方政府可要求开发商配建一定比例的可负担住房，并移交地方政府或住房协会。2016 年，开发商供应租赁型可负担住房 11 810 套，占英格兰租赁型可负担住房供应量的 37%。

多层次的租赁型可负担住房，面向不同的收入群体，租金占市场租金的跨度为 50%～80%。租赁型可负担住房包括社会租赁住房、可负担租赁住房与中级租赁住房三类，分别面向低收入群体、中低收入群体和社会重要领域工作者，2016 年供应占比分别为 19%、78% 和 3%。

### （二）80 年代以后关注居民购房需求

20 世纪 80 年代以后，英国政府兼顾保障居民购房自住需求，政策类型多样。1979 年撒切尔政府率先推出“购买权计划”，允许长期租户折价购买租住的社会住房。目前，英国购房支持政策主要包括供应出售型可负担住房、给予购房额外贷款、给予购房储蓄补贴三类措施，具体如表 2.5 所示。

购房支持政策旨在提高住房自有率，并以购买权政策效果最为突出。英国购房支持政策主要帮助低收入的无房家庭购房，其中，20 世纪 80 年代以后推行的社会住房私有化政策有效提高了居民住房自有率，1980—2004 年英格兰社会住房销量占当前住房总量的比重达 7.8%。

表 2.5　英国政府对居民购房的主要援助方式

| 项目 | 时间 | 目标对象 | 购房类型 | 政策要点 | 政策效果 |
| --- | --- | --- | --- | --- | --- |
| 房贷利息补贴（Support for Mortgage Interest） | 1948— | 有房贷的低收入家庭 | — | 政府为低收入居民偿还房贷利息提供补贴，2018 年 4 月政策改为提供最高 20 万英镑的有息贷款 | 80 年代以前政府支持居民购房的主要方式 |
| 社会住房购买权（Right to Buy） | 1979— | 租住地方政府或住房协会的社会住房满一定年限 | 地方政府租赁住房 | 享受 35%～70% 优惠，最高不超过 8.09 万英镑（伦敦 10.8 万英镑），有转售限制 | 该政策在 1980—2005 年有效促进了居民住房自有，截至 2016 年，英格兰共销售 204 万套社会住房 |
| 社会住房获得权（Right to Acquire） | 1996— | | 住房协会租赁住房 | 享受优惠 0.9 万～1.6 万英镑，有转售限制 | |
| 共享产权房（Shared Ownership） | 20 世纪 80 年代开始 | 无房居民，年收入不超 8 万英镑 | 共享产权房 | 居民购买 25%～75% 的产权，并对剩余房产支付租金 | 2015 与 2016 年英格兰分别供应 4 080 与 8 910 套 |
| 先租后买住房（Rent to Buy） | 2014— | 无房居民，年收入不超 6 万英镑 | — | 居民先租后买，租金最低为市场价的 80%，且有优先购买权 | 每年约供应几千套 |
| 股本贷款计划（Help to Buy：Equity Loans） | 2013—2021 | 无房居民 | 60 万英镑以下新房 | 政府为居民提供最多 20% 贷款，5 年内免息，第六年起每年收 1.75% 的利息且利率逐年上升，增幅为零售价格指数加 1 个百分点 | 2013 年第二季度至 2018 年第二季度，英格兰股本贷款 18 万宗，约 99 亿英镑 |
| 贷款担保计划（Help to Buy：Mortgage Guarantee） | 2013—2016 | 无房居民 | 60 万英镑以下房产 | 政府为贷款机构提供担保，支持机构发放高额贷款（80%～95%） | 相比股本贷款条件更宽松，但 2016 年终止 |

续表

| 项目 | 时间 | 目标对象 | 购房类型 | 政策要点 | 政策效果 |
| --- | --- | --- | --- | --- | --- |
| 首次置业房（Starter Homes） | 2014— | 40 岁以下，且年收入不超 8 万英镑 | 25 万英镑以下该项目住房 | 购房最高享受 20% 的折扣 | 2014—2020 年计划竣工 20 万套 |
| 购房储蓄补贴（Help to Buy：ISA） | 2015— | 首次购房者 | 25 万英镑以下房产 | 给予首次购房者 25% 储蓄补贴，最高 3 000 英镑 | 补贴金额较少，支持力度有限 |
| 终身储蓄补贴（Life Time ISA） | 2017— | 18～39 岁居民 | 45 万英镑以下房产 | 每年最多补贴 1 000 英镑，买首套房、退休或患重症时可取出 | 相比购房储蓄补贴，补贴力度有所加大 |

资料来源：英国政府网，恒大研究院。

### 1. 社会住房“购买权”与“获得权”

社会住房长期租户可以折价购买居住的社会住房。1979 年，撒切尔政府推出购买权计划，提出租住地方政府社会住房满 3 年的家庭，可以最低 3 折的优惠价格购买所居住的社会住房，但存在转让限制。1996 年又推出获得权计划，允许住房协会的长期租户折价购买所居住住房。近年来，购买权与获得权计划的优惠力度有所减小，最高优惠金额分别不超过 11 万英镑与 1.6 万英镑。

从政策效果看，社会住房私有化政策有效提高了英国住房自有率。1980—2004 财年，英格兰社会住房平均销售折扣为 24%～50%，共销售 182 万套（其中，地方政府 174 万套），占当前住房总量的 7.8%，推动英国住房自有率从 55% 提高到 69%。由于 20 世纪 80 年代以后社会住房供应大幅减少，而剩余房源质量与配套不理想，叠加销售折扣下降，2005 年以后社会住房销售量大幅减少。2005—2016 财年，英格兰年均仅销售 1.8 万套社会住房。

### 2. 供应出售型可负担住房

低收入的无房家庭可以购买共享产权房。年收入不超过 8 万英镑（伦敦不超过 9 万英镑）的无房家庭，可申请购买住房协会的共享产权房 25%~75% 产权，并对剩余部分房产支付租金。但转售时需优先出让给住房协会，除非户主已持有全部产权。英国自 20 世纪 80 年代以来尝试推广共享产权房，但供应数量有限。2015—2016 财年，英格兰分别供应共享产权房 4 080 套与 8 910 套。

低收入的无房家庭还可购买首次置业房，最高享受 20% 的折扣。首次置业房售价为市场价的 80%，面向 40 岁以下的首次购房家庭，要求年收入不超过 8 万英镑（伦敦不超过 9 万英镑），房价不超过 25 万英镑（伦敦不超过 45 万英镑），但 5 年内不得上市交易和出租，15 年还款期内转售将退还部分折扣。首次置业房政策开始于 2014 年，英国政府要求大型房地产开发项目需配建 20% 的首次置业房，到 2020 年计划竣工 20 万套。

### 3. 股本贷款购房计划

无房家庭购买新建住房可获额外 20% 贷款，首付低至 5%。英格兰无房家庭购买 60 万英镑以内的新建住房，政府可提供最多 20% 的股本贷款，伦敦地区最多 40%，购房首付比例可低至 5%。居民前 5 年无须支付利息费用，但第 6 年起每年征收 1.75% 的利息且利率逐年上升，增幅为零售价格指数加 1%，贷款 25 年后出售住房需偿还市场价的 20%。股本贷款购房计划是 2013 年以后政府支持居民住房自有的重要方式。2013 年第二季度至 2018 年第二季度，英格兰股本贷款累计 18 万宗，合计金额约 99 亿英镑。

### 4. 购房储蓄补贴

居民购房储蓄还可以获得政府少量补贴。2015 年以后，首次购房且房价不超过 25 万英镑，伦敦不超过 45 万英镑，居民可申请购房储蓄补贴，最高可获得 3 000 英镑。2017 年以后，政府又推出终身补贴计划，给予 18～39 岁居民每年最多 1 000 英镑补贴，但只有在购买首套房产，或 60 岁退休，或患重症时才可取出。

## （三）给予低收入租赁家庭住房补贴

政府还向低收入或失业的租赁家庭提供住房补贴。申请住房补贴需满足存款少于 1.6 万英镑、非全日制学生、非欧洲经济区求职者等条件。2016 年，共有 338 万户家庭领取住房补贴，其中可负担住房租赁家庭 233 万户，占所有可负担住房租赁家庭的 59%，私人住房租赁家庭 105 万户，占所有私人住房租赁家庭的 22%。

补贴金额根据住房类型、家庭收入、住房条件等综合确定。租住可负担住房，补贴金额根据是否有多余房间、家庭收入、健康状况等确定。为鼓励充分利用住房资源，政府规定，成年夫妇或两个相同性别的 16 岁以下子女或两个 10 岁以下子女需共用一间房间。如果租户空余一间房间，补贴金额将削减住房市场租金的 14%；空余两间及以上房间，补贴金额将削减住房市场租金的 25%。租住私人住房，补贴金额根据居住地址、卧室数量、收入与健康情况确定。2016 年，领取补贴的可负担住房和私人住房租赁家庭户均每周补贴金额分别为 82 英镑和 103 英镑。

住房补贴有效缓解了居民的租金负担。2016 年，获得住房补贴的租住私人住房、地方政府可负担住房和住房协会可负担住房的家庭，租房费用占家庭收入比重分别为 34.3%、27.1% 和 28.7%，比补贴前分别下降了 4.7 个、8.6 个和 9.3 个百分点。

## 第三节 土地供给不足、人口持续流入、金融市场化共同推动房价刚性上涨

英国房价长期上涨，大幅跑赢通胀。1917—2017 年，英国名义房价指数上涨 888 倍，年均涨幅达 7%，同期 CPI 上涨 48 倍，年均涨幅达 4%。英国房价涨幅也显著高于其他主要发达经济体。1970—2017 年，英国名义房价指数上涨 52.8 倍，高于同期意大利、法国、美国、德国、日本分别 33.9、16.1、12.5、2.3 和 2.3 倍的涨幅。

### 一、土地供应不足导致高地价，推动房价刚性上涨

土地分配严重不均，英国强大的大地主阶级，固守土地代表社会地位的观念和土地稀缺性推动价值长期上涨的预期，对土地转让的积极性不高，并且对于出租的土地也会做一定的使用限制。

规划环节重保护轻开发。英国政府长期坚持保护乡村与生态环境的理念，客观导致开发用地长期供给不足。在房价最高的伦敦，已开发土地占比达 58.7%，进一步开发的难度不断加大，空间越来越小，而伦敦周边 50 年代以来设置的绿带则维持良好。相比之下，日、韩等国家城市绿带则不断缩减，持续补充开发用地。尽管鼓励土地二次开发有助于提高资源利用效率，缓解大城市供地紧张问题，但也提高了房地产开发难度。据 2017 年住房白皮书披露，英国 40% 的地区缺乏满足人口持续增长的住房规划。

开发环节效率低下。房地产开发项目申请前需向当地政府反复咨询磋商，历时几月到几年不等；项目审批历时也较长，2011 年以前住宅项目获得规划许可证平均需要 44 周；项目获批后的开发进度监管不严格，获批但未开工的项目持续增多，项目完工规模也常年低于获批数量。

土地供给不足导致高地价，成为高房价的重要推手。如图 2.4 所示，在英国，地价与房价变动呈现高度一致性，1964—2002 年两者相关系数高达 77%；房价大涨的年份，地价增速往往比房价更高。

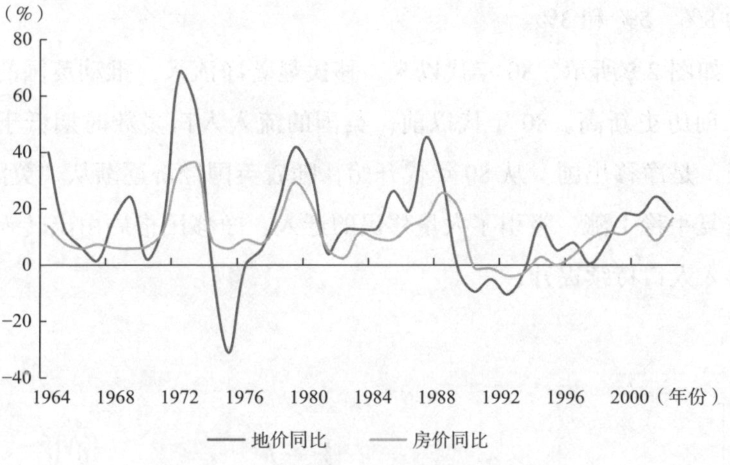


图 2.4　1964—2002 年英国地价与房价增速

资料来源：BOE，恒大研究院。

## 二、外来移民推动人口增长，支撑长期住房需求

英国人口增速回升至 20 世纪以来的较高位水平。1850—2017 年，英国总人口由 2 212 万人增长至 6 604 万人，人口数量增长近 3 倍，年均复合增长率为 0.66%。英国的人口增长，根据增速可以划分为四个阶段：1850—1910 年，年均增速高达 1.06%；1910—1970 年，年均

增速放缓至 0.48%；1970—2000 年，年均增速进一步降至 0.19%，特别是 70 年代，更多次出现负增长，之后缓慢回升；2000 年至今，人口增长重新提速，年均增速回升至 0.68%，与 1850 年以来的平均水平相当，特别是次贷危机以后保持在 0.8% 左右，对应于 20 世纪以来的较高位水平。从地理分布上看，英格兰是英国人口的主要居住地。英国主要由英格兰、威尔士、苏格兰以及北爱尔兰四大区域组成。其中,英格兰的人口占比自 1850 年起一直保持在 75% 以上,且持续提升，2017 年达到 84%，同年苏格兰、威尔士及北爱尔兰人口数占比则分别为 8%、5% 和 3%。

如图 2.5 所示，80 年代以来，移民显著净流入，推动英国的人口增长创历史新高。80 年代以前，英国的流入人口多数时期低于流出人口，是净移出国。从 80 年代开始，随着英国经济逐渐从“英国病”中恢复平稳上涨，吸引了大量移民的迁入，净移民格局由出转入，且净移入人口持续提升，

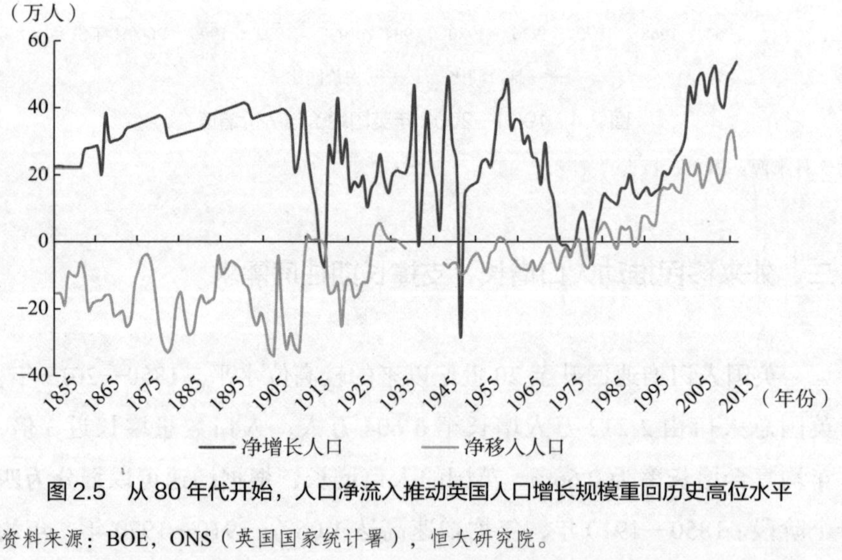


图 2.5　从 80 年代开始，人口净流入推动英国人口增长规模重回历史高位水平

资料来源：BOE，ONS（英国国家统计署），恒大研究院。

2015 年达到最高的 33.2 万人。在移民增长的带动下，英国人口净增长规模也回升至历史高位水平，2016 年更是创出 54 万人的历史高点。1990—2016 年，英国总人口净增加 857 万人，同期移民人口净增 425 万人，对人口增长贡献率高达 50%。

英国人口重回高增长，支撑未来住房需求。如图 2.6 所示，1949—1979 年，英国年均新增人口 22 万人，而政府主导住房建设，年均住房新完工达 32 万套，显著缓解了住房短缺问题。80 年代以来，英国政府逐渐退出直接供给住房的政策，住房新完工数量持续下降，年均规模不足 20 万套，而人口增长则在移民流入的推动下显著提升，年均规模近 26 万人。人口增长带来的住房需求与保持低位的供给之间，形成了长期的较显著的剪刀差，一方面促成了次贷危机之前房价的快速上涨，另一方面支持了次贷危机之后英国房价的显著反弹。累积的供需缺口和持续的人口增长，将支撑英国未来的住房需求。

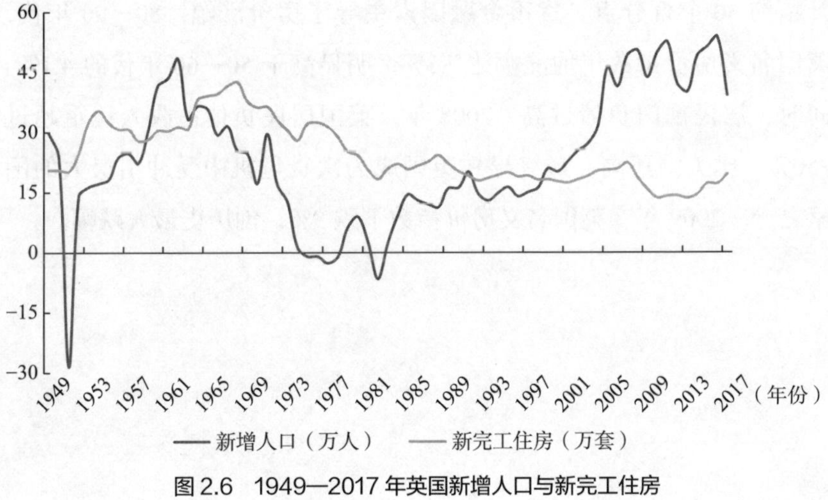


图 2.6　1949—2017 年英国新增人口与新完工住房

资料来源：ONS，英国政府网，恒大研究院。

## 三、住房金融市场化刺激居民加杠杆，助推房价

英国住房金融市场从 80 年代之前的 80% 建房合作社、20% 市场化机构的互助型住房金融体系，转变成现在的 80% 市场化机构、20% 建房合作社的市场型住房金融体系。

住房金融市场化刺激居民部门加杠杆。一方面，抵押贷款利率不稳定，导致居民贷款需求不平稳。另一方面，金融机构更加偏好抵押贷款，抵押贷款与公司贷款的利差从 70 年代之前的正利差转变为 80 年代以来的负利差。加上政府推行社会住房私有化，更激发了居民的购房需求，共同导致居民部门债务水平的激增。80 年代之前，住房抵押贷款占 GDP 比重保持在 20% 以下，但随后的 30 年急速增长，2010 年达到历史最高的 64%。

房地产过度金融化，显著推升房价，滋生泡沫，最终爆发危机。80—90 年代，无论是 M4 还是房贷占 GDP 的比重都出现显著提升，升幅约 30 个百分点。货币金融因素主导了房价涨幅，80—90 年代，英国名义房价指数年均涨幅达 7.3%，明显高于 50—60 年代的 4.1%。同时，居民部门负债过高，2008 年，英国居民负债占收入比重超过 150%，比美国还高，最终导致英国成为次贷危机中受冲击最大的国家之一。2009 年，英国名义房价指数下跌 9%，创历史最大跌幅。

# 第三章

# 美国 60 年房地产大牛市的巅峰繁荣与骤然落幕

本章作者：夏磊、俞涛、庞欣

“二战”结束至次贷危机前夕，美国房地产市场经历了长达60年的大牛市。1946—2006年，住房新开工保持在100万套/年以上，年均153万套；名义房价指数持续正增长，累计上涨24倍，年均增速5.4%，实际房价指数累计上涨121%，核心城市的房价涨幅更高，是跑赢印钞机的少数资产之一；住房自有率从1940年的44%提高至2006年的69%。2000年以后，房地产牛市走向泡沫，市场交易过热，房价暴涨。一、二手房交易量增长38%，交易额增长102%，名义房价指数累计上涨66%，年均增速高达10.6%，实际房价指数累计上涨46%，年均达7.9%。加息刺破泡沫，房地产风险传导至金融市场，最终升级为国际金融危机。是什么样的制度和政策导致了美国房地产的大牛市和大危机?

房地产过度金融杠杆化是风险之源。美国政府享有全球性的货币特权，又天然以国内政治利益为先，倾向于宽松的货币政策。对住房领域过度支持，一级市场通过保险降低信贷门槛，二级市场支持金融机构将抵押贷款出表，这导致美国住房领域长期处于流动性泛滥、高杠杆、过度消费的繁荣期，房地产泡沫化程度高，最终破裂后升级为全球性的金融危机与经济危机。美国土地以私有为主，在用途和规划管制下可自由交易，居民住宅用地供给充足，为高水平住房消费提供了支撑。但鼓励自有、偏爱单户住房、住房面积较大的超前住房消费，使美国家庭住房负担较为沉重，对危机的承受能力较弱。美国征收房地产税的主要目的是为地方筹集税源，而并不是将其作为房地产调控的政策工具。其中保有环节的房地产税，提升区域房地产价值，使有房户直接受益，对居民房价预期影响不大。交易环节轻买方重卖方，对短期投机行为从重征税，但抑制作用有限。美国的住房保障政策经历了四个阶段，政策重点逐渐从供给端转向需求端，保障方式从实物保障转向货币补贴，目前形成以私人主导供给、政府财税补贴、供给需求并重的住房保障体系。

## 第一节　史上最长的房地产大牛市

60 年大牛市的时代背景是，人口和经济稳定增长、城市化进程较快。1946—2006 年，美国每年新增人口保持在 200 万以上，年均新增 247 万人（见图 3.1），高于 1900—1930 年的 155 万，比 1931—1945 年 112 万人的两倍还多。1860—1940 年，美国进入快速城市化阶段，城市化率从 19.8% 提升至 56.5%，年均提升 0.46 个百分点；1950—2000 年，城市化进程仍较快，从 64% 提升至 79%，年均提升 0.3 个百分点（见图 3.2）。

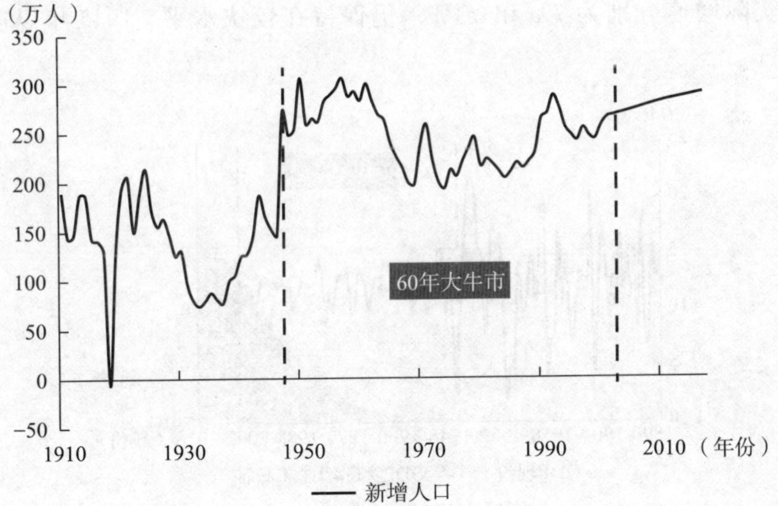


图 3.1　1946—2006 年美国年均新增人口 247 万

资料来源：USCB（美国人口普查局），恒大研究院。

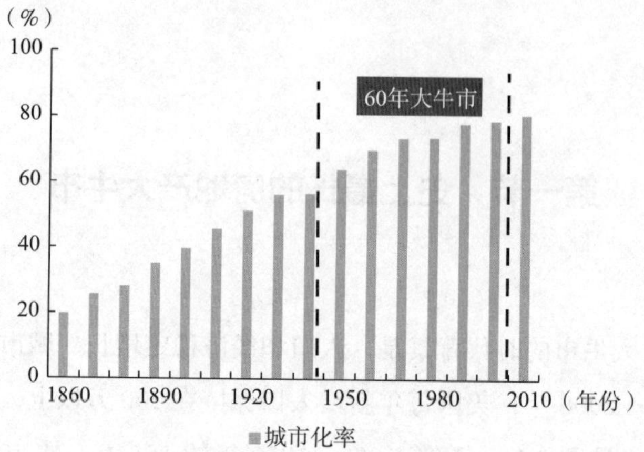


图 3.2　1950—2000 年城市化率年均提升 0.3 个百分点

资料来源：USCB，恒大研究院。

美国经济保持平稳快速增长，见图 3.3。1889—1945 年，GDP 从 125 亿美元增长到 2 280 亿美元，年均名义和实际增速分别为 5.3% 和 3.9%。2006 年 GDP 达 13.8 万亿美元，1946—2006 年年均名义和实际增速分别为 7% 和 3.1%，仍保持在较快水平。1945 年以前，

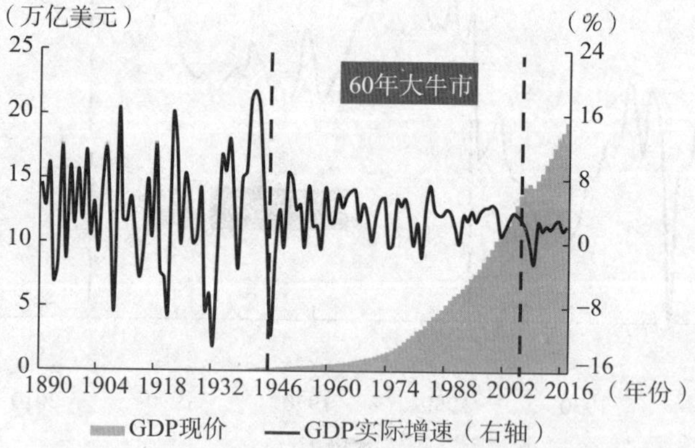


图 3.3　“二战”以后美国经济从波动剧烈的快速增长转向平稳的较快速增长

资料来源：USCB，BEA（美国经济分析局），恒大研究院。

注：1890—1929 年为 GNP（国民生产总值）数据。

经济波动较为剧烈，实际增速既出现过接近20%的正增长，也出现过-13%的负增长。1946年以后，经济波动显著弱化，实际增长基本保持在正区间，且不超过10%。

提高住房自有率逐渐成为美国政府的住房政策价值取向。大萧条之后，美国政府开始干预住房领域，罗斯福总统提出“每个家庭获得体面住房的权利”。20世纪90年代以后，老布什、克林顿、小布什三位总统以提高住房自有率为住房战略，特别是提高中低收入和少数族裔家庭的住房自有率。

流动性长期充裕，有效满足新增住房信贷需求，助推牛市。1944年布雷顿森林体系建立，奠定以美元为中心的国际货币体系，牙买加体系延续美元霸权地位。美国享有向全球征收铸币税的特权，可以输出通胀，因此货币政策长期宽松，住房市场获得充裕流动性，满足人口增长和城市化创造的住房需求。1946—2006年，M2保持正增长，年均增速6.5%（见图3.4），较1867—1945年高0.6个百分点，与名义GDP增速基本相当，比实际GDP增速高3.4个百分点，较1867—1945年的M2与实际GDP增速差值高1.7个百分点。2006年居民住房抵押贷款余额较1945年增长442倍，至11.24万亿美元，年均增速高达10.5%（见图3.5），远高于1896—1945年4.9%的年均增速。

住房新开工（见图3.6）活跃，自有率（见图3.7）显著提升。1889—1945年，住房新开工年均仅39.6万套，1925年最高也不到100万套。1946年达到102.3万套，1946—2006年年均153万套。1890—1940年，住房自有率从未突破50%，1940年仅44%。1960年提升至62%，之后一直维持在60%以上，2006年达到顶峰69%。

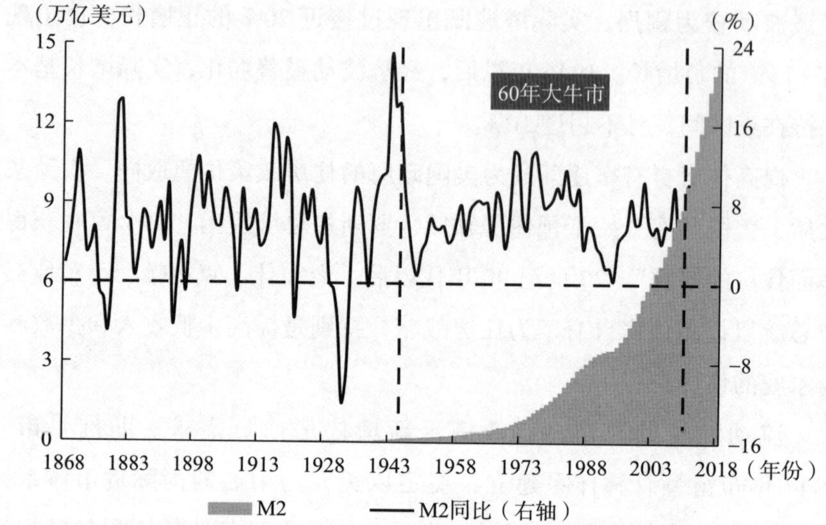


图 3.4　1946—2006 年 M2 保持正增长，年均增速 6.5%

资料来源：USCB，美联储，恒大研究院。

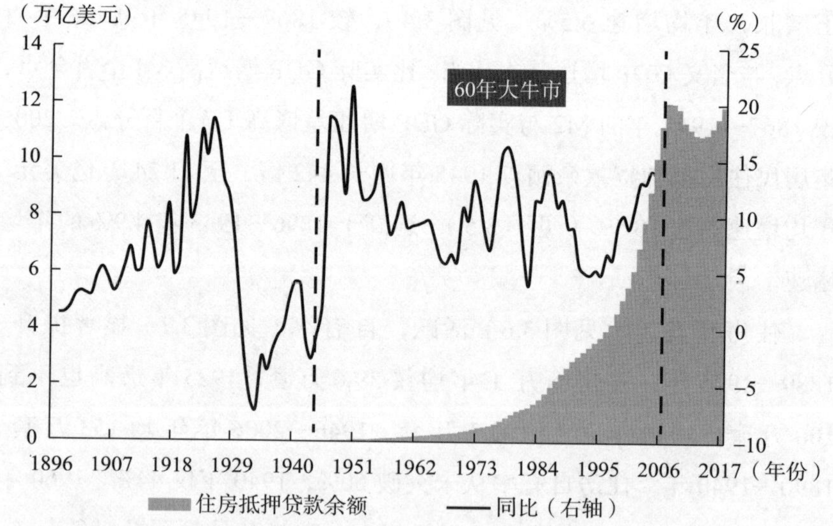


图 3.5　2006 年住房抵押贷款余额较 1945 年增长 442 倍，年均增速 10.5%

资料来源：USCB，美联储，恒大研究院。

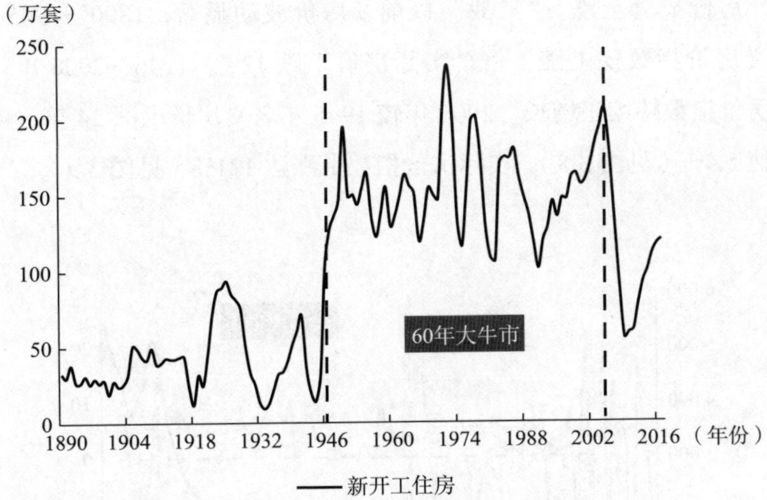


图 3.6　60 年大牛市，住房新开工一直高于 100 万套 / 年

资料来源：USCB，恒大研究院。

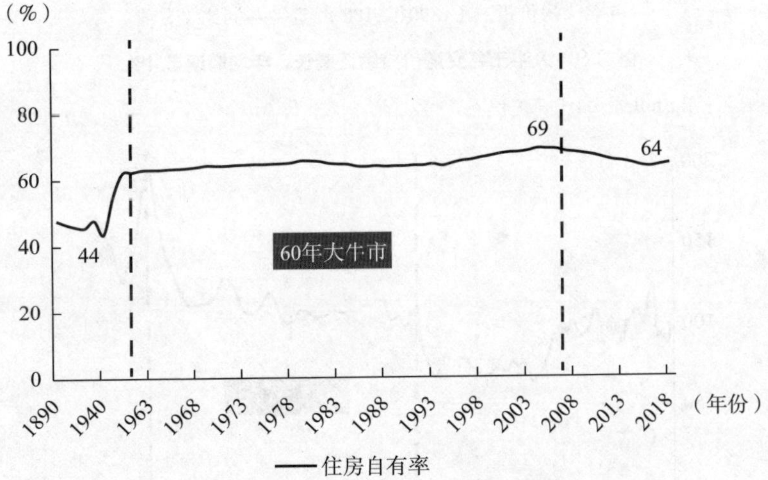


图 3.7　住房自有率较“二战”以前提升超 20 个百分点

资料来源：USCB，恒大研究院。

注：2018 年为第二季度数据。

房价显著上涨。“二战”以前，房价波动显著，1890—1945 年，名义房价指数仅上涨 1 倍，实际房价下跌 12%。1946—2006 年，名义房价指数持续正增长。2006 年较 1945 年名义房价上涨 24 倍，年均增速 5.4%（见图 3.8），实际房价指数上涨达 121%（见图 3.9）。

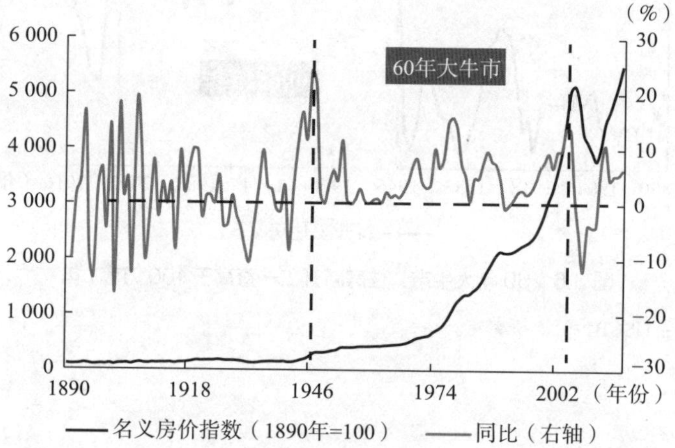


图 3.8 大牛市名义房价持续正增长，年均增速 5.4%

资料来源：R.Shiller，恒大研究院。

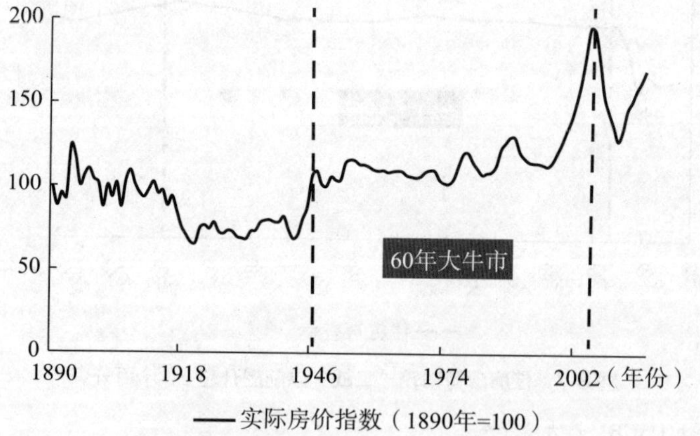


图 3.9 1946—2006 年实际房价指数上涨 121%

资料来源：R.Shiller，恒大研究院。

## 第二节　美国住房制度支柱

### 一、住房金融一、二级市场联动，房地产过度金融化

大萧条以来，美国经过将近一百年的探索发展，形成了全球最成熟的住房金融体系。美国政府依托美元霸权，积极干预住房市场，为住房金融市场增信，促进住房信贷供给。在一级市场建立起完善的抵押贷款保险体系，进一步降低信贷门槛。在二级市场成立以"两房"和吉利美为核心的资产证券化机构，通过抵押贷款证券化从资本市场获取流动性，从而持续购买一级市场机构发放的抵押贷款支持其贷款出表，为一级市场提供流动性。

#### （一）住房金融一级市场：首付低、产品类型多，健全的保险体系进一步降低贷款门槛

美国实行低首付比例要求，新发放房贷实际首付比例不足20%，明显低于实际首付比例超过30%的国家，如德国、新加坡、日本等。抵押贷款机构以抵押贷款公司和大型银行为主，提供多样化的抵押贷款产品和用途，再融资比重高达1/3。抵押贷款保险通过保护贷款方，促进住房信贷供给，特别是对于低首付、低信用、低收入居民家庭的信贷供给，进一步降低信贷门槛。

美国的首付比例处于国际偏低水平。在美国，由联邦住房金融局（FHFA）接管的房利美与房地美对抵押贷款的相关规定是市场主流标

准，其限定的合规贷款（Conforming Loan）的最低首付比例是20%；如购买FHA或PMI保险，则可以实现3.5%或3%的首付；如果满足VA或RHS担保条件，更可以实现零首付，2017年新发放贷款实际平均首付比例低于20%。新加坡以银行贷款为主流，最低首付比例为20%，符合HDB优惠贷款的购房者可首付10%。日本仍可零首付，但银行建议的财务安全的首付水平是20%，目前实际平均首付比例在30%~40%。中国香港对于居民购买首套私人住宅，银行贷款要求首付比例不低于40%，开发商和财务公司等要求20%，如果居民购买抵押贷款保险，则可以享受10%首付，政府房屋计划的参与者最低可实现零首付，但低首付条件比较严格，目前新发放贷款的实际平均首付比例超过50%。中国大陆因城施策，各城市首套房首付比例在20%~35%，二套房首付比例在40%~80%。

美国的抵押贷款机构，以非存款性的按揭公司为主，市场集中度较低。美国的抵押贷款发放机构，主要分为银行、信贷联盟和非存款性的按揭公司三类。其中，独立的按揭公司以13%的机构数量占比，获得了52%的贷款申请，发放了48%的贷款量，是最主要的抵押贷款机构，在2016年美国前25大抵押贷款发放机构中占据14席。大型银行也占据重要地位，以11%的机构数量占比发放了31%的抵押贷款。小型银行、信贷联盟、附属的按揭公司，虽然数量众多，但市场份额占比较低。一级市场集中度较低，2016年，美国前十大抵押贷款机构共发放了192万宗抵押贷款，市场占有率仅为23%，前25大机构占比也仅为34%，43%的机构全年发放贷款数不足100笔，15%的机构不足25笔。

与多元化的贷款机构共存的是多样化的贷款用途和贷款产品。除了传统的购房贷款之外，美国家庭还可以申请住房改善贷款或再融资贷款。住房改善贷款，可以用于房屋的改造、更新或修理，即使是简单的屋顶维修、升级节能炉或新增家具，都可以申请。再融资贷款，是指借款人申请一笔新的抵押贷款来替代原有尚未到期的抵押贷款，在美国是与购房贷款同样重要的融资用途。再融资贷款，可以是为了申请更低的利率、更好的付款方式，也可以是由于住房升值而计划从中支取现金。如图 3.10 所示，再融资贷款在新发放贷款中的占比，最高时超过 70%（2012 年），近几年，由于美国货币政策逐渐收紧，开始加息进程，再融资贷款占比有所降低，但仍保持在 30% 以上。

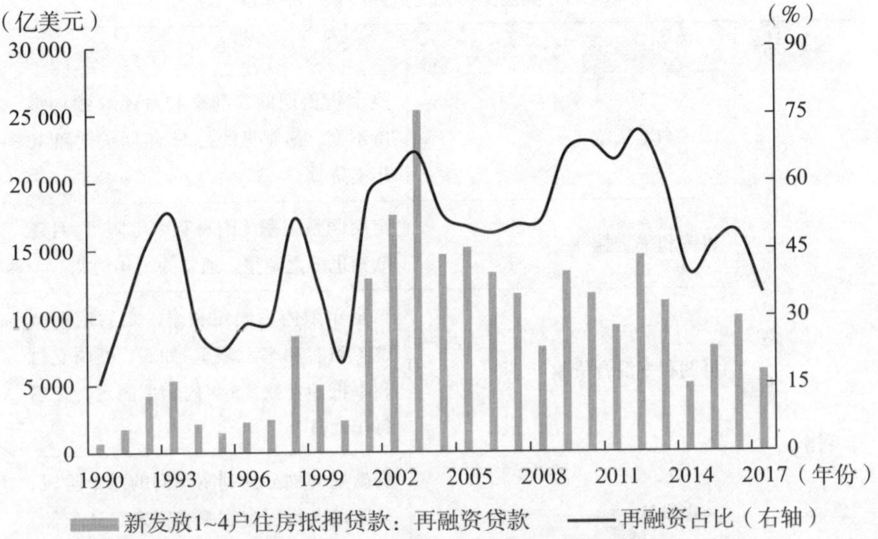


图 3.10　次贷危机后新发放贷款中再融资贷款占比 30% 以上

资料来源：MBA（抵押贷款银行家协会），恒大研究院。

贷款可供调整的条款非常丰富，最终与贷款利率的风险定价相结合，充分满足不同人群的需求，市场得到有效细分。从利率上看，最常见的是固定利率贷款，但居民也可以选择定期调整（通常为一年一调）的可调利率贷款，甚至是固定和可调利率相结合的混合贷款。对于短期内还款能力或意愿较低的借款人，还可以申请只付利息贷款、负摊销贷款、气球贷款等还款金额显著呈现"前低后高"特征的还款方式。对于有额外现金需求的借款人，可以申请房屋净值贷款、房屋净值信贷额度贷款或逆向抵押贷款。而对于收入来源不稳定或不愿意表明收入来源或资产情况的借款人，也有无收入证明、无资产证明等无文件贷款可供选择。根据借款人的首付比例、贷款保险、信用评分、条款选择与调整，贷款人予以风险定价，确定最终的贷款利率。美国多样化的抵押贷款产品体系见表 3.1。

表 3.1　美国多样化的抵押贷款产品体系

| 划分标准 | 产品 | 特点 |
| --- | --- | --- |
| 利率 | 固定利率贷款 | 整个贷款期间，利率和月还款额均维持不变。最常见的为 15 年期贷款和 30 年期贷款 |
| | 可调利率贷款 | 定期调整利率（附有利率上限），月还款额也随之调整。通常为一年一调 |
| | 可调利率混合贷款 | 一定年限内为固定利率，之后定期调整（附有利率上限）。如 5/1 可调支付利率抵押贷款，5 年内利率固定，之后每年调整 |
| | 两步贷款 | 贷款期间划分为利率不同的两个阶段，分阶段实行固定利率和固定月还款额。通常为 5 年 +25 年 |
| | 买下利率贷款 | 借款人与贷款人约定特定的利率优惠期，降低月还款额和借款人债务收入比，从而提高贷款额度。约定优惠期到期后，利率和月供将回升到预定水平。借款人需预缴资金，弥补优惠期的月供差额 |

续表

| 划分标准 | 产品 | 特点 |
| --- | --- | --- |
| 特别产品 | 只付利息贷款 | 一定时期内，借款人只需偿付各期利息，不偿还本金 |
| | 气球贷款 | 贷款到期前，借款人各期还款额较低，贷款到期时的还款金额异常高 |
| | 负摊销贷款 | 一定时期内，借款人各期还款额比当期利息还低，利息差额计入贷款本金 |
| | 房屋净值贷款 | 以房屋净值（房屋当前价值－现有贷款余额）为担保申请贷款。借款人一次性获得款项，通常为固定利率贷款 |
| | 房屋净值信贷额度贷款 | 以房屋净值为担保申请贷款。在最高限额内，借款人可多次借款或提款，通常为可变利率贷款 |
| | 逆向抵押贷款 | 借款人（62岁以上）获得一次性或分期贷款，借款人及配偶去世后，以房屋出售净值偿还贷款 |
| | 共享升值贷款 | 借款人与贷款人共享房屋升值收益，贷款人在利率和月还款额上予以优惠 |
| | 无收入、无资产贷款 | 借款人无须出具书面收入证明或资产证明。通常属于Alt-A（次贷）级贷款 |
| | 无收入、无工作、无资产贷款 | 借款人无须提供收入、工作和资产的证明文件，也称为无文件贷款。贷款人基于借款人信用评分或抵押品决定是否发放贷款，通常属于次级贷款 |

资料来源：CFPB（美国消费者金融保护局），恒大研究院。

抵押贷款保险通过保护贷款方，促进住房信贷供给。当借款人违约时，保险机构先行对贷款方偿付，有效降低贷款方面临的信用风险，强化其贷款意愿，特别是对于低首付、低信用、低收入居民家庭的信贷供给，不过借款方仍面临止赎风险。

房利美与房地美限定了合规贷款的最低首付比例是 20%，首付比例低于 20% 的房贷必须通过购买贷款保险或其他方式增信，才能出售给两房。因此，对于积蓄不足的家庭，购买房贷保险成为他们实现更低首付比例的最主要方式，约 40% 的新发放房贷使用了贷款保险。以 FHA、VA、RHS 为主的政府部门和 PMI，共同形成了并驾齐驱的抵押贷款保险机构体系。1971—2017 年新发放抵押贷款中使用保险的数量与占比情况见图 3.11。

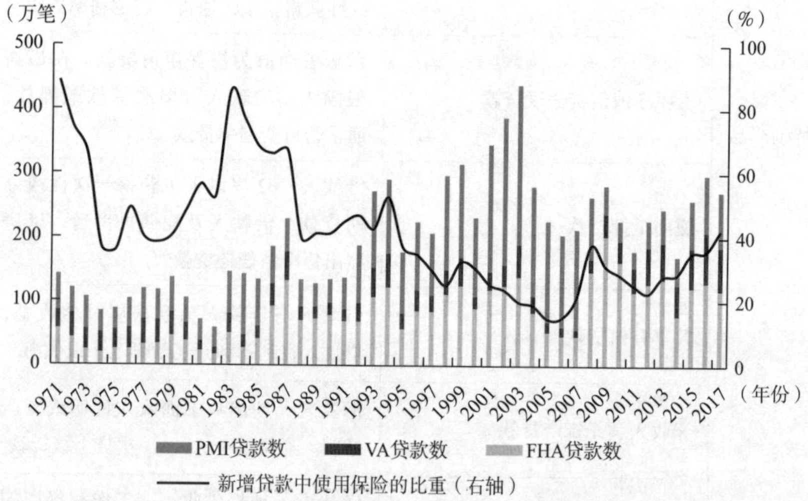


图 3.11　1971—2017 年新发放抵押贷款中使用保险的数量与占比情况

资料来源：USCB，HUD，FFIEC（美国联邦金融机构检查委员会），USMI（美国按揭保险协会），恒大研究院。

FHA 和 VA 是最主要的政府性房贷保险机构。隶属 HUD（美国住房和城市发展部）的 FHA，是全球最大的房贷保险机构，保险存量规模超过 1.3 万亿美元。FHA 每年保险的单户住房抵押贷款超过 100 万份，保险的多户住宅抵押贷款可提供的租赁住房单元超过 30

万个。FHA 主要服务于低信用群体，购房者最低只需首付 3.5%，而且 FHA 保险为全额保险，对贷款方保障系数最高。FHA 自 1934 年成立以来即成为最重要的房贷保险机构，目前 FHA 贷款在新发放贷款中的份额维持在 15% 左右，在新发放的有保险或有担保抵押贷款中占比近一半。VA 为达到一定服役期限的退役或现役军人提供贷款担保，最低可实现零首付，在新发放的有保险或有担保贷款中占比约 1/4。隶属美国农业部（USDA）的 RHS 也提供贷款担保服务，服务于农村地区购置主要住房的中低收入群体，同样支持零首付。在美国，属于某个特定政府项目的抵押贷款称为非传统贷款，其他则为传统贷款。

私营房贷保险机构形成重要补充，提高了市场竞争度与多样性。1957 年，在 FHA 已经运营超过 20 年的背景下，第一家私营房贷保险公司 MGIC 成立，为购房者提供了更丰富的选择。与政府机构相比，私营公司效率更高，PMI 保险存量规模迅速从 1960 年的 3 亿美元激增至 70 年代末的 630 亿美元。次贷危机前夕的 2007 年，PMI 在房贷保险市场上的占有率一度达到 3/4。目前，六家龙头公司占领了超过 90% 的 PMI 市场。

总体而言，FHA、VA 等政府机构同 PMI 相比，具有支持住房自有的公共职能，因此服务范围更广，政策属性更强，对应更低的信用门槛和更高的保险保障。2017 年，美国居民购房贷款中，非传统贷款的 66% 发放给了中低收入群体（收入不超过地区中位数的 1.2 倍），而传统贷款中，这一比例仅有 42%。PMI 更显保守，专注于经营 LTV 高于 80% 部分的风险转移，突出保险属性，当 LTV 降低到 80% 时，购房者就可以申请取消 PMI，节省保费，当降至 78% 时自动取消。

## （二）住房金融二级市场：支持抵押贷款发放机构的贷款出表，为一级市场提供流动性

资本市场承接一级市场金融机构的抵押贷款出表。金融机构对已发放的抵押贷款有两种处理方式：一种是留在资产负债表内，另一种是转售给其他投资者。后者形成了住房抵押贷款的二级市场。多数贷款机构依赖于二级市场转让贷款以回笼流动性，继续发放新贷款，仅将小部分贷款留在表内。2016 年，美国金融机构将 85% 的新发放贷款转让，独立的按揭公司最为突出，转让了 97% 的购房贷款和 99% 的再融资贷款，见表 3.2。

表 3.2　美国的抵押贷款发放机构将绝大多数贷款出表（2016 年）

| 项目 | 小型银行 | 大型银行 | 信贷联盟 | 附属的按揭公司 | 独立的按揭公司 | 合计 |
|---|---|---|---|---|---|---|
| 购房贷款发放数量（万宗） | 25 | 95 | 22 | 21 | 184 | 347 |
| 贷款转让比重 | 75% | 72% | 48% | 97% | 97% | 85% |
| 再融资贷款发放数量（万宗） | 18 | 101 | 28 | 13 | 174 | 334 |
| 贷款转让比重 | 74% | 71% | 40% | 97% | 99% | 84% |

资料来源：FFIEC，恒大研究院。

美国抵押贷款二级市场从大萧条之后开始形成，主要有两个原因。一是扩充流动性来源。美国的银行在相当长的一段时期内不能跨州经营，1863 年《国民银行法》颁布，规定拥有联邦政府颁发特许状的国民银行也只能在其所在州开展业务且不可开设分支机构。即使 1927 年的《麦克法登法案》，也只是稍作放松，允许国民银行在州内设立分支机构。直到 1994 年《州际银行和分支机构效率法》（又称《里格尔－尼尔法》）颁布，才放开对银行跨州经营的限制。长期限制经营

区域约束了银行的负债端扩张和流动性来源。二是解决抵押贷款机构的资金错配问题。从 20 世纪 30 年代开始，抵押贷款最长期限延长至 30 年，而用于放贷的资金却多为短期储蓄，由此导致资产负债期限错配。

抵押贷款二级市场核心的运行模式是抵押贷款资产证券化，发行方将多笔抵押贷款打包或根据风险水平分级后，按份额出售。根据是否做产品分级，划分为 MBS（无分级，Mortgage-Based Security，抵押贷款支持证券）和 CMO（有分级，Collateralized Mortgage Obligations，抵押贷款担保债券）。美国近年住房抵押贷款的证券化规模达 2 万亿美元，存量超 9 万亿美元，见图 3.12。

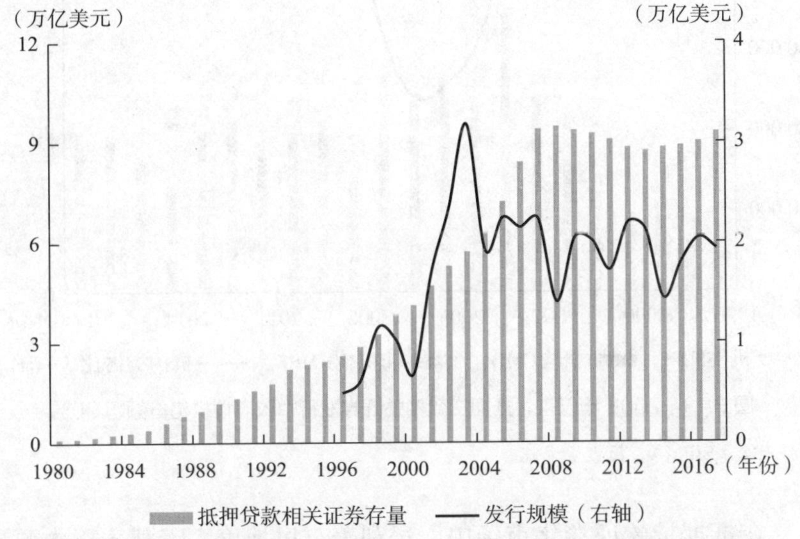


图 3.12　美国抵押贷款相关证券存量超 9 万亿美元，年发行约 2 万亿美元

资料来源：SIFMA（美国证券业及金融市场协会），恒太研究院。

机构 MBS 是抵押贷款证券市场最主要的类别。由 GSE（政府赞助企业）发行或政府机构担保发行的证券，根据产品分级情况，划分为不分级的机构 MBS 和分级的机构 CMO；其他由私人部门发行的则为非机构 MBS 或私人标签 MBS。2017 年，9.3 万亿美元抵押贷款相关证券存量中，机构 MBS 为 6.9 万亿美元，占比 74%；机构 CMO 为 1.1 万亿美元，占比 12%。二者合计占比 86%。2000 年以前和次贷危机发生以后，机构 MBS 和机构 CMO 在每年住房抵押贷款的资产证券化中占比均超过 90%。2008 年以来，抵押贷款相关证券发行中政府性机构份额超 90%，见图 3.13。

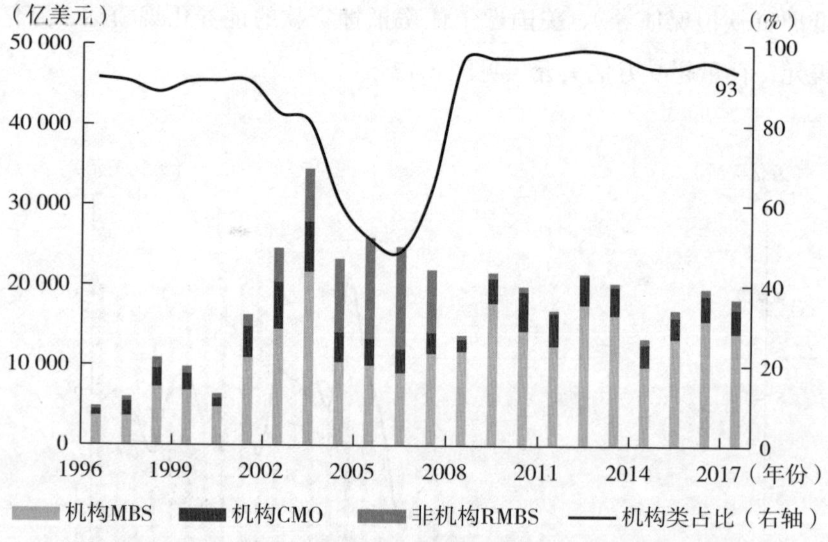


图 3.13　2008 年以来，抵押贷款相关证券发行中政府性机构份额超 90%

资料来源：SIFMA，恒大研究院。

在抵押贷款证券化市场中，房利美、房地美、吉利美三大政府性机构是最重要的参与主体。房利美和房地美两家 GSE 是发行机构，进行传统贷款的资产证券化，占新发行证券份额超过 60%；吉利美是政府担保机构，专门为政府机构保险的非传统抵押贷款的资产证券化提供兑付担保，占新发行证券份额超 30%。两房及其接管机构联邦住房金融局，对可以购买的传统贷款设定了一系列指标要求，包括贷款限额、LTV、DTI（贷款收入比）、贷款保险等，这些要求演变成一级市场贷款机构发放贷款的主流标准，符合这些标准的贷款称为合规贷款。

房利美是成立于 1938 年的 GSE，早期业务是购买 FHA 和 VA 保险的抵押贷款，从而为中低收入家庭贷款提供资金支持。1968 年改制时将政府保险的非传统贷款购买业务拆分出去而成立了吉利美，之后房利美专注于无政府保险的传统贷款的购买和资产证券化业务。1981 年，发行了公司的第一只 MBS。

房地美是成立于 1970 年的 GSE，主营业务与房利美相同，即购买传统贷款并进行资产证券化。1971 年，房地美发行首支 MBS，房地美的 MBS 也称为介入凭证（Participation Certificate），1983 年发行第一只 CMO。

吉利美成立于 1968 年，隶属 HUD。它既不购买抵押贷款，也不发行抵押贷款支持证券，而是对由政府保险的非传统抵押贷款（FHA/VA/RHS）的资产证券化提供担保，为政府在一、二级市场的双重信用背书。

抵押贷款相关证券，是仅次于国债的第二大债券品种。2017 年，美国债券市场 40 万亿美元存量，其中抵押贷款相关证券占比达 23%，是国债的 2/3。债券市场日均交易额达 7 638 亿美元，其中抵押贷款相关证券达 2 116 亿美元，占比达 28%，接近国债的一半。美国债券市场存量结构见图 3.14。

抵押贷款相关证券面向资本市场，持有者以长期资本为主（见图 3.15）。截至 2018 年上半年，7 万亿美元机构 MBS 存量中，美联储、GSE、州和地方政府等政府部门或机构共持有约 30%，国内银行共持有 25.9%，共同基金持有 11.2%。资本市场的参与，为贷款机构提供了巨量与房贷久期相匹配的长期资金。

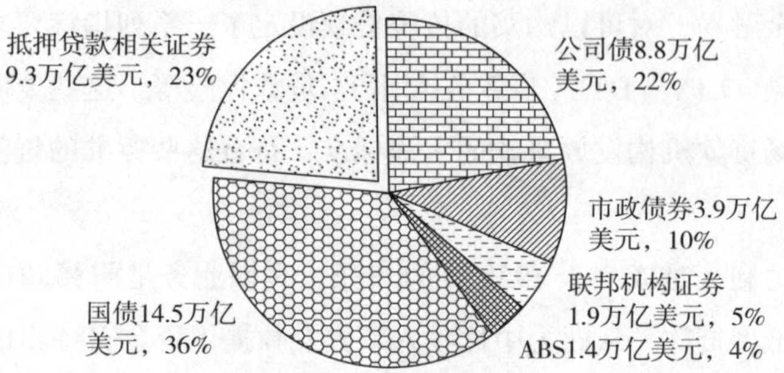


图 3.14　美国债券市场存量结构

资料来源：SIFMA，恒大研究院。

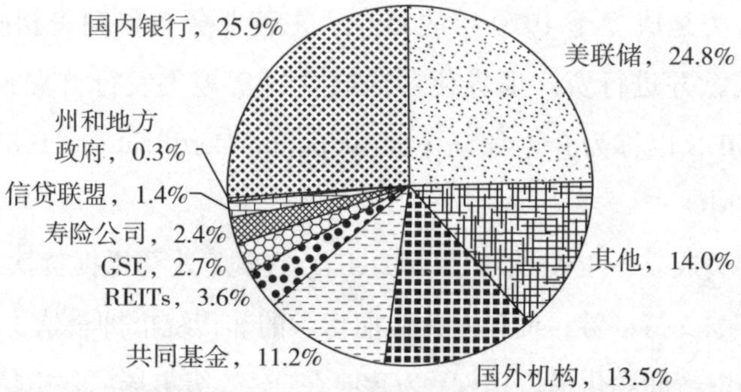


图 3.15　MBS 的投资者主要是长期资本

资料来源：房地美，恒大研究院。

注：个别数据为四舍五入。

## （三）美元的霸权地位为住房金融化背书

美元至今仍是全球最重要的储备货币。布雷顿森林体系奠定了美国的国际货币地位，20 世纪 70 年代，美元资产在全球外汇储备中占比超过 80%。1971 年 8 月 15 日，尼克松总统取消美元与黄金的自由兑换，宣告布雷顿森林体系解体。同年 12 月 18 日，主要发达国家达成《史密森协定》，同意美国放弃兑换黄金的义务、美元贬值、扩大各国货币与美元之间的汇率波动幅度，但《史密森协定》不能约束美国从国内利益出发，奉行扩张性货币政策。1973年，美元大幅贬值，《史密森协定》宣告失败。1976年，牙买加体系成为新的国际货币体系，但美元仍保持着国际储备货币中的霸权地位。牙买加体系推行黄金非货币化，认可了各国自主的汇率安排，承认了浮动汇率制的合法性。尽管各国拥有汇率制度自主权，欧洲转向在美元体系之外建立欧洲货币体系，但多数经济体仍以美元为主要的货币锚，采取货币局、钉住、爬行钉住等固定汇率制度，使美元仍旧保有主导地位。截至2018年第二季度，美元资产在全球外汇储备中占比仍超过60%，2016年10月1日开始生效的最新SDR（特别提款权）货币篮子中，美元占比41.73%。

美元在国际货币体系中的霸权地位，导致美国的货币政策总是倾向于过度宽松，财政政策过于积极，鼓励美国家庭过度消费、过度借贷。由于牙买加体系对储备货币发行缺少约束，美国作为最主要的储备货币发行国，享有铸币税特权，可以通过发行美元为政府债务赤字和经常项目逆差（“双赤字”）融资，流动性过剩和通胀压力则被全球其他经济体吸收。

2018年第二季度主要货币在全球外汇储备中的占比情况如图3.16。

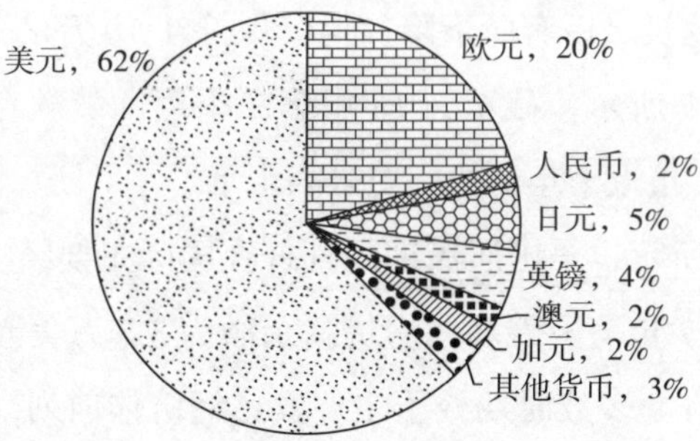


图3.16 美元在国际货币体系中一枝独大

资料来源：IMF（国际货币基金组织），恒大研究院。

美元证券资产成为国际投资者资产组合的重要投资标的。截至

2017 年，外国投资者共持有美股 7.1 万亿美元、国债 6.3 万亿美元、公司债 3.9 万亿美元、MBS 和联邦机构债券 1 万亿美元，合计 18.3 万亿美元，占美国 GDP 比重近 100%。美国抵押贷款相关证券持有者中，外国投资者占比保持在 10% 左右，成为美国抵押贷款的重要资金来源，国际资本为美国居民的住房消费做出重要贡献。

政府信用背书，增加国际资本市场对美国抵押贷款相关证券和联邦机构债券安全性的信心。房利美和房地美作为政府赞助企业，市场一直认为它们具有隐含的政府信用。次贷危机发生之后，政府信用得到证实。一方面，联邦住房金融局接管两房；另一方面，美联储持续买入机构 MBS。截至 2018 年 10 月，美联储持有机构类抵押贷款相关证券的规模达 1.67 万亿美元，占存量的比重达 18%，占美联储总资产的比重达 40%，占次贷危机以来美联储总资产增量 3.2 万亿美元的一半。

（四）住房过度金融化

多样化的抵押贷款产品和较低的首付比例，鼓励美国居民加杠杆，加上政府信用背书和资本市场的流动性支持，导致住房过度金融化。2008 年第一季度，美国住房抵押贷款存量达 12.2 万亿美元，创历史最高水平。次贷危机之后有所下降，但仍保持在 10 万亿美元以上的高位水平。如图 3.17 所示，截至 2018 年第二季度，贷款存量已经回升至 12.1 万亿美元，接近十年前的历史最高水平。

如图 3.18 所示，美国居民部门杠杆在国际主要经济体对比中处于较高水平。2017 年美国人均住房贷款余额为 3.7 万美元，居全球第一。美国的居民杠杆率多数时期处于主要发达经济体前列，2017 年居民债务占 GDP 比重达 79%，高于发达经济体、G20（20 国集团）、欧元区的平均水平。2007 年曾一度达到 98%。2016 年，美国家庭 64% 的自有住房仍负有抵押贷款。

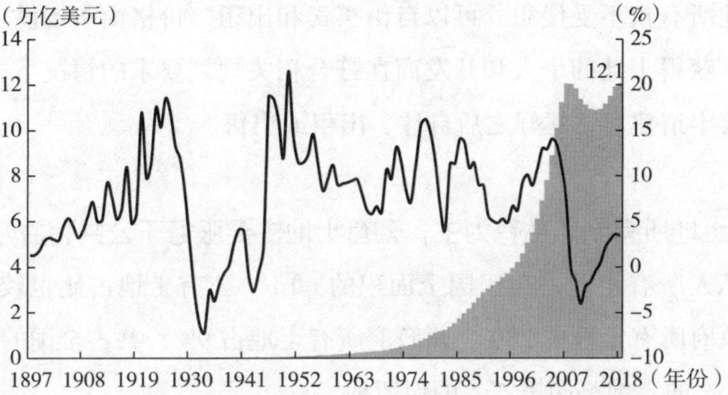


图 3.17　美国居民住房抵押贷款存量回升至 12.1 万亿美元

资料来源：USCB，美联储，恒大研究院。

注：2018 年为第二季度数据。

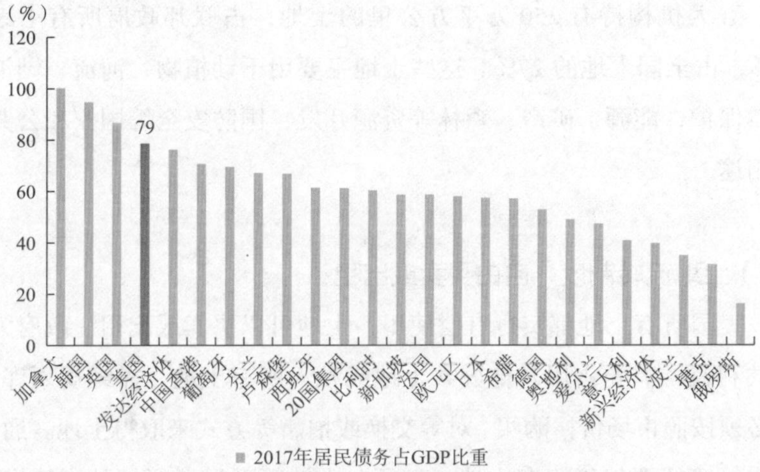


图 3.18　美国居民杠杆率高于多数主要发达经济体

资料来源：国际清算银行，恒大研究院。

## 二、土地制度私有为主，居住用地供给充足

美国土地以私有为主，可自由转让和开发。在美国，法律保护私

有土地所有权不受侵犯，可以自由买卖和出租，价格由市场供求关系决定。获得土地的个人和开发商在符合相关规划要求的情况下，可以向政府申请建房，建好之后自住、出租或出售。

### （一）土地所有制：私有为主，公有土地主要服务于公共利益

私人所有土地占美国国土面积的60%，公有土地占比也较可观，联邦政府所有土地占28%，州政府所有土地占9%，共占全国的37%，还有3%的土地是印第安人的保留地。

公有土地主要服务于国家和公共利益，包括自然保护、资源开发和国防。联邦政府拥有的土地，主要由土地管理局、林业服务部、鱼类和野生动物服务部、国家公园管理局、国防部五大机构持有。2015年，五大机构持有250万平方公里的土地，占联邦政府所有土地的97%，占全国土地的27%。这些土地主要用于动植物、河流、湖泊等自然保护，能源、矿产、森林等资源开发，国防安全等国家和公共利益用途。

### （二）土地流转制度：自由买卖或出租

美国所有土地都实行有偿使用，土地可以买卖或出租。政府为了公共利益，需要占用其他公共土地或私人所有土地，需经规划许可，且必须按照市场价格购买、对等交换或捐赠等方式来取得土地。通信、输电等管线要使用公有土地，必须向土地管理局通行权处申请批准，并支付租金。拥有土地所有权的私人或政府可自行或通过中介出租土地，出租方式有固定出租（法律固定年限，当事人无权修改）和浮动出租（出租年限由当事人协商决定），但交易价格由市场和双方协商决定。

自由的土地市场，造就了美国独特的“超级大地主”现象。2017

年美国前十大地主及其家族持有土地 5.7 万平方公里，占美国国土面积的 0.58%，占私人所有土地的 1%。

### （三）土地管理制度：政府职能侧重服务市场，重视农地保护

土地管理机构：美国在内政部设土地管理局，负责管理联邦政府所有土地，并对州政府和私人所有土地进行协调。对于私人所有土地，州和地方政府也有独立的规划系统。

美国法律赋予政府对土地的终决权，包括占有、控制、管理、优先购买权等，主要表现为：第一，对土地拥有权的限制，包括土地的取得与征收，拥有土地的种类、数量、位置等；第二，对土地使用的限制，包括土地用途、规划、禁止闲置土地等；第三，对土地交易的限制，包括变更登记、租赁期限和对土地投机的控制等；第四，对公共用地的管理，包括对某些行业提供廉价的土地，为中产收入者提供优惠住房用地等。

在政策许可的范围内，土地可以自由买卖、出租、抵押和继承。私有土地之间买卖手续十分简单，在双方自愿签订协议之后，只需向政府缴足规定的税金，进行登记即可。除了对土地买卖投机这些行为进行必要的监管之外，政府主要为市场提供服务。

20 世纪 30 年代以后，美国的土地制度基本形成并进入成熟稳定的发展阶段，但是大量的开发使美国的土地资源遭到严重破坏。之后的几十年，美国的土地制度建设重点转移到对土地资源的保护上。1981 年《农用土地保护法》出台，严格控制将农用土地转为非农用地。1996 年《联邦农业发展与改革法》出台，制定了保护备用地计划。2000 年实施的《农业风险保护法》进一步限制了对农用地的非农化使用。

### （四）当前的用地结构：居住用地充足

美国 937 万平方公里的土地面积，以农、牧、林用地为主，农田、牧场、森林用地占比分别为 17%、29% 和 28%。居住用地共 56 万平方公里，其中 1/4 为城市居住用地，3/4 为农村居住用地，占国土面积比重达 6.2%，对应于 3.3 亿人的居住需求，人均居住用地面积高达 1 728 平方米。

## 三、税收轻买方重卖方，支持自住

美国税收制度中，与居民住房相关的税种主要包括房地产税、租金收入所得税、房地产转让税、资本利得税等。购房者特别是自住需求购房者的税负较轻，短期投机行为从重征税。

保有环节主要是房地产税，税率以支定收，实际税率不高，主要用于区域内的公共服务，有助于提升区域内的房地产价值，有房户直接受益，对居民房价预期影响不大。

交易环节轻买方重卖方，抑制短期投机。房地产转让税费，包括转让税、记录税（费）、抵押贷款税等项目，主要以成交房价为税基，通常总成本不超过 5%，买卖双方共同分担，购房者承担的交易成本通常不超过 3%；卖方需承担双方的经纪人佣金，总交易成本可达 10%。对卖方还征收资本利得税，持有住房 1 年以上的联邦税率为 0～20%，持有不到 1 年的则纳入个人所得税综合征收，联邦税率为 10%～37%，税负更重。

联邦住房税式支出安排也重点支持住房自有，其中自住房享受的税收扣除、免除项目的规模占比达 90%。美国住房相关税收体系见表 3.3。

表3.3　美国住房相关税收体系

| 征税环节 | 税收种类 | 课征对象 | 税收归属 | 计征方式 |
| --- | --- | --- | --- | --- |
| 保有环节 | 房地产税 | 所有权人 | 州政府、地方政府 | 以房地产评估价值的一定评估比例为税基，名义税率0.3%～3%，实际税率0.27%～2.4% |
| | 租金收入所得税 | 所有权人 | 联邦政府、州政府、地方政府 | 租金收入扣除物业费、房地产税、基本维修费、水电费、抵押贷款利息、折旧等持有成本后的净租金收入，计入个人或家庭收入所得综合征收个人所得税，超额累进税制，联邦税率10%～37%，州个人所得税最高边际税率2.9%～13.3% |
| 交易环节 | 房地产转让税费 | 买卖一方或共同缴纳 | 州政府、地方政府 | 房地产转让税：房地产交易价值为税基，州税率0.01%～3% |
| | | | | 记录税/费：房地产交易价值为税基，州税率0.3%～1.45% |
| | | | | 抵押贷款税：抵押贷款额为税基，州税率0.02%～1.05% |
| | 资本利得税 | 仅卖方 | 联邦政府、州政府、地方政府 | 持有不到1年即转让：卖方所获差价扣除基本费用后的收入净额，计入个人或家庭收入所得综合征收个人所得税，超额累进税制，联邦税率10%～37%，州个人所得税最高边际税率2.9%～13.3% |
| | | | | 持有超过1年后转让：卖方所获差价扣除基本费用后的收入净额为税基，超额累进税制，联邦税率0～20%，2018年各州的联邦和州税加总的最高档税率20%～40% |

资料来源：恒大研究院。

## 四、保障房私人主导供给、政府财税补贴

美国的住房保障政策逐渐从供给端转向需求端，保障方式从实物

保障转向货币补贴。它主要经历了四个阶段：第一阶段为大萧条至20世纪60年代，主要推行公共住房模式（PH），政府直接建设公共住房；第二阶段为20世纪六七十年代，政府开始探索并采取补贴等方式资助社会资本建设和提供低收入租赁住房，仍以促进供给为主；第三阶段为20世纪70—90年代，政府在需求端推出租金补贴，主要包括存量住房凭证项目、租房券项目及二者合并而成的住房选择租房券项目（HVCP）；第四阶段是1986年开始推行低收入住房税收抵免（LIHTC），是目前最重要的供给促进手段。

美国形成以私人主导供给、政府财税补贴、供给需求并重的住房保障体系。HUD作为联邦住房援助项目的主管机构，2017年，所有项目合计援助住房502万套，援助居民965万人，超过3/4的援助住房为私人供给住房、政府补贴租金和成本，需求端和供给端的援助规模各占一半。其中，以租户为基础的住房选择租房券项目是最普遍的援助项目，规模占比约50%；以私人工程项目为基础的第八节项目（Private Project-Based Section 8）占比约1/4；而由政府直接供给的公共住房项目占比仅1/5，而且正在不断地转变为以私人项目为基础的补贴项目。

## 第三节　房地产神话破灭三部曲：资产价格下降、流动性枯竭、信用紧缩

### 一、房地产牛市走向终结

牛市走向泡沫。1946—1999年，名义和实际房价指数年均增速分

别为 5.0% 和 0.7%，牛市表现较为温和。2000—2005 年，市场交易过热，房价暴涨。2005 年，一、二手房交易量达到 836 万套，较 1999 年增加 38%，交易额达到 1.98 万亿美元，较 1999 年增加 102%；同期，名义房价指数上涨 66%、年均增速高达 10.6%，实际房价指数上涨 46%、年均增速高达 7.9%。住房交易量和交易额情况见图 3.19。

房地产泡沫是一种货币现象，政府的货币金融政策是关键推手，体现在宽货币、宽信用和弱监管三个方面。

一是宽货币。政策利率和房贷利率降至历史低位。为应对互联网泡沫危机，2000—2003 年美联储连续 13 次降息，联邦基金利率目标从 6.5% 降至 1%，带动联邦基金利率降至 1% 左右的历史低位水平，与 20 世纪 50 年代相当；同期，居民房贷利率也明显下行，新发放单户住房传统贷款的平均利率从 8% 下降至 5.4%，创 1963 年以来的最低水平。

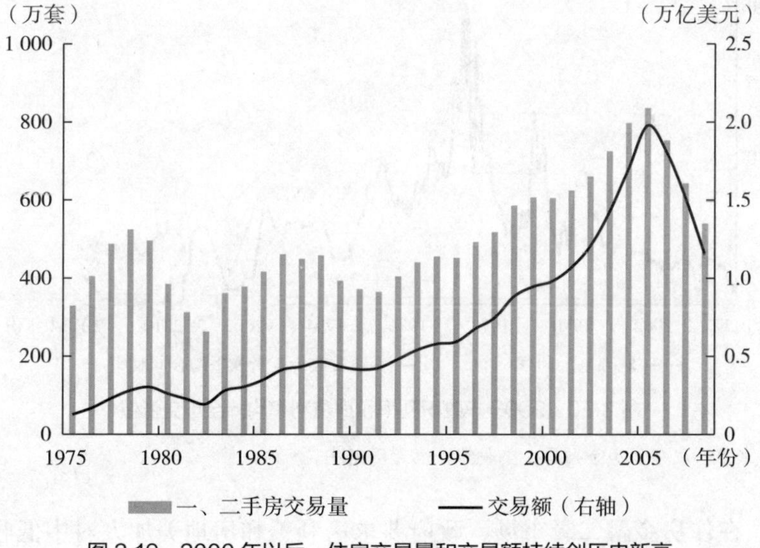


图 3.19　2000 年以后，住房交易量和交易额持续创历史新高

资料来源：USCB，NAR（全国房地产经纪人协会），恒大研究院。

货币超发，增速明显高于经济增速。2001—2004 年 M1 年均增速 6.0%，比 1946—1999 年高 1.3 个百分点。2001—2004 年 M2 年均增速 6.8%，比 1946—1999 年高 0.2 个百分点，比名义 GDP 增速高 2.3 个百分点，较 1946—1999 年的 M2 与名义 GDP 增速差值高 2.9 个百分点；比实际 GDP 增速高 4.5 个百分点，较 1946—1999 年的 M2 与实际 GDP 增速差值高 1.1 个百分点。政策利率和房贷利率情况见图 3.20。

二是宽信用。在住房金融一级市场，政府降低购房者的首付负担。2003 年《美国梦首付款法》每年为首次购房的低收入家庭提供总计 2 亿美元援助，目标是帮助 4 万户家庭支付首付款和贷款手续费。2004 年《零首付法》将 FHA 保险贷款的最低首付比例从 3% 降至 0。

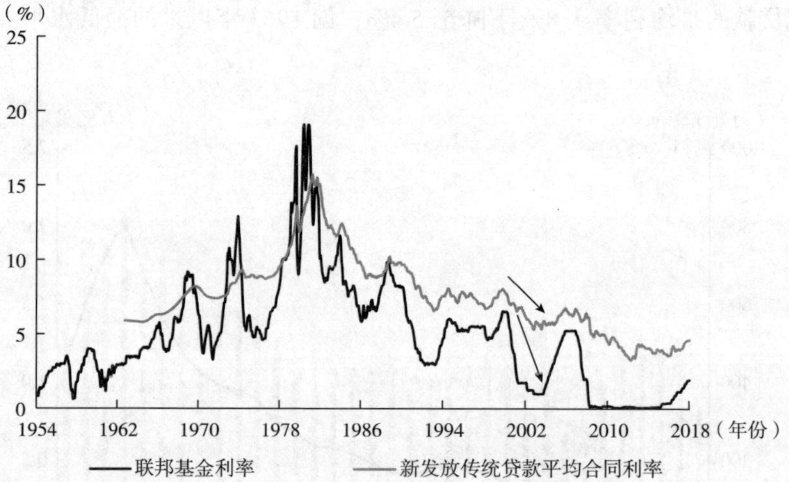


图 3.20　2003 年政策利率和房贷利率均降至历史低位

资料来源：联邦住房金融局，美联储，恒大研究院。

在住房金融二级市场，政府要求房利美和房地美加大对中低收入家庭的贷款购买比例。1992 年《联邦住房企业金融安全和稳健法》出台，授权 HUD 对两房制定具体可支付借贷目标，包括购买中低收入家庭住房抵押贷款的最低比例，以及购买位于服务不足地区的贷款最低比例。如图 3.21 所示，HUD 自 1993 年首次制定可支付借贷目标以后，多次上调目标水平，2001—2006 年两房购买的抵押贷款中，中低收入家庭贷款占比不得低于 50%，收入水平较低或少数族裔聚居的服务不足区域的贷款占比不得低于 30%，刺激银行、按揭公司大量发放次贷。

2005 年，居民住房抵押贷款余额达到 10.1 万亿美元，较 1999 年翻倍，年均复合增速高达 12%，较 1946—1999 年高 2 个百分点。

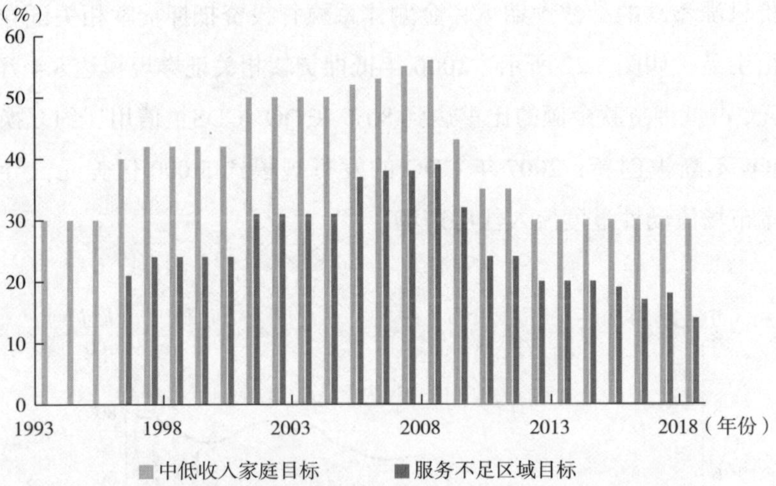


图 3.21　次贷危机前政府对中低收入家庭的住房信贷支持不断强化

资料来源：HUD，联邦住房金融局，恒大研究院。

三是弱监管。金融自由化浪潮兴起，监管松弛，创新不断，资本市场流动性过度流入房地产。1994 年《州际银行和分支机构效率法》颁布，取消了在各州开设银行分行的许多限制，并允许银行机构在全国统一的标准下收购任何其他州的银行，使银行走向全国化经营。1999 年《金融服务现代化法》颁布，废除《1933 年银行法》（即《格拉斯－斯蒂格尔法》），取消分业经营限制，允许商业银行、投资银行、证券公司、保险公司进行整合，并且没有授权任何金融监管机构对投资银行控股公司进行监管。在一系列金融自由化政策的支持下，美国金融机构的形态、业务、产品显著多样化。以商业银行、投资银行、证券公司、保险公司、基金公司等为主的多元化金融机构跨州跨境经营，逐渐发展至“大而不能倒”又“大而不能管”，混业经营但分业监管。对冲基金、私募股权基金等影子银行体系日益庞大但游离于监管之外。金融创新层出不穷，衍生品爆发式增长，但结构复杂难以监管，甚至连发行机构、评级机构、投资机构都未能准确测算风险。在房价只涨不跌的一致预期下，金融体系疯狂投资抵押贷款相关证券及其衍生品。如图3.22所示，2006年抵押贷款相关证券规模达8.4万亿美元，占抵押贷款余额的比重达到80%，CDO、CDS（信用违约互换）、CDOs不断被创新，2007年CDO的发行规模约5 000亿美元，导致资本市场流动性过度流入住房市场。

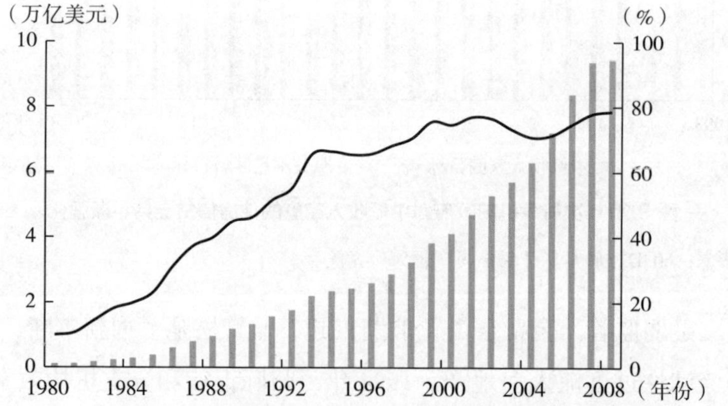


图3.22　资本市场逐渐成为抵押贷款资金的最主要来源

资料来源：SIFMA，恒大研究院。

注：抵押贷款相关证券包括机构MBS、机构CMO、非机构MBS（RMBS和CMBS）。

次贷家庭的首付比例、收入水平、信用等级均较低，风险较高。针对次级贷款购房者，抵押贷款机构设计了多样化的贷款产品，包括两步贷款、买下利率贷款、只付利息贷款、气球贷款等，多数次贷为浮动利率贷款。在贷款发放后初期，利率低、月供低，居民偿付压力很小，但特定的优惠阶段结束之后，利率和月供都会显著提高。次贷危机前夕，居民的住房负担创历史高位，2006 年有抵押贷款的自住户中，住房负担水平超过 30% 的住房户比例达到 37%，较 1989 年提高了 13 个百分点，居民偿债的现金流压力和违约风险显著提升。

次贷规模激增，金融风险集聚。如图 3.23 所示，2004—2006 年连续三年新发放贷款中次级贷款约 6 000 亿美元，比重超过 20%，明显高于 2002 年以前不足 2 000 亿美元，比重为 10% 左右的水平。如图 3.24 所示，次级贷款经过资产证券化，风险传导至资本市场，2006 年抵押贷款相关证券存量达到 8.4 万亿美元，非机构住房类 MBS（即 RMBS）发行和存量分别达 1.3 万亿美元和 2.6 万亿美元，其中非优级或次级贷款发行和存量的比重分别高达 73% 和 66%。

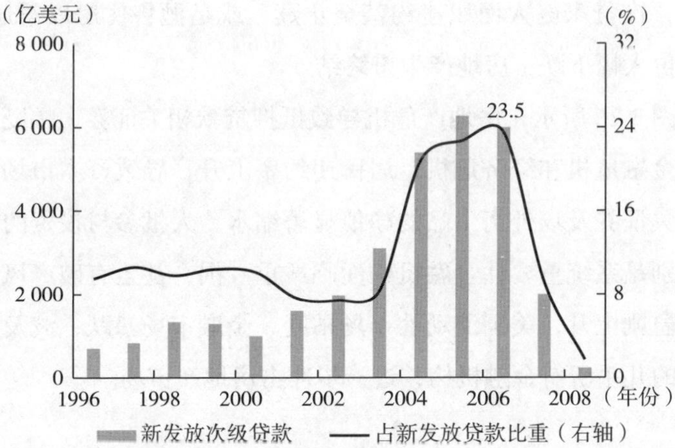


图 3.23　新发放贷款中次贷占比大幅提升

资料来源：*Inside Mortgage Finance*，恒大研究院。

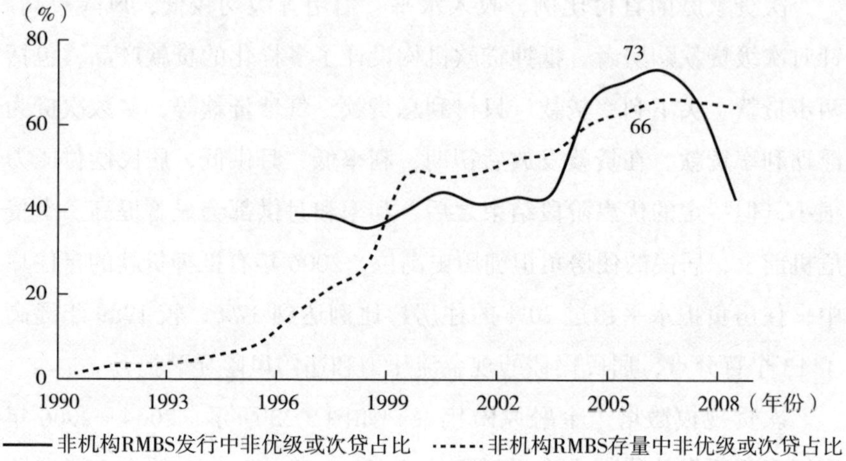


图 3.24 次级贷款证券占比大幅攀升

资料来源：SIFMA，恒大研究院。

加息刺破泡沫，房地产风险传导至金融市场，最终升级为严重的经济危机。如图 3.25 所示，2004—2006 年美联储连续加息 17 次，将联邦基金利率目标提高 425 个基点至 5.25%，直接导致以浮动利率为主的次贷家庭月供大增、偿付困难，加上住房市场逐渐冷却不支持净值贷款，次贷家庭大面积违约甚至止赎，或是抛售住房以偿还贷款，造成房价大幅下跌，房地产牛市终结。

如图 3.26 所示，房地产危机导致抵押贷款相关证券大幅贬值，触发全球金融危机和经济危机。居民违约率上升，导致资本市场上抵押贷款相关证券及场外衍生品的净值显著缩水，大批参与投资的金融机构，特别是系统重要性金融机构面临严重亏损，甚至有破产风险。避险情绪急剧上升，美国流动性市场枯竭、金融市场暴跌，波及包括银行在内的几乎所有金融机构，进一步冲击房地产市场。

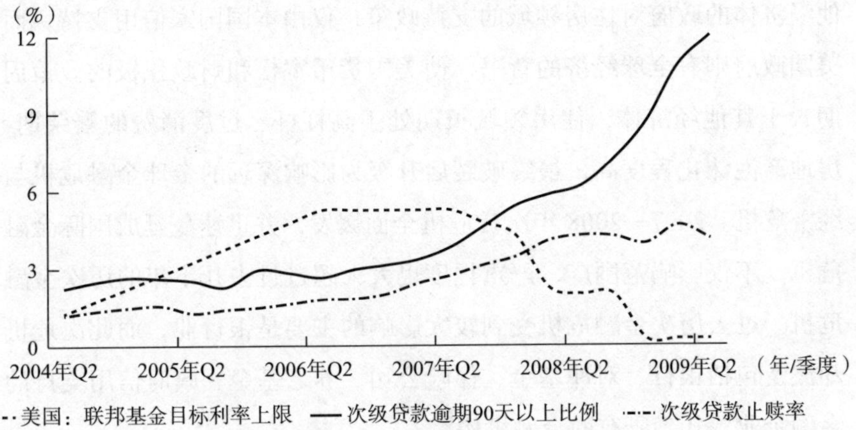


图 3.25　加息导致次贷家庭违约和止赎激增

资料来源：美联储，HUD，恒大研究院。

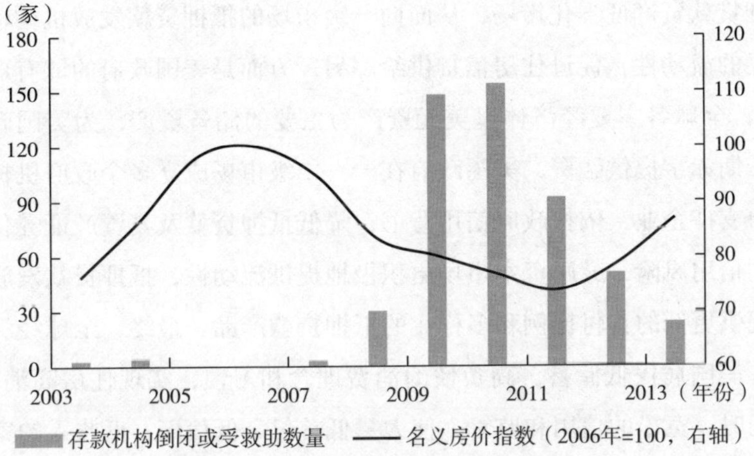


图 3.26　房地产市场风险向金融市场传导

资料来源：FDIC（联邦存款保险公司），R. Shiller，恒大研究院。

## 二、引爆全球经济危机

美国的货币金融制度，易引发严重的房地产泡沫与经济危机。其他经济体的政府对住房领域的支持政策，仅由本国国家信用支持；而美国政府则有全球经济的背书，使美国货币宽松和财政积极的政策周期长于其他经济体，住房领域长期处于高杠杆、过度消费的繁荣期，房地产泡沫化程度高，最终破裂后升级为影响深远的全球金融危机与经济危机。2007—2008 年次贷危机全面爆发，并迅速蔓延成国际金融危机，不仅影响范围广，严重程度也大大超过过去几十年的历次金融危机。过去历次金融危机受到较大影响的主要是银行业，而此次危机却波及包括银行、对冲基金、保险公司、养老基金、政府信用支持的金融企业等几乎所有的金融机构。

全球经济支持美国房地产市场、酝酿泡沫，主要逻辑有两点。一方面是通过市场自发运行的“无形之手”，全球资本大量参与美国的抵押贷款资产证券化市场，从而向一级市场的抵押贷款发放机构输入充足的流动性，促进住房信贷供给。另一方面是美国政府的“有形之手”，全球各主要经济体以美元资产为主要的储备资产，为美国政府的长期赤字提供融资，美国政府在一、二级市场成立多个政府机构和政府支持企业，依托政府信用背书，降低抵押贷款及其资产证券化产品的信用风险，鼓励资本市场更积极地提供流动性，抵押贷款发放机构提供更低的首付比例和多样化的抵押贷款产品。最终，全球经济支持了美国居民低储蓄、高负债的消费理念和习惯，实现住房高消费。但同时，宽松的信用和监管，使大量低首付、低信用、低收入的家庭也进入住房市场，需求严重透支，信用风险集聚。相较于国际水平，美国住房消费过度超前，房价大幅上涨，杠杆水平过高，形成房地产泡沫，酝酿债务危机。

美国房地产危机冲击全球经济。虽然全球经济稀释了美国超发的流动性，但长期宽松的货币政策，最终仍将引发美国和全球经济出现明显的通货膨胀。为应对通胀风险，美联储逐渐收紧货币政策，进入加息周期。利率上升导致以浮动利率为主的次级贷款家庭的偿付压力大幅增加，出现大面积违约甚至止赎，或是抛售住房以偿还贷款，造成房价大幅下跌。资本市场上抵押贷款相关证券的净值因此而显著缩水，大批金融机构，特别是系统重要性金融机构面临严重亏损，甚至有破产风险。随着避险情绪急剧升温，美国流动性市场枯竭，金融市场暴跌，进而传导到全球金融市场和金融机构，全球实体经济的正常融资需求也受到严重冲击，最终演变为全球金融危机和经济危机。（传导机制见图3.27。）

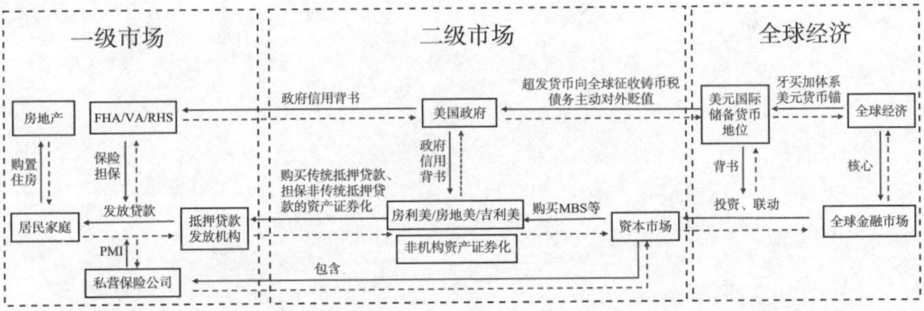


图3.27　全球经济支持美国房地产泡沫，美国房地产危机冲击全球经济

资料来源：恒大研究院。

注：实线代表美国住房制度金融的运行机制，虚线代表美国房地产风险的传导机制。

# 第四章

# 日本房地产市场大起大落的终极逻辑

本章作者：夏磊、易炜林、王菁菁

我们提出的房地产周期的分析框架“长期看人口、中期看土地、短期看金融”，在业内被广泛采用。日本从人口悬崖坠落，土地一度供应不足，货币政策大松大紧，正是验证我们判断的典型样本。

在日本房地产市场的运行过程中，产生过两次危机。第一次危机产生于日本快速工业化时期对土地激增的需求，在工业化和城市化的双重推动下，土地价格不断飙升，1955—1974 年全国城市地价指数上涨 28 倍，六大城市上涨 34 倍。第二次危机产生于日本金融自由化时期宽松的货币环境，在低利率、金融自由化、国际资本的涌入刺激下，1986—1990 年全国和六大城市地价指数年均涨幅分别高达 7.3% 和 21.1%。

日本两次房地产危机，一次被时间消化，另一次终结了黄金时代。两次危机结局不同，在于经济发展阶段、人口结构发生了显著变化。第一次危机爆发后日本经济成功换挡至中速增长，而第二次危机爆发后日本经济陷入长期停滞。第一次危机爆发时日本适龄置业人口尚处高位，真实需求旺盛，而第二次危机爆发时日本老龄化问题已十分严峻，65 岁以上人口占比高达 12.1%，此后不断攀升，20 ~ 49 岁适龄置业人口从 2000 年以后开始回落，有效需求下降。从数据上看，2010 年城市化率是 90.7%，比第一次危机爆发时城市化率明显提高。实际上，第二次危机以后，特别是 2000 年城市化率大幅提升，主要在于行政区划调整和町村老龄人口去世造成的被动提升，而非人口真实流动，无法形成有效需求，房地产市场仍无起色。

孕育日本房地产危机的终极逻辑是住房制度设计。在货币金融制度上，日本央行缺乏独立性，受大藏省影响较大，货币政策定力不足，调控目标在经济增长和稳定物价之间不断切换。在税收制度上，房地产上升期“重交易轻保有”导致泡沫加速形成，房地产下行时保有环节突然加税导致泡沫加速破灭。在土地制度上，土地金融属性过强，刺激投机。在租赁制度上，保护租约和租户权益，形成以机构主导的住房租赁市场。

## 第一节 日本两次房地产危机的催生、爆发及后果

从地价增速看，战后日本曾发生两次房地产危机，1974 年第一次房地产危机爆发，地价小幅回撤后便重回上涨通道，而 1991 年第二次房地产危机爆发却使日本陷入“失去的二十年”。同样的房地产危机，为何结局不同？日本两次房地产危机后的房地产市场情况见图 4.1。两次危机结局迥异，对比情况见表 4.1。

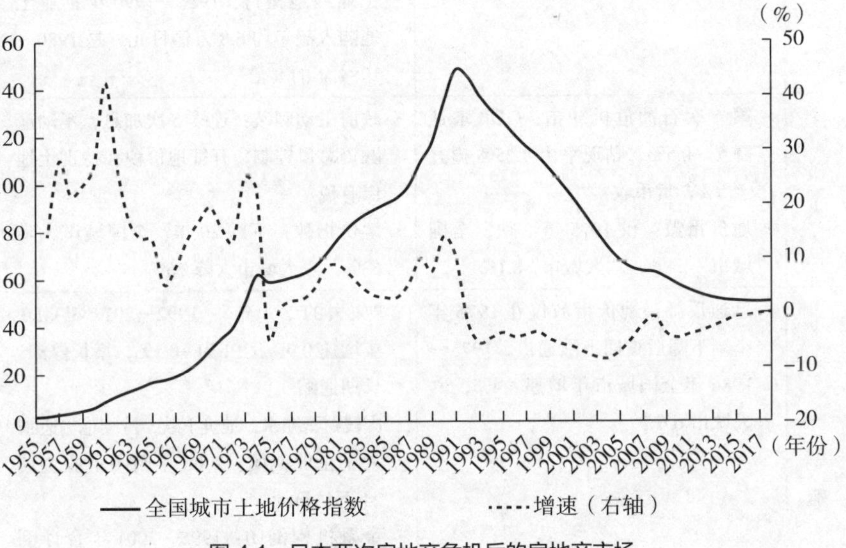


图 4.1 日本两次房地产危机后的房地产市场

资料来源：日本不动产研究所，恒大研究院。

表 4.1 日本两次房地产危机对比情况

| | 第一次房地产危机（1955—1974 年） | 第二次房地产危机（1986—1991 年） |
|---|---|---|
| 特征 | · 地价大涨：1955—1974 年复合增速，全国 18.2%，六大城市 19.3%<br>· 居民杠杆快速上升：1965—1973 年居民总负债年均增速 19%，超过收入 3 个百分点 | · 地价大涨：1986—1991 年复合增速，全国 9.5%，六大城市 21.9%<br>· 信贷扩张见顶：1990 年信贷比 GDP 缺口高达 23.9%，远超 10% 警戒线 |
| 产生 | · 经济高增长：1956—1973 年 GDP 年增速 9.1%<br>· 快速城市化：1945—1975 年从 27.8% 增至 75.9%<br>· 流动性充足：1968—1973 年 M2 年增速 19.8% | · 经济中速增长：1975—1990 年 GDP 年增速 4.1%<br>· 国内货币宽松：1986—1987 年连续 5 次加息；1986—1989 年 M2 年增速 10.2%<br>· 国际热钱涌入：1986—1988 年外汇储备年增速 57%<br>· 金融机构输血：1980—1989 年不动产贷款占比从 5.8% 增至 10.3%<br>· 企业炒地盛行：1986—1990 年企业土地购入额年均 6.8 万亿日元，是 1980—1984 年的 8 倍 |
| 破灭 | · 第一次石油危机冲击：GDP 增速降至 -0.5%，贴现率由 4.25% 提升至 9%，货币收紧<br>· 地价指数：仅 1975 年下跌，全国城市 -4.4%，六大城市 -8.1% | · 政府主动刺破：连续 5 次加息，不动产融资总量控制，开征地价税和特别土地保有税<br>· 地价指数：下跌 20 年，全国城市大降 63%，六大城市大降 76% |
| 影响 | · 迅速反弹：地价指数仅在 1975 年小幅下降后重回上涨通道，1975—1986 年全国城市年增速 4.4%，六大城市 6.6% | · “失去的二十年”：1992—2012 年 GDP 年增速 0.9%，CPI 为 -0.1%，增长停滞，长期通缩<br>· 国民财富缩水：地价下跌，持续跑输通胀<br>· 大量企业倒闭：2000 年倒闭企业负债 24 万亿日元<br>· 金融机构倒闭：1995—2001 年合计倒闭 172 家<br>· 失业率攀升：1992—2002 年从 2.2% 增至 5.4% |

资料来源：恒大研究院。

## 一、第一次危机（1955—1974 年）：需求驱动，货币收紧后房地产危机爆发，但市场迅速反弹

### （一）产生：需求旺盛，供给不足

1955—1965 年，日本工业产业快速发展，带动工业用地价格大涨。1950 年朝鲜战争爆发，来自美国大规模的军事物资采购订单促使日本纺织、汽车、钢铁等工业迅猛发展，叠加日本在“二战”期间储备的工业产业人才，1955 年日本工业生产已恢复到战前最高水平。此后的 10 年里，以钢铁、石油化工、机械制造为核心的工业经济在各城市快速发展。在这种倾斜式生产方式下，日本第二产业比重由 1955 年的 36.8% 增至 1964 年的 42.6%，重工业在工业总产值中的占比也增加到 60% 以上。工业经济大发展使工业用地需求旺盛，推升工业土地价格快速上涨，远超同期住宅和商业地价增速。

1965 年日本开始调整产业结构，住宅和商业用地价格涨幅居前。20 世纪 60 年代末，重工业粗放发展带来的环境污染问题日益尖锐，日本不得不开始进行产业结构调整，由纺织、化工、有色金属、钢铁等重污染行业向电气设备、精密仪器等高端制造业升级。同时，以不动产、金融服务、批发零售为代表的第三产业快速发展，工业发展速度减慢、服务业发展速度加快导致日本这段时期工业用地价格增速开始低于商业和住宅用地。

1965—1974 年住房需求集中释放，住宅用地开始领涨。20 世纪 60 年代以前，日本政府主导房地产市场，通过住宅金融公库、公团、公营解决居民住宅需求，但随着城市化率大幅提升、战后“婴儿潮”进入置业高峰，政府管控为主的住房市场越来越难以满足居民日益增长的住房需求。从 1965 年开始，民间金融机构的个人住房抵押贷款业务蓬勃发展，民间资本快速进入房地产市场。同时，自 1960 年国民

收入倍增计划实施以来，居民购买力大幅增加，强劲的住房需求和大幅提升的购买力推升住宅用地价格快速上涨，超过同期的商业和工业用地。

“列岛改造论”进一步推高地价。1972年6月，通商产业大臣田中角荣提出“列岛改造论”，主张通过全国新干线、高速公路和信息通信网络把日本列岛串联起来，以解决城乡发展不均、中心城市人口过度稠密、城市居住环境恶化等问题。同时，他主张将日本北部转成工业地带，南部转成农业地带，这恰恰与当时的全国产业布局相反。政府大规模基建、产业规划和转移抬升土地价格上涨预期，全国城市地价指数在1973年上涨25.3%，1974年上涨23%，即使是偏远地区的土地，也被竞相购买。但20世纪70年代初，日本恰逢经济增速换挡，高增长的基础不断减弱，石油危机加剧了经济恶化程度，“列岛改造”赖以存在的高增长前提不复存在，最终难逃失败的命运。

总的来说，从土地供给看，建筑用地占比低，具有大幅波动的天然属性。日本土地结构中，从全国看，1975年林地占国土面积的68%，而建筑用地仅占3%；从三大都市圈看，建筑用地直至2015年也仅占12%，建筑用地供应紧张。短期内土地需求集中释放，必然导致地价大幅上涨。

从需求侧看，导致战后的第一次房地产市场火爆有四个因素。一是重工业高速发展。日本林地居多，城市建设用地供给有限，重工业高速发展对土地需求量大，短期内刺激工业土地价格快速上涨，并带动住宅和商业用地价格上行。二是城市化快速推进。人随产业走，工业经济发展吸引人口快速流入城市，城市化率从1945年的27.8%大幅增至1974年的75.0%。人口集聚带来大量住房需求，而短期内住宅用地有限，供不应求导致住宅用地价格大幅上涨，并带动工业和商业用地价格上涨。三是居民收入大幅增加。战后日本经济在出口、投资拉动下迅速恢复，1960 年国民收入倍增计划的顺利实施使居民购买力大幅提升，1960—1970 年人均可支配收入年增速高达 14.5%。而住房需求持续高位，直至 1973 年各县套户比才超过 1，旺盛的住房需求和快速提升的购买力直接推动地价快速上涨。四是居民对土地增值预期增加，叠加民间资本进入房地产市场。日本大都市建筑用地面积占比较低，居民潜意识里将土地视作保值增值的投资品，而 1965 年国家开始鼓励民营资本介入房地产市场和 1972 年的"列岛改造热潮"，这些因素都刺激了居民购置不动产的需求。

经济增速换挡期最容易产生房地产市场危机。20 世纪 70 年代初日本政府对经济高速增长过于乐观，认为日本还能持续高速增长 10 年，这导致货币更加宽松。1968—1973 年，M1、M2 年增速分别高达 22% 和 20%，远高于同期 9% 的经济增速，1972 年的贴现率也降至 1955 年以来的最低值 4.25%。货币宽松叠加"列岛改造论"下的地价上涨预期，房地产市场开始出现危机。

### （二）爆发：货币收紧，税制改革

在第一次石油危机冲击下，货币收紧。1973 年底中东石油危机爆发，原油价格暴涨 3 ~ 4 倍，对高度依赖进口的日本冲击巨大，石油化学品、钢铁制品等工业品生产成本大幅增加，导致恶性通胀爆发，1974 年 2 月 CPI 同比增速高达 26.3%。为控通胀，央行开始收紧货币，将贴现率提升至战后以来的最高值 9%，资金成本的大幅提升有效抑制了地价过快上涨。

土地税制改革，增加土地持有成本，对短期交易征收重税。事实上，政府自 1965 年以来就意识到地价过快上涨的问题，并采取了一系列措施：首先，1968 年第一次土地税制改革，创设个人土地转让所得长短期分离课税机制，对持有不足 5 年的短期土地交易征收 40% 的所得税，重税打击短期交易，鼓励长期持有；其次，1971 年针对农地与建筑用地同等征税，促进农地流转，增加土地供应；最后，1973 年再次进行土地税制改革，针对法人土地 5 年内的短期交易，在营业税的基础上追加征收 20% 的土地转让所得税。同时，创设特别土地保有税，提高土地持有成本，刺激土地供应。

20 世纪 70 年代政府对房地产市场的控制力较强，通过采取一系列有针对性的措施，地价快速上涨的局面得到有效控制，1975 年全国和六大城市地价指数分别下跌 4.4% 和 8.1%，1976—1978 年地价基于需求驱动而温和上涨。

### （三）为什么第一次房地产危机爆发后，市场能迅速恢复

第一次房地产危机爆发后影响较小，地价仅在 1975 年小幅回撤后重回上涨通道，这可归结为三大因素。一是产业结构调整顺利，经济成功增速换挡。20 世纪 70 年代环境容量触及上限，政府开始调整产业结构，有色、钢铁、化工等重污染行业开始让位于精密机械、运输机械、医药等高附加值产业，同时不断扩大服务业比重。受益于产业结构调整，日本 GDP 年增速由 1956—1973 年 9.1% 的高速增长顺利换挡到 1974—1991 年 3.8% 的中速增长，土地需求有支撑。二是适龄置业人口仍处于高位，真实住房需求旺盛。1974 年 20～49 岁适龄置业人口数达 5 240 万人，为战后以来的峰值，且 1973 年全国住房套户比为 1.05，并未出现大面积住房过剩，房地产市场需求依旧强劲。三是居民负债较低，仍有加杠杆空间。1974 年底，居民部门负债与 GDP 比值为 35%，非金融企业部门负债与 GDP 比值为 101%，随着收入的增加，居民和企业仍有一定加杠杆的空间。

## 二、第二次危机（1986—1991 年）：货币驱动，政府主动刺破泡沫，破灭后陷入“失去的二十年”

### （一）产生：金融自由化，信用扩张，企业炒地

1979 年以后，土地税收政策开始放松，房地产市场再次火热。1979 年将 15% 低税率优惠范围从 2 000 万日元扩大到 4 000 万日元，减轻法人长期持有土地转让所得税负。1979 年，对个人长期持有的优质住宅用地转让所得实施 20% 的低税率，优惠范围为 4 000 万日元。1982 年恢复居住用地资产置换制度，规定出售持有期超过 10 年的居住用地，高价购入新建住宅时可延期缴纳资本收益税。一系列宽松的政策，叠加旺盛的住房需求，1980 年以后地价再次大幅上涨。

1985—1990 年金融自由化和国际化导致商业用地价格大幅上涨。1984 年成立“日元 - 美元委员会”后，日本金融市场对外开放和日元国际化步伐不断加快，以东京为代表的各大都市国际金融地位不断上升，企业商业地产需求不断增加，同时，银行以不动产抵押贷款的方式变相鼓励企业购买不动产，刺激商业地产价格快速上涨。

如图 4.2 所示，日本六大城市地价增速显著高于其他城市，特别是商业用地。不同于 1975—1980 年的各城市不同性质土地同步上涨的特征，1985—1991 年增速最快的是六大城市的商业用地。主要因为东京的国际金融中心地位逐渐确立，国际金融机构的大量入驻带动商业地产需求大幅上升，并蔓延到日本其他主要城市。商业地产率先上涨带动了住宅和工业用地上涨。

日元升值和连续降息导致市场流动性过剩。《广场协议》后日元稳定升值，叠加金融自由化背景下的国内金融市场开放，国际热钱快速流入，在本币升值导致出口大幅下滑的背景下，1986—1988 年日本外汇储备年增速高达 57%，反推日元加速升值。为抑制本币过快升值，

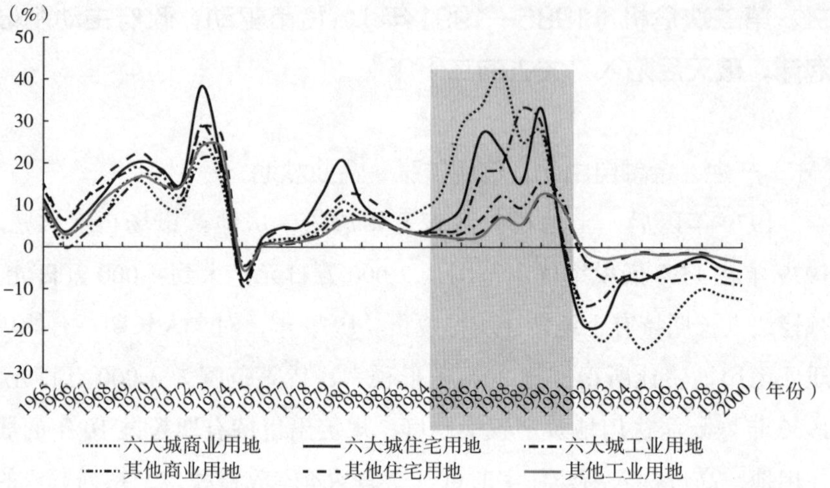


图 4.2　20 世纪 80 年代以后，日本六大城市地价上涨明显高于其他城市

资料来源：日本不动产研究所，恒大研究院。

政府采取了激进的货币政策，一年内连续 4 次下调贴现率，直到 1986 年 11 月的 3%。1987 年《卢浮宫协议》签署后，日本 1987 年 2 月再次下调贴现率至历史最低值 2.5%，经济泡沫化更加严重。而 1987 年 10 月“美国黑色星期一”导致全球资本市场暴跌，日本不得不放弃货币紧缩的打算，将 2.5% 的历史最低贴现率一直维持到 1989 年 4 月，1986—1989 年 M2 年增速高达 10.2%，远高于同期经济增速。在低利率、实业利润水平下降的大环境中，大量资金涌入股市和房地产市场，推动资产价格暴涨，投机氛围浓厚。

存款利率市场化迫使银行负债端成本大幅上升。

1973 年第一次石油危机爆发后，日本经济由高速增长换挡到中速增长，企业设备投资需求随经济回落而不断下降，市场资金由经济高速增长期的短缺状态，变为经济增速换挡期的过剩状态。为了刺激经济回升，政府采取了扩张性财政政策，大量发行国债，扩大公共投资。而国债的主要认购方是银行，政府不允许银行持有的国债在二级市场流通。随着国债发行规模越来越大，强制压低的国债发行成本导致银行资产端压力与日俱增，政府不得不允许国债在二级市场流通，债券市场得以迅速发展。

相较于政府管控下的金融机构存款低利率，二级市场迅速受到企业、机构和个人投资者的青睐，资金迅速流入二级市场，银行负债端压力不断增加，利率市场亟须改革。1978 年银行间拆借利率首先市场化，其后又放开银行间票据利率。同时，存款利率的市场化也有突破：1979 年允许商业银行发行利率不受限制的大额可转让存单，推动大额存款利率市场化；1985 年 4 月，认可市场利率联动型储蓄产品，最低发行额度为 5 000 万日元，期限 1 ~ 6 个月。随着存款利率市场化程度不断加深，银行吸储成本显著增加。

金融脱媒，信用下沉，银行贷款从大企业转向中小企业。

战前日本采取金融管制政策，目的是控制资金配置，以保证军需品相关企业优先获得资金，各军需企业与银行“配对”，银行为“配对”企业提供融资，同时参与经营管理和财务监督。战后财阀解散，为了稳定货币和支持经济重建，盟军基本没有改变战前的银行体系，规模以上的企业与银行的“配对”关系得以保留，并在此基础上逐步发展成为日本独特的“主银行制度”。除了借贷关系，主银行同时还承担着“配对”企业债券发行、支付结算账户、并购重组等间接金融服务，同时银企交叉持股关系将企业与银行绑在一起，利益与共。20 世纪 70 年代以前，间接融资占比平均达 80% 以上。

20 世纪 70 年代，国债发行规模大幅增加对企业融资形成挤出效应，政府不得不允许企业通过发债解决融资问题。1977 年政府开始允许企业在欧洲市场发行欧洲日元债券，1984 年政府允许企业在离岸市场发行债券直接融资。由于海外债券市场融资成本大幅低于国内市场，规模以上的大企业纷纷选择海外发债直接融资，对银行贷款的依存度不断下降，金融脱媒现象开始显现，银行收益不断下降。

20世纪80年代以后日本金融自由化加速，大藏省和央行的监督部门形同虚设，对当时房地产业的银行贷款大幅增加、银行业通过给非银金融机构提供融资导致银行资金借道流向房地产业的行为视而不见。"弱监管"促使腹背承压的银行贷款行为偏激进。1985年以来日元大幅升值对出口压制作用明显，导致制造业企业利润率不断下滑，"资产荒"且"金融管制时代风控能力弱"的日本各银行开始将目光投向了火爆的土地市场和不具备直接融资资质的中小企业，以不动产抵押的形式，贷给银行融资依赖度相对高的中小企业。银行放贷的抵押物为土地，企业为了获得更多贷款，获取贷款后循环买地质押，导致泡沫失控。

1980—1989年，全国银行总贷款余额中，不动产业占比从5.8%增至11.5%，金融保险业从3.3%增至10.3%。此外，《巴塞尔协议》规定，日本具有海外业务的银行需执行8%的核心资本充足率标准，但并未要求仅在国内开展业务的银行。这些银行只要求4%的核心资本充足率标准，"双轨制"导致日本银行纷纷调整资产结构，大量资金投入国内市场，高收益的金融和房地产市场就成了最佳选择，加速泡沫扩张。

如图4.3所示，日本的金融体系以间接融资为主，为了获取银行贷款，法人企业成为本次地价泡沫最直接的推手。企业通过购入土地后转抵押，以获取信贷，而后到资本市场和房地产市场投机，不断推高地价。法人企业是泡沫时期的土地购买主力，尤其是高度依赖银行贷款的非上市中小企业。1985—1990年，非金融企业的土地购入额年均达6.8万亿日元，1990年达12.4万亿日元，是1984年的37倍。但随着实体产业利润率不断下滑，企业获取贷款后并非投入实际生产，而是选择投资资本市场和土地市场，进一步推高地价，而银行基于估值过高的土地价值，继续放贷给法人企业。1985—1990 年，法人企业对于全行业新增投资的年增速为 12.9%，而制造业、金融保险业和不动产业分别为 10.5%、16% 和 16.6%，法人企业对不动产和金融保险业的投资积极性远超制造业。银行与企业的这种正反馈机制直接造就 20 世纪 80 年代末资本市场和房地产市场的“非理性繁荣”。

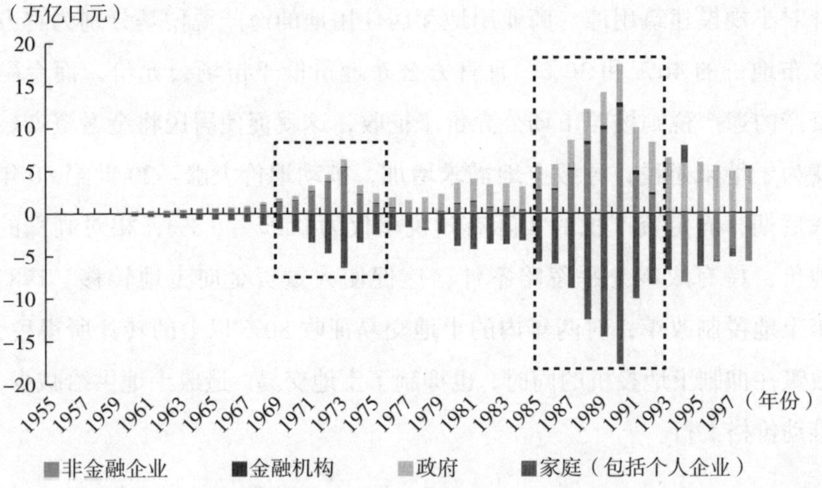


图 4.3 1968—1973 年、1985—1990 年企业是最主要的土地购入方

资料来源：日本国土交通省，恒大研究院。

以“住专”公司为代表的住房金融机构直接为高风险房地产企业提供资金，加速市场筑顶。“住专”成立的本意是支持个人住房贷款需求，其贷款资金来自银行等金融机构拆借，不吸收存款，属于非银机构。随着母体银行在 20 世纪 80 年代纷纷进入个贷市场，“住专”开始转向房地产企业。因其业务多数来自母体银行推荐，优质客户被银行抢占，“住专”贷款对象多为高风险客群，甚至包括黑社会性质的土地开发公司、炒地团等。1980 年七大“住专”公司向企业发放的贷款余额仅占贷款总额的 4.4%，1990 年则升至 78.6%，与此相应，

个人住房贷款余额占贷款总额的比重由95.6%下降到21.4%。“住专”公司相当于银行等金融机构的影子银行，持续为房地产市场输入资金，而这些以投机为主的公司获得贷款后，在土地市场呼风唤雨，泡沫膨胀加速。

土地遗产税优惠政策、固定资产税偏低和短期内不动产转让所得税过重，也是日本房地产泡沫产生的重要原因。1983年遗产税改革，针对小规模建筑用地，商业用地和居住用地的遗产税税基分别为官方公布地价的40%和30%，且官方公布地价低于市场公允价，而金融资产的遗产税则按照市场公允价来征收，这就促使居民将金融资产转变为土地来避税，导致土地需求增加，推动地价上涨。20世纪80年代后期，固定资产税的实际有效税率仅为0.2%～0.3%，相对高涨的地价，持有成本几乎忽略不计，这促使大量资金向土地转移。1987年土地税制改革，对两年内的土地交易征收80%以上的转让所得税，政策在抑制土地投机的同时，也抑制了土地交易，造成土地供给减少，推动价格上行。

### （二）爆发：政府主动挤泡沫、快速收紧货币和信贷

1989年，面对股市和土地市场泡沫的双重压力，日本政府开始主动挤泡沫，先后祭出货币收紧、不动产融资总量控制、加增税收等调控措施，导致股市、土地市场泡沫先后破裂。日经225指数在1990年大跌56.7%，全国城市地价指数20年内持续大降62.7%，六大城市跌幅高达76.0%。第二次危机爆发主要归结于两个原因。

一是货币金融政策突然收紧，企业资金链断裂。

地价太高造成社会问题日益突出，个人购房压力大，企业经营成本高，社会不平等现象日益严重，市场投机盛行。为了抑制经济过热，政府开始主动挤泡沫。在1989年5月以后连续5次上调贴现率，由

1989 年 4 月的 2.5% 调至 1990 年 8 月的 6%，M2 同比增速由 1990 年 10 月的 11.8% 降至 1991 年 4 月的 3.8%，1992 年甚至转负。猛烈的加息步伐使股市率先崩盘，企业直接融资受挫，金融资产贬值，资金链开始断裂，随后传导至高杠杆维持的房地产市场。

1990 年 3 月大藏省发布《关于控制土地相关融资的规定》，对房地产融资进行总量控制，要求房地产贷款增长率低于总贷款增长率，由于缺乏金融机构资金支持，“不动产抵押—贷款—购买不动产—不动产抵押”的链条断裂，房地产市场轰然崩塌。

日本两次房地产大起大落情况如图 4.4 所示。

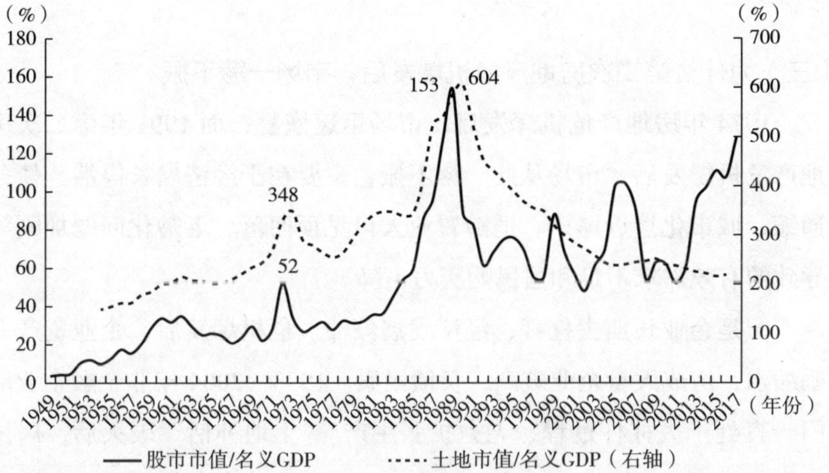


图 4.4　日本两次房地产大起大落

资料来源：日本内阁府，东京证券交易所，恒大研究院。

二是加征土地税收，炒地成本上升。

地价税加重土地持有成本，加速地价下降。特别土地保有税对大都市的影响更大，导致六大城市跌幅更大。1991 年 1 月，《综合土地政策推进纲要》《土地税制改革的基本方案》陆续出台，指出“土地税制改革是解决土地问题极为重要的手段之一”。主要调控措施包括：开征地价税，按照土地评估价的0.3%征收，居民自住的一套住宅可免税，但面积超1 000平方米仍需交税；强化特别土地保有税，将持有期10年以上的土地纳入征税对象，降低城区起征点；强化对市区内农地征税，将农地分为“必须保护的农地”和“必须宅地化的农地”，前者按农地征税，后者于1992年以后与宅基地同等征税，刺激土地供给；提高土地价格评估标准，固定资产税提高到公示价格的70%，遗产税在1994年提高至公示价格的80%。地价税使土地持有成本加重，加速地价下降。而特别土地保有税的征税对象主要集中在地价泡沫严重的中心城市，导致六大城市跌幅远超全国。

### （三）为什么第二次房地产危机爆发后，市场一蹶不振

1974年房地产危机爆发后，市场迅速恢复，而1991年第二次房地产危机爆发后，市场从此一蹶不振，主要在于经济增长停滞、债务通缩、城市化接近尾声、适龄置业人口见顶回落、老龄化问题加剧等导致的有效需求不足和居民购买力下降。

一是企业长期去杠杆，经济发展停滞。危机爆发后，企业资产大幅缩水，造成大量企业破产，负债累累。1993—2004年非金融企业部门一直处于去杠杆过程，无力扩张生产。“土地神话”破灭后，居民和企业对不动产持有信心大幅下降，1991—1999年新增不动产投资年增速跌至-7.7%，远低于其他行业。同时，日元大幅升值导致出口下降，1992—2012年，人均可支配收入年增速仅0.5%，甚至有些年份还是负增长，这导致消费增速放缓，经济长期萧条，人均GDP年增速为-0.2%，CPI同比增速-0.1%，20年几乎停滞发展。

同时，“债务—通缩”恶性循环，资产价格低迷。如图4.5所示，在泡沫破灭的冲击下，私人非金融部门被迫继续加杠杆对冲利润下滑，

1994 年债务率达到 218% 的历史峰值，随后市场担心依靠负债维持经济增长模式或难以持续，通缩预期逐渐形成，1995 年 CPI 同比增速为 -0.3%。企业开始抛售资产清偿债务，造成资产价格进一步下跌。通缩预期加强，企业资产净值进一步下降，形成“债务—通缩”恶性循环，资产价格长期低迷。

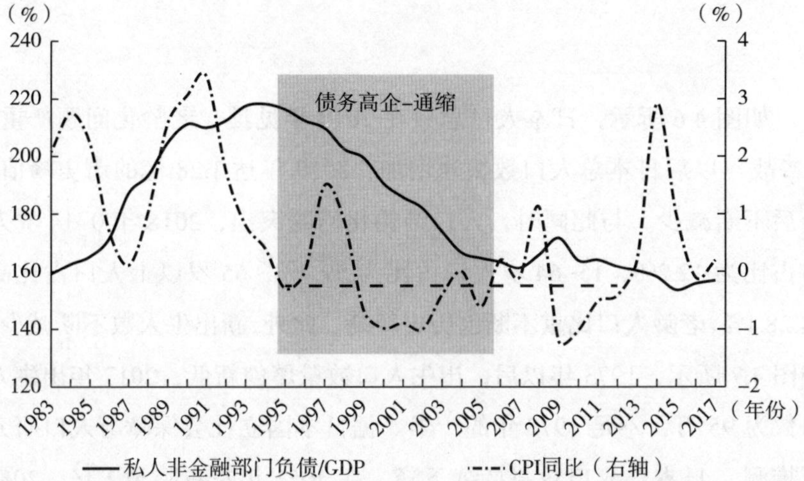


图 4.5 20 世纪 90 年代泡沫破灭后，债务高企和通货紧缩局面共存

资料来源：BIS，日本统计局，恒大研究院。

二是城市化接近尾声，住房需求见顶。战后日本经历了长达 30 年的快速城市化阶段，城市化率增至 1975 年的 75.9%。此后，城市化率在 2000—2010 年虽有大幅提升，但主要是行政区划调整和町村老龄人口去世造成的被动提升，而非人口主动流入，城市化基本完成。早在 1993 年，全国住房套户比已达 1.11，空置率达 9.8%，房地产进入存量时代，增量有限。

三是老龄化日益严峻，置业人口见顶回落。日本的人口增长率自 1976 年以后就降至 1% 以下，1990 年以后长期徘徊在 0.3% 左右，人口总量增速放缓。同时，人口结构老龄化，1990 年 65 岁以上人口占比高达 12.1%，且老龄化速度不断加快。20 ~ 49 岁适龄置业人口于 1975 年见顶，此后一直维持在 2000 年左右，需求虽处峰位，但已无增量。

## 第二节　从喧嚣到沉寂：掉下人口悬崖的日本

如图 4.6 所示，日本人口总数在 2010 年见顶，老龄化问题严重。“二战”以后日本总人口数快速增加，2010 年达 1.28 亿的历史峰值，随后不断减少。与此同时，人口结构化问题突出，2018 年 0~14 岁人口占比为 12.2%，15~64 岁人口占比为 59.7%，65 岁以上人口占比高达 28.1%，老龄人口比重不断创历史新高。此外，新出生人数不断减少，如图 4.7 所示，1973 年以后，出生人口数量屡创新低，2017 年出生人口数为 95 万，不足 1973 年的一半。据日本国立社会保障与人口研究所推测：日本总人口数将持续下降，在 2053 年左右降至 1 亿，2065 年左右降至 8 800 万；日本老龄人口占比也将不断上升，2025 年突破 30%，2040 年突破 35%。

人随产业走，向大都市圈高度集聚，尤其是东京。“二战”以后日本重工业在大城市的快速发展吸引农业就业人口向大城市聚集；20 世纪 60 年代重工业向大城市周边转移，带动市中心和周边人口向大都市圈集聚；70 年代以金融、不动产、批发贸易为代表的第三产业发展较快，服务业能提供更多更好的就业，吸引人口进一步流向大都市圈。尤其是东京，在总人口负增长、其他两个都市圈人口净流出的情况下，仍保持人口净流入状态，见图 4.8。近期日本政府甚至试图通过高额补贴鼓励人们迁出东京，缓解东京圈和其他城市的人口压力。

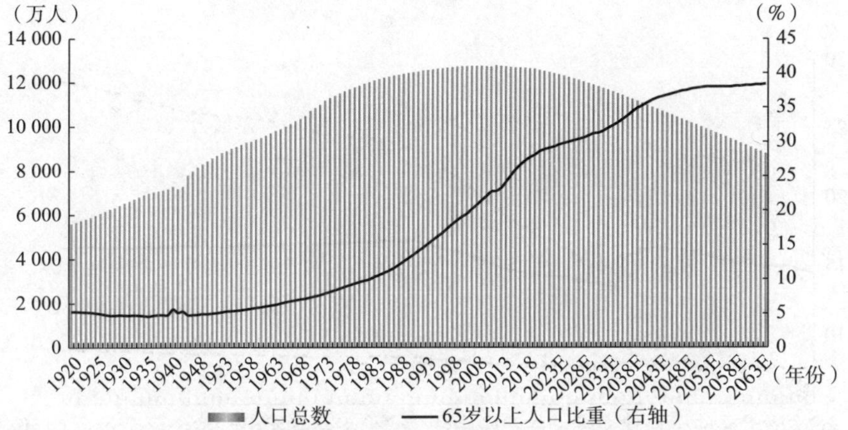


图 4.6　日本人口总数在 2010 年见顶，人口老龄化严重

资料来源：日本统计局，日本国立社会保障与人口问题研究所，恒大研究院。

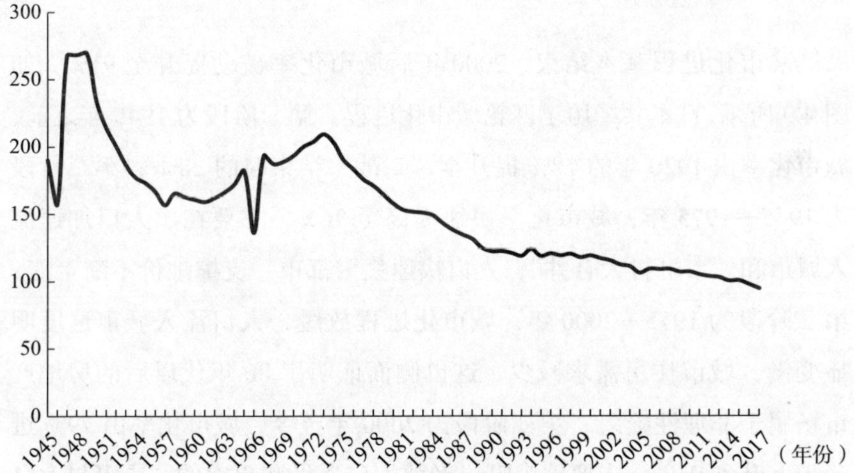


图 4.7　日本新出生人口数不断下降

资料来源：日本统计局，恒大研究院。

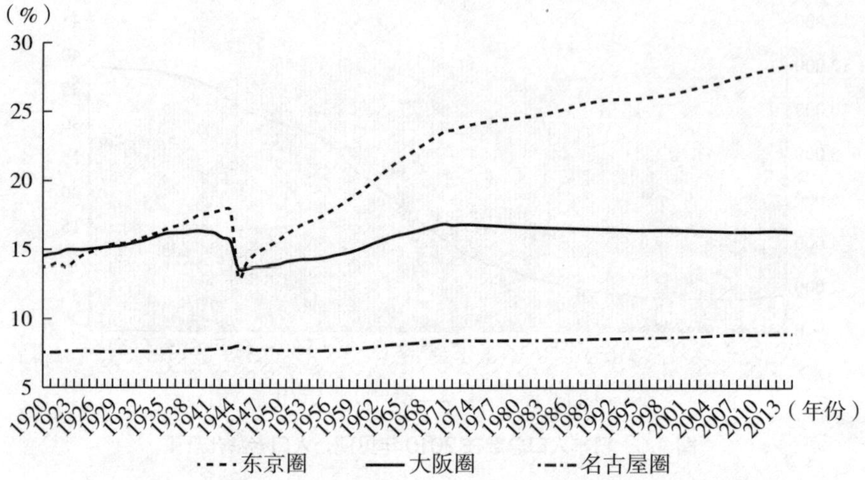


图 4.8　日本三大都市圈人口占全国人口比重

资料来源：日本统计局，恒大研究院。

城市化进程基本结束，2000 年后城市化率被动提升至 91%。如图 4.9 所示，日本共经历了四轮城市化进程。第一阶段为 1945 年之前，城市化率由 1920 年的 18% 提升至“二战”结束时的 28%；第二阶段为 1945—1975 年，城市化率快速提高至 76%，主要在于人口加速流入城市和“市町村大合并”，人口快速集聚都市，支撑地价不断上涨；第三阶段为 1975—2000 年，城市化进程放缓，人口流入城市速度明显变慢，城市住房需求减少，这也侧面证明了 80 年代以后的房地产市场属于非理性繁荣；第四阶段为 2000 年至今，城市化率由 79% 进一步上升到 91%，主要因为町村老龄人口离世和再次的“市町村大合并”导致的被动提升，并非人口真实流动，房地产市场缺乏增量需求支撑。

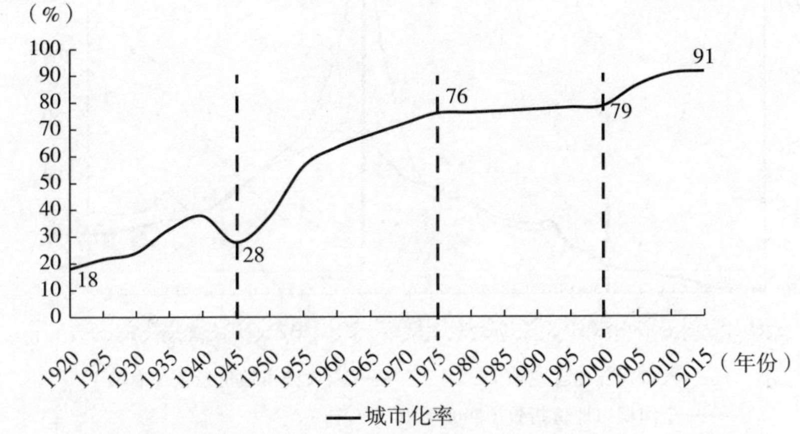


图 4.9　日本城市化的四个阶段

资料来源：日本统计局，恒大研究院。

城镇化尾声，人口红利消退预示房地产市场长周期拐点到来，见图 4.10。人口抚养比是指非劳动年龄人口数与劳动年龄人口数之比，是反映人口红利的指标，比值越小，说明劳动年龄人口的抚养负担越小。“二战”以后日本人口抚养比不断减小，1970 年左右达最低值后缓慢上升，意味着人口红利阶段性减弱，但房地产市场并未随人口红利减弱而下行，主要是因为 1970 年日本城市化率为 72%，城镇化仍有空间，人口仍在向城市移动，新增住房需求部分抵消了人口红利减弱给房地产市场带来的不利影响。从 1974 年开始，日本出生人口持续快速减少，使总人口抚养比在 80 年代再次下降，1991—1992 年达到最低值。随着人口老龄化加速，日本人口抚养比快速上升，人口红利快速消退，叠加 90 年代城镇化接近尾声，置业人群见顶，无增量支撑的日本房地产市场在泡沫破灭后一蹶不振。

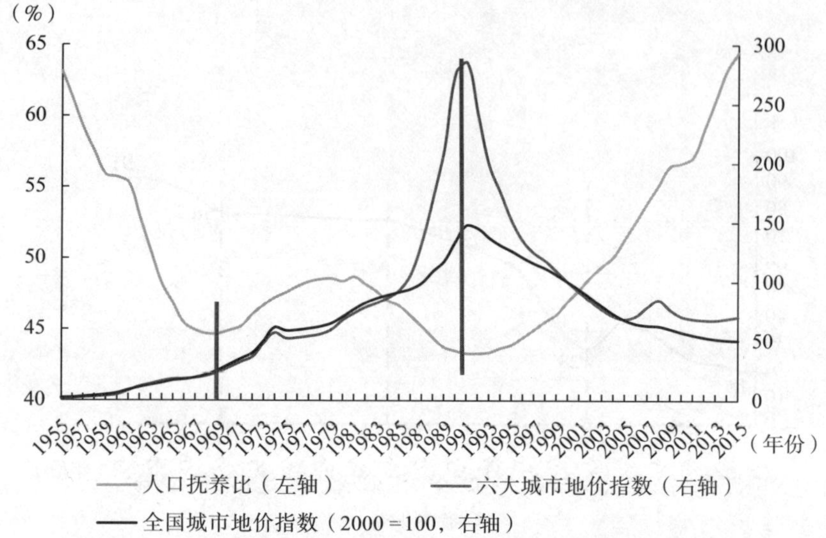


图 4.10　日本人口红利与地价拐点几乎同步

资料来源：日本统计局，恒大研究院。

## 第三节　日本住房制度支柱

### 一、民间金融主导的市场化住房金融体系

#### （一）货币政策：频繁变动，央行缺乏独立性

日本央行缺乏独立性，受大藏省影响较大。日本央行成立于 1882 年，目的是抑制明治时代的恶性通胀。为适应战时经济需要，日本政府在 1942 年全面改组央行，制定《日本银行法》，明确“日本银行的任务是根据国家政策进行货币、金融调节及维护信用秩序，以有效发挥国家整体经济力量”。大藏省拥有对日本银行的一般业务命令权、监督命令权、官员解雇命令权等。央行在货币政策制定、人事任免、

预算管理等方面均听命于大藏省，独立性较弱。泡沫破灭后日本经济不断恶化，控制着日本货币金融政策的大藏省成为各界竞相指责的对象，央行独立性改革受到重视。1997年，新《日本银行法》出台，规定央行政策目标是“通过保持物价稳定来促进国民经济健康发展”；明确要“尊重日本银行货币金融政策自主性，确保经营决策透明性”；改革人事制度，央行行长、副行长、审议委员均由国会两院批准，内阁任命，任期改为5年，政府不得随意解除其职位；进一步确立货币政策委员会的最高决策地位，政策委员会委员增至9名，其中大藏省和经济企划厅代表各1人，但无表决权；废除大藏省对日本银行的业务命令权、监督命令权和检查权。改革后的日本央行政策独立性大幅提升，但大藏省对央行仍有较大影响，必要时大藏省有权要求日本银行提供信用支持，且日本银行在人事、预算、国际金融活动、外汇市场操作等方面并非完全独立。相较于欧央行，日本银行的独立性仍然有限。

货币政策定力不足，战后服务于经济增长，20世纪90年代以后强调稳定物价。受政府干预，日本银行在战后很长一段时间的首要目标是为经济增长提供充足资金。70年代两次石油危机爆发引发恶性通胀，货币政策目标转为控通胀。1985年《广场协议》签署后，日元大幅升值抑制出口，经济下行压力大，央行的使命重回保增长。90年代泡沫破灭后，又转向解决长期通缩。直至1997年新法出台，才从法律上明确了“央行的基本使命是稳定物价”，先后采取零利率（1999—2000年）、量化宽松（2001—2006年）、通胀目标2%（2013年）等政策。整体来看，日本央行货币政策目标在经济增长和稳定物价之间不断切换，导致政策忽松忽紧，加剧资产价格波动。

### （二）住房金融体系：以民间机构为主导，以公共金融机构为补充

日本住房金融体系自战后以来不断调整，主要经历了政策性金融"一家独大"、民间金融和政策性金融并重、民间金融主导的市场化住房金融体系这三个阶段。如图 4.11 和图 4.12 所示，1965 年以前，日本住房金融体系以政策性金融机构（主要是住房金融公库）为主，1965 年住房金融公库在新发放住房贷款和贷款余额中分别占 50% 和 68%，而民间金融机构多采取先存后贷、多存多贷的模式开展个贷业务，参与度较低。1965 年以后，千叶银行创新贷款模式，采取个人住房抵押贷款代替之前的贷款模式，极大地简化了贷款流程，促使地方民间银行积极参与，民间资本加速进入房地产市场。1968 年新增住房贷款中，民间金融机构贷款占比超过住房金融公库，住房金融体系中，民间金融机构和公库并重。2000 年以后，随着住房金融公库改组并退出个贷市场，民间金融机构开始扮演主导角色，住房金融体系逐渐形成以民间机构为主、政策性金融为补充的市场化格局。

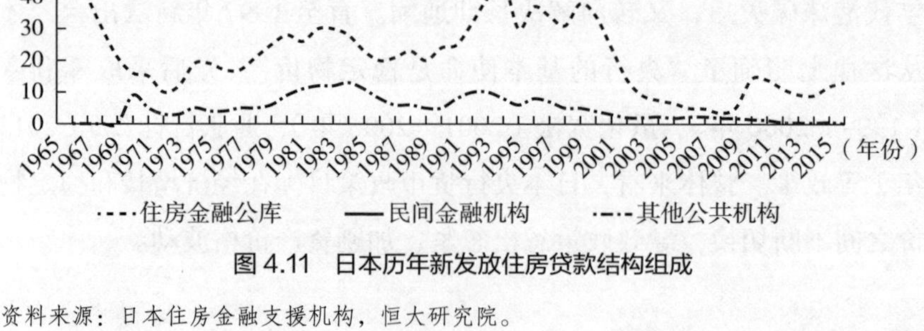


图 4.11　日本历年新发放住房贷款结构组成

资料来源：日本住房金融支援机构，恒大研究院。

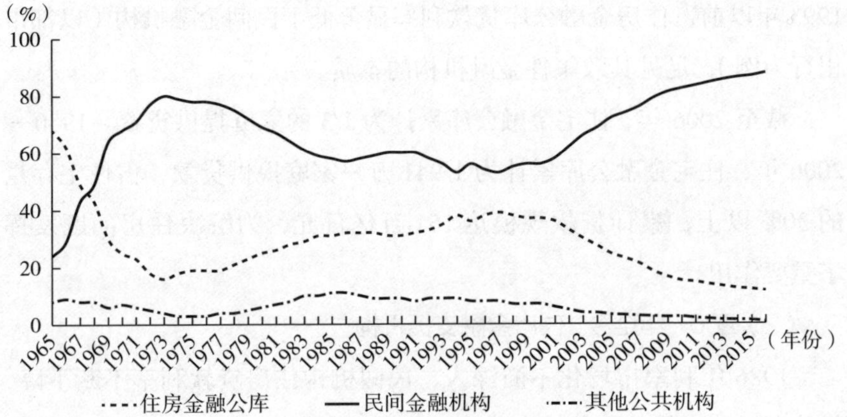


图 4.12　历年住房贷款余额结构组成

资料来源：日本住房金融支援机构，恒大研究院。

## 1. 日本政策性住房金融机构

日本政策性住房金融机构以住房金融公库为主，作为日本公共住房政策三大支柱之一，住房金融公库累计为1/3 以上的家庭提供住房贷款。面对巨大的财政压力和亏损压力，2007 年政府废除住房金融公库，改建住房贷款支援机构，主要从事证券化融资业务及融资担保业务，使住房信贷回归市场。

（1）1950—2006 年：住宅金融公库

住宅金融公库为解决日本战后住房短缺问题发挥了重要作用。1950 年《住宅金融公库法》颁布，由政府全额注资成立住宅金融公库，目的是通过财政投融资机制，将更多低成本的长期资金引入住房信贷市场，保障那些难以从银行获取信贷的企业和个人的住房贷款需求，包括建房和购房贷款、住房贷款担保、自然灾害重建贷款、公共设施贷款等。

贷款利率固定、利率低、周期长。住房金融公库以 5.5% 的低固定利率发放长期贷款，最长可达 35 年，但对借贷人有一定的收入要求。

1993 年以前，住房金融公库贷款利率显著低于民间金融机构（以都市银行为例），足见其政策性金融机构的本质。

截至 2006 年，住宅金融公库累计为 1/3 的家庭提供贷款。1950—2006 年，住宅金融公库累计为 1 941 万户家庭提供贷款，占住宅存量的 30% 以上，累计贷款规模达 151 万亿日元，为解决住房问题发挥了重要作用。

（2）2007 年至今：住房金融支援机构

1986 年利率市场化不断深入，民间机构住房贷款利率不断下降，借款人提前还款和利差扩大使住宅金融公库亏损严重。90 年代受泡沫破灭冲击，经济长期低迷，财政收支恶化，财政无力继续补贴住宅金融公库经营。在利率市场化和财政压力下，2007 年正式废除住宅金融公库，改组为住房金融支援机构。

住房金融支援机构以市场化方式运作，减轻对财政资金的依赖。资金来源上，通过将购买的民间金融机构住房贷款资产证券化，打包出售给投资者获取资金，不再仅仅依靠财政资金。2007—2016 年，财政融资占比由 76.7% 降至 24.6%，MBS 占比由 16.1% 升至 55.6%。业务模式上，由原来直接发放住房贷款，改为从事证券化融资业务及融资担保业务。

### 2. 日本住房信贷的民间金融机构“住专”的发展

日本住房信贷的民间金融机构主要包括：国内银行（都市银行、地方银行、第二地方银行、信托）、农林系统金融机构、信用金库、信用组合、劳动金库、人寿保险、损害保险和住专等。都市银行是日本银行业的核心，活动中心是大都市，贷款对象多为大企业，个贷业务较少；地方银行规模较小，一般代理当地政府的金融事务，主要资金来自个人储蓄，贷款对象多为地方性中小企业，但区域性特征明显；

第二地方银行与地方政府关系更为紧密，主要开展中小企业和个人金融服务；信托可兼营信托和银行业务，主要提供长期贷款；农协系统金融机构主要为农林渔业提供贷款；信用金库、信用组合和劳动金库多为中小企业提供金融服务，实行会员制；人寿保险和损害保险属于保险资金。“住专”是日本民间金融机构中最特别的一类金融机构，是20世纪80年代第二次房地产危机产生的重要原因。1995年，7家“住专”相继破产，引发日本金融业巨额不良债权连锁反应，严重冲击日本金融系统稳定性。

（1）20世纪70年代：主营个人住房抵押贷款

大藏省主导、金融机构联合出资成立，主营个人住房抵押贷款。1967年，千叶银行在个人住宅抵押贷款业务中，率先取消先存后贷、以存定贷的贷款条件，使个人住宅抵押贷款变得简单快捷。随后，其他银行也纷纷效仿，个贷业务快速发展。20世纪70年代初，尽管个人住房贷款需求强劲，但大型银行等金融机构仍缺乏开展个贷业务的动力，原因是个人住房贷款单笔规模小、经营管理成本高、贷款周期长，而大型制造业企业贷款规模大、贷款周期短、利润空间大。1971年，三和等9家银行联合出资设立了第一家以办理个人住宅抵押贷款为主要业务的“住专”公司——日本住宅金融公司。1973年，大藏省召开金融制度调查会，认为民间金融机构住房信贷业务符合规定，“住专”因此合规化。紧接着，大藏省主导并强烈要求大银行等金融机构联合出资设立“住专”，其贷款资金源于母公司金融机构拆借，主营个人住房抵押贷款，主要管理层均来自大藏省退休官员和母体银行派驻人员。截至1979年，共有8家住专公司相继成立，分别为日本住宅金融公司、住宅贷款服务公司、日本住房贷款公司、第一住宅金融公司、住总公司、地方银行生命保险住房贷款公司、综合住房金融公司、共同住宅贷款公司。

（2）20 世纪 80 年代：被迫转向房企贷款

母公司进军个人住房贷款市场，“住专”主营被迫转向房地产企业贷款。随着 20 世纪 80 年代日本资本市场改革深入，大企业开始选择发债等直接融资方式，逐渐降低对银行的依存度，而存款利率市场化也取得较大突破，使银行吸储成本大幅增加，金融脱媒加速。资产、负债两端受压，银行面临业务转型，开始直接进入个贷市场，利用母公司资金成本、客源等优势不断蚕食“住专”的市场份额。此时，住房金融公库因财政补贴具有明显的资金成本优势，再加上本身业务具有固定利率、低息、还款周期长的特点，也在不断挤占个贷份额。因此，“住专”突破了房贷的业务限制，转向母公司推荐的高风险高收益的房企融资。1980 年 7 家“住专”向企业发放的贷款余额仅占贷款总额的 4.4%，1990 年则升至 78.6%。由于银行与“住专”业务的竞争关系，母公司推荐的业务多为高风险类型，服务对象甚至有黑社会性质的土地开发公司和暴力拆迁团伙，“住专”基本上成为母体金融机构的“次级贷款包”。

房地产泡沫破灭，“住专”不良债权高企，在 1996 年陆续破产。房地产市场快速上涨期间，“住专”可通过高周转模式不断扩张，特别是 1990 年 3 月大藏省发布《关于控制土地相关融资的规定》中，因 6 家“住专”社长为大藏省退休官员，该规定并未限制“住专”和农林系统金融机构，使“住专”可继续通过农林系统金融机构的融资，向下行的房地产市场“输血”。1995 年，“住专”总负债 13.6 万亿日元，其中来自农林系统金融机构的负债就高达 5.5 万亿日元。泡沫破灭后，地价大幅下跌，房企因抵押物市值快速缩水而无力偿还本息，导致“住专”不良债权大量累积。1995 年，7 家“住专”不良率达 74%，不良债务达 9.6 万亿日元。1996 年，8 家大型“住专”有 7 家相继破产，导致金融机构大量倒闭，严重冲击金融系统稳定性。2011 年政府修订的《存款保险法》，正式废止“住专”。

## 二、建筑用地占比天然偏低，土地金融属性强

### （一）私有为主的多元土地所有制

明治维新启动土地改革以后，逐渐形成以私有为主的多元土地所有制。1868 年以前，日本土地为幕府、大名及家臣等封建领主所有，土地不得买卖。1869 年，明治政府宣布私人可拥有土地。1872 年正式废除《禁止天地永久买卖法令》，承认土地私有，允许土地买卖。目前基本形成以私有为主，国家和公共所有并存的多元土地所有制。2015 年，全国、三大都市圈和地方圈的私人土地占比分别为 43.4%、50.3% 和 41.9%，国有和公有土地占比分别为 28.3%、9.5% 和 30.2%；扣除产权不明晰和水域面积的其他土地，全国土地面积中私有土地占比为 60.5%，国有和公有占比为 39.5%，而三大都市圈私人土地占比更高。

### （二）政府有强制征地权，但难度较大

法律赋予日本政府强制征收土地的权利。日本宪法第 29 条规定，“私有土地在正当补偿下，可将其收为公用”。根据 1951 年出台的《土地征用法》，为建设道路、港湾、水坝、学校、政府机关等公共设施或进行城市开发，政府有权征收私人土地。此外，还有《公共用地取得特别措置法》和《城市规划法》等特别法，赋予日本政府在大规模开发事业和城市开发建设中强制征地的权利。

政府虽有强制征地权，但实际征地难度较大，政府也较少使用。首先，只有《土地征收法》第三条列举的公益项目才符合征地要求，强制征地权行使范围有限；其次，征收周期较长，一般在强制征收前

要经历与所有者交涉、仲裁及项目公益性评定等环节，征收时还要考虑赔偿等；最后，容易遭到原住民反对。

### （三）土地制度与房地产市场危机的关系

建筑用地占比低的土地结构增加了居民和企业投资土地的信心。日本总人口高达1.3亿，但国土面积仅37.8万平方公里，约3/4被山体覆盖，其中建筑用地占比极低。如图4.13所示，从私人土地使用情况看，2015年全国、大都市、地市和町村的建筑用地占比分别为10.4%、36.3%、12.3%和4.6%，绝大部分土地是农地和林地。旺盛的住房需求、稀缺的土地资源，以及"二战"以后地价一路上涨（仅1975年小幅回调）的事实，强化了人们对于地价只涨不跌的心理预期，将土地视为最好的投资品。

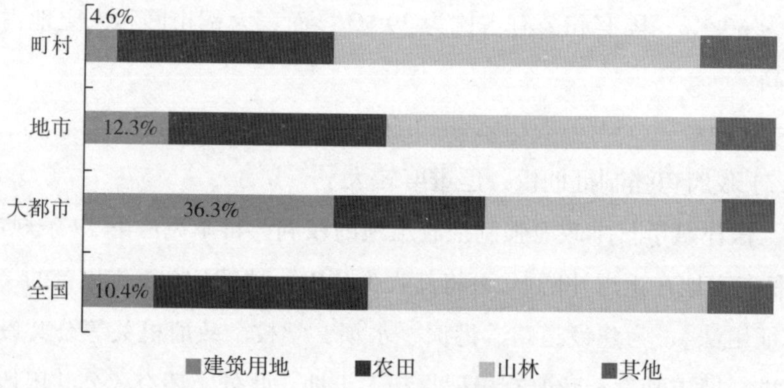


图4.13　2015年日本私人土地使用情况

资料来源：日本国土交通省，恒大研究院。

土地金融属性强，在货币宽松、投机四起的环境下快速泡沫化。日本商业银行原则上以土地作为担保进行贷款，在战后资本不足时，企业通过大量抵押土地获取融资。因此，土地除了基本的使用价值外，还具有很强的金融功能。20 世纪 80 年代以后的金融自由化导致银行贷款竞争加剧、土地抵押贷款增加，刺激地价大涨。而土地增值可作为营业外收入入账，进一步提升了企业的购地意愿。1981—1990 年，法人企业以年均 16.9% 的增速投资不动产，远超增速为 8.3% 的制造业，直接导致房地产泡沫化。

## 三、保有环节税负轻，短期交易收重税

### （一）房地产税种丰富，是地方财政收入的主要来源

如表 4.2 所示，日本房地产相关税种多样，主要包括不动产取得税、固定资产税、都市计划税、转让所得税等。保有环节税率较轻，短时间内的交易则征重税，目的是强化居住属性，鼓励居民长期持有，重点打击投机行为。

表 4.2　日本房地产相关的税收

| 征税环节 | 税种名称 | 税收种类 |
| --- | --- | --- |
| 购买、新建或改造房屋时 | 不动产取得税 | 都道府县税 |
| | 消费税 | 国税 |
| | 地方消费税 | 都道府县税 |
| | 印花税 | 国税 |
| 用于经营时 | 事业税 | 都道府县税 |
| 保有时 | 固定资产税 | 市町村税 |
| | 都市计划税 | 市町村税 |
| 出租时 | 租金收入所得税及复兴特别所得税 | 国税 |
| | 住民税 | 道府县税和市町村税 |
| | 个人的事业税 | 都道府县税 |

续表

| 征税环节 | 税种名称 | 税收种类 |
| --- | --- | --- |
| 出租时 | 消费税 | 国税 |
| | 地方消费税 | 都道府县税 |
| 交易时 | 转让所得税及复兴特别所得税 | 国税 |
| | 住民税 | 道府县税和市町村税 |
| | 消费税 | 国税 |
| | 地方消费税 | 都道府县税 |
| | 印花税 | 国税 |
| 继承时 | 继承税 | 国税 |
| 接受赠与时 | 赠与税 | 国税 |
| | 不动产取得税 | 都道府县税 |
| 登记时 | 登记注册税 | 国税 |

资料来源：恒大研究院。

日本税收体系中，较为重要的是不动产取得税、固定资产税、都市计划税和转让所得税。

### 1. 不动产取得税

不动产取得税属于都道府县税，以不动产取得者为征税对象。土地、房屋分别征收。除继承外，买卖、赠与、交换、新建、增减、改建等环节均需缴纳。

不动产取得税＝不动产取得价格 × 税率－抵扣额。其中，不动产取得价格由地方政府依据《固定资产评估标准法》评估确定，通常与固定资产登记价格相一致；土地和住宅的基准税率为3%，其他非住宅房屋为4%。

免征条件：土地评估价值不足10万日元；新建、增建、改建房屋评估价不足 23 万日元；买卖、赠与、交换等房屋价值不足 12 万日元。

减税条件：政府对新建、增建、改建住宅和二手住宅均设置税收减免政策，鼓励居民购买楼龄较短、安全性更好的住宅。土地不动产取得税的减免金额 = 土地单价 × 住宅建筑面积的两倍（每户限 200 平方米）× 税率 3%，减免金额上限为 4.5 万日元。

### 2. 固定资产税

固定资产税包括土地税、房产税以及应折旧资产税，属于保有环节税种，由市町村政府征收。征税依据为《地方税法》，征税对象为每年 1 月 1 日的不动产所有者。税率较低，纳税人负担较轻，但税源较广，在市町村税中约占 40%，是市町村政府财政收入的重要来源。

固定资产税 = 税基 × 税率 − 抵税额。税基为房屋或土地价格，由地方政府依据《固定资产评估标准法》每 3 年评一次；基准税率统一为 1.4%。日本固定资产税（土地部分）计算方法见表 4.3。

设有“负担率”调节机制，避免地价大幅波动带来额外的税收负担。负担率 = 上一年度税基 / 本年度税基。如果负担率大于或等于 100%，即地价下跌，则直接使用本年度税基；如果负担率小于 100%，即地价上涨，则根据涨幅调整本年度税基，但此金额不会超过上一年度税基的 105%。

抵税政策较多，鼓励居民改建高质量住宅。对于新建住宅，依据住宅质量、是不是高层防火住宅等条件，给予 3 ~ 7 年的固定资产税额减半优惠政策；对于翻新住宅，达到抗震标准或通过安全检验的，享有 1 ~ 2 年固定资产税减半优惠政策；拥有无障碍设施或达到节能标准的翻新住宅，可减免 1/3 固定资产税；在市町村，当同一人所有的

表 4.3 日本固定资产税（土地部分）计算方法

<table>
<tr><th colspan="2">土地类别</th><th>负担率</th><th colspan="2">依据负担率调整</th><th>税基选取</th><th colspan="3">税基确定</th></tr>
<tr><td rowspan="4">住宅用地</td><td>住宅用地小于200 平方米</td><td>上一年度税基 /（本年度土地评估价格 ×1/6）</td><td rowspan="4">负担率</td><td>≥ 100%</td><td colspan="4">A= 本年度土地评估价格 ×1/6 或 1/3</td></tr>
<tr><td rowspan="3">超过 200 平方米的用地</td><td rowspan="3">上一年度税基 /（本年度土地评估价格 ×1/3）</td><td rowspan="3">< 100%</td><td rowspan="3">A*= 上一年度税基 +（A×5%）</td><td rowspan="3">税基</td><td>A*>A</td><td>A</td></tr>
<tr><td>A*<20%×A</td><td>20%×A</td></tr>
<tr><td>其他情况</td><td>A*</td></tr>
<tr><td colspan="2" rowspan="3">商业用地</td><td rowspan="3">上一年度税基 / 本年度土地评估价格</td><td rowspan="3">负担率</td><td>> 70%</td><td>本年度土地评估价格 ×70%</td><td rowspan="3">税基</td><td>A*> 本年度土地评估价格 ×60%</td><td>本年度土地评估价格 ×60%</td></tr>
<tr><td>[60，70）</td><td>上一年度税基</td><td>A*< 本年度土地评估价格 ×60%</td><td>本年度土地评估价格 ×60%</td></tr>
<tr><td>< 60%</td><td>A*= 上一年度税基 +（A×5%）</td><td>其他情况</td><td>A*</td></tr>
<tr><td rowspan="5">农业用地</td><td>市区内</td><td colspan="7">与标准住宅用地相同</td></tr>
<tr><td rowspan="4">普通农地</td><td rowspan="4">上一年度税基 / 本年度土地评估价格</td><td rowspan="4">负担率</td><td>≥ 90%</td><td>上一年度税基 ×1.025</td><td colspan="3" rowspan="4">不超过本年度土地评估价格</td></tr>
<tr><td>[80%，90%）</td><td>上一年度税基 ×1.05</td></tr>
<tr><td>[70%，80%）</td><td>上一年度税基 ×1.075</td></tr>
<tr><td>< 70%</td><td>上一年度税基 ×1.1</td></tr>
</table>

资料来源：东京都主税局，恒大研究院。

土地资产总价值不足30万日元、房产总价值不足20万日元时，免征土地税和房产税。

### 3. 都市计划税

都市计划税由市町村政府依据《城市规划法》向土地或房屋所有者征收。税收收入主要用于开发和改善当地基础设施，包括修建公园、社区道路、学校、医院、城市污水处理、防止海水涨潮等。

都市计划税 = 税基 × 税率 − 减免金额，按土地和房产分别计算征收。其中，税基为登记的固定资产价格。各市町村的税率略有差异，为0.2%～0.3%。都市计划税与土地、房屋的固定资产税一同征收。

减免措施：对税基不足30万日元的土地和不足20万日元的房产免征；对东京都土地面积不足200平方米的小规模住宅用地减半征收。

### 4. 转让所得税

依据《所得税法》，转让不动产获得的收益需要缴税，但税率与个人所得税不同，采取单独税制。

转让所得额 = 卖出价格 −（买进价格 + 各项费用）− 特别扣除额。其中，特别扣除额取决于受让对象，自住的情况下特别扣除额为3 000万日元，国家征收的情况下特别扣除额为5 000万日元。

高税率打击短期投机行为。转让税率取决于不动产持有时间，持有时间 = 转让当年的1月1日 − 购入日期。若超过5年则视为长期，税率为15%；若不满5年，则视为短期，税率为30%。此外，在转让所得税的基础上还需缴纳复兴特别所得税，税率为2.1%。综合计算，未满5年和满5年转让时，转让所得税及复兴特别所得税税率合计分别高达30.63%和15.315%；若不动产为自住性质，则还需缴纳住民税，综合税率合计分别高达39.63%和20.315%。

住房相关税收主要归地方政府所有，是地方财政收入的主要来源。2016年，固定资产税（土地与房屋部分）和都市计划税合计8.4万亿日元，占市町村政府税收收入的40%，占地方政府税收的22%，若考虑住民税、地方消费税等，房地产相关税收占比更高。

### （二）税收政策设置不合理，加速房地产市场危机的产生与爆发

危机爆发前，重交易轻保有，加速地价上涨。税制设置不合理也是危机产生的重要原因，主要包括以下因素。一是保有土地成本低。1970年以后，日本出于农业保护的需要，对大部分长期经营农业的城市农地实施免税，且土地继承人继续经营超20年也免征遗产税，低保有成本降低农地转让意愿，导致土地供给不足，进而推升地价。1993年以后虽取消相关优惠，但目前保有环节也只需缴纳固定资产税和都市计划税，综合税率不到1.7%，整体持有成本仍较低。二是高交易成本限制转让，造成土地市场供应不足。交易环节需缴纳转让所得税及复兴特别所得税、不动产取得税、消费税等，若持有不到5年，仅转让所得税的综合税率就高达39.63%，不利于土地正常流转。此外，在价格大幅上涨时，高额的转让税使私人倾向于持有土地，进一步造成土地市场供给不足，推高地价。

危机爆发后，开征地价税，加速地价下跌。1991年，为抑制地价上涨，日本政府开征地价税，同时加大特别土地保有税的调控力度，虽然税率较低，但此时泡沫已破，加征税收无疑是“雪上加霜”，导致地价进一步下跌。但由于第二次危机爆发后地价陷入持续下跌，1998年政府取消地价税，2003年取消特别土地保有税。

日本税收政策调整历程见图4.14。

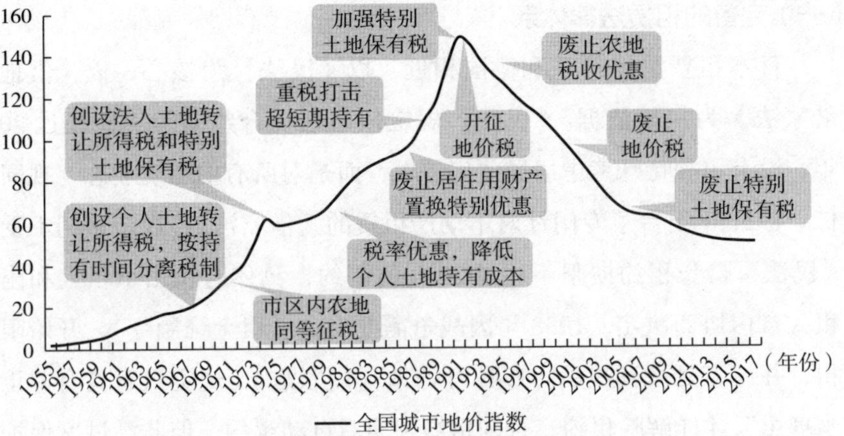


图 4.14 日本税收政策调整历程

资料来源：日本统计局，恒大研究院。

## 四、以机构为主的住房租赁市场规范发展

日本租赁市场发展完善，主要受益于完备的租赁法律体系、租户权益保护机制、机构规模化管理运营，以及以公营住宅、特优赁、老优赁等为代表的保障不同收入家庭住房需求的住房保障制度。2013 年日本家庭平均租房率为 36%，三大都市圈的租房率更高，均在 40% 以上。

20 世纪 90 年代后期，正式开始规范发展住房租赁市场。1995 年成立日本租赁住宅管理协会。1999 年创设定期住房租赁制度，租约到期后不自动更新，弱化对承租人的过度保护。2000 年成立不动产租赁管理业协会。2003 年不动产租赁管理业务推进联络会议会成立。2008 年设立不动产租赁经营管理士协议会，推动不动产租赁经营管理士的统一资格化。2011 年创设租赁住宅管理公司登录制度。

### （一）完备的租赁法律体系

日本租赁法律体系和德国相近，以《民法》为核心，以《借地借家法》为主要依据。《民法》规定任何租赁合约期限不能超过20年，没有单独特殊考虑居民住房需求，而是对所有的租赁业态一视同仁。1921年出台了专门针对不动产租赁的《借家法》，规定租期不受《民法》最长租约期限不超过20年的制约，具体时长由承租人和出租人自由协商决定。1938年因战争需要出台《租金统制令》，开始限租，并一直延续到战后。1941年修改《借家法》，规定只有具有“正当理由”才能解除租约，否则租约到期后自动续约，但此举过度保护租户，使房东缺乏提供优质租赁住房的意愿，导致租赁房质量不高、流动性较差。1950年租金管制开始放松。1999年再次修订《借地借家法》，取消20年的租约上限，租赁时间双方商议决定，同时创设定期住宅租赁制度，租约到期后不自动续约，希望以此来改善出租人的出租意愿，提高流转速度，力图在保障租户权益和回归市场之间寻求平衡。

1986年废除租金管制。《租金统制令》源自1939年日本大量劳动力聚集起来进行战前准备，为了解决住房问题，日本将所有的租金冻结在1938年8月4日的水准。次年日本再出皇家法令，规定新租约也需服从租金管制。这一政策一直延续到战后，但由于物价飞涨，在租金管制下，出租方出租房屋的动力不足，住房矛盾突出，政府不得不在1950年修改法令，规定新出租房屋不受租金管制约束。1956年再次修改法令，规定对于建筑面积超过100平方米的出租房屋，取消租金管制。1960年租金管制的意义几乎消失，但直到1986年才完全废止。

租约类型分为普通租约和定期租约。对于普通租约，租约时间通常为1~2年，到期后自动续约，除非租赁双方均同意解约，否则房东在无“正当理由”的情况下不允许解约。而“正当理由”要参考租赁双方终止租约的必要性、房屋租赁历史记录、建筑物的利用状况、出租人向承租人提出的补偿措施等。对于少于 1 年的租约视为无固定期限租约，租约到期后即终止。对于定期租约，合约到期后不自动续约，需双方协商后重新签订。如需解约，出租方需要提前 6 个月以上书面向承租方提出终止租约的通知，或承租人提前 30 天向出租方提出终止合约的通知。

租赁双方均拥有租金涨跌请求权。《借地借家法》规定，在以下三种情况中，租赁双方可以在协商的基础上更改租金：第一，房地产相关税收及其他负担的增减导致租金不合时宜；第二，房地产价格涨跌及其他经济变动导致租金不合时宜；第三，与同区域同类别房地产相比，租金不合时宜。如果租赁合约里有关于租金的特殊规定，则需按合约执行。如果双方因租金涨跌未达成一致意见，在法院判决后，双方需补偿对方该时间段的租金差额损失，并支付该损失额以年化 10% 计算产生的利息。

租金托管机制。当房东要求租金上涨超过租户预期，租户可将自认为合理的租金委托给租金托管所后继续居住，不用考虑因未交租金而被强制搬出。租金委托后，可继续与房东协商，或寻求调停委员会的帮助，甚至可通过法律诉讼来解决，直到双方达成一致。

租购同权，均等享受社会公共服务。只要居民依法纳税，就可以享有当地教育、医疗、养老等公共资源与服务，不存在住房产权门槛。以教育为例，日本公立学校教师属于公职人员，每隔几年就被调换至其他学校，避免单个学校教育质量过于突出。对于小学和初中学段，公立学校没有入学考试门槛，无须缴纳学费，只要住址在当地，达到入学年龄，即可就近入学。

## （二）充足的租赁住宅供给

租赁住房供给量能够满足家庭租房需求。从供给来看，1951—2018 年均新开工租赁住房 42 万套，而同期年均新开工住房套数为 109 万套，租赁住房新开工数占新开工总数的 44%，高于同期租赁家庭比重。从需求来看，1965 年日本家庭数为 2 408 万户，2015 年为 5 345 万户，50 年家庭数年均增加 58.7 万户，以同期日本租赁家庭比例 37.9% 来计算，年均增加租赁家庭数为 22.2 万户，而 1965—2015 年均租赁住房供应量为 49.8 万套，从量上能够完全覆盖。

## （三）多主体供应

以民营租赁为主体，以及公共资金支持的租赁住房和企业提供的给予住房保障的住房租赁供应体系。1958—2013 年，日本住房租赁供给市场结构中，平均每年民营租赁住房占租赁住房总量的比重为 69%，以公营、公社、公团等为主的公共资金支持的租赁住房占比年均达 17%，企业为员工提供的福利性质的给予住宅年均占比为 13%。三者共同组成了日本的租赁住房供应体系。

公共资金支持的租赁住房类型多样。2016 年公共资金支持的租赁住房总量为 331 万套，占租赁住房总量的 20% 左右，有效保障了中低等收入家庭的住房需求。其中，出租给低收入家庭的公营住宅占比最大，2016 年为 65%；出租给中等收入家庭的 UR（都市再生机构）租赁住宅 2016 年占比为 22%。

## （四）机构主导的租赁市场

租赁住宅资产管理业务渗透率高，90% 以上民营租赁住宅由住宅资产管理公司参与管理。根据国土交通省 2010 年的调查数据，民营租赁住房的管理模式中，25.5% 的民营租赁住房部分委托机构管理，

65.3% 的民营租赁住房部分完全委托机构运营，而业主自行管理的仅占 9%，机构深度参与管理民营租赁住房。

住宅资产管理公司提供全产业链服务，轻资产运营模式最具特色，主要有托管和包租两种方式。日本住房租赁市场规范发达，与第三方公司深度参与息息相关。而日本超过 84% 的租赁住宅业主年龄在 50 岁以上，也离不开专业租赁公司的服务。住宅资产管理公司为业主提供“土地尽调—施工资金规划和融资服务—建筑设计和施工—管理运营”的全产业链服务。其中，最重要也最具特色的是轻资产运营模式，即住宅资产管理公司不持有住宅资产，仅做运营。常规业务包括：入住支持业务（租户招揽、租金保证和入住手续等）、租约管理业务（租金收取、运营协调、租约更新、租约解除、租金增减交涉、押金保管、纠纷等）和物业管理业务（清扫、设备维修）等。

托管业务是指房东委托住宅资产管理公司代理自己行使权利，但房东与租客直接签订合同，租金由房东决定，机构只部分参与。主要盈利来源是托管费，70% 以上的住宅资产管理公司的托管费为租金的 3%～6%。

包租方式一般是业主将住宅一次性委托给住宅资产管理公司运营 25～35 年，租客与住宅资产管理公司签订租赁合同，租金由机构决定，机构每月给房东支付固定租金，房东可以避免房屋空置风险。主要盈利来源为机构租赁给租户的租金与每月支付房东固定租金的租金差。

住房租赁业务从业门槛高，“宅建士制度”保障租赁市场规范运行。在日本从事住房中介业务需要通过全国统一考试，取得从业资格证，即“宅建士”，该考试通过率仅为 15%～17%。住房租赁公司从业人员每五人必须有一个宅建士，重要事项必须由宅建士解释说明，合同必须由其签字盖章才能生效。从业者的专业素养是日本住房租赁市场规范运行的重要保障。

## 第四节　泡沫终将破灭：任何泡沫的催生和破灭都是货币政策的副产品

日本房地产泡沫是自身货币政策的产物，归根结底是一种货币现象，货币金融政策频繁变动是日本房地产市场大起大落的重要原因，见图 4.15。

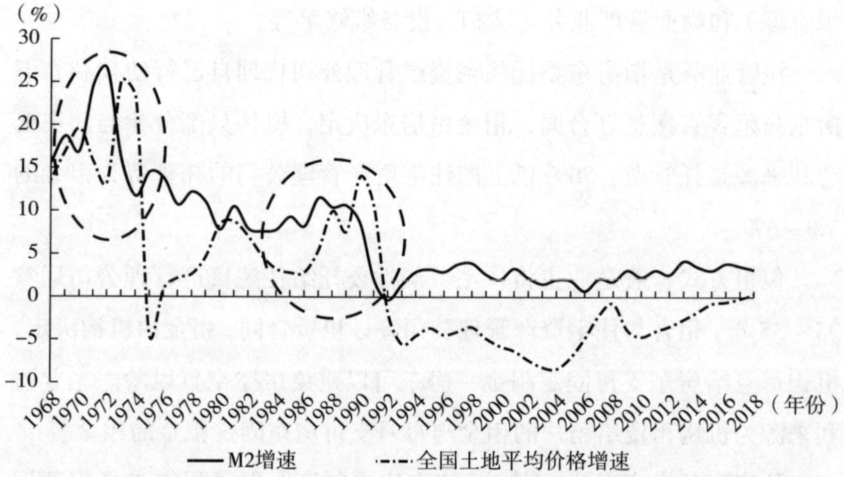


图 4.15　货币政策的频繁转向导致两次房地产危机的产生与爆发

资料来源：日本银行，日本不动产研究所，恒大研究院。

20 世纪 70 年代，由于环境问题，日本开始调整产业结构，为避免增速下滑，政府采取宽松的货币政策。1968—1973 年，M1、M2 年增速高达 22% 和 20%，远高于同期 9% 的经济增速。货币宽松叠加强劲的住房需求，推动地价快速上涨。

第一次石油危机使石油依赖型的日本国内爆发恶性通胀，政府不得不收紧货币。1973 年 12 月，央行上调贴现率至战后最高值 9%，地价转跌，危机爆发。

1985 年《广场协议》签署后，为抑制日元过快升值及其对经济的不利影响，政府在 1986 年连续 4 次下调贴现率至 3% 的低利率水平。为了稳定国际货币市场，1987 年 2 月，日本签署《卢浮宫协议》，并再次下调贴现率至战后最低值 2.5%，并一直维持历史最低水平到 1989 年 4 月。1985—1989 年，M1、M2 增速分别达 7% 和 10%，高于同期 4.5% 的经济增速。持续低利率和日元升值导致大量资金流入股市和房地产市场，资产泡沫快速膨胀。

为了抑制经济过热和资产泡沫化，1989—1990 年日本央行又连续 5 次上调贴现率至 6%，使 1991、1992 年 M2 年增速分别为 2% 和 -0.4%，快速收紧的货币，叠加 1990 年大藏省出台政策限制房地产融资总量和开征地价税，房地产泡沫迅速破灭。

# 第五章

# 德国房价长期稳定之谜

本章作者：夏磊、任泽平、俞涛、易炜林

举世赞叹德国房价长期稳定的奇迹。“二战”以后，德国不仅很好地解决了住房短缺问题，套户比从1945年的0.57提高到2016年的1.02，人均住房面积达46.5平方米，还保持了房价长期稳定，在全球此起彼伏的房地产泡沫中独善其身。1970—2017年，德国名义房价指数仅上涨2.3倍，年均增速只有2.6%，同期，英国、法国、美国分别上涨52.8倍、16.1倍和12.5倍，年均增速分别高达8.8%、6.2%和5.7%。

德国还形成了以租房为主流的居住理念，德国住房自有率为45%，55%的人口租房居住，租赁群体人均住房面积38平方米，租赁条件较好。

德国政府以居住为导向，形成了稳健的货币金融制度、均衡的税收制度、完备的租赁制度和以私有为主的土地制度。

货币金融制度上，德国央行严格自我约束，以保持物价稳定为货币政策的首要目标，通胀控制能力是全球典范。住房金融体系以商业抵押贷款为主，辅以独特的住房储蓄，引导居民理性加杠杆，德国居民杠杆在发达国家中处于显著偏低水平。税收制度上，在交易环节征收重税，交易成本可达10%甚至更高，抑制投资。在使用环节征收二套住房税，引导居民不超额占用住房，减少空置。保有环节仅征收土地税，实际税率低，鼓励居民长期持有。租赁制度上，充分保障租户权益、支持租赁需求，以法律落实租约保障和租金限制，推行租购同权和租金补贴。推行土地私有制，绝大多数土地由私人所有，住宅用地充足。

# 第一节　德国房地产市场奇迹

## 一、房价长期稳定奇迹

如图 5.1 所示，德国房价总体处于平缓上涨状态，扣除通胀后甚至负增长。1970—2017 年，德国名义房价累计上涨 2.3 倍，年均增长率仅 2.6%，特别是 1995—2010 年，德国的名义房价指数长达 15 年保持平稳。剔除通胀影响后 1970—2017 年德国的实际房价累计下降了 2.5%。

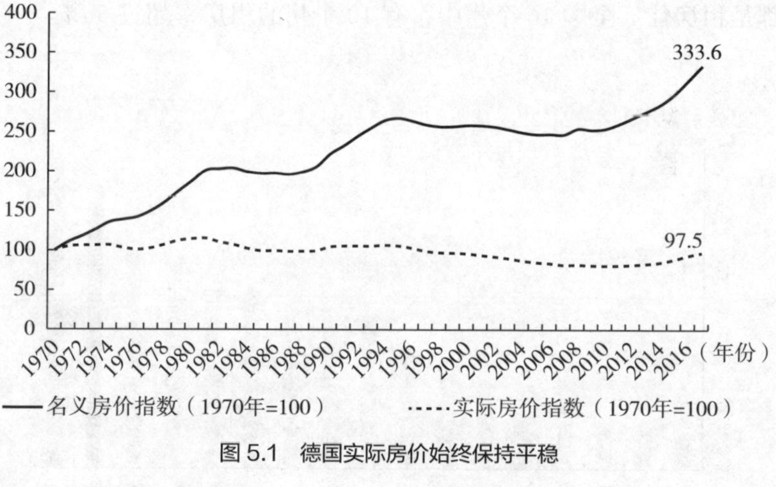


图 5.1　德国实际房价始终保持平稳

资料来源：BIS，恒大研究院。

在全球主要发达城市中，德国核心城市的房价水平合理，居民购房压力较小。从房价收入比看，柏林为 10 倍，慕尼黑为 17 倍，伦敦、新加坡、中国香港、北上广深等城市约为德国核心城市的 2～3 倍。从房价租金比看，德国的房屋投资回收期大概需要 20～30 年，和伦敦相当，远小于深圳、中国香港等。从绝对房价来看，柏林城区的平均房价仅 6 000 美元 / 平方米，慕尼黑 9 800 美元 / 平方米，远低于中国香港（2.8 万美元 / 平方米）、伦敦（1.7 万美元 / 平方米）、纽约（1.4 万美元 / 平方米）、日内瓦（1.3 万美元 / 平方米）及其他发达城市房价。

## 二、租赁市场发达，多数人租房住

德国居民以租赁为主流，一半以上人口租房住。2017 年，德国住房自有率为 45%，55% 的人口都是租房居住，远高于其他欧盟国家 30% 左右的平均水平，如图 5.2 所示。大城市的租房居住比例更高，柏林、汉堡 2014 年的住房自有率分别为 14%、23%，将近 80% 的居民都是租房住。全国 16 个州中，有 10 个州的租房率超过 50%。

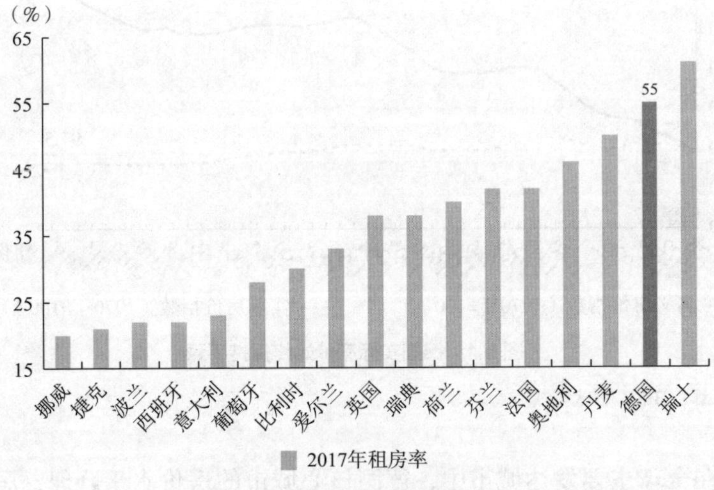


图 5.2　德国居民租房率高达 55%

资料来源：德国联邦统计局，欧洲建筑协会，恒大研究院。

租赁市场形成了个人与机构 2∶1，机构中市场、政府与合作社 1∶1∶1 的多元化供应体系。2011 年，租赁市场 2 326 万套租赁房中，从所有权主体来看，居民单独所有和共管公寓 1 540 万套，占比 66%；机构持有 786 万套，占比 34%（其中私营公司 286 万套，占比 12%；公共住房公司 259 万套，占比 11%；住房合作社 209 万套，占比 9%）。

## 第二节　德国住房制度支柱

### 一、货币政策首重稳物价，住房金融中商业按揭和住房储蓄并重

#### （一）货币政策：稳定币值为纲，严控通胀，央行自我约束能力强

德国央行和欧洲央行严控通胀，自我约束力强，物价长期平稳。“二战”以后，物价稳定成为德国政府的核心执政目标之一。德国的社会市场经济起源于弗莱堡学派，其关键思想之一是货币供应总原则在于保证币值稳定；1957 年颁布的《德意志联邦银行法》规定，德国联邦银行的职责是维持币值稳定；1967 年颁布的《促进经济稳定与增长法》规定，“联邦与州政府在采取经济与财政政策措施时应遵从宏观经济平衡的要求。这些措施应在市场经济秩序下，有助于同时实现价格稳定、高就业水平、对外经济平衡和稳定适足的经济增长”，由此物价稳定成为德国“魔力四边形”（Magisches Viereck）的首要目标。因此，德国央行的首要目标是保持物价稳定，其次才是经济增长。1998 年，欧洲中央银行成立，《马斯特里赫特条约》使欧洲央行成为世界上独立性最强的中央银行，规定物价稳定是欧洲央行压倒一切的长期目标。德国通胀水平长期维持在较低水平。如图 5.3 所示，1950—2017 年，

德国 CPI 年均增速仅 2.4%，即使是在全球陷入滞胀的 70 年代，德国年均 CPI 增速也仅为 5%，在全球主要发达经济体中，通胀控制能力突出。在稳健的货币政策和温和的通胀水平背景下，德国房价基本保持稳定，房价涨幅与通胀基本同步。1970—2017 年，房价指数上涨 234%，CPI 指数上涨 242%。

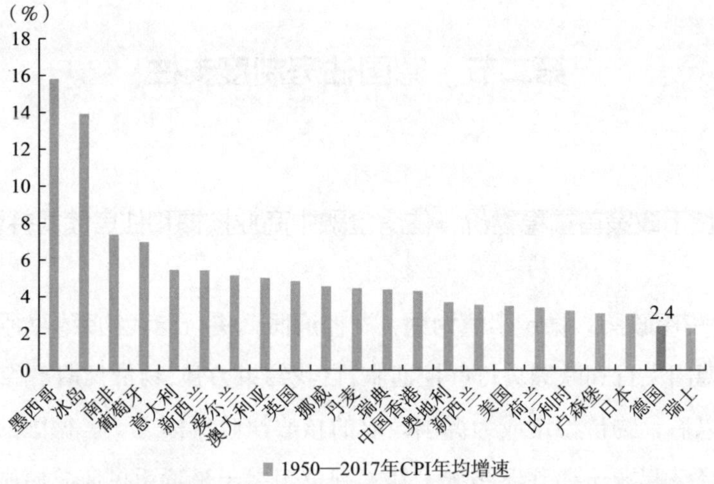


图 5.3　德国的通胀控制能力是全球榜样：1950—2017 年 CPI 年均增速仅 2.4%

资料来源：BIS，恒大研究院。

德国央行保持独立，严格自律不超发货币，是治理通胀的国际标杆。德国法律保障央行独立性，《德意志联邦银行法》规定，德国联邦银行应支持联邦政府的总体经济政策，但在行使本法所赋予的权力和职责时，有权保持独立。同时，相关的制度安排，如中央银行理事会和执行理事会成员的任命程序和年限，以及经费的独立也保障了德国央行的独立性和权威性。如图 5.4 所示，M2 增速与经济增速相匹配，货币供应水平合理。德国央行在治理通胀方面享有美誉。德国通胀温和，马克币值稳定，1973 年马克超越英镑成为美元之外的第二大国际货币，长期是欧洲货币体系的名义锚，欧洲央行成立后总部设在法兰克福，通胀目标设定为“略低于 2%”，很大程度上继承了德国央行控制通胀的货币政策传统。

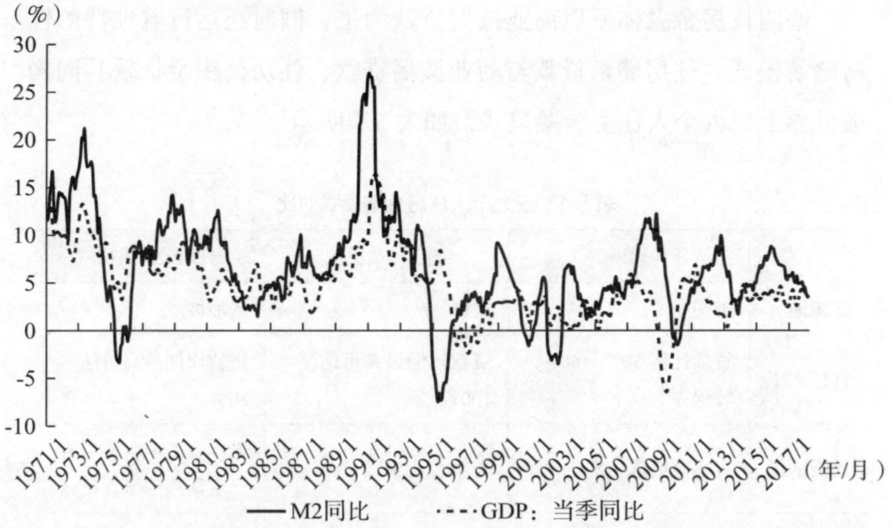


图 5.4　德国 M2 增速与经济增速相匹配

资料来源：Wind，恒大研究院。

严控信贷和杠杆水平，德国非金融部门杠杆在发达国家中处于显著偏低水平。2017 年，德国非金融部门负债 /GDP 仅为 177%，远低于发达国家 276% 的平均水平。同期，美国、日本、英国、法国、加拿大的比值分别高达 251%、373%、283%、301%、290%。

## （二）住房金融体系：商业按揭为主，辅以独特的住房储蓄，居民合理加杠杆

在货币政策长期稳定的基础上，德国的住房金融也保持中性稳健，引导居民理性加杠杆。

德国的首付比例在国际处于相对较高水平。德国的住房贷款理论上可以零首付，但审核条件严苛，通常首付比例在 20%~30%，在国际上处于较高水平，与美、日等国的实际可操作的零首付还有一定差距，居民购买商品房杠杆并不高，基本处于合理水平，杠杆总体可控。

德国住房金融体系以商业按揭贷款为主，同时还运行着独特的住房储蓄模式。住房储蓄贷款与商业按揭贷款、住房公积金贷款共同构成世界上三大个人住房金融模式，如表 5.1 所示。

表 5.1　三大个人住房金融模式对比

| 对比项 | 住房储蓄贷款 | 商业按揭贷款 | 住房公积金贷款 |
| --- | --- | --- | --- |
| 起源地 | 英国 | 美国 | 新加坡 |
| 杠杆水平 | 贷款比例 50%~60%，较保守 | 贷款比例最高可达 100% | 贷款比例最高可达 80% |
| 放贷前提 | 有本金要求 | 无本金要求 | 无本金要求，要求有一定期限的缴存记录 |
| 利率条款 | 固定利率 | 浮动利率，波动大 | 浮动利率，波动小 |
| 客户资质 | 客户通过储蓄阶段证明自身经济实力 | 没有稳定经济实力的客户也能获得贷款 | 客户一般有较稳定的工作和支付能立 |
| 政策监管 | 政府监管和严格约束 | 对贷款机构的偿付能力要求不高 | 政府部门负责公积金管理 |

资料来源：德国巴登－符腾堡住房储蓄机构工作组（ABWB），恒大研究院。

住房储蓄在欧洲特别是德国的住房金融体系中发展良好，具有重要地位。最初的住房储蓄起源于英国，采取互助社团的形式，一旦社团中最后一个人拥有住房，组织即宣告解散。1885 年，德国成立了第一家持续经营的住房储蓄机构“全民住房储蓄社”，标志着住房储蓄成为不断服务更多居民、专业机构专业经营的住房融资模式。“二战”以后，德国在面临住房短缺问题的同时，也面临着严峻的资金短缺，政府资金几乎都被投放于工商业投资以复苏经济，难以为住房建设提供足量资金，因此自给自足的住房储蓄模式得到广泛、快速发展。大供给阶段，住房储蓄与住房贷款存量之比可达 15%，目前仍保持在 10% 左右，新发放住房贷款中，住房储蓄贷款的占比达 19%。目前全球有 10 个国家已在熟练运行住房储蓄模式，德国住房储蓄合同存量超过 3 000 万份，居全球第一。奥地利人均住房储蓄合同数超过 0.5 份，捷克、匈牙利新增住房贷款中住房储蓄贷款占比均超过 20%，中国等 3 个国家也已进入起步尝试阶段。

### 1. 住房储蓄：先存后贷、专业经营、固定低息、广泛参与

先存后贷，公平配贷。首先，居民与住房储蓄机构签订住房储蓄合同，约定合同额、存款期限和贷款期限，合同额约为计划贷款额的 2 倍，存款期限为 8 年左右，贷款期限为 10～11 年。依据合同约定，申请者先按月存款（约为合同额的 0.48%），存款期限截止时，加上利息后的存款总额达到合同额的 50%，满足配贷条件，进入配贷轮候序列。住房储蓄机构依据存款期限、还款贡献、利率等指标，对达到配贷条件的申请者进行配贷评价，评价值高的优先配贷。贷款发放后，申请者按月还款，月还款额为合同额的 0.5%～0.6%。

专业经营，资金封闭循环，提供长期稳定的固定低利率。德国的住房储蓄机构实行专业经营，除住房储蓄外，不能从事其他风险性金融业务，可以购买国债等低风险证券，但信贷资金只能用于为参加住房储蓄的居民提供购房、建房、改建等贷款，2017 年德国住房储蓄机构的贷款存量中 98% 以上为住房贷款。德国现有 20 家住房储蓄机构，其中 12 家为私营机构、全国经营甚至跨国经营，另外 8 家为州立机构，负责地区经营。由于住房储蓄资金仅在机构和参与的居民之间循环，因此利率不受外界资本市场干扰，得以施行长期稳定的低存低贷固定

利率制度，存贷款利差保持在两个百分点。

低息贷款结合政府奖励，鼓励居民自愿参与住房储蓄。德国最大的住房储蓄机构施威比豪尔银行提供的 8 年储蓄期、10 年还款期的标准产品的贷款利率只要 2.15%。为了鼓励低收入居民也参与到住房储蓄体系中，政府给予两种储蓄补贴：第一种是住房奖励，对于年收入不超过 25 600 欧元（51 200 欧元）的单身（双职工）住房储蓄家庭，月存款额不超过 512 欧元（1 024 欧元）的部分，给予 8.8% 的配套奖励，最多奖励 45 欧元 / 月（90 欧元 / 月）；第二种是职工储蓄津贴，对于年收入不超过 17 000 欧元（35 800 欧元）的单身（双职工）住房储蓄家庭，对其住房储蓄给予 9% 的配套奖励，最多津贴 43 欧元 / 月（86 欧元 / 月）。低贷款利率结合政府奖励，使低存款利率的住房储蓄合同成为德国居民的重要投资工具，超过 1/3 的居民参与到住房储蓄中，为住房储蓄模式的发展提供了充足的低成本资金。

### 2. 德国的住房储蓄制度，有效限制了居民加杠杆

住房储蓄制度保守稳健，居民违约风险低。与按揭贷款模式最高 100% 的按揭比例相比，住房储蓄模式的杠杆率明显更低，通常为 50%，在组合使用其他住房金融产品的情况下，一般是 80% 的贷款上限。通过 8 年左右的储蓄，居民实现了一定程度的自有资产积累，同时证明了具有与还款压力相匹配的持续支付能力（存款期每月存款额占合同额比重的 0.48%，还款期每月还款额占比 0.5%～0.6%）。贷款额度、贷款利率、月还款额、还款期限等关键债务负担情况，在合同签署阶段即可准确预期。因此，居民可以根据家庭的真实经济状况，理性选择合同金额和杠杆水平，有效降低违约风险。

德国居民部门杠杆在发达国家中处于显著偏低水平。2017 年，德国居民房贷余额 1.2 万亿欧元，与 GDP 之比为 36%，在主要可比发达

经济体中处于中等偏下水平。2017 年，德国居民部门负债 /GDP 仅为 53%，明显低于发达国家 76% 的平均水平，同期美国、英国、法国分别达到 79%、87%、59%。

## 二、税收制度重交易轻保有，鼓励居民长期持有

德国税收制度中，与居民住房相关的税种主要包括土地税、租金收入所得税、二套住房税、差价盈利所得税、不动产交易税、遗产税和赠与税等，如表 5.2 所示。在税率设置和征税条件上，保有环节税率较轻，对交易环节征收重税，鼓励居民长期持有房屋，打击投机需求。

房地产相关税收占财政收入比重仅为 2%，居民税收负担较低。不动产交易税和土地税是最主要的两项税种，2017 年这两项税收总额为 271 亿欧元，占全国税收收入的 3.7%，占全国财政收入的 1.9%。

表 5.2　德国住房相关税收

| 税收种类 | 征税环节 | 税收归属 | 税收特征 | 2017 年税收金额（亿欧元）/ 占财政收入比重 |
| --- | --- | --- | --- | --- |
| 土地税 | 保有环节 | 乡镇税 | 税负较轻 | 140/0.98% |
| 租金收入所得税 | 使用环节 | 联邦、州、乡镇共享税 | 纳入个人所得进行综合征收 | — |
| 二套住房税 | 使用环节 | 乡镇税 | 税负较轻，鼓励按需占用，促进住房的流动性，降低空置率 | 1.37/0.01% |
| 差价盈利所得税 | 交易环节 | 联邦、州、乡镇共享税 | 长期自用或出租予以免税，对短期交易行为征税，遏制投机 | |

续表

| 税收种类 | 征税环节 | 税收归属 | 税收特征 | 2017 年税收金额（亿欧元）/ 占财政收入比重 |
| --- | --- | --- | --- | --- |
| 不动产交易税 | 交易环节 | 州税 | 税费可达 10% 甚至更高，大幅度增加交易成本，遏制投机 | 131/0.92% |
| 遗产税和赠与税 | 交易环节 | 州税 | 适度免征 | — |

资料来源：恒大研究院。

## （一）土地税

德国土地税是政府依据《土地税法》，针对土地所有者进行征税，税负较轻。土地税一季一缴，也可申请半年一缴或一年一缴。税收征管由州政府和地方政府共同承担，但收入归地方政府所有，属于乡镇税。

土地税计算方式较为复杂，各地区税负差异大。民主德国与联邦德国之间、不同联邦州之间、不同人口的市镇之间、不同建筑物年份之间的税负都存在较大差异。土地税 = 税基 × 基准税率 × 稽征率。其中，税基由土地登记处和公证处等相关部门根据政府估值标准、产权登记价值等综合确定。民主德国和联邦德国现行估值标准不同，联邦德国估值标准是 1964 年出台的，民主德国是 1935 年出台的。由于估值标准出台较早，土地税实际税负较轻。基准税率由联邦政府规定，民主德国与联邦德国适用不同税率表，如表 5.3 和表 5.4 所示。

稽征率由各市政府自行确定，目前最低只有 150%，最高达 1 142%。稽征率并没有上限，各市可根据自身支出情况来确定，同时兼顾招商引资吸引力，也可将税率制定权限下放乡镇。不同类型土地的市稽征率不同，通常情况下，农业用地和林地的稽征率低于其他类型建设用地。

表 5.3　联邦德国土地税基准税率

| 用地类型 | 基准税率 |
|---|---|
| 农业用地和林地 | 0.6% |
| 独栋住宅（38 346.89 欧元以下的部分）建设用地 | 0.26% |
| 独栋住宅（38 346.89 欧元以上的部分）建设用地 | 0.35% |
| 两户联排建设用地 | 0.31% |
| 其他土地 | 0.35% |

资料来源：《土地税法》，恒大研究院。

表 5.4　民主德国土地税基准税率

| 用地类型 | 所在市人口数 | 基准税率 |
|---|---|---|
| 农业用地和林地 | — | 0.6% |
| 旧建筑物用地（其中，独栋旧住宅的土地价值超过 15 338.76 欧元的部分） | | 1% |
| 独栋旧住宅的土地价值不超过 15 338.76 欧元的部分 | 2.5 万人以内 | 1% |
| | 2.5 万 ~ 100 万人 | 0.8% |
| | 100 万人以上 | 0.6% |
| 新建筑物用地（其中，独栋新住宅的土地价值超过 15 338.76 欧元的部分） | 2.5 万人以内 | 0.8% |
| | 2.5 万 ~ 100 万人 | 0.7% |
| | 100 万人以上 | 0.6% |
| 独栋新住宅的土地价值不超过 15 338.76 欧元的部分 | 2.5 万人以内 | 0.8% |
| | 2.5 万 ~ 100 万人 | 0.6% |
| | 100 万人以上 | 0.5% |
| 其他未开发的土地 | — | 1% |

资料来源：《土地税法》，恒大研究院。

注：旧建筑物指 1924 年 3 月 31 日之前达到可使用状态的建筑。

对于公共用途的土地予以豁免，用地对象主要包括政府、军队、宗教、非营利机构、医院、学校、学生宿舍、政府拥有的科研机构、公园、墓地、公路、铁路等。

土地税由于税基估值标准出台早，个人承担的实际税率较低，但面向所有存量土地进行征收，2017 年贡献税收 140 亿欧元，占德国财政收入比重达 0.98%，占乡镇税收收入比重达 14.5%。

## （二）租金收入所得税

房屋租金收入计入个人年收入所得，依据《所得税法》规定缴纳，属于保有环节税种。个人所得税为联邦、州和乡镇三级政府共享税，应税所得主要包括农业和林业收入、营业收入、自由职业收入、就业收入、资产收入、租金收入、其他收入等，综合后按超额累进税制征收，起征点为 9 000 欧元，税率在 14%～45%。租金收入所得税的应税金额为扣掉房屋折旧、维修等成本后的净租金收入。

## （三）二套住房税

二套住房税是地方政府对居民登记使用的第二套及以上住房（无论是自有还是租住）进行征税，属于消费环节税收，为乡镇税。也就是说，无论居民是否拥有所占用的第二套房屋的产权，均应纳税，有别于国际惯例而言的基于所有权的房产税。

二套住房税是否征收，取决于房屋使用目的和使用者收入情况。通常情况下，居民由于工作调动等原因而必须使用第二套住房，或是二套住房使用者无收入，则可免税。二套住房税的立法权归属地方政府，地方政府一般又将立法权交给乡镇，因此各地区具体细则会有所不同。例如，联邦基本法法院规定，使用与第一套住房注册地相同的第二套房屋，在无适当理由的情形下，需缴纳二套住房税；莱茵兰－普法尔茨州高级行政法院规定学生免征二套住房税，对于因工作原因住所在另一地点的已婚夫妇，也予以免征；公共或非营利组织为医疗或教育目的提供的住房免税；二套房屋房主不满 16 岁，予以免税。

目前，德国越来越多的城镇开始设立二套住房税，税基通常为房屋所在区域的平均租金，税率由当地政府依据本地消费标准制定，多数城镇税率在 5%～20%。

二套住房税税负较轻，2013 年全国二套住房税税收总额仅为 1.37 亿欧元，占全年各级政府财政收入比重仅 0.01%。但在一定程度上增加了居民占用多套住房的成本，有助于提高住房的流动性，降低空置率。

### （四）差价盈利所得税

居民出售房地产所获差价盈利也计入个人年收入所得，依据《所得税法》规定进行纳税，为联邦、州和乡镇三级政府共享税。差价盈利所得税属于交易环节税种，但不在交易发生时缴纳，而是与其他个人收入所得一起，按年进行综合征收。应税金额为售价扣除建设成本（或购置成本）、维修成本、交易费用等各类可抵扣成本后的差价盈利。

为鼓励居民将住房用于自住或出租，减少短期、投机性需求，政府对三种情形予以免征差价盈利所得税，如表 5.5 所示。第一，买房时房屋自带租客，买房后未与租客解约，持有 10 年后出售；第二，买房时房屋自带租客，与租户解约后，自住满 3 个完整日历年；第三，买房时不带租客，用于自住。

表 5.5　是否征收差价盈利所得税的情形

| 买房时 | 买房后 | 出售时 | 是否征收 |
| --- | --- | --- | --- |
| 买房时自带租客 | 未与租客解约 | 持有满 10 年 | 免征 |
| | | 持有不满 10 年 | 征收 |
| | 与租客解约 | 自住满 3 个完整日历年 | 免征 |
| | | 自住不满 3 个完整日历年 | 征收 |
| 买房时不带租客 | 自住 | | 免征 |

资料来源：《所得税法》，恒大研究院。

## （五）不动产交易税

不动产交易税是州政府依据《不动产交易税法》，向不动产交易的买卖其中一方征收的以交易价格为税基的交易环节税收，属于州税。缴税主体为土地出让方或购买方，财政部门会先向购买方发出纳税通知，如果购买方拒绝，则会要求土地出让方纳税，一般会在土地交易协议中明确由购买方缴纳。目前税率由各州政府自定，最低为 3.5%，最高达 6.5%。1983—1996 年，全国范围内不动产交易税率统一为 2%。1997 年联邦政府将税率统一上调至 3.5%。2006 年 9 月 1 日开始，联邦政府将不动产交易税立法权下放至州政府。2007 年以来，除拜恩州外的所有州政府都上调过税率。

次贷危机以来，不动产交易税成为各州抑制房价快速上涨的主要调控工具。在 2010 年以前，税率变化不大，但在 2011 年以后，各州频繁上调税率，2011 年平均税率由 3.7% 升至 4.2%，2015 年升至 5.3%，主要原因是房价加速上涨。德国房价指数在 2010 年以前增速不足 1%，到 2011 年房价指数增至 3.5%，2015 年增至 4.7%。

除了缴纳不动产交易税，在德国房地产交易过程中还涉及公证费、不动产登记费和中介服务费。公证费和不动产登记费根据《收费法》规定收取，公证费为交易额的1.5%，不动产登记费为交易额的0.5%；如使用中介服务，则还要支付中介服务费，通常为交易额的3.57%～7.14%。这些加上不动产交易税，税费共10%左右，交易成本高昂，以上措施有力地遏制了投机需求。

## （六）遗产税和赠与税

遗产税和赠与税，为政府依据《遗产税和赠与税法》，对住房的继承与赠与行为进行征税，属于交易环节的州税。对于继承或赠予给配偶或生活伴侣的予以免税，无论面积大小；继承给子女的自住房，200平方米以内的部分免税。德国遗产税和赠与税税率如表5.6所示。

表5.6 德国遗产税和赠与税税率

| 分档 | 税类一 | | | | 税类二 | 税类三 |
| --- | --- | --- | --- | --- | --- | --- |
| | 配偶，生活伴侣 | 子女、继子继女、孙子女（其父母已过世） | 孙子女 | 父母（继承情况下） | 兄弟姐妹、父母（赠与情况下） | 其他 |
| 免税额（万欧元） | 50 | 40 | 20 | 10 | 2 | |
| 超过部分（万欧元） | 税率 | | | | | |
| （0，7.5] | 7% | | | | 15% | 30% |
| （7.5，30] | 11% | | | | 20% | |
| （30，60] | 15% | | | | 25% | |
| （60，600] | 19% | | | | 30% | |
| （600，1300] | 23% | | | | 35% | 50% |
| （1 300，2 600] | 27% | | | | 40% | |
| （2 600，+∞） | 30% | | | | 43% | |

资料来源：《遗产税和赠与税法》，恒大研究院。

## 三、全面保障租户权益的租赁制度

德国发达的租赁市场堪称全球典范。这主要受益于德国完备的租赁制度。一方面，通过完善的法律体系加强租约保护与租金限制，充分保障租户权益；另一方面，租户可以享受同等的公共资源与服务，实现“租购同权”。

### （一）租户的法律保障

德国对租赁市场予以全面规范、对租户予以充分保障的关键法律，是《民法典》中的《住房租赁法》。1971年的第一部《住房解约保护法》，标志着政府对于租赁市场的治理目标，从住房短缺时期的管制思想，向供需逐渐平衡时期的保障需求侧和鼓励供给侧思想转变，并不断地调整和丰富，形成了覆盖解约保护、租金限制、当事人变更、改造升级等多项租赁双方合同关系的较为完备的、市场化的《住房租赁法》体系。其中对于租户保障，最重要的就是租约保障和租金限制。

租约默认为无固定期限合同。房东若要签订固定期限合同，必须在出租时就向租客书面说明自己在租约到期时对住房另有所用，合理用途仅限于：第一，希望将房屋用丁自住或供其他家庭成员居住；第二，合理的拆除、改建或修复住房的需求，如果继续出租，则将给这些举措带来巨大困难；第三，有义务将房屋租赁给其他需要服务的人。

解约保护。房东不得随意解除租约，仅在规定的情况下基于合理权益才可以解除合同：第一，承租人违反合同规定；第二，房东拟将出租房屋用于自住或其他家庭成员居住；第三，通过对住房进行适当的开发可获取重大经济利益，若继续租赁，房东将遭受重人的经济损失。

优先购买权。如果在承租人获准使用租赁房后，现房东或未来的房东想要将住房出售给非家庭成员的第三方，则承租人享有优先购买权。

限制提租。《住房租赁法》规定，房东要上调租金，必须满足租金 15 个月未变且目标租金不超过市政当局或其他城市的大小、设施、质量、位置等条件相当的同类型住房的租金标准。

限制涨幅。租金在 3 年内涨幅不得超过 20%。在市政府判定的住房供应紧张的特殊区域，不得超过 15%，特殊限制期最长为 5 年。

限制过高租金。在市政府判定的住房供应紧张的特殊区域，新签订租赁合同的租金不得超过租金标准的 1.1 倍。《经济犯罪法》规定，在租户面临困境的情况下，如果房东目标租金超过当地租金标准的 50%，则可判定房东违法，处以不超过 3 年的监禁或罚款，情节特别严重的，最高判处 10 年监禁；如果房东通过减少租客可利用空间而变相使租金超过当地标准的 20%，可处以最高 50 000 欧元的罚款。

1971 年以来《住房租赁法》的演变情况如表 5.7 所示。

表 5.7　1971 年以来《住房租赁法》的演变情况

| 时间 | 住房租赁系列法律 | 关键条款 |
|---|---|---|
| 1971.11.25 | 第一部《住房解约保护法》 | 对房东的解约权利予以限制，仅在租客违约、房东有自用需求或改造升级需求的情况下，才可解约<br>对房东的提租权利予以限制，此前一年内租金未变，且目标租金不超过可比租赁房的标准租金 |
| 1974.12.18 | 第二部《住房解约保护法》 | 出租人由于房屋改造、房屋维护成本上升、贷款成本增加等而要求增加租金，必须拿出充分的证据征得承租人同意 |

续表

| 时间 | 住房租赁系列法律 | 关键条款 |
| --- | --- | --- |
| 1982.12.23 | 《增加租赁住房供应法》 | 租金在3年内涨幅不得超过30% |
| 2001.6.19 | 《住房租赁法改革法》 | 租金在3年内涨幅不得超过20%<br>房东提高租金，要求在此前15个月内租金未变 |
| 2013.3.11 | 《住房租赁法修正案》 | 在市政府判定的住房供应紧张的区域，租金在3年内涨幅不得超过15% |
| 2015.4.21 | 《住房租赁法修正案》 | 在市政府判定的住房供应紧张的特殊区域，新签订租赁合同的租金不得超过租金标准的1.1倍 |

资料来源：联邦法律公报，恒大研究院。

## （二）租户的公共服务

德国居民在地区间迁入迁出便捷。自迁入两周内，居民到迁入地的市民管理处登记注册并报告住址即可。只要居民依法纳税，就可以享有当地医疗、养老、教育等公共资源与服务，不存在住房产权的门槛限制。

## （三）税收优惠与补贴

德国政府对用于出租的房屋提供融资支持、税收优惠或者直接补贴，鼓励私人资本更多地建设用于租赁的住房。如社会住房建设，由政府提供无息或低息贷款。对用于出租的住房，折旧率要高于普通住房，更高的折旧率降低了应纳税租金收入，节省了税负。

对租赁群体提供住房补贴，分为一般性住房补贴和特殊性住房补贴。一般性住房补贴包括房租租金补贴和普通家庭住房花费补贴；特殊性住房补贴是指给予战争受害者及其他社会救助者的补贴，2005年之后取消。1991—2004年，全国平均每年有8.2%的家庭获得住房补贴，政府年均补贴金额达 36.5 亿欧元。2005—2016 年，全国平均每年有 1.8% 的家庭获得住房补贴，政府年均补贴 11.5 亿欧元。户均补贴额不断提升，保障了受补贴家庭的实际补贴水平与生活水平不受物价上涨、租金上涨的影响，2016 年户均补贴金额 1 816 欧元，是 1991 年的近 3 倍。

## 第三节　房价长期平稳运行机制：金融稳健、租购并举、城市协调发展

### 一、金融稳健，为房地产市场平稳发展奠定基础

“二战”以后，德国央行的首要目标是保持物价稳定，其次才是经济增长。1998 年，欧洲央行成立，总部设在德国法兰克福，很大程度上继承了德国央行严控通胀的货币政策传统。同时，《马斯特里赫特条约》使欧洲央行成为世界上独立性最强的中央银行，规定物价稳定是欧洲央行压倒一切的长期目标。

自律的央行。德国 M2 增速与经济增速相匹配，货币供应水平合理，2014 年 M2 占 GDP 比重仅 90%，在主要发达国家中处于中等水平，低于欧元区 96% 的平均水平。1950—2017 年，德国 CPI 年均增速仅 2.4%，德国央行的通胀控制能力是全球典范。

住房金融体系以商业按揭为主，以住房储蓄为辅，居民理性加杠杆。德国按揭贷款的首付比例通常在 20%~30%，国际对比中处于相对较高水平，住房贷款以固定利率合同为主。推行独特的住房储蓄模式，先存后贷、以存定贷、专业经营、固定低息。德国居民房贷占

GDP 比重仅 36%，居民负债占 GDP 比重仅 53%，居民杠杆在发达国家中处于显著偏低水平。

## 二、租购并举：住房短缺阶段重建设，存量阶段发展租赁

住房制度发展应与经济发展阶段相适应，高速增长期重建设，增速换挡之后重租赁。

住房短缺阶段，德国通过对金融、财税进行大力支持，撬动市场建房。“二战”后至 1965 年，战后重建推动避难人口重新向城市集聚，管制阶段结束后住房仍旧严重短缺，联邦德国连续两部《住房建设法》和共计 360 万套社会住房建设任务，采取无息或低息贷款、税收优惠等方式，撬动有限的私人资本进行建房活动，创造德国历史建房最高峰。通过大规模住房建设，既有助于拉动其他产业，促进经济增长，又有助于提高居民收入，改善住房消费水平。

住房存量阶段，德国大力发展租赁，保障合理的居住需求，遏制超额占用和投机需求。1965—2005 年，德国人口增长放缓，城市化率平稳，住房供给趋于充分，私人部门的资金和供给实力提高，政府将政策重点转向需求端。一方面，完善租赁市场相关法律法规，确保暂时买不起房的居民可以长期稳定地租住存量住房；另一方面，加大对租房和低收入群体的租金补贴，并对中等收入群体出台一定的财税优惠或补贴举措，支持其住房消费升级。同时还加重超额占用和投机需求的税收负担，开征二套住房税，不断提高不动产交易税率，遏制非合理需求。但经济增速下行，若继续大规模建房，不仅会挤占宝贵的信贷资源，影响实体经济发展，还会积累泡沫风险。在经济增速下行期，应更加关注租赁，保障低收入群体的住房需求。

## 三、城市均衡发展，人口并不过度集中于大城市

德国的城镇化已经基本结束，其城市体系具有均衡化、特色化的特点。首先，产业布局均衡。德国 16 个州（情况如表 5.8 所示），每个州都有自己的 2~3 个主导产业，各有特色，但都以先进制造业和现代服务业为主，代表性公司多为世界 500 强，就业吸引力强。其次，各州经济发展相当。人均 GDP 最高的是汉堡，达 6.2 万欧元 / 年，超过全国平均水平（3.8 万欧元 / 年）的 64%；最低的是梅克伦堡 - 前波莫瑞，达 2.5 万欧元 / 年，是全国平均水平的 67%，收入差距相对合理。最后，住房供给均衡。各州的人均住房套数，最低为 0.48 套，最高为 0.58 套，不存在显著短缺的地区。

表 5.8　德国 16 个州的土地、人口、经济与产业情况（2016 年）

| 州 | 面积（平方公里） | 人口（万） | 人均住房（套） | 人均 GDP（欧元） | 主要产业 | 代表公司 |
| --- | --- | --- | --- | --- | --- | --- |
| 巴登 - 符腾堡 | 35 677 | 1 095 | 0.48 | 43 487 | 汽车制造<br>机械制造 | 戴姆勒<br>博世 |
| 巴伐利亚 | 70 550 | 1 293 | 0.49 | 44 066 | 电气工程<br>汽车制造 | 西门子<br>宝马 |
| 柏林 | 892 | 357 | 0.54 | 36 516 | 物流运输 | 德国铁路 |
| 勃兰登堡 | 29 654 | 249 | 0.53 | 26 833 | 钢铁工业<br>影视传媒 | 戴姆勒<br>巴贝斯堡电影 |
| 不莱梅 | 420 | 68 | 0.52 | 47 234 | 汽车制造<br>航空航天<br>物流运输 | 梅赛德斯<br>空客<br>不莱梅物流 |
| 汉堡 | 755 | 181 | 0.52 | 62 394 | 物流运输<br>航空航天 | 汉堡港口<br>空客 |

续表

| 州 | 面积（平方公里） | 人口（万） | 人均住房（套） | 人均 GDP（欧元） | 主要产业 | 代表公司 |
|---|---|---|---|---|---|---|
| 黑森 | 21 115 | 621 | 0.48 | 43 367 | 金融服务<br>医疗设施 | 德意志银行<br>费森尤斯集团 |
| 梅克伦堡－前波莫瑞 | 23 213 | 161 | 0.56 | 25 468 | 食品工业<br>旅游业 | Prolupin GmbH<br>爱达邮轮 |
| 下萨克森 | 47 616 | 795 | 0.50 | 34 770 | 汽车制造<br>钢铁工业 | 大众<br>萨尔茨吉特 |
| 北莱茵－威斯特法伦 | 34 113 | 1 789 | 0.50 | 37 390 | 钢铁工业<br>能源<br>物流运输 | 蒂森克虏伯<br>意昂集团<br>敦豪航空货运 |
| 莱茵兰－普法尔茨 | 19 854 | 407 | 0.51 | 34 063 | 化学工业<br>生物医药 | 巴斯夫<br>勃林格殷格翰 |
| 萨尔 | 2 569 | 100 | 0.51 | 34 445 | 钢铁工业 | 迪林格钢铁 |
| 萨克森 | 18 449 | 408 | 0.58 | 28 958 | 汽车制造 | 大众、保时捷、宝马 |
| 萨克森－安哈尔特 | 20 452 | 224 | 0.58 | 26 419 | 汽车制造 | MAHREG 汽车集团 |
| 石勒苏益格－荷尔斯泰因 | 15 803 | 288 | 0.51 | 31 167 | 造船业 | 蒂森克虏伯海军系统公司 |
| 图林根 | 16 202 | 219 | 0.55 | 27 756 | 精密光学<br>生物科技 | 蔡司<br>TSE Systems |

资料来源：德国联邦统计局，各州政府官方网站，恒大研究院。

均衡的产业、经济和住房布局，使德国人口呈现分散化特征，大城市集中度不高。德国人口第一大城市柏林，2016 年只有 357 万人，占全国人口比重仅 4%，远低于英国、法国、日本等体量相近经济体的首都城市 10% 左右的平均水平，见图 5.5。

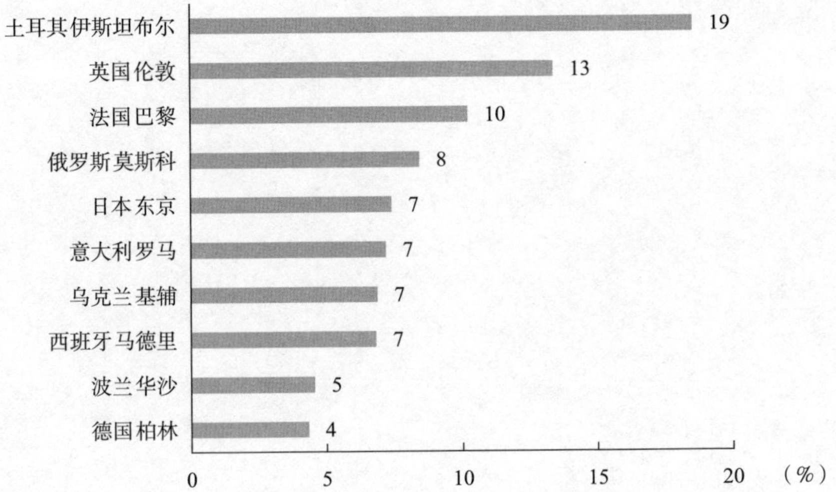


图 5.5　2016 年第一大城市的人口占比

资料来源：各国统计局，恒大研究院。

第六章

# 新加坡如何实现“居者有其屋”

本章作者：夏磊、王菁菁

新加坡是“居者有其屋”的成功践行者，不仅解决了自治初期的“房荒”问题，更被公认为全世界解决住房问题最好的国家之一。人均住房面积从自治之初的不足 6 平方米提高至 2018 年的 30 平方米，套户比从 1985 年起一直稳定在 1 以上，住房自有率从 2001 年以后一直维持在 90% 左右，组屋的房价收入比始终维持在 5.5 以内，居民购房压力较小。短短半个世纪，新加坡如何从“贫民窟”华丽转身为解决国民住房问题的“全球典范”？

新加坡以提高住房自有率为目标，形成了房屋供应、资金筹集、土地供给、税收四位一体的住房制度体系。

一是组屋主导的住房保障制度，全面覆盖中低收入人群，约 81% 的新加坡人居住在政府提供的组屋中，仅 19% 的高收入人群和外国人通过市场化手段满足住房需求。二是强制储蓄型中央公积金制度，既为政府建造组屋提供充足的资金支持，也以优惠贷款和补助等形式支持居民买房。三是国有为主的土地制度，政府在土地规划、出让、管理上拥有绝对话语权，以低价将土地使用权转让给 HDB，保证组屋建设量足价廉。四是交易保有并重的税收制度，以累进制和差别化税率抑制投机。

从发展理念上看，新加坡政府强调“居者有其屋”及“有恒产者有恒心”，将房地产作为维持社会稳定、促进种族融合的福利事业，而非支柱产业。从住房供应体系上看，新加坡构建了“廉租房—廉价组屋—改善型组屋—私人住宅”的阶梯化供应体系，满足多层次住房需求，实现了“中低收入靠保障，高收入靠市场”。从保障房市场发展来看，新加坡以提供产权、封闭化管理、严惩弄虚作假等方式，既帮助居民实现产权自有，又抑制投机炒作，真正发挥组屋的保障功能。

## 第一节　高住房自有率奇迹

### 一、组屋供给充足，超九成人口拥有住房

高住房自有率是新加坡住房市场的一大亮点，超 90% 的新加坡居民拥有房屋产权。不同于大多数国家以租赁方式提供保障房，新加坡于 1964 年推出“居者有其屋”计划，以低售价、低息贷款、高补贴等方式向中低收入家庭出售组屋。短短 30 年，住房自有率从建国初期的 8.8% 提升至 90%，并从 1995 年以后一直维持在 90% 以上。2018 年新加坡住房自有率为 91%，位居世界第二。

如图 6.1 所示，近年约 81% 的新加坡人居住在政府提供的组屋，仅 19% 的新加坡人住在开发商建设的私人住宅。组屋是由新加坡建屋发展局建设、管理和分配的公共住房，目前已覆盖绝大多数中低收入家庭。组屋主要分为两种：一是普通组屋，主要面向中低收入家庭；二是改善型组屋，主要面向收入较高但无力购买私宅的“夹心层”阶级，包括执行共管公寓、私人组屋住宅等。而私人住宅是由开发商投资、建设并出售给高收入家庭及外国人的市场化住房，按照是否拥有土地所有权可分为有地私宅和非有地私宅。

如图 6.2 所示，组屋供给充足，2017 年新加坡套户比为 1.09，接近 1.1 的国际均衡线，供需较为均衡。从历史上来看，新加坡在自治初期也曾面临严重的“房荒”问题，只有不到 9% 的人可以住在条件较好的公共住宅，但从 1960 年组屋制度实施以来，住房供给大幅增加，套户比从 1985 年以后一直维持在 1 以上，并于 1998 年达到最高点 1.16。

此后，HDB开始减少组屋建设，套户比逐渐下降至国际均衡线附近。新加坡政府通过调整组屋供给，保持住房市场始终处于供需相对均衡的状态，既实现住有所居，又避免资源浪费。

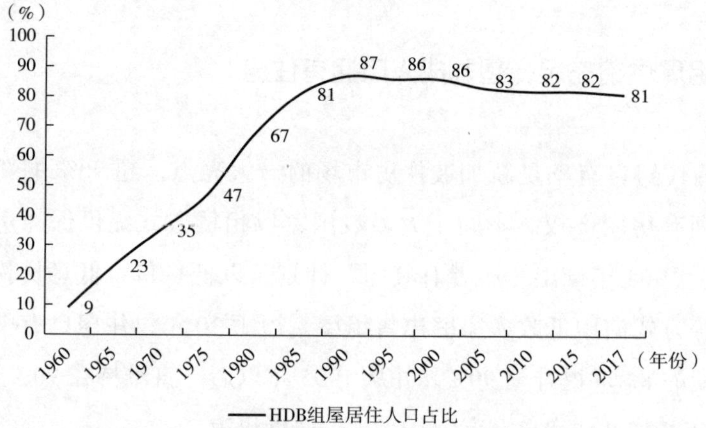


图6.1 新加坡超81%的人居住在组屋中

资料来源：HDB 2017/2018年报，恒大研究院。

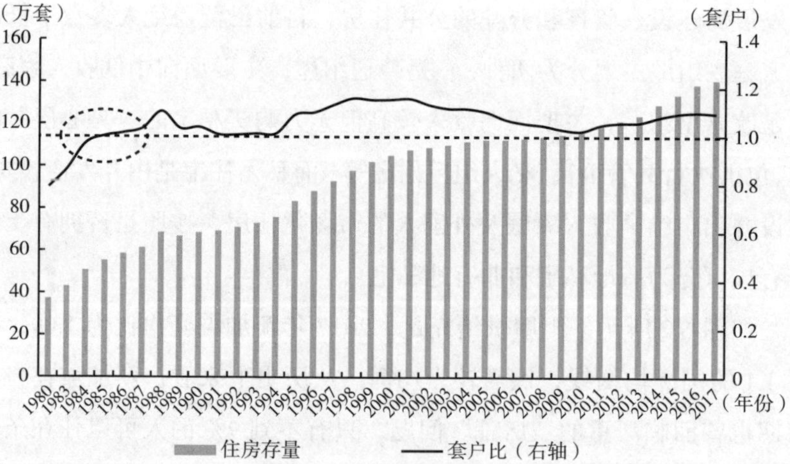


图6.2 新加坡套户比从20世纪80年代中期开始已达1

资料来源：新加坡统计局，恒大研究院。

### 二、阶梯式住房供给体系满足不同收入阶层需求

从住房供应体系上看，新加坡构建了“廉租房—廉价组屋—改善型组屋—私人住宅”的阶梯式供应体系，满足多层次住房需求，实现了“中低收入靠保障，高收入靠市场”。

如表 6.1 所示，从供给形式看，政府建造的组屋主导住房市场。目前约 81% 的新加坡人居住在组屋，仅 19% 的新加坡人居住在开发商建设的私人住宅。组屋主要有基本型和改善型两种，分别面向中低收入家庭和“夹心层”家庭，私人住宅可区分为有地私宅和非有地私宅，以市场化方式满足高收入家庭及外国人住房需求。

从产权结构看，居民以自有住房为主，占比高达 90.9%，租赁市场极小。新加坡是典型的高住房自有率国家，自建国之初，李光耀领导的新加坡政府就秉持“有恒产者有恒心”的理念发展住房市场，积极推进“居者有其屋”计划，通过低价供地、公积金贷款等方式支持居民购买住房。只有收入水平极低的新加坡公民或者短暂旅居新加坡的外国人，才通过租赁满足居住需求，占比不到 10%。

## 第二节　新加坡住房制度支柱

### 一、强制储蓄型中央公积金制度

新加坡“居者有其屋”计划的成功实施有两大关键要素：一是资金，二是土地。以中央公积金为核心的住房金融制度在资金来源上保障了组屋的建设以及居民的购买力。李光耀曾在回忆录中明确表态：

表 6.1　新加坡当前的住房供应形式：组屋为主，私宅为辅

| 大类 | 住宅类型 | 目标人群 | 基本情况 | 资质要求 | 开发商 | 收入限制（新元 / 月） | 2017 年底市场份额 | 2017 年底均价（新元 / 平方英尺） |
|---|---|---|---|---|---|---|---|---|
| 公共住宅 | HDB 组屋 | 中低收入群体 | HDB 承建和销售，提供多种户型，满足多层次需求 | 仅限新加坡公民，且核心家庭至少还有一位新加坡公民或永久居民 | HDB | 12 000 / 多代家庭 18 000 | 67.5% | 421 |
| | 执行共管公寓 | 中等收入群体 | 作为 HDB 推出的改善型组屋，由私人开发商自建自销 | | 私人开发商 | 14 000 | 4.6% | 799 |
| | 私人组屋住宅 | 更高收入群体 | 私人开发商设计、兴建和销售 | | | 12 000 / 多代家庭 18 000 | 0.6% | 2012 年以后停售 |
| 私人住宅 | 非有地私宅 | 高收入群体 | 分为普通、执行和高级公寓，设施较好，一般为 99 年地契 | 新加坡公民及永久居民、外国人 | | 无收入限制 | 21.9% | 1 335 |
| | 有地私宅 | 高收入群体 | 分为独立别墅、半独立别墅、排屋，设施较好，带花园和草坪，面积大，隐私度高，一般为永久地契 | 主要是新加坡公民，极少部分为永久居民和外国人 | | | 5.4% | 1 241 |

资料来源：HDB，恒大研究院。

注：1 平方英尺 ≈ 0.093 平方米。

“公积金和‘居者有其屋’计划确保了政治稳定，使新加坡持续不断地发展了30多年，如果没有公积金制度，新加坡将有40万人不会成为屋主，我们也不可能以同样的途径兴建一个现代的新加坡。”

## （一）中央公积金：强制储蓄、高存低贷、固定利率

中央公积金制度始于1955年，初期服务养老，1968年开始用于住房。1955年，英殖民政府为逃避对新加坡本地公务员的养老责任，建立起强制储蓄型中央公积金制度，并成立中央公积金局负责管理。1968年以后，“居者有其屋”计划实施，公积金开始用于购买组屋，1981年拓展至私宅。目前，中央公积金制度已成为全面覆盖养老、住房、医疗、家庭保护、子女教育等的综合性社会保障制度。

### 1. 征收机制：强制征收、缴存比高

新加坡实行的是一种强制储蓄型中央公积金制度。一是立法强制缴纳，《中央公积金法》明确规定，新加坡所有公民和永久居民，不论是雇员还是雇主，都必须按月缴纳公积金，任何人不得拒绝或延迟缴纳，否则需如数补缴且加罚利息。除购房及部分投资外，公积金存款只有在雇员退休后才可动用，会员无权决定公积金存款时间长短。二是缴存比极高，峰值高达50%（雇员、雇主各25%），目前稳定在37%（雇员20%、雇主17%），远高于中国香港（10%）与内地（24%）。

覆盖面极广，是自助型社会保障体系的重要组成部分。一是覆盖人群广，强制储蓄的要求使中央公积金覆盖率从1965年的22.1%增至2017年的95.3%，总会员数也从41.8万增至378万。二是保障项目全，分设四大账户，专款专用，广泛覆盖退休、医疗、住房、家庭保护及资产增值等多个领域。截至2017年底，新加坡中央公积金账

户合计余额 3 595.1 亿新元，占当年 GDP 的 80.4%，其中普通账户占比 35%，特殊、医疗及退休账户分别为占比 25.7%、24.9% 和 14.4%。

2. 运行机制：封闭式管理，存贷分离、高存低贷

中央公积金推行封闭式管理，保证专款专用。《中央公积金法》严格限制公积金的提取和投资：一是实施最低存款额规定，会员动用普通账户和特别账户进行投资时，需确保账户符合规定限额（普通账户不低于 2 万新元，特殊账户不低于 4 万新元）；二是会员运用公积金账户投资所得需返回个人账户；三是会员退休提取时，普通账户和保健账户需保证规定金额转入养老账户。此外，分存公积金的四个账户，每个账户使用范围仅限于相应领域，保证专款专用。

公积金管理强调存贷分离、高存低贷，如图 6.3 所示 。中央公积金局负责公积金的缴纳、支付、管理和保值工作，但不直接发放公积金贷款，而是通过购买政府债券交由新加坡政府投资公司，再由其将积累的公积金投资于国内组屋及基础设施建设，HDB 获得资金后发放低息贷款。公积金存款利率较高，普通账户为 2.5%，特殊、医疗和退休账户均为 4%，高于同期五年期国债收益率（2.19%）和商业银行定期存款利率（1.2%）。此外，公积金总额中的前 6 万新元及 55 岁以上会员的前 3 万新元还可额外再获得 1% 的利率。而贷款利率较低，一般在住房公积金存款利率的基础上上浮 0.1%，1993 年以来一直稳定在 2.6%，其原因主要在于中央公积金局运营成本并不依赖存贷利率差。

3. 住房支持：保障政府“建得起”和居民“买得起”组屋

强制储蓄型中央公积金制度在新加坡成功实现“居者有其屋”计划中发挥关键作用：一是支持政府“建得起”组屋，二是让居民“买得起”组屋。

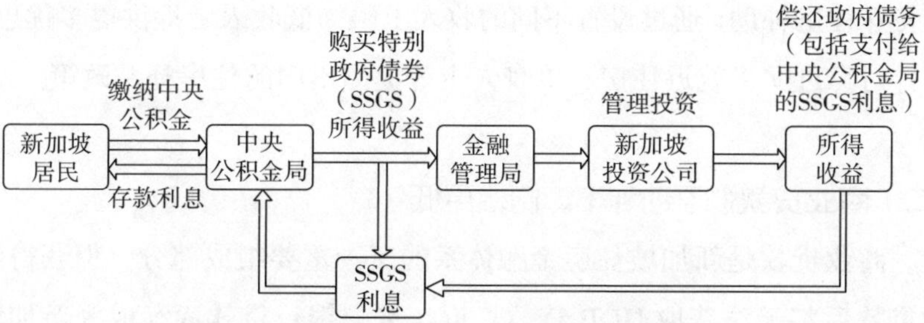


图 6.3　存贷分离，保证中央公积金高存款利率

资料来源：中央公积金局，恒大研究院。

从供给端来看，中央公积金局为 HDB 提供间接资金支持。中央公积金局除将中央公积金中少部分（5%～10%）用于会员的正常提款外，其余均用于购买政府债券，再由政府将出售债券所得资金以专项资金支持计划的形式提供给 HDB，相当于中央公积金间接流入 HDB，为 HDB 投资建设组屋提供资金支持。

从需求端来看，一是间接提供住房贷款。中央公积金局不直接发放住房贷款，而是通过 HDB 向新加坡公民家庭提供优惠贷款，并严格限制申请者资质、收入及私产等条件。贷款年限一般不超过 25 年，并享受利率优惠，仅高出中央公积金局存款利率 0.1%，近年来为 2.6%。

二是直接用于购房。中央公积金局提供公共住宅计划和私人住宅计划，分别支持会员购买组屋和私宅。公共住宅计划中，组屋购买者可用公积金支付首付款、购房贷款，以及印花税、律师费、组屋升级费用等相关税费；私人住宅计划中，符合条件者可用普通账户购买或建造私人住宅，购买空置土地，偿还购房、购地和建房贷款，以及支付印花税、勘察费等相关税费。2017 年，公共住宅计划提取公积金 73.8 亿新元，占提取总额的 37%，同期私人计划占比约为 19%。

三是提供阶梯式住房补助。中央公积金局为首次购房者推出额外和特殊住房补助，通过设置不同的收入上限为低收入者提供更多优惠，并针对靠近父母就近住房、单身人士等提出不同的住房补贴政策。

### （二）商业贷款：浮动利率、门槛更低

商业贷款是新加坡住房金融体系的又一重要组成部分，但获得商业贷款后将无法获取 HDB 贷款。近年来，银行贷款逐渐成为新加坡居民购房贷款的重要渠道，自 2002 年以来，来自金融机构的按揭贷款余额占总贷款余额的比例已经由 42% 上升到 83%。

三大因素支撑商业贷款在近年来占比上升。一是 HDB 贷款对居民身份的限制。如要求买家中需要至少有一位新加坡居民，普通家庭平均每月总收入不超过 12 000 新元（多代家庭月收入不超过 18 000 新元），之前从 HDB 获得不超过两次贷款等。对于不符合 HDB 优惠贷款申请条件或购买执行共管公寓者，需从商业银行获得购房抵押贷款。受益于早期的中央公积金制度，80% 以上家庭已购买组屋，近年来新增购房需求主要为无法享受 HDB 优惠贷款的非公民家庭或私人住宅等，故商贷占比大幅提升。

二是政府的推动力量。2002 年，新加坡政府规定，若借款人拖欠抵押贷款，银行将对抵押房产具有首位索赔权（在此之前，中央公积金局具有首位索赔权），这一举措直接推动了商业银行进入住房市场。

三是近年来商业银行的低利率。近年来，HDB 提供的贷款利率稳定在 2.6%，但同期抵押贷款利率却在不断下降，15 年期抵押贷款基准利率从 1998 年的 8.07% 下降到 2014 年的历史低值 2.9%，近几年略微回升至 3.16%。而不少银行可提供低于 HDB 贷款利率的优惠贷款。如华侨银行（OCBC）目前提供的贷款项目，可在前两年享受 2.18% 的固定利率。HDB 贷款与银行贷款对比情况见表 6.2。

表 6.2　HDB 贷款与银行贷款对比情况

| 项目 | HDB 优惠贷款 | 银行贷款 |
| --- | --- | --- |
| 资质限制 | 至少有一位新加坡公民 | 新加坡公民、永久居民及外国人 |
| 适用范围 | 仅限于组屋 | 组屋 / 私人住宅 |
| 月收入上限（新元） | 一般家庭 1.2 万；多代家庭 1.8 万；单身 6 000 | 无 |
| 贷款利率 | 固定利率 2.6% | 浮动利率，可高可低，近期 2.18%（华侨银行） |
| 最长还款期 | 25 年或直到买家 65 岁，以较短者为准 | 30 年 |
| 最低首付比 | 买价 ×10%（可用公积金） | 买价 ×20%（15% 公积金，5% 现金） |
| 最高贷款额 | 买价 ×90% | 买价 ×80% |
| 逾期处理 | 组屋受保护，即使逾期，也不会强制收回 | 超过 6 个月未还，将被强制收回并拍卖 |

资料来源：中央公积金局，恒大研究院。

### （三）封闭式住房金融体系是新加坡住房市场稳定发展的基础

封闭集中管理的中央公积金制度发挥两大关键作用：一是为 HDB 提供间接资金支持，支持政府“建得起”组屋；二是通过优惠贷款和补助形式，让居民“买得起”组屋。目前约 81% 的新加坡人居住在政府提供的组屋，仅 19% 住在开发商建设的私宅。

公积金制度保障组屋建设，稳定房价。整体来看，新加坡名义房价在 1998—2017 年仅上涨了 41.1%，同期美国、法国、英国、中国香港上涨了 122.5%、160.4%、234.0%、149.2%。房价稳定可控的主要原因是，政府主导的组屋价格低廉，多年来房价收入比维持在 4 ~ 5。

## 二、政府强势主导土地市场，低价出让保障组屋建设

新加坡现行的土地制度受英国影响较大，很多规则和制度以英国殖民期间的法律和惯例为基础，结合本国国情修改而来。因此在土地产权、土地登记等方面与英联邦其他经济体相似。

### （一）强制征地、低价补偿，土地以国有为主

新加坡近九成土地为国家所有，政府强势主导土地市场。新加坡土地所有权主要分为国有、公有和私有三种，其中国有和公有土地均归国家所有，合计占比 87%，私有土地仅占 13%。国有土地由土地管理局直接管理，占比约 59%；公有土地由半官方机构负责管理，如市区重建局、HDB、交通局、裕廊工业集团、民航局等，占比约 28%；其余土地均为私人所有。国有主导的土地产权制度使政府在土地规划、利用与经营上拥有绝对话语权。

两权分离，招标和拍卖是土地出让的主要方式。除少量自由保有（少数富裕家庭和原住民持有）和永久产权（极少数个人持有）土地外，新加坡土地的所有权归国家所有，使用权可转让。由于住宅用地极其有限，仅占国土面积的 14%，占城市建设用地的 18.8%，远低于西雅图（57%）、伦敦（36%）及北京（36%）等城市，新加坡政府主要以招标和拍卖形式转让土地使用权（住宅为 99 年，工商业为 60 年），并对每一块土地的买卖进行严格审查。

新加坡政府可强制低成本征地。“国家利益优于个人利益，经济发展先于人权保障”的价值定位贯穿于新加坡土地征收制度。1966 年颁布的《土地征收法》明确规定，当某一土地符合以下条件即可被政府强制收归国有：第一，公共利益需要；第二，经国家发展部部长批准的任何个人、团体或法定机构，为公共利益需要征用为某项工程或

事业所用；第三，作为住宅、商业或工业区加以利用。由于“公共利益”范围较广，政府强制征地权很大，这也是新加坡国有土地能够大幅增加的关键，1960年国有土地占比仅为44%，而目前已高达87%。

此外，征地补偿成本较低，政府认为“公共基础设施为土地增值带来了大部分升值，应归属国家，故当政府征地用于公共建设时，赔偿额应基于毫无基础设施的原始未开发土地价格”。1988年以前被限制在1973年的市价或总统宣布收购之日的市值（两者取其低），此后“市场价值”标准逐渐提高，直至2007年才被确定为征收时的市场价值。考虑到新加坡土地资源稀缺的基本国情，提升国有土地占比有利于稀缺土地资源的集约化运作，而低价补偿保证了政府低成本拿地。

### （二）低价转让、优先供给，保障组屋量足价廉

政府以低价将土地转让给HDB，是组屋快速建设、价格低廉的基础。一是保证组屋建设用地充足，新加坡早期的土地征用由HDB负责，可根据组屋建设需要强制征用私有土地，HDB有充足的土地大量建设组屋。征地权后虽收至土地管理局，但HDB仍可从土地管理局购买大量公共建设用地。二是低地价保障组屋低售价，《土地征用法》将土地征收补偿款固定在1973年11月13日的标准，并在以后的十几年里保持不变，故政府可以远低于市价的成本获得土地，大大降低了组屋建造的成本，保证了HDB可以远低于私人住宅的价格出售组屋，满足更多中低收入家庭的住房需求。

### （三）土地出让金在政府财政收入中占比较小

新加坡没有土地财政，土地出让金在政府财政收入中占比较小。2017年，新加坡土地出让金占政府财政收入的约12%，若加上房地产相关税收，合计仅为21%。同样是实施土地公有制的中国香港和内

地，土地出让金在政府财政收入中占比偏高。2017 年中国内地地方政府 52% 的财政收入来自卖地和房地产相关税，土地出让金在新加坡政府财政收入中占比小，两大因素是主因：一是土地资源极为稀缺；二是财政收支平衡，资金缺口小。

### 1. 土地资源稀缺，卖地收入有限

新加坡国土面积小，土地利用率高，卖地不可持续。新加坡国土面积为 721.5 平方公里，仅相当于约北京两个丰台区大小，土地资源极其稀缺。国有土地利用率已高达 82.4%，未来可供开发空间极小。因此，自然条件的约束使新加坡政府不具备卖地的基本前提。新加坡土地出让金收入从 2006 年的 63.4 亿新元增至 2013 年高点的 184.1 亿新元后一路下滑，2017 年仅为 128.8 亿新元。

土地出让金直接纳入国家储备金，本届政府无支配权，卖地动机不足。新加坡政府认为，不能仅使一代人从土地资源中获益，子孙后代都应享有收益权，故土地出让金收入并不直接编入政府财政预算，而是以国家储备金形式进行长期投资。

大量土地以低价转让给 HDB 建设组屋，卖地收入较少。为支持组屋建设，新加坡政府以极低价格将土地使用权出让给 HDB，而组屋覆盖率高达 81%，占用大量土地资源，政府无法通过高价卖地获取大量收入。

### 2. 财政常年盈余，资金缺口小

新加坡秉承“以收定支、审慎理财”的财政预算原则，严控收支均衡。长期的殖民统治和建国初期的艰难历史使新加坡政府始终居安思危，害怕受制于人，故在国家宪法及有关法律中对预算编制、财政储备使用等方面均做出明确规定，确保财政预算均衡。从 1965 年 8

月至今 50 多年的时间里，新加坡政府在大多数年份能实现预算平衡，见图 6.4。即使向世界银行及亚洲开发银行贷款，也并非因为财政赤字，而是为了向外人证明新加坡的预算信誉，从而吸引跨国公司投资。新加坡财政部前部长严崇涛认为："财政预算平衡是新加坡货币稳定的最好保障。"

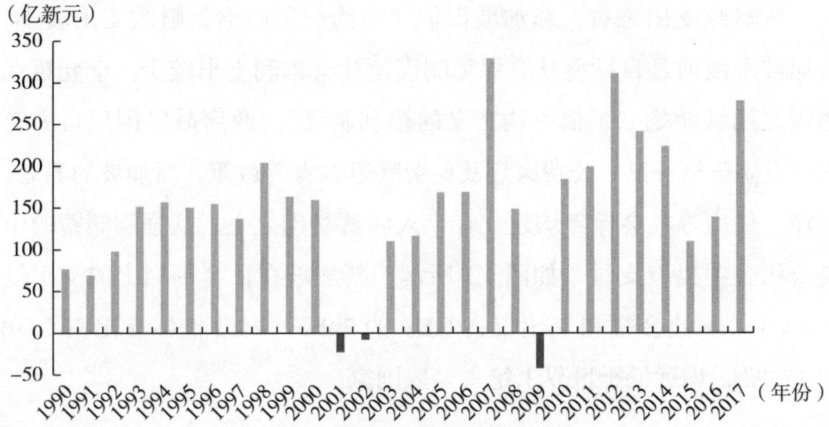


图 6.4　新加坡在大多数年份保证财政盈余

资料来源：IMF，恒大研究院。

从财政收入来看，税收和投资收益为政府提供了充足的财政支持，无须卖地。2017 财年，新加坡各项税收合计高达 655.1 亿新元，占政府全年财政收入的 62%，占政府财政预算收入的 70.5%，且近年来一直占据绝对主导地位。此外，新加坡政府先后成立了金融管理局、新加坡政府投资公司和淡马锡投资公司分管政府储备金。金融管理局相当于新加坡的央行，主要负责维持币值稳定、控制通胀及管理国家外汇储备；新加坡政府投资公司则是以一种稳健的方式投资和管理新加坡的国家储备金；1974 年成立的淡马锡投资公司风格更为激进，代表新加坡财政部投资了新加坡电信、新加坡航空、星展银行等大型企业，并在国外市场进行投资和并购，获取高回报率。截至 2017 年 3 月，金融管理局、淡马锡投资公司、新加坡政府投资公司分别管理着 3 630 亿新元、2 750 亿新元及 1 000 亿新元国家储备金，2017 财年实现投资收益 176.7 亿新元，占政府全年财政收入的 16.7%，占政府财政预算的 19.0%。因此，新加坡政府仅靠税收和投资收益两项收入即可获得近 90% 的财政预算收入，无须卖地。

从财政支出来看，新加坡提倡“节约型”政府，财政支出较小。新加坡采取的是自助型社会保障制度，社会福利支出较少。李光耀在建国之初就明确“不搞平均主义的福利制度”。政府鼓励国民自力更生，不搞价格补贴、公费医疗及免费高等教育等政策，新加坡的养老、医疗、住房等社会保障均建立在个人储蓄基础之上，从强制储蓄的中央公积金中提取支付。如图 6.5 所示，新加坡在社会福利上的支出较少，2017 年社会福利支出仅占 GDP 的 7.9%，财政整体支出占 GDP 的 17.2%，均远低于世界上绝大多数国家。

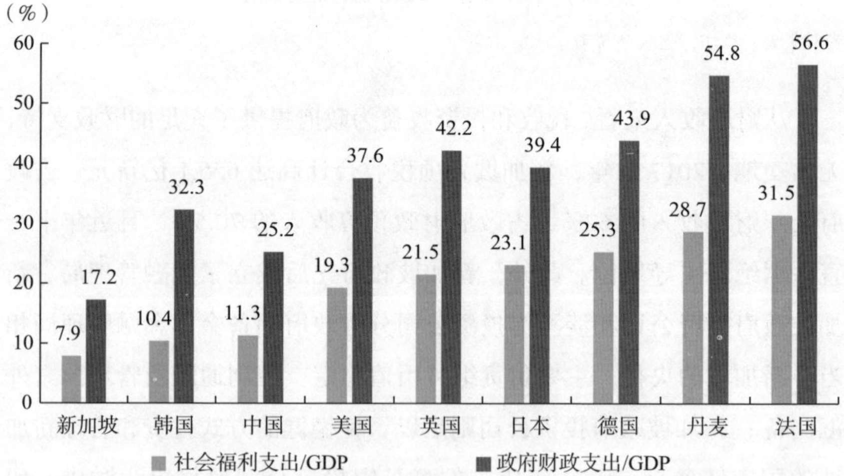


图 6.5　新加坡社会福利支出占比低，政府财政开支压力小

资料来源：OECD，新加坡统计局，中国国家统计局，恒大研究院。

## 三、对非自住房征高税，抑制投机需求

新加坡是单层次政府，税制简明，无中央税及地方税之分。税收是政府财政收入最主要的来源，2017 年高达 655.1 亿新元，占全年财政预算收入的 70.6%。如表 6.3 所示，住房税收体系主要包括印花税（交易环节）、财产税（保有环节）及所得税（交易环节）三大税种，其中印花税和财产税合计 91.2 亿新元，占总税收的 13.9%，占财政预算收入的 9.8%。新加坡政府实施差异化累进制税率，对本国公民、首套住房均实施减免优惠，鼓励居民购房自住，打击投机需求。

### （一）印花税

新加坡买卖、租赁环节均需缴纳印花税。买卖环节涉及三种：第一，买家印花税，由买方缴纳；第二，卖家印花税，主要是向 2010 年 2 月 20 日以后购买的，并在持有期间出售的所有住宅类房屋和土地征收，由卖方缴纳；第三，额外印花税，即政府针对买房者征收的额外税。租赁环节只针对承租人征税，一般以市场租金或合同租金（取高者）为基数进行征缴。

买家印花税税基取买卖合同价与市价中较高者，税率采取累进制。对于 2018 年 2 月 20 日以前成交的合同，税率主要分为 1%、2% 和 3% 三级累进，而在这之后购买的房屋开始区分住宅和非住宅。非住宅类仍采用三级累进制，最高税率 3%；而住宅类采用四级累进制，最高可达 4%。

卖家印花税征收对象特定，税率按持有年限累进。征收对象需符合三个条件：一是只针对所有住宅类房产及土地征收；二是原购买时间在 2010 年 2 月 20 日以后；三是出售时持有时间是否满足一定年限，若已满，则免征。税基与买家印花税一致，税率仍采用累进制，但根

表6.3 新加坡住房税收体系的三大税种

| 大类 | 税种 | | 征税对象 | 税基 | 有无免征 | 税率 | 占总税收比 | 占财政预算收入比 |
|---|---|---|---|---|---|---|---|---|
| 交易环节 | 印花税 | 买家印花税（住宅及非住宅） | 买家 | 合同价或市价（取高） | 无 | 1%～4%（四级累进） | 7.2% | 5.1% |
| | | 卖家印花税（仅住宅） | 卖家 | | 持有满3年或4年免征 | 0～16%（五级累进） | | |
| | | 额外印花税 | 买家 | | 新加坡公民首套房 | 0～30%（区分主体） | | |
| | | 租赁印花税 | 承租人 | 实际租金或市场租金（取高） | 年租金不超过1 000新元免征 | 0.4% | | |
| | 所得税 | 出售 | 卖家 | 利润 | 非炒作免征 | 纳入个人收入，综合纳税（0～22%） | 未单独列示 | |
| | | 出租 | 出租人 | 房租扣除贷款、财产税、维护费等费用后的余额 | 无 | | | |
| 保有环节 | 财产税 | | 持有者 | 房屋年值（年租金） | 年值在8 000新元以内的自住房 | 0～20%（累进制，区分自住和非自住） | 6.7% | 4.7% |

资料来源：新加坡税务局，恒大研究院。

据购买时间、持有时间、买价 / 市价综合确定。新加坡政府并未采取“一刀切”式的“限售”，而是按照持有年限累进印花税率实现抑制投机的效果，一般持有年限越短，税率越高，最高可达 16%。

额外印花税仅限于买方，区分公民、永久居民、外国人和法人实体。税基与前两种一致，但税率并非根据价格累进，而是对首套房、二套房和三套房及以上实施差异化税率。对于新加坡公民，首套房免征，二套房和三套房及以上分别以 12% 和 15% 征收；永久居民的首套房需缴纳 5% 的印花税，二套房及以上提至 15%；外国人购买任何住宅均需缴纳 20% 的额外税；法人实体的税率高达 25%，房企为 30%。新加坡政府通过调节额外印花税的税率来调控房地产市场，抑制过热或防止过冷，最近一次调整是在 2018 年 7 月 6 日。

住房租赁及住房抵押贷款环节也需要缴纳租赁印花税。租赁印花税由承租人缴纳，税基取实际租金或市场租金中的较高者，税率根据房地产平均年租金和租赁期限确定。而抵押贷款印花税是在居民通过抵押财产获得贷款时征收，税基为贷款金额，税率为 0.2% 或 0.4%，最高纳税额为 500 新元。在转让或处置任何抵押债权时，也要对转让房产征收 0.2% 的印花税。对购买组屋、私人组屋住宅等公共住宅的居民来说，其印花税由 HDB 代表税务局进行，而购买私人住宅的居民则由其律师安排缴纳印花税。

新加坡印花税发挥抑制投机作用，主要体现在三个方面。一是实施累进制税率，买方印花税依据买卖合同价高低累进，买房印花税以持有年限长短累进，额外印花税依据房屋套数累进，总体呈现“房价越低、持有越久、拥屋越少，税率越低”的特点。二是区分购买主体，额外印花税对本国公民、永久居民、外国人、法人实体、房企实施阶梯式税率，本国公民享受低税率优惠。三是调节税率稳房价，印花税率的历次调整均与房价相关。

新加坡交易环节征税较重，2017 年印花税占税收总额的 7.2%，占财政收入的 5.1%。印花税是新加坡房地产交易环节最重要的税种之一，近年来征收总额持续上升，2017 年为 47.3 亿新元，占税收总额的 7.2%，占财政收入的 5.1%。

（二）财产税

财产税按年值征收，征收范围包括房屋、土地及公寓等。不论是组屋、执行共管公寓还是私人住宅，不管其处于自住、租赁还是闲置状态，均需缴纳财产税。房屋税基为虚拟租金，按可比物业出租一年的市场租金（除去家居、装修折旧及维护费用等），处于自住、租赁或空置状态的房屋年值确定方法一致。土地按地块市值的 5% 征收，且空地与在建项目年值相同。

超额累进制税率，并对自住房屋实施低税率。如表 6.4 所示，自住型住宅包括房屋所有者居住的公寓、组屋及其他住宅，由于新加坡政府鼓励居民住房自有，自住型住宅的税率较低，目前税率按照年值七级累进，起征点为 8 000 新元，最高税率为 16%。对于拥有多套房屋的家庭，只有一套住宅可享受自住型住宅的低税率优惠，其余适用非自住型住宅的税率。如表 6.5 所示，非自住型住宅一般是指出租或空置的组屋、公寓及其他物业，适用六级累进税率，无免征额，最高税率为 20%。此外，对于其他类型的房屋，如俱乐部、牧屋、幼儿园等，一律适用 10% 的税率。

财产税是新加坡重要的税收来源，2017 年占税收总额的 6.7%。新加坡税制简单，房地产相关税收只有印花税、财产税和所得税，除交易环节征高税外，保有环节的财产税也是新加坡政府的重要税收来源。2017 年为 43.9 亿新元，占税收总额的 6.7%，占财政预算总收入的 4.7%。

表 6.4　自住型住宅适用七级累进税率

| 年值（新元） | 税率 | 房地产应纳税额（新元） |
|---|---|---|
| 8 000 以内（含） | 0 | 0 |
| 8 000 ~ 55 000 | 4% | 1 880 |
| 55 000 ~ 70 000 | 6% | 1 880 + 900 |
| 70 000 ~ 85 000 | 8% | 2 780 + 1 200 |
| 85 000 ~ 100 000 | 10% | 3 980 + 1 500 |
| 100 000 ~ 115 000 | 12% | 5 480 + 1 800 |
| 115 000 ~ 130 000 | 14% | 7 280 + 2 100 |
| 超过 130 000 | 16% | 9 380 + |

资料来源：新加坡税务局（IRAS），恒大研究院。

表 6.5　非自住型住宅适用六级累进税率

| 年值（新元） | 税率 | 房地产应纳税额（新元） |
|---|---|---|
| 30 000 以内（含） | 10% | 3 000 |
| 30 000 ~ 45 000 | 12% | 3 000 + 1 800 |
| 45 000 ~ 60 000 | 14% | 4 800 + 2 100 |
| 60 000 ~ 75 000 | 16% | 6 900 + 2 400 |
| 75 000 ~ 90 000 | 18% | 9 300 + 2 700 |
| 超过 90 000 | 20% | 12 000 + |

资料来源：新加坡税务局，恒大研究院。

新加坡虽然通过调节财产税税率抑制投机，但对房价影响有限。一是对自住房和非自住房实施差异化累进税率，既可减少财产税对居民自住需求的影响，又可增加拥有二套及以上住房家庭的持屋成本，抑制房地产投机；二是通过调整税率来调控房价，为抑制 2010 年房价上涨，2011 年开始实施累进税率，但房价在 2013 年底才开始回落，

2015 年进一步提高财产税率，但房价上涨势头不减。整体而言，财产税并非新加坡政府房地产调控的主要手段，往往与按揭还款、印花税调整等同时使用，且对房价影响有限。

### （三）所得税

新加坡人在房屋出租和买卖环节还需缴纳所得税。租赁环节由出租人缴纳，税基为房租扣除财产税、房屋贷款、修缮费、物业费等费用后的余额，并非单独缴纳，而是整体并入个人所得税应纳税所得税总额，适用 0～22% 个人所得税税率。买卖环节只针对投资炒作的个人征收，一般的房屋交易获益被视为资本收益，无须缴税。投资炒作的认定由新加坡税务局依据房屋买卖的频率、原因、长期持有资产的金融手段、持有时间等多个因素综合判断。由此可见，新加坡设置交易环节所得税，主要是为了精准打击房屋投机。

## 四、组屋主导的住房保障制度

早在 1960 年，新加坡就已建立组屋制度，从满足基本居住到支持改善需求，从帮助低收入家庭到全面覆盖中等收入群体，组屋目前已覆盖超 81% 人口，是新加坡最主要的住房供应形式，也是新加坡成功实现“居者有其屋”的关键。

### （一）普通组屋：覆盖最广、价格最低、可租可售

普通组屋是指由新加坡政府投资、HDB 承建，并以低于市价出售或出租给中低收入群体的保障性公共住宅，产权一般为 99 年，由 HDB 和市镇理事会统一管理，大多为高密度、高层建筑，拥有学校、商店等独立的社区设施。组屋呈“居住组群—邻里—新镇”三级分布，

由多个组群形成一个邻里，多个邻里再构成一个 HDB 新镇，目前新加坡已形成 26 个新镇。

户型多元，目前以大户型组屋为主。普通组屋有一到五房式以及专门为老年人设计的乐龄公寓等多种类型，早期由于政府财力及居民购买力有限，HDB 主要以供给小户型（一、二、三房）组屋为主，满足中低收入家庭的基本自住需求。但随着经济的不断发展，人均收入水平大幅上升，保障型的小户型组屋逐渐减少，改善型大户型大幅增加。截至 2017 年底，大户型组屋（四、五房式）合计占比高达 70%，而一房式组屋和乐龄公寓等小户型已从购房市场淘汰，目前主要用作租赁。不同类型的组屋均有较完整的生活配套设施，只在面积、卧室数量等方面存在差异，不会产生“贫富分区”的感觉，从而有效保障了不同层次中低收入群体的住房需求。

覆盖面广，超 82% 的新加坡公民居住在政府提供的组屋中。自 1960 年组屋开始供应以来，覆盖人群持续增加。截至 2017 年，新加坡共修建 HDB 组屋 114.6 万套，现存 102.6 万套，占新加坡 124.1 万套住房中的 72.8%，覆盖人群由 1959 年的 8.8% 逐年提高，在 1990 年达到峰值 87%，后因私人住宅需求增加而有小幅下降，但都稳定在 80% 以上，2017 年为 81%。

可租可售，近 92.2% 组屋居民实现产权自有。新加坡公民可通过租赁或购买组屋满足居住需求，其中租赁主要针对家庭月收入不足 1 500 新元的超低收入人群，租金远低于市价，且多为早期建设的一、二房式小户型组屋。出售才是 HDB 供给组屋的主要形式，目前已有 92.2% 的组屋居民住在自有产权的房屋中。

### （二）EC 公寓：质优价廉，支持“夹心层”改善需求

EC 公寓主要面向既存在改善性住房需求，又无法承担私人住宅

价格的“夹心层”家庭，由 HDB 与私人开发商于 1996 年联合推出。HDB 主要负责提供低于市价 40% 的廉价土地和购房资金支持，私人开发商负责项目开发建设与销售。EC 公寓由业主委员会管理，产权年限与普通组屋相同，但配套设施与居住条件类似于非有地私宅。截至 2017 年底，新 EC 公寓均价为 799 新元 / 平方英尺，在设施和区位相同的条件下，仅为私人住宅市场价的 60% 左右。

新 EC 公寓仅面向新加坡公民，并严格审查申购者身份、收入、私产等情况。只有家庭平均月收入低于 14 000 新元，名下无其他私产的新加坡公民家庭（单身需满 35 周岁）才可申请。EC 公寓在居住满 5 年后可转售给新加坡公民、永久居民及单身人士，满 10 年后可转变为私人公寓，并在市场自由转售，因此 EC 公寓也兼具投资功能，在一定程度上削弱了其住房保障的意义，这一点也在近年来遭到了一些批评。

除普通组屋和 EC 公寓以外，建屋发展局还联合私人开发商推出中等入息公寓和私人组屋住宅等改善型公共住宅，此外 2013 年还推出针对大家庭的三代同堂组屋。这些从 1974 年起陆续推出的改善型公共住宅体现出新加坡从优先保障低收入群体转向住房质量改善的整体政策倾向。

### （三）供给方式：HDB 主导、严控售价、按需建设，仅限中低收入新加坡公民家庭

HDB 是新加坡组屋的唯一供应方及管理者，隶属国家发展部，自 1960 年成立以来，一直代表新加坡政府为广大新加坡公民和永久居民建设、分配和管理组屋，并发放公积金贷款。其核心宗旨是融合政府机构和开发商双重角色，为新加坡居民提供可负担的高质量住房。

只有新加坡公民才可申请新组屋，永久居民只能购买或租赁二手

组屋。受“家庭为根”的思想影响，新组屋申请者必须是新加坡公民家庭（1 个公民 + 其他家庭成员，至少有 1 个公民或永久居民），单身人士不可申请；EC 公寓可向超过 35 周岁的单身人士出售；二手组屋的申购条件较为宽松，永久居民家庭和单身人士均可在转售市场上购买，且对收入并无要求。此外，考虑到居民的改善型需求，每个家庭一生只有两次申请新组屋的机会。

严控申购机制，优先保障中低收入家庭。HDB 严格审查申请者收入、私产情况，确保中低收入刚需家庭优先满足。收入方面，三房式新组屋上限为 6 000 新元或 12 000 新元，四房式或更大组屋为 12 000 新元或 18 000 新元（多代家庭），EC 公寓为 14 000 新元。虽然二手房屋购买时不设置收入上限，但在购买二手房时若要获得来自中央公积金局或 HDB 的住房贷款及补助，仍需满足一定的收入限制。目前，超 80% 的新加坡公民可申请组屋，使组屋成为一项真正覆盖全社会的福利住房制度。

政府主导组屋定价，严控房价收入比保持低位。新加坡政府既是组屋的供应主体，也掌握新组屋的定价权。为保障中低收入群休的住房权益，政府以低于转售市场 30% 的价格出售新组屋。2013 年，国家发展部部长宣布，“将致力于把预购组屋价格降为申请家庭年收入中位数的 4 倍”。即使在转售市场上，HDB 组屋的房价收入比也始终维持在 5.5 以下。

## （四）退出机制：严格限售、抑制投机

新加坡政府严控组屋转售，严惩弄虚作假，抑制投机需求。组屋制度实施初期，政府不允许转售，但随着人们生活水平的提高，改善型住房需求增加，人们迫切希望售出老旧组屋，购买户型更大、设计更好的新组屋。所以从 1973 年起，政府开始放开组屋转售市场，但

设置了严格的退出机制：一是限制每个家庭只能拥有一套组屋，若要购买新组屋，旧组屋必须退出，且每个家庭一生只有两次购买新组屋的机会；二是严惩弄虚作假者，一经发现，则面临高达 5 000 新元罚款或 6 个月监禁；三是设置限售期和禁购期，新组屋只有住满一定年限后才可转售，并且在转售后的一定时间内不得购买新的组屋。

## 第三节 如何使用政府和市场两种力量实现“居者有其屋”的政治理想

### 一、阶梯式供给住房，封闭运行保障房体系防止套利

新加坡住房市场按收入分层，目前已形成“廉租房—廉价组屋—改善型组屋—私人住宅”的阶梯式供给体系。廉租房主要面向极低收入群体，租金不到市价的 1/10，这些房屋质量相对较差，多为早期修建和已从交易市场退出的一、二房式小户型组屋；廉价组屋主要面向中低收入家庭，多为四房式或五房式组屋，HDB 以低售价、高补贴、优惠贷款等方式帮助居民实现住房自有；改善型组屋主要面向“夹心层”家庭，包括 EC 公寓、私人组屋住宅、三世同堂组屋等，这些房屋面积更大、设施更齐全，但总价不到私人住宅的 60%；私人住宅主要面向高收入家庭以及无法购买组屋的外国人，设计更佳，配套更好，面积更大，以市场化方式供应，价格更高。

新加坡组屋市场实施封闭式管理，与私人住宅市场严格分离。其中新组屋市场只面向新加坡公民家庭，申请者家庭中必须有一名新加坡公民，其他家庭成员中至少有一个公民或永久居民，单身人士不得

申请。新加坡公民家庭不仅能以远低于市场的价格购买新组屋，而且可申请到大量贷款优惠和补贴，实际购房成本很低。新组屋市场是新加坡政府保障公民家庭居住需求的主要方式，由于只有家庭可以申请，这也是政府鼓励年轻人尽早结婚生子、提高生育率的手段之一。二手组屋市场申请条件相对宽松，永久居民家庭和单身人士均可购买，且对收入无要求，但价格要高出新组屋30%左右。无论是新组屋还是二手组屋市场，均与私人住宅市场分离，保证组屋资源不会流失。

此外，新加坡政府还采取了一些措施，严格抑制组屋市场投机。一是限制新组屋申请次数，尽管新组屋和二手组屋之间存在30%左右的差价，但每个家庭一生只有两次申请新组屋的机会（一次服务基本自住+一次满足改善需求），避免新组屋成为部分公民投机获利的手段。二是严惩弄虚作假者，对于资质造假、违规转售的购房者，一经发现，则面临高达5 000新元罚款或6个月监禁，以高违规成本抑制投机。三是实施差别化税率，新加坡在交易环节设置了买方、卖方和额外印花税，税负远高于持有环节，并实施累进制税率，房屋价值越高，税率越高。此外，对新加坡公民及非公民实施差异化税率，公民税率远低于非公民，对租赁房征收高税，非自住房相较自住房起征点更低，同样房产年值情况下税率普遍高约8%。

## 二、土地主要由政府支配，较易实现高住房自有率

新加坡作为典型的城市国家，人口较少的基本国情决定了政府可负担起对居民的住房责任。新加坡人口规模较小，2017年总人口仅561.2万，约为北京的1/4，居民的住房负担远小于中国、美国等人口大国。新加坡的经济实力位居世界前列，2017年人均GDP为53 880.1美元，是中国的6.3倍，政府有足够的财力解决国民住房问题。

因此，从建国之初，新加坡政府就一直秉持“居者有其屋”的住房理念，通过低价、贷款、补贴等方式帮助国民实现住房自有。

土地以国有为主，为高住房自有率奠定基础。新加坡政府于1966年颁布了《土地征收法》，赋予政府强制征地权，此后国有土地占比大幅上升，从1960年的44%上升至当前的87%。国有主导的土地产权制度使新加坡政府在土地规划、经营和利用上具有绝对话语权，保证“居者有其屋”计划能够快速落实，而在土地私有制国家，土地的征收和使用都要受到严格限制，政策实施较为缓慢。

## 三、政府对居民的住房责任随经济水平的提升不断完善

新加坡政府对居民的住房责任并非一成不变，而是随经济发展水平的提升不断完善，经历了“低收入家庭—中等收入家庭—高收入家庭”“基本自住需求—实现产权自有—提升住房质量”的转变，帮助超90%的国民实现了高水平安居梦。

第一阶段是提升住房自有率，满足基本自住需求。1964年，新加坡推出“居者有其屋”计划，大力支持中低收入人群实现住房自有。新加坡政府建设了大量廉价组屋，并通过贷款、补贴等方式，支持居民买房，住房自有率从建国初期的8.8%大幅提升至1980年的59%，但房屋质量整体不高，多为一到三房式小户型组屋。

第二阶段是增加房屋种类，满足改善型需求。20世纪70年代以后，新加坡经济水平显著提升，人均可支配收入从1974年的5 549.4新元增长至1990年的22 655.8新元，大量中高等收入家庭涌现。为了满足多层次住房需求，新加坡政府开始面向中等收入家庭提供四房式、五房式大组屋，并发展私人住宅市场。这一时期，人均居住面积和房屋质量均有明显提升，满足了居民改善型住房的需求。

第三阶段是改善住房质量和生态环境，满足更高水平的居住需求。截至 1990 年底，新加坡的住房问题基本得到解决，住房自有率高达 87.5%，89.8% 的人居住在政府提供的组屋里。随着收入水平的大幅上涨，人们的关注重点不再是“有房住”，而是如何才能“住好房”，政府的工作重心也从增加组屋数量转向如何提升质量。一是升级改造老旧组屋，对部分老旧组屋进行重建和更新，增加电梯停靠楼层、安装电梯远程监控等。二是建设生态住宅，2007 年修建了第一个生态邻里——“榜鹅”，市镇内房屋设计尊重自然，并运用绿色环保技术，满足人们对环保住宅的需求。

下篇

# 中国房地产：制度建设与未来展望

第七章

# 中国房地产 70 年简史

本章作者：夏磊、陈雨田

纵观70年中国住房制度变迁与房地产市场演变，每个历史阶段的房地产市场问题，很大程度上都与我国基本住房制度有关。促进房地产市场平稳健康发展，根本上取决于住房制度改革和长效管理机制建设。

中国住房制度形成于1949—2019年的一系列改革。从新中国成立之初的福利公房到改革开放后的提租改革，从1994年出售公房到1998年商品房改革。70年制度变迁，是每一个追求美好生活的中国人共同创造的辉煌历史，也是发挥中央、地方两个积极性，不断摸着石头过河，以政策激活市场、以市场积累经验、以经验完善政策的过程。

中国，一个拥有14亿人口的大国，占世界人口的18.8%，1949年初，人均居住面积仅4.5平方米，如今城镇人均住宅建筑面积超过30平方米，市场的力量创造着奇迹。因为房改充分调动了每个社会成员的积极性，充分相信每个人都对改善住房条件有持久的动力。蕴含其中的改革哲学，奠定着成功的基石。

## 第一节 住房严重不足的福利公房时代（1949—1978 年）

### 一、以“先生产，后生活”为纲，优先发展重工业

重工业优先，住房建设被界定为“非生产性建设”。1955 年“一五”计划提出优先发展重工业，并要求降低包括住房建设在内的非生产性建设标准，“先生产，后生活”成为城市建设的纲领。

经济增长高波动、低工资制、城镇化停滞。1978 年以前经济增长大起大落，1958 年 GDP 同比增速高达 21.3%，1961 年则降至 -27.3%。同期，政府推行低工资制，1953—1978 年，职工年平均工资累计仅增长 24%。同时，1958 年户口登记制度建立，叠加“上山下乡”人口逆流动，1960—1977 年城镇化率由 19.8% 下降至 17.6%。低工资制决定政府需为居民提供维持基本生活的实物补贴，住房是其中之一。控制城镇化延缓城市居住矛盾的暴露，是福利公房制度能够推行 20 余年的重要背景。

### 二、推行福利公房制度，统一分配、以租养房

住房建设与分配由单位和政府主导。需房单位的建房计划经批准后，由政府无偿、无期限划拨土地，再由政府或需房单位出资建设公房。公房建成后依据单位等级、职工职级等分配，存在分配不公的弊端。

例如，1995 年北京工人家庭人均居住面积 4.51 平方米，比干部家庭低 20.3%。

房屋设计小户型、低配套，居住条件差。1959 年建工部召开住宅标准座谈会，要求公房居住面积采用人均 4～6 平方米标准。以江苏省为例，20 世纪 60—70 年代住房户均使用面积仅 21～28 平方米，户型多为一居室，没有阳台，需共用厨房和卫生间。

建设资金高度依靠财政拨款，财政负担重。90% 以上的城镇住房建设投资依靠中央和地方政府，少量靠单位自筹。

以租养房，但租难养房。公房后期维护依赖职工缴纳的租金，但公房租金极低，根据 1955 年国务院颁布的《中央国家机关工作人员住用公家宿舍收租暂行办法》，每平方米月租金仅 0.12 元。根据 1956 年职工家庭收支调查，职工平均每户每月负担房租 2.1 元，占家庭收入的 2.4%，只达租金成本的 1/3～1/2 左右，低租金制带来“租不养房”的问题。

## 三、住房供给效率低，居住水平下降

计划体制下住房供给效率低，居民居住水平下降。在“多建多赔、少建少赔、不建不赔”的情况下，单位供给意愿低。1950—1978 年住房建设投资占基本建设投资的比重仅为 5.9%，住房供给严重不足。另据国家建委统计，1978 年全国 190 个城市人均居住面积仅为 3.6 平方米，比新中国成立初期的 4.5 平方米下降 0.9 平方米。* 同时，缺房问题严峻，1978 年全国缺房户共 323 万，占居民总户数的 17%。

* 数据引自《国务院批转国家建委关于加快城市住宅建设的报告》（国发〔1978〕222 号）。

# 第二节　房改启动前的曙光乍现（1978—1994年）

## 一、经济快速增长，城市居住矛盾凸显

改革契机：邓小平首提住房制度改革。1978年9月城市住宅建设会议传达了邓小平的指示："解决住房问题能不能路子宽些，譬如允许私人建房、私建公助、分期付款……"1980年4月2日，邓小平同中央领导人谈长期规划问题，发表了颇具影响力的谈话："城镇居民个人可以购买房屋，也可以自己盖。不但新房子可以出售，老房子也可以出售……要改变一个观念，就是建筑业是赔钱的。"邓小平谈话为"住房是非生产性建设""房子只租不售"思想解绑，住房制度改革拉开序幕。

政府定调：中央对住房问题的态度从"非生产性建设"扭转。1981年的《政府工作报告》指出，"我们过去曾经有一个相当长的时期，片面强调基本建设，忽视人民生活……忽视住宅和城市其他公用设施的建设"。此后，1982年"六五"计划提出"五年内建成住宅3.1亿平方米"，"七五"计划提高至6.5亿平方米，"八五"计划提高至12亿平方米。

宏观图景：经济增长、居民收入与人口流动新局面。改革开放后经济平稳增长，1978—1994年GDP实际增长率年均10.1%，全国职工平均工资年均增长13.3%。同时城乡人口流动壁垒松动，"农转非"放宽，1978—1994年城镇化率由17.9%增至28.5%，年均增长0.66%，城市居住矛盾开始凸显。

## 二、房改启动，确立土地、商品房预售等基本制度

### （一）住房商品化改革启动

1980—1988 年，地方试点从售公房到“提租 + 补贴”。国家先后进行全价售公房试点（1979—1981 年）和“三三制”补贴售公房试点（1982—1985 年），由于低租金下居民购房意愿低，试点失败。此后改革转向以提高租金为切入点（1986—1988 年）。1986 年 3 月，国务院确定在烟台、唐山、蚌埠试点提租改革。其中烟台的“提租 + 补贴”方案取得了较好效果。

1988—1991 年，全国推广“提租 + 补贴”“提补持平”。1988 年 2 月，住房制度改革领导小组发布《关于在全国城镇分期分批进行住房制度改革的实施方案》，提出提租（提至 1 元 / 平方米 · 月以上）、发补贴券（发券总额与提租总额相等，即“提补持平”）、建住房基金等改革措施。但该方案实施效果不佳，原因是误判收入分配趋势。80 年代以来，伴随经济体制改革，居民收入快速增长。1986—1992 年，城镇居民人均可支配收入年均增长 16%，但全国一般预算收入年均仅增长 8%，“提补持平”下房租在居民支出中的占比未明显提高，同时财政支出压力不减反增。

1991—1994 年，从“提补持平”到“多提少补”。1991 年国务院先后发布《关于继续积极稳妥地进行城镇住房制度改革的通知》《关于全面推进城镇住房制度改革的意见》，提出“租”（提租）、“售”（售公房）、“建”（支持集资建房）并举等措施。其中 1991 年的房改方案对“提补持平”进行了矫正：提租补贴改为“多提少补”或小步提租“不补”。

但提租改革落实不佳，在“稳定压倒一切”的中央指示下，地方以“能多补就多补，补不起就不动”为原则，1988—1993 年全国平均应缴月房租从 3.19 元 / 平方米提高到 6.54 元 / 平方米，实缴月房租仍停留在 0.13 元 / 平方米。

### （二）两权分离的土地制度确立

1979—1986 年，深圳率先征收“土地使用费”。1980 年深圳特区成立，但资金缺乏下特区建设举步维艰。1982 年 1 月《深圳经济特区土地管理暂行规定》出台，将土地分为工业、商业、商住等六类，收取不同等级的土地使用费。1982—1987 年特区土地使用费占财政收入的 1.5%，“土地财政”萌芽。

1986—1988 年，宪法修改，两权分离制度确立。1986 年上海、广州两市制定了有偿转让土地的办法。1987 年 9 月，深圳市首次以协议方式出让一块职工宿舍用地，12 月借鉴香港地区做法，首次以拍卖形式出让土地。深圳“第一拍”推动宪法修改，1988 年 4 月 12 日，第七届全国人大第一次会议通过《宪法修正草案》，删除土地不得出租的规定，并补充规定“土地使用权可以依照法律规定转让”。1988 年 12 月 29 日《土地管理法》修改，明确“国家依法实行国有土地有偿使用制度”。

### （三）引入商品房预售制度

中国内地预售制度学习香港地区，于 1994 年确立。为缓解房地产开发企业资金紧张问题，借鉴香港地区经验，1983 年深圳率先引入商品房预售制度，并通过《深圳经济特区商品房质量管理规定》进行规范。1994 年《城市房地产管理法》《城市商品房预售管理办法》正式确立商品房预售制度。

商品房预售制度实质是开发企业的重要融资手段，有助于企业合理运用杠杆加快项目开发进度，提高资金使用效率。在住房短缺时代，对于提高住房供给效率功不可没。按揭贷款和预售款一直是开发资金的第一来源，比重维持在 40% 左右。但也出现了工程烂尾、违规销售等乱象，加剧了行业的高杠杆效应。未来加强资金监管、因城施策调整预售条件是主要的改革方向。

### 三、行业萌芽，局部地区市场过热

房地产行业萌芽。1980 年 1 月 8 日，深圳市房管局组建深圳经济特区房地产公司，成为中国第一家房地产企业。同年，原国家建筑工程总局和建设银行总行联合筹办中国房屋建设开发公司，成为中国第一家全国性房地产企业。截至 1981 年底，有 100 余个城市的房管部门组建了房地产公司，“国家队”构成了中国最早的一批房地产企业。这一时期中房集团垄断程度最高，1986—1994 年中房集团及下属企业年开发房屋面积 1 200 万 ~ 2 100 万平方米，约占全国商品房开发面积的 20%。

1992 年前后出现房地产投资过热现象。1992 年的房地产过热始于海南，并在广东、福建、江苏、上海等南方地区蔓延。1991 年全国商品房销售额仅 237.9 亿元，1992 年陡增至 426.6 亿元，增长 0.8 倍，1993 年再增 1 倍。为应对房地产过热，1993 年 6 月 23 日，朱镕基总理发表讲话，宣布终止房地产公司上市，控制银行资金进入房地产。6 月 24 日，国务院发布《关于当前经济情况和加强宏观调控的意见》，提出控制信贷规模、制止乱集资、控制新开工项目等 16 条调控措施，房地产过热得到一定控制。

## 第三节　全民进入商品住房新时代（1998 年至今）

### 一、亚洲金融危机，房地产成为新的经济增长点

1997 年亚洲金融危机爆发，中国的进出口、外商投资等都受到冲击。出口金额同比从 1997 年 1 月的 27.6% 下降到 1998 年 10 月

的 -17.3%。1999 年外商直接投资额首次出现负增长，同比增速 -11.3%。1996—1998 年，国务院总理朱镕基在多次谈话中提出“加快住宅建设，使之成为新的经济增长点和消费热点”。

## 二、终结福利分房，住房制度持续完善

强力叫停住房实物分配，启动商品房市场。1998 年 7 月 3 日，国务院下发《关于进一步深化城镇住房制度改革加快住房建设的通知》（23 号文）（以下简称“23 号文”），指出“1998 年下半年开始停止住房实物分配，逐步实行住房分配货币化”，启动商品房市场。

推行住房分类供应制度。“23 号文”提出，“高收入家庭购买或租赁商品房，中低收入家庭购买经济适用房，低收入家庭租赁廉租房”。这是一个住房商品化、适度的住房社会保障与加强调控管理相结合的住房制度，符合“高收入靠市场，中等收入靠支持，低收入靠保障”的价值取向，在今天看来仍具先进性。

2003 年确立房地产支柱产业地位。2003 年 8 月 12 日，国务院下发《关于促进房地产市场持续健康发展的通知》（国发〔2003〕18 号），明确指出“房地产业关联度高，带动力强，已经成为国民经济的支柱产业”。同时要求“调整住房供应结构，逐步实现多数家庭购买或承租普通商品住房”。

土地、金融、财税等基础政策获完善。如表 7.1 所示，主要包括：1999 年房贷放宽（1999 年 4 月央行发文降首付比例至 20%，9 月发文延长最高贷款年限至 30 年，利率在原有优惠利率的基础上下调 10%）；2001 年税费减免（1998 年 6 月 30 日以前建成的商品住房、商业用房、写字楼出售免征营业税、契税）；2002 年推行土地“招拍挂”（国土资源部 11 号令，要求经营性用地必须以“招拍挂”方式出让）。

表 7.1　1999—2003 年：土地、金融、财税政策改革

| 制度 | 时间 | 政策 | 主要内容 |
| --- | --- | --- | --- |
| 金融 | 1998.7 | 《关于进一步深化城镇住房制度改革加快住房建设的通知》 | 所有商业银行在所有城镇均可发放个人住房贷款 |
| | 1999.4 | 《关于鼓励消费贷款的若干意见》 | 首付比例由 30% 降至 20% |
| | 1999.9 | 中国人民银行通知 | 个人住房贷款最长期限从 20 年延长到 30 年，并将个人住房贷款利率在原有的优惠基础上进一步下调 10% |
| 土地 | 2001.4 | 《关于加强国有土地资产管理的通知》（国发〔2001〕15 号） | 除法律规定可以采用划拨方式提供用地外，其他建设需要使用国有土地的，必须依法实行有偿使用；大力推行土地使用权招标、拍卖出让 |
| | 2002.5 | 《招标拍卖挂牌出让国有土地使用权规定》（国土资源部 11 号） | 商业、旅游、娱乐和商品住宅等各类经营性用地，必须以招标、拍卖或者挂牌方式出让 |
| 财税 | 1999.7 | 《关于调整房地产市场若干税收政策的通知》 | 对个人购买并居住超过 1 年的普通住宅，销售时免征营业税；个人自建自用住房，销售时免征营业税；个人购买自用普通住宅，暂减半征收契税 |
| | 2001.4 | 《关于对消化空置商品房有关税费政策的通知》 | 1998 年 6 月 30 日以前建成的商品住房、商业用房、写字楼，至 2002 年 12 月 31 日之前免征营业税、契税 |

资料来源：恒大研究院。

## 三、房地产带动经济增长，住房供给效率大幅提高

房地产业成为国民经济支柱产业以后，住房供给效率提高。一方面，房地产业迅速发展为支柱产业，对国民经济产生了巨大的带动作

用。如图 7.1 所示，1998—2017 年房地产增加值占 GDP 比重由 4.0% 增长至 6.5%，房地产开发投资占全社会固定资产投资比重由 12.7% 增长至 17.1%。另一方面，住房供应效率提高，居民住房条件获得改善。1998 年城市人均住房建筑面积为 18.7 平方米，2016 年提高到 36.6 平方米（统计局口径），翻了一番。商品住宅供应提速，1998 年全国商品房销售额仅 2 513.3 亿元，2017 年提高到 13.4 万亿元，增长了 52.2 倍。

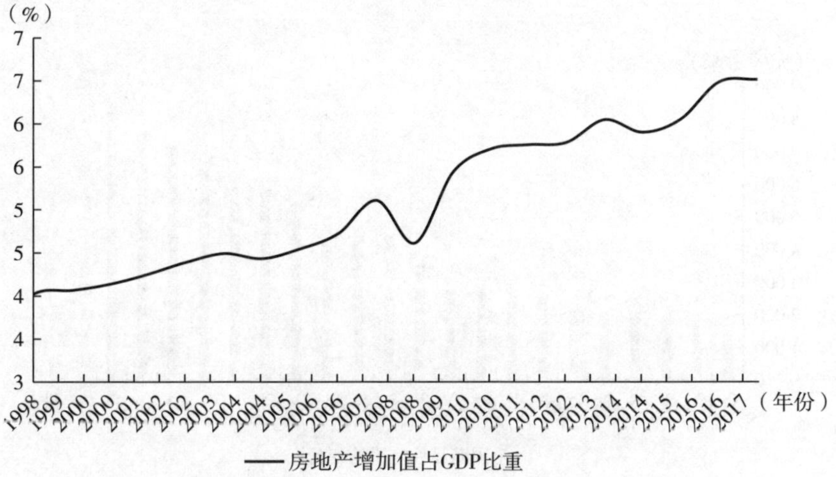


图 7.1 房地产成为支柱产业

资料来源：Wind，恒大研究院。

## 第四节 中国房地产市场回顾与反思

### 一、20 年长周期繁荣与 6 轮短周期波动

过去 20 年，由于城镇化和经济增长驱动，中国房地产市场处

于长景气周期中。1998—2018 年，中国城镇化率从 33.4% 上升至 59.6%，年均提升 1.3 个百分点；中国城镇人均可支配收入年均增长 11%，居民住房购买力大幅提升。受益于城镇化和经济增长，中国房价经历了 20 年趋势性、大幅度上涨。如图 7.2 所示，1998—2018 年，商品住宅均价从 1 740 元 / 平方米上涨至 8 544 元 / 平方米，累计上涨 3.9 倍，年均上涨 8%。涨幅高于多数发达国家，如英国、美国、德国同期分别上涨 2.2、1.3、0.4 倍，年均上涨 6%、4%、2%。

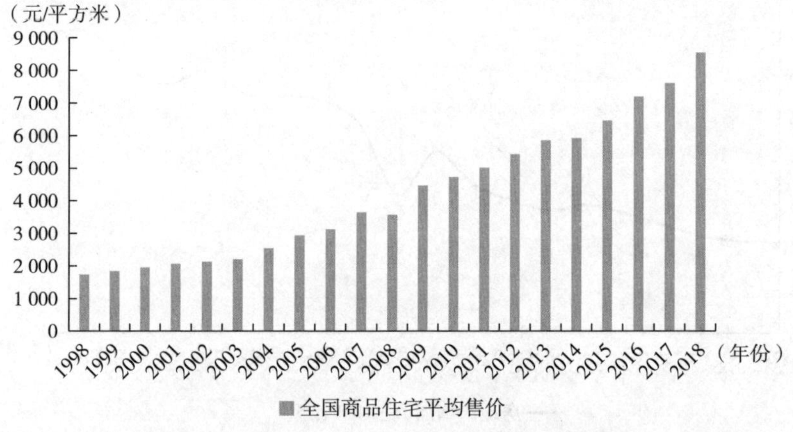


图 7.2　1998—2018 年全国商品住宅均价走势

资料来源：国家统计局，恒大研究院。

如图 7.3 所示，中国房地产市场在维持上行趋势的同时，经历了 6 轮小周期波动，平均每轮历时 3 年，周期峰值（以商品房销售额同比、商品住宅销售均价同比为指标）依次为 2003、2005、2007、2010、2013 和 2016 年。小周期上行阶段，房价上涨 8% 至 54%；下行阶段，房价增速 −4% 至 15%；每轮小周期结束，房价累计增速 −2% 至 54%。

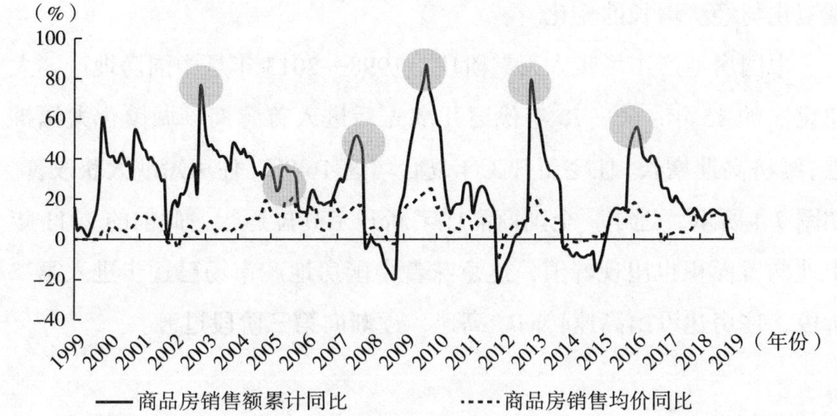


图 7.3　中国 6 轮房地产小周期

资料来源：Wind，恒大研究院。

伴随房地产小周期波动，中国政府陆续出台 6 轮房地产调控政策。其中 2 轮刺激，包括 2008—2009 年、2014—2016 年 9 月；4 轮收紧，包括 2002—2004 年、2005—2007 年、2010—2013 年、2016 年 9 月至今。

## 二、提质降速，少数城市进入存量房阶段

发达国家房地产市场发展经历了 3 个阶段。第一，大建设阶段，为“二战”后 20～40 年，英国、美国、日本、德国此阶段新开工年均增速分别达 4.6%、6.6%、12.5%、6.1%。第二，提质降速阶段，70 至 90 年代，发达国家普遍出现新开工峰值，如英国 1972 年、美国 1972 年、日本 1973 年、德国 1994 年，此后住房建设增速换挡，四国新开工增速降至 −0.4%、0.1%、−1.0%、−2.1%。第三，存量房阶段，二手房成为主要交易品种，如 2017 年美国、日本（首都圈）二手房交易占比分别达 80.7%、58.7%。市场演变的根本原因是人口年龄结构、

城镇化与经济增长的变化。

中国房地产市场步入第二阶段。1998—2013 年是中国房地产“大建设”的 15 年：60—70 年代婴儿潮先后进入首置期、城镇化大幅推进、经济高速增长，住宅新开工年复合增速 16.8%，住房短缺大获改善。如图 7.4 所示，近年，全国商品住宅新开工高位运行，此前的 2011 年土地购置面积也出现峰值，这意味着中国房地产市场已逐步进入第二阶段，住房建设由高速转向中高速，逐渐向第三阶段过渡。

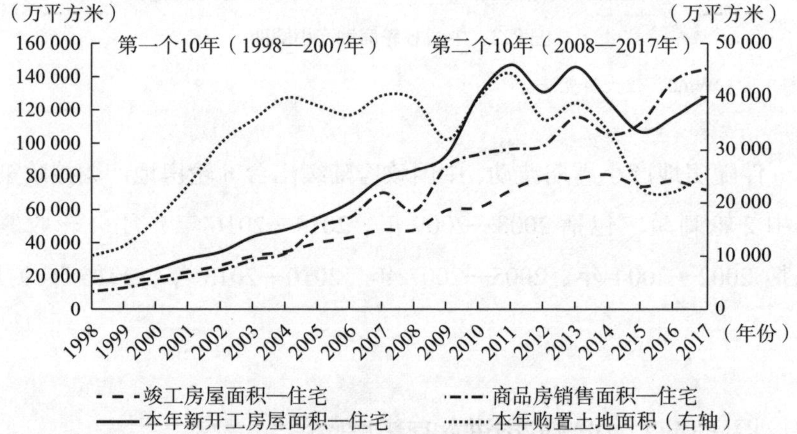


图 7.4　全国新开工峰值出现在 2013 年

资料来源：Wind，恒大研究院。

热点城市房地产市场发展节奏更快。分城市来看，热点城市市场发展进程更快，且基本遵循拿地峰值—新开工峰值—销售峰值—存量房市场的演化路径。以三个一线城市为例，北京、深圳、上海 2002—2003 年先后出现土地购置面积峰值，2003—2004 年先后出现住宅新开工峰值，2005—2007 年先后出现住宅销售峰值，2011—2015 年先后进入存量房市场。以 33 个样本省会及直辖市为样本，发现市场演变规律基本一致：即拿地峰值后 1 ~ 2 年出现新开工峰值，再过 2～4 年出现销售峰值，再过 3～10 年进入存量房市场。目前 33 个样本城市已全部出现拿地峰值，29 个出现新开工峰值，19 个出现销售峰值，5 个已进入存量房市场。

距离全国进入存量房阶段尚有一段距离。以过去 3 年二手房成交占比平均值作为判别指标，目前仅深圳（61%）、北京（55%）、大连（51%）、厦门（50%）、上海（50%）进入存量房市场。发达国家第二到第三阶段的过渡时间为 10～30 年，中国已进入存量房市场的城市过渡时间为 3～10 年，预计全国普遍迈入存量房市场尚需 10～20 年时间，新房市场尚有较大发展空间。

# 第八章

# 中国住房制度支柱

本章作者：夏磊、郑南宏、庞欣

“房子是用来住的，不是用来炒的。”房地产市场化最容易出现投机行为，导致房价炒作过度。放任炒房，会引起经济泡沫化、产业空心化，最终将导致经济、金融危机爆发。“房住不炒”，回归居住属性，理应成为新时代的住房信仰。

不鼓励居民炒房，政府需要剥离房地产的金融属性，回归其居住属性。这要求政府必须综合统筹货币、金融、税收、土地、租赁和保障等政策，即在货币方面控通胀，在金融方面控杠杆，在税收方面打击投机行为，在土地方面注重供求平衡，在租赁和保障方面满足多层次住房消费需求。

住房金融制度、土地制度、税收制度、租赁制度和住房保障制度构成了中国住房制度的五大支柱。住房金融以商业按揭为主、公积金为辅，首付比例处于国际较高水平，但住房金融政策调整过急过快，“猛踩油门”“急刹车”。土地实行公有制，城市市区土地归国家所有，农村和城市郊区的土地归集体所有；土地使用权有偿出让一方面推动着中国经济和城镇化的快速发展，另一方面也衍生出“土地财政”难题。税收制度呈现“重增量轻存量，重交易轻保有”的特征，保有环节仅两个税种，均对个人住房免征，随着存量房时代的到来，土地出让将难以为继，对保有环节征税是必由之路。租赁市场尚不成熟，制度有待完善，中国城镇居民租赁比例低于多数发达国家，从国际经验看，租赁市场是发达经济体住房供给的主要力量，租购并举有利于住房市场平稳健康运行。中国的住房保障体系被称为“保障性安居工程”，主要包括保障性住房、棚户区改造、农村危房改造和游牧民定居工程，但存在供给不连续、进入门槛高、退出门槛低的问题。

我国住房制度存在较多问题，主要有：住房制度建设需兼顾住房责任和宏观调控双重目标，住房政策重短期调控而长效机制构建不足，房地产的支柱地位深度捆绑经济和地方财政，尚未平衡“保障”与“市场”。只有不断改革完善住房制度，注重长效机制建设，才能切实促进房地产市场平稳健康发展。

# 第一节　住房金融制度：以商业按揭为主、公积金为辅

## 一、商业按揭首付比例高

中国的住房金融体系由商业抵押贷款和公积金构成，前者主导。2017 年，商业个人住房贷款余额 21.9 万亿元，占全部个人住房贷款余额的 82.9%。

中国抵押贷款首付比例处于国际较高水平。最低首付比例首套房为 20%~35%，二套房为 40%~80%。根据 IMF 统计，很多发达国家最低首付比例均在 10% 以下，如美国、英国、法国、奥地利、荷兰均可零首付；德国、新加坡、日本等属于首付比例较保守的国家，为 20%~30%，与中国接近。各经济体最低首付比例见图 8.1 所示。

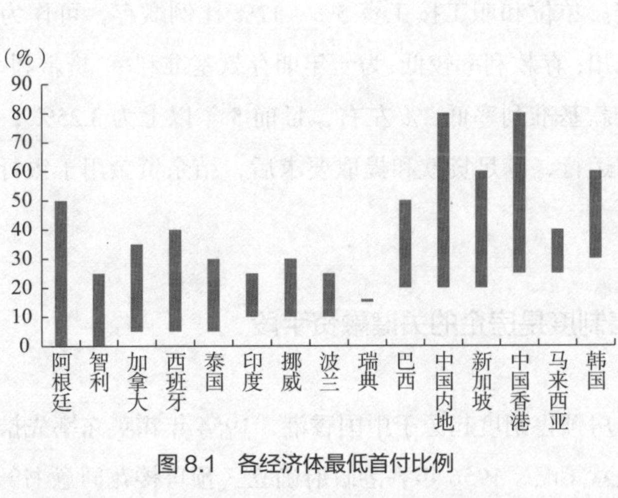


图 8.1　各经济体最低首付比例

资料来源：恒大研究院。

中国抵押贷款利率处于国际中等水平。目前5年以上房贷利率为4.4%～6.9%，高于欧洲、新加坡、中国香港等低房贷利率地区。

## 二、公积金强制储蓄，低存低贷

中国住房公积金制度为服务房改而生，1991年上海试点，1994年全国推广。1991年在时任上海市长朱镕基的推动下，上海借鉴新加坡模式率先建立住房公积金制度。1994年国务院发布《关于深化城镇住房制度改革的决定》，要求在全国推广公积金。此后陆续发布法规《建立公积金制度的暂行规定》（1994年11月）、《住房公积金管理条例》（1999年3月首发，2002年3月修改）使公积金法制化；并进行了后续制度优化，包括拓宽保障人群（2005年12月把进城务工人员、个体工商户等纳入缴存范围）、利用公积金支持保障房建设（2009年10月允许公积金闲置资金建设保障房）、支持公积金支付房租（2015年1月允许提取公积金支付房租）等。

中国公积金的运作模式概括为：强制储蓄、低存低贷；封闭运行、保守投资。单位和职工按工资5%～12%比例缴存，可作为个人所得税税前抵扣；存款利率较低，为一年期存款基准利率，贷款利率也较低，比商业贷款基准利率低2%左右，目前5年以上为3.25%；公积金资金池封闭运行，满足贷款和提取要求后，结余资金用于银行存款或购买国债。

## 三、预售制度是房企的关键融资手段

商品房预售制度起源于中国香港，1954年霍英东率先推出“卖楼花”的经营策略，1956年香港政府确立《预售楼花同意书》制度。中国内地的预售制度学习于香港地区。1983 年深圳率先引入，并通过《深圳经济特区商品房质量管理规定》进行规范。1994 年《城市房地产管理法》《城市商品房预售管理办法》正式确立商品房预售制度。2001 年、2004 年两次修订《城市商品房预售管理办法》，对惩罚措施、网签流程等进行细化。

商品房预售条件因城施策，一、二线城市较严格。预售条件主要包括取得“三证”（《土地使用证》《建设工程规划许可证》《施工许可证》）和达到一定工程进度，各城市松紧不一：一、二线城市较严格，如上海要求主体结构封顶，实际已接近现房销售；三、四线城市则较宽松，如西宁、滁州等要求多层住宅形象进度达 1/4 即可预售。

预售制度利弊参半。商品房预售制度实质是开发企业的重要融资手段，有助于企业合理运用杠杆加快项目开发进度，提高资金使用效率。在住房短缺时代，预售制度对提高住房供给效率功不可没。如图 8.2 所示，2000 年起按揭贷款和预售款一直是开发资金的第一大来源，

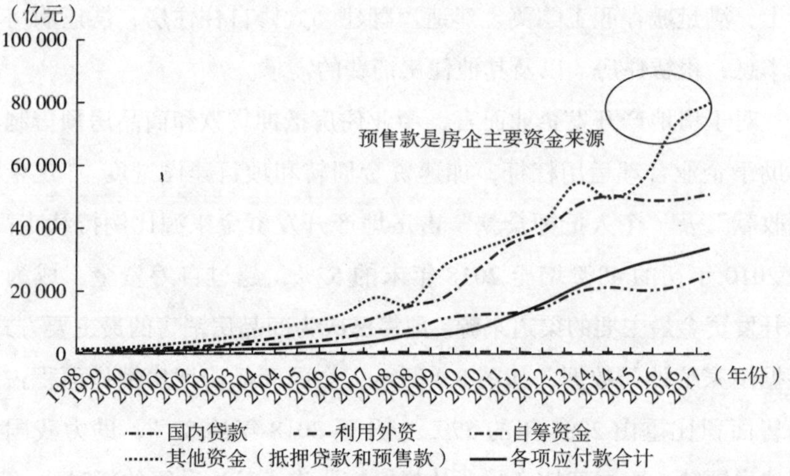


图 8.2　抵押贷款和预售款是房企第一大资金来源

资料来源：Wind，恒大研究院。

比重维持在40%左右。但也出现了工程烂尾、违规销售等乱象，以及加剧了行业的高杠杆效应。未来加强资金监管、因城施策调整预售条件是主要的改革方向。

## 四、支持居民住房消费，提高住房供应效率

1998年7月，国务院发布《关于进一步深化城镇住房制度改革加快住房建设的通知》，停止住房实物分配，实行住房市场化，发展住房金融。一方面，商业银行将个人住房贷款作为新业务增长点；另一方面，住房货币化也激活了房贷需求。同时，我国执行差异化个人住房贷款政策，并采取适当的信贷补助，帮助特定低收入群体进入相适应的住房市场，保护与鼓励居民的正常住房消费需求。如图8.3所示，住房公积金个人住房贷款利率与中长期贷款基准利率相比，一直保持1.6%~2.1%的利差，体现了住房金融政策对居民住房消费的支持。2018年末，中国住房公积金缴存总额达145 900亿元，提取率达70%以上，满足缴存职工购买、建造、翻建、大修自住住房，偿还购房贷款本息，租赁住房，以及其他住房消费的需求。

对于房地产开发企业而言，商业住房抵押贷款和商品房预售制度有助于企业合理运用杠杆，加速资金周转和项目建设进度。“定金和预收款”及“个人抵押贷款”占房地产开发资金来源比例持续走高，由2010年初的43%增至2018年末的52%，超过自筹资金，成为房企开发资金最主要的渠道来源。预售已成为商品房销售的最主要方式。根据国家统计局数据，如图8.4所示，全国商品房期房销售面积占总销售面积比重由2005年的57%上升至2018年的82%，助力我国告别住房短缺，引导房地产行业从规模扩张进入品质升级的新时代。

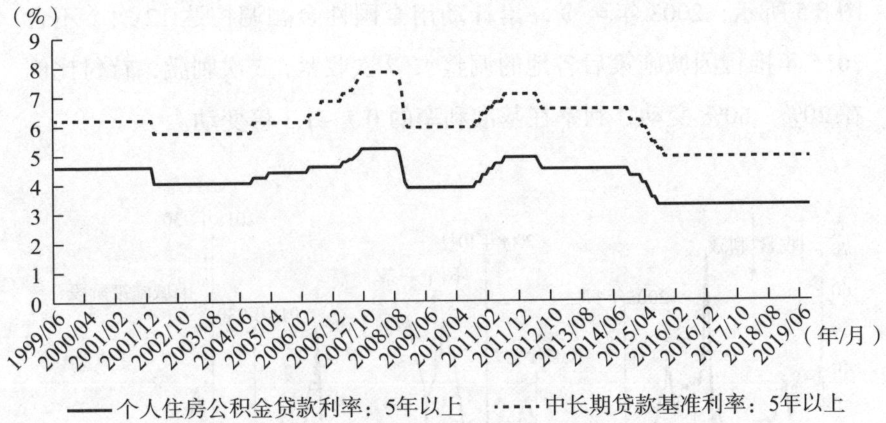


图8.3　个人住房公积金贷款利率及中长期贷款基准利率

资料来源：Wind，恒大研究院。

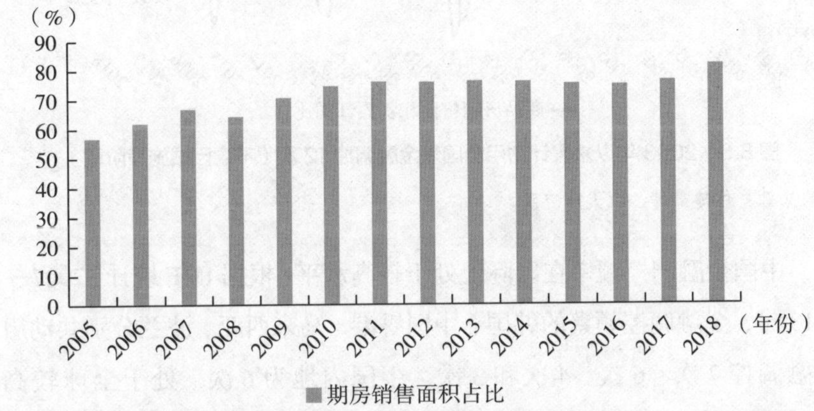


图8.4　我国期房销售面积占总销售面积比重

资料来源：国家统计局，恒大研究院。

## 五、住房金融政策调整过急过快，公积金封闭运行资金不足

住房金融政策保持基本稳定是住房市场保持基本平稳的重要条件，但中国住房金融政策被作为稳周期的调控手段，变动频繁。如

图 8.5 所示，2003 年至今，累计动用全国性金融调控达 12 次（不含 2016 年推行因城施策后各地的调整），7 次收紧，5 次刺激，首付比例在 20%～60% 变动，利率在基准利率的 0.7～1.3 倍变动。

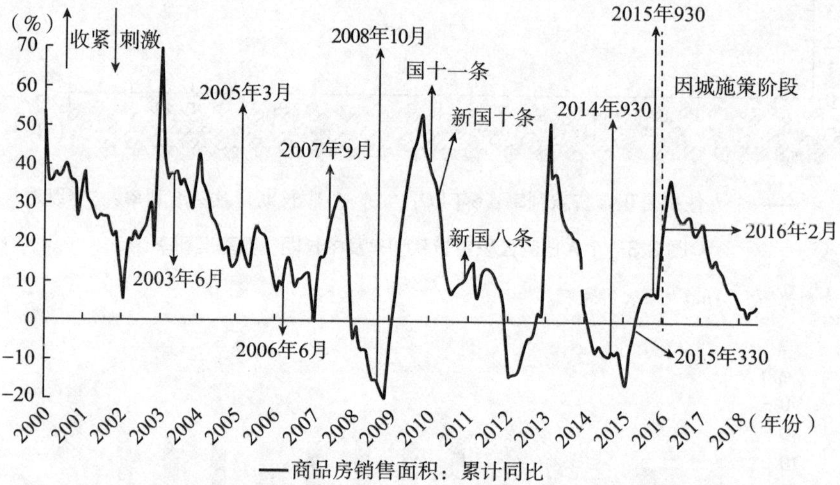


图 8.5　2003 年以来累计动用全国性金融调控 12 次（不含因城施策阶段）

资料来源：住建部等，恒大研究院。

中国金融调控频率在国际上处于较高水平。根据 IMF 统计，2007—2013 年，金融调控频繁的韩国、中国香港、马来西亚、波兰分别共动用金融调控 7 次、6 次、4 次和 3 次，中国内地为 6 次，处于全球较高水平。

不稳定的信贷政策扰乱市场预期，居民在政策放松时过度加杠杆。如图 8.6 所示，2014—2017 年伴随四降首付比，居民部门杠杆率从 35.7% 上升至 48.4%，累计上涨 12.7 个百分点，杠杆率在发展中国家中已处于较高水平。

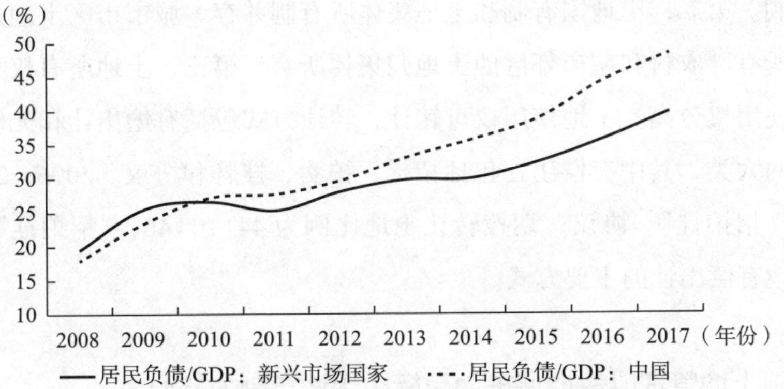


图 8.6　2014 年“930”政策放松时居民杠杆急剧上升

资料来源：BIS，恒大研究院。

中国公积金资金池封闭运行，规模较小。2017 年末，全国公积金缴存余额 5.2 万亿元，占 GDP 的 6.3%。作为对比，新加坡 2017 年公积金余额占 GDP 的 80.4%，职工可获得的贷款额度较低。以深圳为例，按均价计算，购买 90 平方米住房，首付 30% 需贷款 340 万元，而家庭首套房公积金最高贷款额度仅 90 万元，只能覆盖贷款需求的 26%。其他热点城市如南京、杭州、北京、上海，公积金贷款额度也仅能覆盖贷款需求的 50% 以下。通过二级市场拓宽公积金资金池，改革公积金为政策性金融机构将是可行的改革方向。

## 第二节　土地制度：两权分离、用途管制、供应垄断

### 一、土地产权两权分离，所有权公有、使用权有偿出让

从产权的角度看，中国土地制度有三个特点。第一，实行土地公

有制。第二，土地国有制和土地集体所有制并存。城市市区土地归国家所有，农村和城市郊区的土地归集体所有。第三，土地所有权与土地使用权分离。土地使用权可转让，转让方式包括有偿出让和无偿划拨两大类，其中有偿出让包括招标、拍卖、挂牌和协议。2006—2016年“招拍挂”、协议、划拨转让土地比例为44∶10∶46，“招拍挂”是土地有偿出让的主要方式。

## 二、土地管理以耕地保护为目标、用途管制为核心

土地管理模式以耕地保护为目标、用途管制为核心。1998年修订的《土地管理法》，规定我国实行土地用途管制制度。全国层面，政府有关部门编制土地利用总体规划，规定土地用途，严格限制农用地转为建设用地。地方层面，各级政府按照建设用地总量不超过上一级土地利用规划的原则，编制土地利用规划、城市总体规划、土地利用年度计划。

## 三、城乡二元土地制度下的一级市场供应垄断

城市国有土地使用权可有偿出让，但《城市管理法》规定，农村集体土地必须被征用转为国有土地才能出让。二元土地制度有两个影响：第一，形成地方政府土地一级市场垄断；第二，农村集体建设用地难以直接入市，造成土地闲置和私建小产权房等市场混乱问题。目前，集体经营性用地与国有土地同等入市、同权同价改革率先取得突破。

## 四、衍生土地财政，推动经济发展和城镇化

分税制改革、农地征收垄断、土地出让收入由地方支配、GDP锦标赛、快速城镇化，均是土地财政产生的原因。如表8.1所示，2017年，土地出让金、房地产相关税收占地方综合财力的24.03%和11.38%，房地产总共贡献了地方政府财政收入的35.4%。

推动经济增长。地方政府通过创办园区，低价供应工业用地，避开土地稀缺性可能导致的土地价格上涨，降低企业生产成本，保障了高投资。2008年1—6月，百城住宅用地成交均价累计上涨176.2%，但工业用地均价累计下降15.8%。土地成本低廉是21世纪以来经济快速增长的推力之一。

推进城镇化。土地出让收入的使用范围包括征地和拆迁补偿支出、土地开发支出、支农支出、城市建设支出。土地出让金是城市建设的主力资金。根据住建部《城市建设统计年鉴》，如图8.7所示，2016年用于城市维护建设的市级预算资金中，66%来自土地出让金。

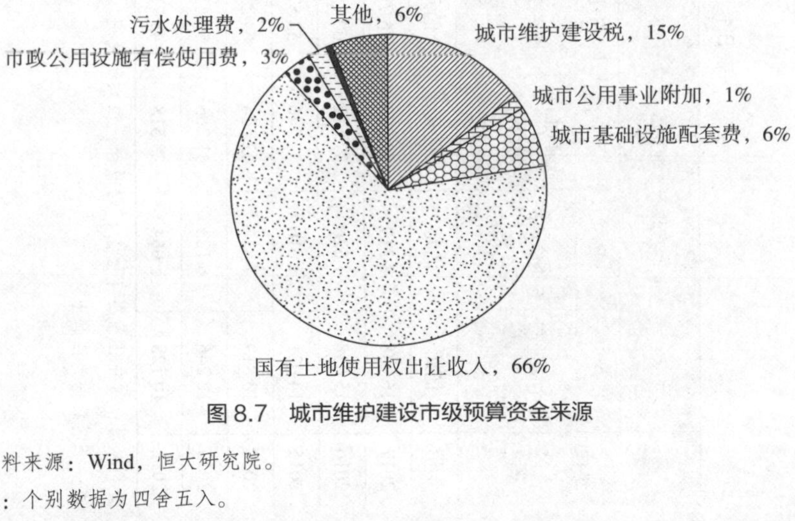


图8.7 城市维护建设市级预算资金来源

资料来源：Wind，恒大研究院。

注：个别数据为四舍五入。

表 8.1　2012—2017 年地方政府土地财政依赖度

| 项目 | 地方政府土地财政 | | | | 地方综合财力 | | | | 土地财政依赖 | 土地出让金贡献 | 房地产税收贡献 |
|---|---|---|---|---|---|---|---|---|---|---|---|
| | A | B | C | D=A+B+C | E | F | G | H=E+F+G | I=D/H | J=C/H | K=A+B/H |
| | 5 个房地产特有税种 | 6 个房地产相关税种 | 国有土地使用权出让收入 | 地方土地财政规模 | 地方一般公共预算收入 | 地方政府性基金收入 | 地方国有资本经营收入 | 地方财力 | 指标 1 | 指标 2 | 指标 3 |
| 年份 | 亿元 | 亿元 | 亿元 | 亿元 | 亿元 | 亿元 | 亿元 | 亿元 | % | % | % |
| 2017 | 16 438 | 8 219 | 52 074 | 76 731 | 156 521 | 58 640 | 1 572 | 216 733 | 35.40 | 24.03 | 11.38 |
| 2016 | 15 018 | 7 626 | 37 512 | 60 156 | 146 640 | 43 575 | 1 692 | 191 907 | 31.35 | 19.55 | 11.80 |
| 2015 | 14 021 | 7 010 | 32 546 | 53 577 | 138 100 | 39 559 | 1 065 | 178 724 | 29.98 | 18.21 | 11.77 |
| 2014 | 13 819 | 7 822 | 42 606 | 64 246 | 127 468 | 51 361 | 597 | 179 426 | 35.81 | 23.75 | 12.06 |
| 2013 | 12 246 | 6 123 | 41 266 | 59 636 | 117 031 | 49 450 | 655 | 167 136 | 35.68 | 24.69 | 10.99 |
| 2012 | 10 128 | 5 064 | 28 518 | 43 710 | 106 440 | 35 396 | 525 | 142 361 | 30.70 | 20.03 | 10.67 |

资料来源：《中国税务年鉴》，财政部，恒大研究院。

注：个别数据为四舍五入。

## 五、人地错配，推高地价和房价

### （一）人地分离，一线城市要人不供地

中国城镇化战略倾向于发展中小城市，控制大城市尤其是特大城市规模。中国长期实施“控制大城市人口，积极发展中小城市和小城镇，区域均衡发展”的城镇化战略。1980 年全国城市规划工作会议提出“控制大城市规模”。1990 年开始实施的《城市规划法》规定“严格控制大城市规模”。2014 年《国家新型城镇化规划（2014—2020）》提出“严格控制 500 万人以上特大城市人口规模”。

但人口倾向于向收入更高的核心城市流动，政策只控制住了土地供给，带来人地分离的问题。如图 8.8 所示，对 25 个代表城市 2009—2017 年的供地情况进行分析：4 个一线城市单位新增常住人口获得的新增住宅用地建筑面积均在 20 平方米以下；一些非热点城市，如潍坊、济南、昆明、连云港供地力度较大，达 190 平方米以上；湘潭、西安、绵阳 3 个城市常住人口负增长，但仍未停止供地。

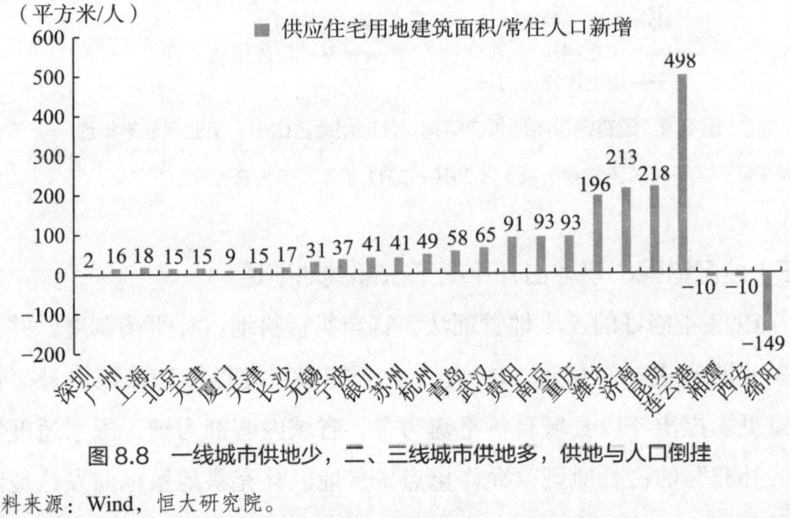

图 8.8　一线城市供地少，二、三线城市供地多，供地与人口倒挂

资料来源：Wind，恒大研究院。

### （二）供需失衡，工业用地供给粗放而住宅用地稀缺

中国长期存在工业用地供给过多、利用低效的问题。在 GDP 锦标赛下，地方政府有动机多出让低价工业用地进行招商引资；同时为实现土地出让金最大化，有动机地压缩住宅用地供应。如图 8.9 所示，2010—2017 年全国年均供应住宅用地 157.9 万亩，商服用地 66.0 万亩，而工矿仓储用地年均供应达 240.5 万亩，住宅用地占国有建设用地供应比重年均仅 17.8%。

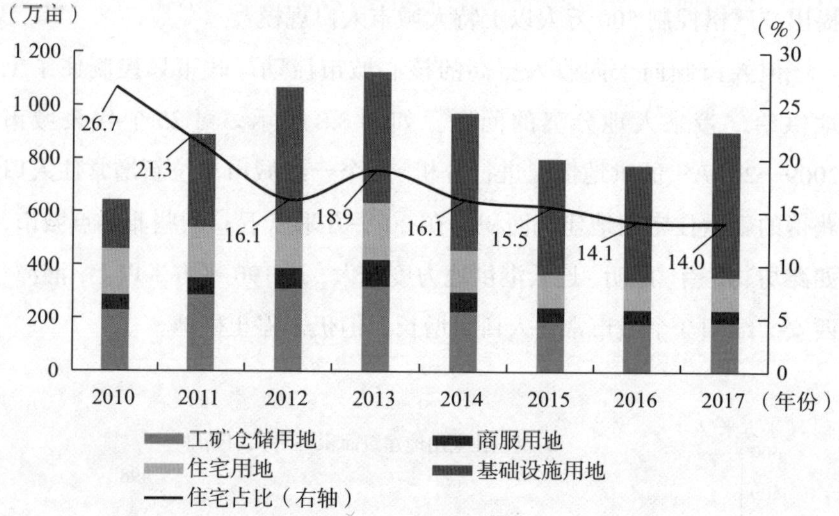


图 8.9　国有建设用地供应结构：住宅用地占比小，工业用地不集约

资料来源：《中国国土资源公报》（2010—2017 年），恒大研究院。

### （三）地区错配，耕地占补平衡下东部供地不足

1998 年修订的《土地管理法》宣布实行耕地占补平衡制度，并长期禁止跨省占补。尽管 2017 年《关于加强耕地保护和改进占补平衡的意见》提出“以县域自行平衡为主、省域内调剂为辅、国家适度统筹为补充”的占补原则，允许重点扶贫地区补充耕地指标向发达地区

调剂，但县市仍然是耕地占补平衡的主要范围。耕地后备资源不足的东部省份难以获得足够的建设用地指标，2010—2015 年东部地区人口增量占比 36%，高于城镇建设用地增量占比 8.6 个百分点，但东北、西部人口增量占比低于城镇建设用地，占比达 1.7 个、6.2 个百分点。

### （四）城乡失衡，农村建设用地高于城镇

中国城镇建设用地占国土面积的 1%，远低于发达国家，如美国、日本达到 3.1%、2.8%。2010—2016 年，在农村人口减少 8 140 万人的情况下，农村建设用地反而增加了 990 万亩，直接原因是农民工群体在城镇和乡村“双重占地”，形成众多“空心村”。2016 年北京农村建设用地高达 1 184 平方公里，相当于城镇建设用地的 71%；上海农村建设用地为 812 平方公里，相当于城镇建设用地的 43%。2016 年中国土地结构见图 8.10。

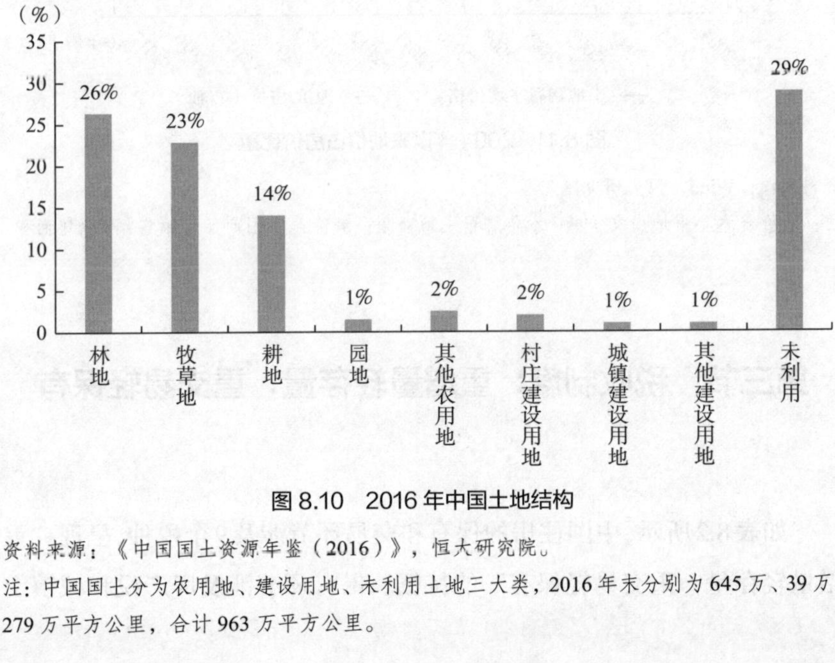


图 8.10　2016 年中国土地结构

资料来源：《中国国土资源年鉴（2016）》，恒大研究院。

注：中国国土分为农用地、建设用地、未利用土地三大类，2016 年末分别为 645 万、39 万、279 万平方公里，合计 963 万平方公里。

供需错配，推高地价和房价。一方面，土地“招拍挂”制度以“价高者得”为原则，虽然公开透明，但却不断推升地价，产生地王，助推房价上涨；另一方面，土地资源错配，如城市建设用地中居住用地占比低，大城市要人不供地，推升地价。如图 8.11 所示，2004—2017年，全国土地购置均价由 722 元 / 平方米上涨至 5 349 元 / 平方米，年复合增速 16.7%，地价占房价的比重由 26.6% 上升至 67.8%。

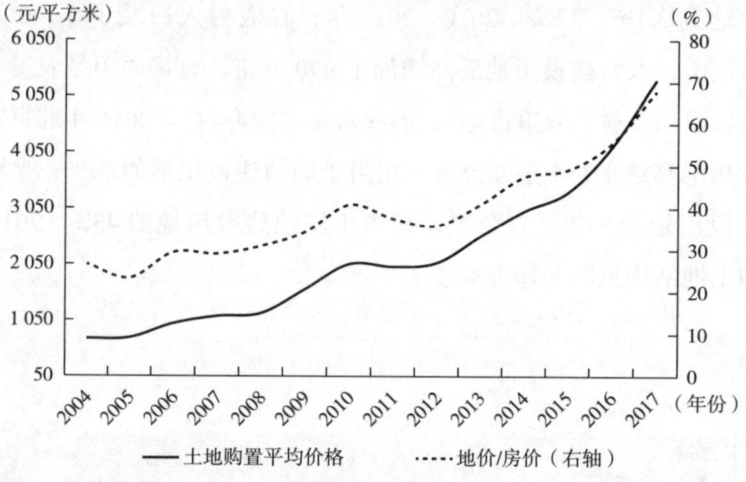


图 8.11　2004 年以来地价占房价比重

资料来源：Wind，恒大研究院。

注：地价 = 本年土地成交价款 / 本年购置土地面积；房价 = 全国商品房销售额 / 销售面积。

## 第三节　税收制度：重增量轻存量，重交易轻保有

如表 8.2 所示，中国住房的保有和交易环节涉及 9 个税种，呈现“重增量轻存量，重交易轻保有”的特征。保有环节涉及房产税和城镇土

地使用税两项，目前均对个人非营业住房免征。交易环节涉及增值税、增值税附加（含城市维护建设税和教育费附加）、契税、个人所得税、印花税、土地增值税 7 个税种，对首套房、长期持有设置减征条件。

表 8.2　中国住房保有和交易环节税种一览

| 大类 | 税种 | 计算 | 征税对象 | 减免条件 | 中央分成比例 | 地方分成比例 |
|---|---|---|---|---|---|---|
| 保有 | 房产税 | 房产原值 ×（70%~90%）× 1.2%；若个人出租，租金 ×4% | 持有者 | 个人非营业住房免征 | 0 | 100% |
| | 城镇土地使用税 | 2～20 元 / 平方米 / 年 × 实际占用土地面积 | 持有者 | | 0 | 100% |
| 交易 | 增值税 | 营业额 ×5% | 卖方 | 产权证满 2 年免征 | 0 | 100% |
| | 城市维护建设税 | 实际缴纳的增值税额 ×7% | 卖方 | | 0 | 100% |
| | 教育费附加 | 实际缴纳的增值税额 ×5% | 卖方 | | 0 | 100% |
| | 契税 | 转让成交额 ×（1%~3%） | 买方 | 90 平方米以下减免，首套房减免 | 0 | 100% |
| | 个人所得税 | 纳税所得额 × 20% 或计税价格 ×1% | 卖方 | 满 5 年且为居民唯一住房免征 | 60% | 40% |
| | 印花税 | 个人销售住房免征 | | | | |
| | 土地增值税 | | | | | |

资料来源：恒大研究院。

## 一、保有环节仅两个税种，均对个人住房免征

### （一）房产税

房产税依据 1986 年颁布的《中华人民共和国房产税暂行条例》

征收。征收范围为城镇，不含农村；税基为房产原值减除 10%～30% 后的余值；税率为 1.2%；如果房屋出租，则税基为租金收入，税率为 12%（个人出租税率为 4%）。

现行房产税对个人非营业住房免征。《房产税暂行条例》规定了房产税的五类免征对象，其中包括个人所有非营业用的房产。这项规定使办公楼和商业营业性用房成为主要征税对象，但两者在全国存量房市值中占比不到 20%，面积占比不到 10%；而采用历史成本法的房屋余值作为税基，和西方采用的房产评估值相比，房产增值额未被纳入征税范围。因此我国现行的房产税，由于征税对象范围窄、税基偏小，目前房产税收入在地方财政税收收入中占比十分有限，2007—2017 年房产税占一般预算收入的 3% 左右，其中 2017 年占 3.43%。中国房产税要素如表 8.3 所示。

表 8.3　中国房产税要素

| 要素 | 规定 | |
|---|---|---|
| 征收范围 | 城镇（城市、县城、建制镇和工矿区） | |
| 计税依据 | 出租 | 租金收入 ×12%（个人出租税率 4%） |
| | 不出租 | 房产余值 ×1.2%<br>房产余值 = 房产原值 ×（1−10%~30%） |
| 免税范围 | 个人所有非营业房产，<br>公益性房产（国家机关、人民团体、军队自用的房产，<br>宗教寺庙、公园、名胜古迹自用的房产等） | |
| 中央地方<br>分成比例 | 地方 100% | |

资料来源：恒大研究院。

## （二）城镇土地使用税

现行城镇土地使用税依据 1988 年 10 月 1 日颁布的《中华人民共

和国城镇土地使用税暂行条例》征收，目前个人所有的居住房屋及院落用地免征城镇土地使用税。

## 二、交易环节对频繁买卖重税，鼓励长期持有

交易环节税种多、税率较高，但由于免征条件多，总体来看居民在交易环节的税收负担处于国际中等水平。澳大利亚会计协会统计，如图 8.12 所示，中国住房交易环节综合平均税率 2.1%，处于国际中等水平。

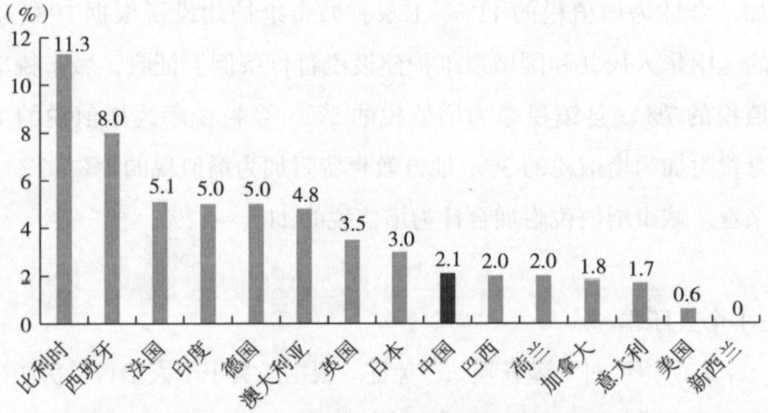


图 8.12　中国住房交易环节综合平均税率处于国际中等水平

资料来源：澳大利亚会计协会，恒大研究院。

### （一）契税

契税根据面积和是否首套房差别减征。契税依据 1997 年 10 月 1 日颁布的《中华人民共和国契税暂行条例》征收。房屋买卖、赠予、交换均需缴纳契税，契税向买方征收，税率为 1%～3%，计税依据为网签价，网签价过低则采用指导价。目前非一线城市，首套和二套 90

平方米以下税率为1%，首套90平方米以上税率为1.5%，二套90平方米以上税率为2%，三套税率为3%。

## （二）增值税及附加

增值税及附加对购买满两年住房出售免征。根据《关于调整个人住房转让营业税政策的通知》（财税〔2015〕39号），个人将购买不足两年的住宅对外出售，全额征收增值税，税率为5%，税基为销售收入与购房价款之差。增值税免征期限是常用的财税调控工具，2005—2018年累计调整过5次，在2年和5年间变动。

城市增值税附加包括城市维护建设税、教育费附加、地方教育费附加，合计为增值税的11%～12%。城市维护建设税根据1985年颁布的《中华人民共和国城市维护建设税暂行条例》征收，城市税率为增值税的7%，县镇税率为增值税的5%，乡村税率为增值税的1%；教育费附加为增值税的3%；地方教育费附加为增值税的1%～2%。合计来看，城市增值税附加合计为增值税的11%～12%。

## （三）个人所得税

个人所得税对“满五唯一”免征。根据《关于个人出售住房所得征收个人所得税有关问题的通知》（财税字〔1999〕278号），个人转让自用5年以上，并且是家庭唯一生活用房取得的所得，免征个人所得税。不满足免征条件时，个人所得税由卖方缴纳，如能获取房屋原值，则个人所得税=（计税价格－原值－相关税费－合理费用）×20%；如房屋原值未知，则个人所得税=计税价格×1%（非普通住宅为计税价格×2%）。此外，个人出租房屋也产生个人所得税，按照租房收入的10%征收。

### （四）印花税和土地增值税

印花税和土地增值税自2008年起免征。根据2008年发布的《关于调整房地产交易环节税收政策的通知》（财税〔2008〕137号），自2008年11月1日起，对个人销售或购买住房暂免征收印花税和土地增值税。

## 三、减轻居住负担，鼓励住房消费

税收减免是鼓励房地产消费的一种措施。住房税收体系承担了宏观调控的职能。纵观我国住房税收政策的发展历程，几次重要的调整主要是针对居民住房消费和个人二手房交易。例如，1999年个人所得税的政策调整体现为从宽，对“满五唯一”免征，鼓励长期持有住房。增值税的免征期限在2005—2018年经历5次调整。2008年个人首次购买普通住房开始免征印花税、土地增值税和减征契税。以减税为特征的积极财政政策是政府刺激经济增长、引导居民增加住房消费的有效手段。

目前，个人住房税收鼓励居民长期持有住房，具体体现为对长期持有进行税收减免，对短期频繁交易征收重税。房产税、城镇土地使用税、印花税和土地增值税分别在持有和交易环节实现个人住房完全免征。交易环节中，我国仅对产权年限较短、大面积住房以及多套住房等情况实行全额征税，居民因刚性住房需求负担的税收并不高。大力度的税收减免条件、较低的税率使居民长期持有住房成本基本为零，居住负担和政府征管阻力大幅减轻。

## 四、存量时代渐近，财政收入可持续性面临考验

轻保有环节征税，财政收入可持续性在存量房时代面临挑战。从

趋势上看，大规模住房建设时代慢慢过去，存量房时代渐渐来临。2013 年，北京、上海、深圳二手房 / 新房成交套数比均突破 1，分别为 1.00、1.08 和 1.54，率先迈入存量房市场，同时各城市二手房 / 新房成交套数比均在朝 1 靠拢，进入存量房时代是大势所趋。这意味着新拿地、新开工总量均会减少，土地出让收入、房地产建设环节税收对地方财政的贡献将下滑。从土地出让情况来看，2017 年一、二、三线城市出让住宅用地面积相比 2013 年峰值分别下滑 26.7%、31.3% 和 30.3%。未来地方财政对土地出让金的依赖将难以为继，保有环节税收——房产税改革的紧迫性上升。

## 第四节　租赁制度：进入租售并举新时代

### 一、增量房阶段决定低租赁比率

中国城镇居民租赁比例低于多数发达国家。第五次、第六次全国人口普查数据显示，2000—2010 年城镇家庭租房比例维持在 21% 左右，其中 2000 年有 14% 的家庭租公房，6% 的家庭租商品房；2010 年有 2% 的家庭租公房，19% 的家庭租商品房。而租赁市场是发达经济体住房供给的主力，多数发达经济体的租赁比例在 35% 以上，如瑞士（57%）、德国（55%）、韩国（45%）、日本（39%）、美国（37%）。在核心大城市租赁比率更高，如洛杉矶、旧金山、东京租房比例均超过 50%，分别达到 55%、54%、51%。

低租赁比与增量房阶段相伴而生。发达经济体住房市场的发展普遍遵循“大管制—大供给—大租赁—大市场”的发展脉络。第一阶段是“大管制”阶段：战后面临“房荒”，需要政府介入管制以解决最基本的住房需求。如德国 1945—1949 年将租金冻结在 1 马克 / 平方米·月，1950—1965 年大规模建设社会住房。第二阶段是“大供给”阶段：管制解决居民最低居住需求，居住水平改善则需撬动市场力量，进行大规模住房建设，例如香港地区从 60 年代末到 80 年代，地产集团兴起，兴建了大量的私人屋邨。第三阶段是“大租赁”阶段：城镇化进程放缓，大规模建设结束，进入存量房阶段，居民从售转向租，租赁比率提高。第四阶段是“大市场”阶段：城镇化末期，套户比保持在 1 以上，政府致力于税收等制度建设，抑制投机。当前，中国处于大供给阶段，尚未完全踏入存量房时代，低租赁比与住房发展阶段息息相关。

## 二、从弱租强售到租售并举，住房租赁政策加速推进

我国租赁制度变迁情况如表 8.4 所示。2015 年以来租赁制度大获推进。住建部等部委相继出台《关于加快培育和发展住房租赁市场的指导意见》（2015 年 1 月）、《关于在人口净流入的大中城市加快发展住房租赁市场的通知》（2017 年 7 月）、《利用集体建设用地建设租赁住房试点方案》（2017 年 8 月）等，从租赁用地供给、培育专业化住房租赁企业、支持租赁融资、推进租购同权等方面推动租售并举。

地方出台政策响应租售并举。2017 年 7 月，上海“十三五”规划提出未来 5 年供应商品住房 45 万套，租赁房 70 万套，各类保障性住房约 45 万套。租赁房供给占比高达 44%。2017 年 7 月，上海首推纯租赁用地，增加租赁房供给的同时稳定土地市场。

表 8.4　我国租赁制度变迁情况

| 时间 | 部门 | 文件 | 内容 |
| --- | --- | --- | --- |
| 缓慢推进期 | | | |
| 1994.7.5 | 人大常委会 | 《城市房地产管理法》 | 出租人和承租人应当签订书面租赁合同，约定租赁期限、租赁用途、租赁价格、修缮责任等条款，及双方的其他权利和义务，并向房产管理部门登记备案 |
| 2000.12.7 | 国税总局 | 《关于调整住房租赁市场税收政策的通知》 | 个人出租住房所得税减至 10%，营业税减至 3%，房产税减至 4% |
| 2008.3.3 | 国税总局 | 《关于廉租住房经济适用住房和住房租赁有关税收政策的通知》 | 个人出租住房营业税减至 1.5%，房产税减至 4%，个人所得税减至 10%，免征印花税 |
| 2010.12.1 | 住建部 | 《商品房屋租赁管理办法》 | 出租住房的，应当以原设计的房间为最小出租单位，人均租住建筑面积不得低于当地最低标准 |
| 加速推进期 | | | |
| 2015.1.14 | 住建部 | 《关于加快培育和发展住房租赁市场的指导意见》 | 用 3 年时间基本形成制度健全的住房租赁市场；支持房地产开发企业从单一的开发销售向租售并举模式转变；积极推进 REITs（房地产信托投资基金）试点 |
| 2015.1.28 | 住建部、财政部、央行 | 《关于放宽提取住房公积金支付房租条件的通知》 | 职工连续足额缴存住房公积金满 3 个月，本人及配偶在缴存城市无自有住房，租赁住房的，可提取夫妻双方住房公积金支付房租 |
| 2016.6.3 | 国务院办公厅 | 《关于加快培育和发展住房租赁市场的若干意见》 | 发展住房租赁企业，鼓励房地产开发企业开展住房租赁业务，规范住房租赁中介机构，推进公租房货币化，制订租赁用地计划，鼓励新建租赁住房，对租赁企业给予税收优惠，推进 REITs 试点 |

续表

| 时间 | 部门 | 文件 | 内容 |
|---|---|---|---|
| 2017.5.19 | 住建部 | 《住房租赁和销售管理条例（征求意见稿）》 | 鼓励专业化住房租赁企业长期经营，明确界定出租人与承租人的权利义务，切实保证租客利益 |
| 2017.7.20 | 住建部等九部委 | 《关于在人口净流入的大中城市加快发展住房租赁市场的通知》 | 培育机构化、规模化住房租赁企业，建设政府住房租赁交易服务平台，增加租赁住房有效供应 |
| 2017.7 | 广州市政府 | 推进“租售同权” | 具有本市户籍的适龄少年儿童、人才绿卡持有人子女等在享受教育等方面“租售同权” |
| 2017.8.20 | 国土部 | 《利用集体建设用地建设租赁住房试点方案》 | 将北京、上海、广州、厦门等列为试点 |
| 2018.4 | 住建部、证监会 | 《关于推进住房租赁资产证券化相关工作的通知》 | 推进住房租赁资产证券化 |

资料来源：住建部，各地方政府官网，恒大研究院。

## 三、市场尚不成熟，制度有待完善

租赁房源单一，热点城市房源不足。中国住房租赁市场缺少规模化、规范化、长期机构投资者，个人房源占比达 83%。同时热点城市需求旺盛，供给端存在缺口。以北京为例，2016 年末北京常住人口为 2 173 万人，租赁人口占比约 34%，估算租赁房需求为 238 万套，而目前北京租赁房屋约 150 万套，存在约 1/3 的供需缺口。

租赁市场亟待规范。现阶段我国租房市场发育不成熟，问题众多。例如，商品房占比低，租赁体验差，市场乱象多，租期不合预期导致搬家频繁等。

第一，商品房出租占比低。根据住建部的一项抽样调查，出租房中商品房占比仅为 40%，老式公房、农村自建房、回迁房和小产权房等占很大比例，配套不完善、居住环境破旧成为普遍问题。

第二，承租体验差。现有的租赁环境痛点较多，链家研究院对北京租户进行的一项调查发现：42.5% 的受访租客表示，现有租赁房屋配套老旧、功能差；37.8% 的租客表示，租期太短，需要频繁更换房屋；31% 的受访租客遇到过业主违约；28.7% 的租客认为，社区环境管理差。

第三，租期错配。目前不规范的租赁市场中，包租转租现象频繁，由此导致租期错配。据链家研究院的一项调查，期望租期与实际租期完全吻合的租客占比较低。针对期望签租 1 ~ 2 年的租客来说，59.1% 的租客期望租期与实际租期相吻合，除此之外，二者完全吻合的租客占比均不超过 50%。部分希望短租的被迫接受长租，部分希望长租的不得不短租。例如，23.3% 的被访者期望签约 5 ~ 10 年长租，却被迫签约 2 ~ 3 年短租。

## 第五节　住房保障制度：多渠道、分层次、高覆盖

### 一、保障性安居工程层次分明、种类齐全

中国的住房保障体系被称为“保障性安居工程”，如表 8.5 所示，主要包括：第一，保障性住房，含廉租房、公租房、经济适用房、限制性商品房（各地叫法不一，例如深圳为安居型商品住房）、共有产权房等；第二，棚户区改造，包括城市棚户区、国有工矿（煤矿）棚户区、林区棚户区、垦区棚户区四类，其中城市棚户区占 65%；第三，农村危房改造和游牧民定居工程。2014 年以前，经济适用房、公租房、廉租房是供给主力，2014 年以后棚户区改造是主力。

表 8.5　主要保障性住房类型对比

| 大类 | 小类 | 城市 | 保障对象 | 说明 | 产权 | 土地来源 | 资金来源 | 房屋设计 |
|---|---|---|---|---|---|---|---|---|
| 廉租房 | | 全国 | 城镇户籍最低收入家庭 | 政府对租金进行限价和补贴，是 2007—2011 年住房保障房主力。2014 年后与公租房并轨 | 政府所有，只租不售 | 划拨 | 财政预算；住房公积金收益，土地出让收入，租金收入等 | 50 平方米以内 |
| 公租房 | | 全国 | 城镇中等偏下收入住房困难家庭、新就业无房职工、稳定就业的外来务工人员 | 受益对象范围比廉租房更广；租金低于市场价，租住期限不超过 5 年 | 政府或机构所有，只租不售 | 划拨。也可出让，但需对租金、套型、用途前置规定 | 地方直接投资、资本金注入、投资补助、贷款贴息、中央补助等 | 40 平方米以下为主，必须 60 平方米以下 |
| 经济适用房 | | 全国 | 城市户籍低收入住房困难家庭 | 价格按利润率不高于 3% 核定，免收城市基础设施配套费等 | 有限产权：限售 5 年，出售时按差价缴纳土地收益等 | 划拨 | 出资主体为政府，也可单位利用自有土地集资建房 | 60 平方米左右 |
| 拆迁 / 棚改 / 定向安置房 | | 全国 | 城市居民被拆迁户 | 中低价位商品房 | 完全产权，回迁房限售一定年限 | 划拨 | 央行 PSL（抵押补充贷款）资金、棚户区改造贷款 | 根据 1∶1.1 或 1∶1.5 面积比例换算 |
| 共有产权住房 | | 北京、上海 | 城市中低收入家庭 | 销售价格低于同地段、同品质商品住房价格水平（一般不低于 60%），并限定使用和处分权利，实行政府与购房人按份共有产权的政策性商品住房 | 有限产权：限售 5 年，政府有优先购买权 | “招拍挂”（优先供应） | — | 城六区：不大于 90 平方米<br>其他区：90 平方米以下占比 70% 以上，最大不超过 120 平方米 |

资料来源：《公共租赁住房管理办法》等，恒大研究院。

各地保障房体系各有特色，如表 8.6 所示：厦门特色为“租购并举”，提供保障性租赁房、公租房和保障性商品房三类保障房；广州特色为“以租为主”，公租房是最主要的保障房品种；上海特色为“四位一体”，廉租房、共有产权房、公租房、征收安置住房四类保障房并行。

表 8.6　代表城市保障房体系梳理

| 城市 | 保障房体系 | 说明 |
| --- | --- | --- |
| 厦门 | “租购并举、分层次、全覆盖”住房保障政策体系 | · 保障性租赁房：中低收入住房困难家庭<br>· 公共租赁住房：中等及中等偏上收入住房困难人群、符合条件的引进人才及稳定就业的无住房职工（后者不设户籍和收入限制）<br>· 保障性商品房：本市无住房人群、符合条件的人才（限售 5 年，增值收益补缴土地收益） |
| 北京 | “以租为主”的住房保障体系 | · 公租房：“夹心层”和过渡期住房需求，含人才公租房<br>· 棚改安置房：拆迁区域内中低收入住房困难家庭<br>· 共有产权房：中等收入家庭的自住需求，含人才共有产权房 |
| 深圳 | “多渠道、分层次、广覆盖”的住房保障体系 | · 公共租赁住房：户籍中低收入居民，只租不售<br>· 人才住房：符合条件的企事业经营管理、专业技术等人才，可租可售<br>· 安居型商品房：符合收入财产限额的户籍居民，可租可售，以售为主<br>· 拆迁安置房：拆迁区域内中低收入住房困难家庭 |
| 广州 | “以公共租赁住房为主”的住房保障体系 | · 公租房（主要）：户籍中等偏下收入住房困难家庭、新就业无房职工、来穗务工人员<br>· 其他：棚户区改造安置房等 |
| 上海 | “四位一体”住房保障体系 | · 廉租房：城镇户籍低收入住房困难家庭<br>· 共有产权保障房：城镇户籍中低收入住房困难家庭<br>· 公共租赁住房：阶段性住房困难的上海青年职工、引进人才等<br>· 征收安置住房：拆迁区域内中低收入住房困难家庭 |

资料来源：恒大研究院。

## 二、高投入铸就高覆盖

近 10 年，我国在住房保障上投入了大量资金，估算当前保障房覆盖率达 24.9%。根据 2011 年时任总理温家宝在天津视察时提到的数据，2008 年我国城镇保障房覆盖率尚不足 4%，2011 年达到 11%。结合我们对城镇住宅存量的估算（参见报告《中国住房存量测算：过剩还是短缺？》），推知 2011 年保障房存量为 2 091 万套，而 2012—2017 年保障安居工程累计开工 4 170 万套，截至 2018 年，保障房存量约为 8 000 万套，占城镇住宅存量的 24.9%，如表 8.7 所示。

表 8.7　保障房覆盖率逐年提高

| 年度 | 保障安居工程新开工（不含农村危房改造，万套） | 保障安居工程存量（不含农村危房改造，万套） | 城镇住宅存量套数（万套） | 保障房覆盖率（%） |
|---|---|---|---|---|
| 2011 | 1 000 | 2 091 | 19 016 | 11.0 |
| 2012 | 700 | 2 791 | 20 072 | 13.9 |
| 2013 | 630 | 3 421 | 21 124 | 16.2 |
| 2014 | 700 | 4 121 | 22 206 | 18.6 |
| 2015 | 740 | 4 861 | 23 191 | 21.0 |
| 2016 | 700* | 5 561 | 24 223 | 23.0 |
| 2017 | 700 | 6 261 | 25 181 | 24.9 |

资料来源：Wind，恒大研究院。

注：保障安居工程新开工套数来自住建部（* 表示 2016 年数据缺失，为估计值）；城镇住宅存量套数来自恒大研究院基于 2010 年人口普查数据估计；2011 年保障房覆盖率数据来自 http：//news.hexun.com/2012-09-02/145384281.html。

## 三、供给不连续，进入门槛高，退出门槛低

一是保障房供给不连续。中国保障房供给呈“N”形走势，保障房制度承担了一定的调控职能。1995年国务院出台《国家安居工程实施方案》，保障房起步。1998年房改23号文提出“建设以经济适用房为主的多层次城镇住房供应体系”，将经济适用房置于中心位置。2003年18号文提出“大多数家庭购买或租赁商品房”，保障房供给进入停滞期。2007年为应对房价过快上涨，出台《关于解决城市低收入家庭住房困难的若干意见》，标志保障房建设重启。2008年为应对国际金融危机，国务院把“建设保障性安居工程”列为“四万亿”刺激计划的首项，大规模保障房建设开启。保障房供给具有不连续性，1995年起步，1998年被置于中心位置，2003年起缺位，2007年为调控房地产过热重启，2008年出于托底基建目的开始大规模建设，保障房制度承担了部分调控职能，稳定成熟的住房保障体系有待完善。

二是保障房进入门槛高，退出门槛低。多数保障房如经济适用房，申请条件要求“具有当地城镇户口”“家庭收入符合市、县人民政府划定的低收入家庭收入标准”，通过户籍和收入限制将非户籍家庭以及收入水平不在规定范围内的家庭排除在外，进入门槛较高。但在退出机制上，经济适用房房主5年后拥有全部产权，“可以按市场价格出售”，“按届时同地段普通商品住房与经济适用住房差价的一定比例交纳土地收益等价款”，退出门槛相对较低，购房者可获得较大退出收益。近年来北京等地推行的“共有产权房”在进入端放开户籍限制，退出端规定转让对象应为代持机构，或其他符合共有产权住房购买条件的家庭，是对这一缺陷的优化。

# 第六节　中国住房制度的反思

## 一、房地产服务于经济发展，住房制度面临双重目标

中国住房制度从属于宏观经济政策。1978年以前，住房建设被挤压来源于重工业优先战略。1978年起强调住房商品化，源于经济体制由计划向市场的转型。1998年房改大步推进，是为应对亚洲金融危机的影响。2003年转向以商品住房为主的住房供应体系，是对中央“发挥市场在资源配置中的作用”的响应。2008年大力发展保障房是为对冲国际金融危机的影响。

从属性决定住房制度的设计不是独立的，不但以解决居民住房问题为目标，还承担了部分宏观调控的职能，这是中国住房制度的关键特征。住房政策被赋予宏观调控的职能，不利于住房市场的稳定。例如2014年宏观经济下行压力加大，出于“稳增长”的诉求启动一系列房地产刺激政策，2014年“930”、2015年“330”、2015年“930”、2016年“217”四项刺激组合拳连出，推动很多城市房价在两年内翻番，中低收入群体购房负担加重，偏离住房制度“居者有其屋”的设计初衷。

历史上三次房地产刺激的背景均是经济下行，如图8.13所示。

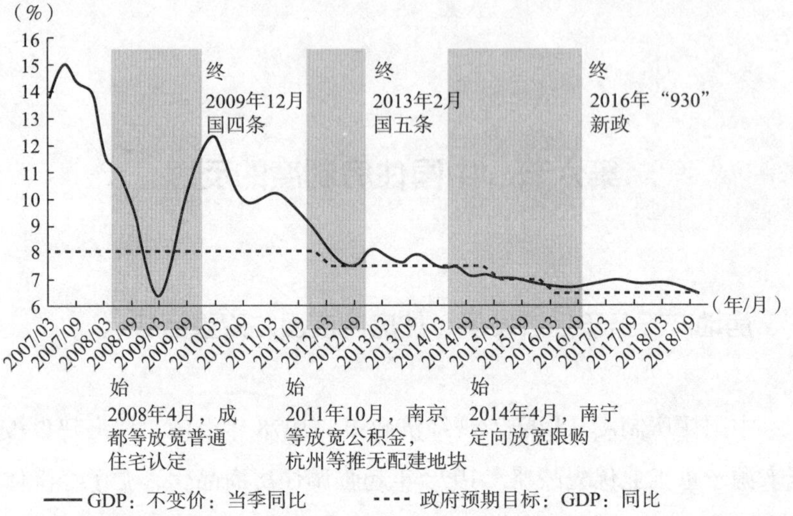


图 8.13　历史上三次房地产刺激的背景均是经济下行

资料来源：国家统计局，恒大研究院。

## 二、房地产调控政策重短期调控、轻长效机制

中国住房调控政策具有应急性，长效机制构建不足。

住房保障方面，在经历了 2003—2007 年的政府缺位后，2007 年 5 月，国务院发布《关于解决城市低收入家庭住房困难的若干意见》，重启保障房建设，目的是应对房价过快上涨；2008 年，保障房建设大幅提速，目的是应对金融危机，将保障房作为“四万亿”计划的一部分。保障房政策不连续，政策变动常是应对风险的选择。

房地产调控方面，2002 年开展房地产调控以来，我国共经历了 6 轮调控，政策切换往往都是应对风险的应急性选择。例如为应对金融危机，2008 年刺激政策出台，但房价在 2009 年空前暴涨，2010 年起“国十条”“国四条”紧急出台，遏制房价上涨。2014 年起行业面临高库存风险，随即刺激政策再度开始，又引发 2016 年以来新一轮房价暴涨，2016 年

“930”政策再度紧急收紧，建立长效机制才是维护市场稳定的根本。

政策的不稳定性和应急性，与“摸着石头过河”的渐进式改革特征有关。包括住房制度在内的中国整体改革进程有强烈的增量改革和渐进式改革特征，也就是俗称的“摸着石头过河”，这在很大程度上是试错的过程。

## 三、房地产的支柱地位深度捆绑经济和地方财政

房地产是支柱产业，1998 年以来房地产增加值占 GDP 的比重不断创新高，从 1998 年的 4.0% 增加至 2017 年的 6.5%。房地产开发投资占固定资产投资的比重从 2000 年以来保持在 20% 左右，2017 年为 17.4%。如图 8.14 所示，房地产还带动了众多上下游产业。按照申万

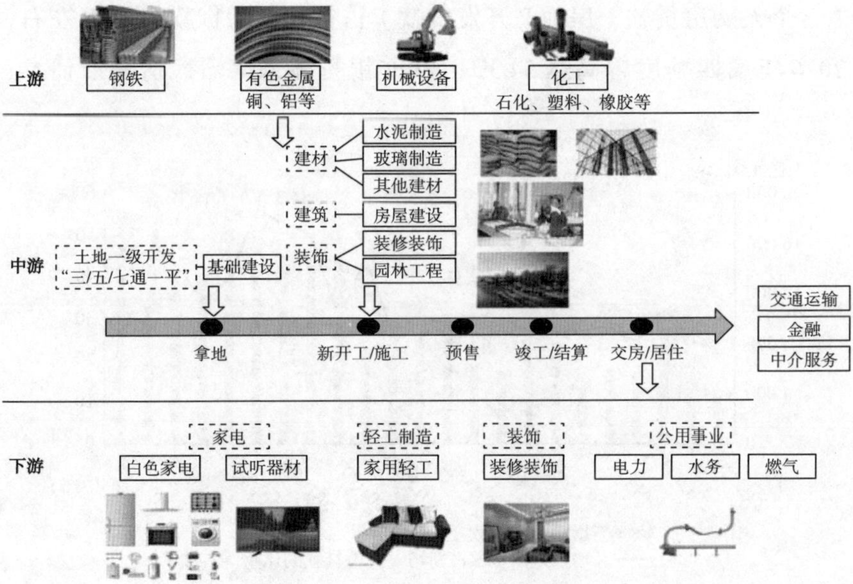


图 8.14　房地产是周期之母，与上下游众多产业关联性强

资料来源：恒大研究院。

一级行业分类，全部28个行业中，14个行业受房地产带动。根据国家统计局原副局长许宪春（2015）基于投入产出表的测算，2013年房地产贡献相关产业增加值占GDP的9.0%。

房地产是地方政府的主要财源。2017年全国土地出让收入5.2万亿元，占当年地方政府综合财力（一般预算收入+基金收入+国有资本运营收入）的24.0%。估算11个房地产相关税收收入2.5万亿元，占地方综合财力的11.4%，房地产合计贡献地方财政收入的35.4%。此外，土地抵押贷款是城市政府最重要的融资来源，以自然资源部监测的84个城市为例（该数据自2016年以后未更新），2015年底土地融资余额达11.3万亿元。

房地产和金融深度捆绑。抵押贷款制度和预售制度决定房地产行业不同于一般制造业，具有明显的金融属性，房地产安全与金融安全息息相关。如图8.15所示，从银行体系来看，新增房地产贷款（含个人购房贷款、房地产开发贷款）占银行新增贷款的40%左右，2016年第四季度曾高达54.3%。从非银行体系来看，房地产债券、

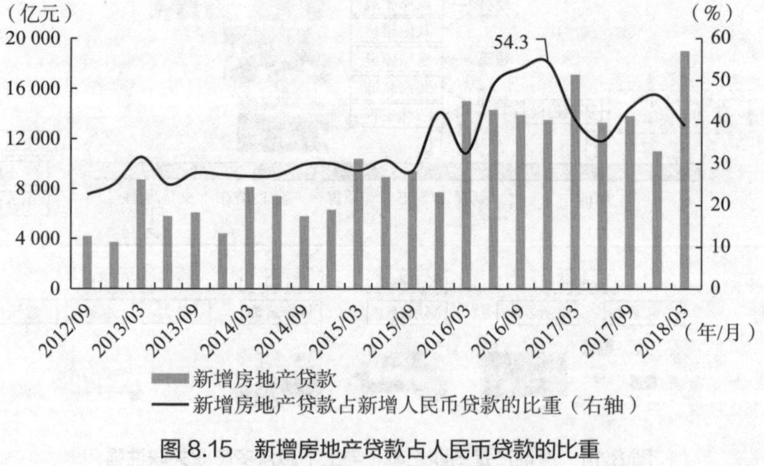


图8.15 新增房地产贷款占人民币贷款的比重

资料来源：中国人民银行，恒大研究院。

信托发行量占总发行量的10%～20%。2015年第三季度是地产公司债发行高峰期，发行量占全部公司债的28.1%。2010年，房地产信托发行高峰期，占信托发行总量的50%以上。

## 四、住房制度尚未平衡“保障”与“市场”

解决居民住房问题，应该“低收入靠保障，中等收入靠支持，高收入靠市场”。实践中，1998年以前过度强调保障，2003—2007年过度强调市场。1998年“房改”提出的三层次住房供应体系“高收入家庭购买租赁商品房，中低收入家庭购买经济适用房，最低收入家庭租住廉租房”最接近这一价值取向，但在2003年18号文提出“大多数家庭购买或租赁商品房”后发生偏离，中低收入群体的住房支持和保障责任被推向市场。过分依赖市场，同时又加以不恰当的需求端行政干预，助长房价过快上涨，导致中低收入群体购房困难。

2007年以后大规模保障房建设启动，2014年以来棚户区改造成为保障安居工程主力。棚户区改造显著提升了棚改户的住房条件，改善了城市面貌，但是少数地区过度棚改、过度货币化安置，棚改户获得超额福利，失去住房保障的要义。对于中等收入家庭，由于信贷政策持续变动，无论是刚需还是改善性需求，都未获得持续有效的支持。对中端群体的支持在本轮调控中依然被忽视。而“限购、限价”等行政管制下建筑质量倒退，“毛坯房”取代精装修房，也是市场失灵的直接表现。

第九章

# 中国房地产市场发展趋势

本章作者：夏磊、黄什、陈雨田

在房地产融资大幅收紧、棚改货币化大幅下降的大背景下，房地产市场降温趋势明显。中央不断重申“房住不炒”、落实房地产长效管理机制等要求，中国的房地产市场是否依然具有较大潜力？中国商品住房市场未来的发展空间受当前城镇化率、人口、住房消费观念、居住条件、经济增长以及家庭结构六大因素的支撑，产生出城镇常住人口增长、居住条件改善以及城市更新三大方面需求。目前来看，我国住房市场已经从高增长阶段踏入总量稳定、高质量发展的新时代，同时市场将会向一、二线城市和主要城市群集中，未来我国房地产市场还会有巨大空间。

住房增量时代搞建设，拉动经济高速增长。住房存量时代注重居住品质提升，防范住房市场风险。在住房总量不足时期，大规模发展房地产业可以在缓解住房矛盾的同时，带动房地产上下游相关产业快速发展，从而拉动经济高速增长。产业蓬勃发展和经济快速增长推动居民收入的增加和购买力的提升，反过来又支撑房地产行业健康发展。在存量住房时期，经济拉动的边际效应递减明显，再依赖于房地产行业的经济拉动作用，则易产生房地产供给过剩风险和价格泡沫风险。

从国际经验来看，中国香港的房地产市场高度集中，前 10 大地产商形成垄断之势，在重资产下进行租售混合经营。在美国，REITs 是房地产行业的核心，住房以标准化运营为主。在新加坡，住房市场具有开发和自持混合经营、房地产和金融双轮驱动的特点。中国香港、美国及新加坡作为相对成熟的经济体，其房地产市场高度成熟，其模式对中国房企具有重要的参考价值。

## 第一节　未来中国房地产市场空间有多大

### 一、六大因素支撑我国房地产中长期市场空间

#### （一）城镇化：城镇化率持续提升，大量农村人口进城

改革开放以来，我国城镇化率以年均 1.06 个百分点的增速增长。我国城镇化仍处于快速发展阶段，未来 10 年将继续快速提升。根据联合国预测，未来 10 年我国城镇化率预计年均提升 1 个百分点，至 2030 年达到 70.6%（见图 9.1），年均 1 300 万农村人口转变为城镇常住人口。

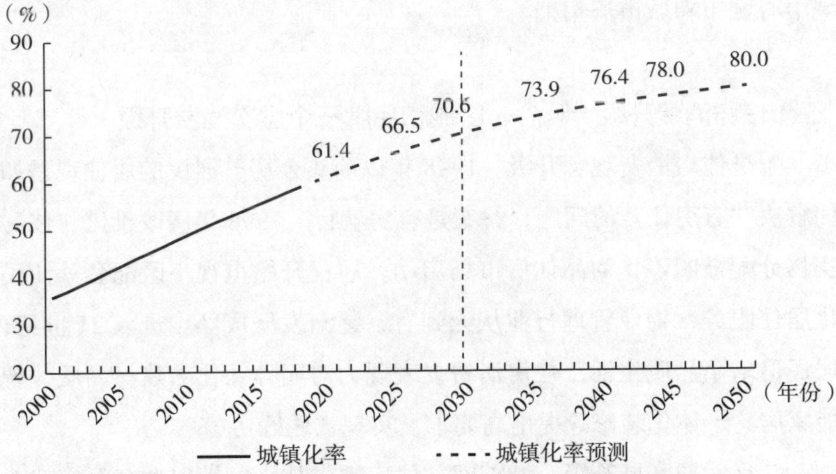


图 9.1　2020—2050 年中国城镇化率空间

资料来源：联合国，恒大研究院。

第一，国际经验表明，城镇化率提升遵循诺瑟姆曲线规律，城镇化率在30%以下、30%~70%和70%以上时，分别为平稳发展阶段、快速发展阶段和缓滞发展阶段。2018年，我国常住人口城镇化率为59.6%，仍处于快速发展区间。

第二，横向看我国城镇化率上升空间较大。当前城镇化率仅相当于1868年的英国，1910年的德国，1945年的美国，1958年的日本。无论是和发达国家相比，还是和经济发展水平相似的发展中国家（如俄罗斯、巴西等）相比，均有较大差距。

### （二）人口迁移：城市间人口迁移增加

区域经济发展不平衡推动人口从经济发展水平较低的地区向经济发展水平较高的地区迁移。我国39个一、二线城市2018年常住人口城镇化率和人均GDP相关系数高达0.88，31个省、自治区和直辖市的这两个指标的相关系数达0.57。2000—2015年，“城—城”流动人口占比从20.8%持续增加至37.9%。未来，人口将继续向经济发达区域中心城市和城市群集聚。

### （三）住房消费升级：观念、区域和品牌三个层次消费升级

一是住房消费观念升级。1998年以前买公房，居民的居住观是如何解决“有房住”的问题，答案是有房就行。1998年房改推进，住房实物分配被叫停，商品住房市场启动，居民开始重视小区配套等便民化居住服务，物业管理行业从无到有，逐渐发展成熟。进入21世纪，居民追求高品质生活，住房消费上表现为对园林绿化、建材品质、智能家居、一体化装修等提出高要求，实现“住好房”。

二是消费区域升级。城市间，住房需求从小城镇向教育医疗就业等条件更完善的大城市集中。城市内部，新老城区并存，新区基础设

施好，即使在老城区有房的居民，也要到新区购买改善型住房。

三是消费品牌升级。居民购房需求从缺乏建设标准和服务保障的地方中小房企向标准化运营、服务完善的品牌房企集中。2019 年第一季度末，百强房企占商品房市场份额已超七成，较 2015 年 40% 的市场占有率增长了 31 个百分点。凭借品牌溢价、智能家居、优质物业等优势，品质住宅占据主流。以精装修为例，20 世纪 90 年代末首次在广州、上海等城市出现，2005 年恒大率先开启全精装交房的业内风潮，2018 年全国全装修渗透率提升至 23% 以上，一线城市提升至 56%。

我国居民购房观念升级进程如图 9.2 所示。

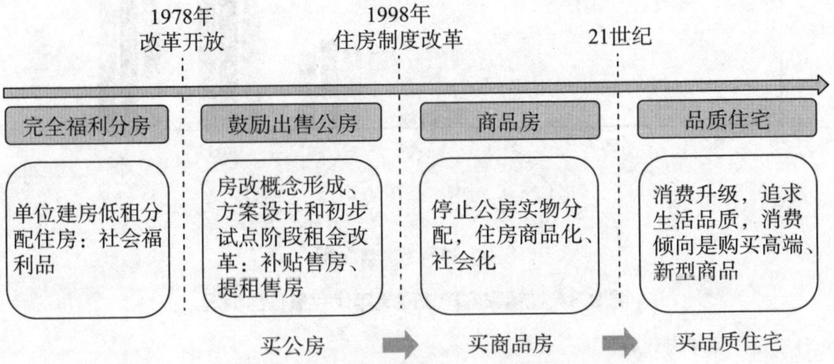


图 9.2　我国居民购房观念升级进程

资料来源：恒大研究院。

## （四）住房质量：居住条件改善

### 1. 我国基本告别住房短缺，但住房质量仍有很大的改善空间

根据恒大研究院《中国住房存量报告：2019》，1978—2018 年，我国城镇住宅存量从不到 14 亿平方米增至 276 亿平方米，城镇住房套数从约 3 100 万套增至 3.11 亿套，套户比从 0.8 增至 1.09。当前，日本、美国、英国、德国的套户比分别为 1.16、1.15、1.03、1.02，与

发达国家对比，我国住房供给总体平衡。但根据 2015 年人口“小普查”，我国城镇住房中成套率仅为 85%，约 20% 为条件较差的平房，41% 为 1999 年以前修建。城镇家庭户按建筑年代存量住房情况如图 9.3 所示。

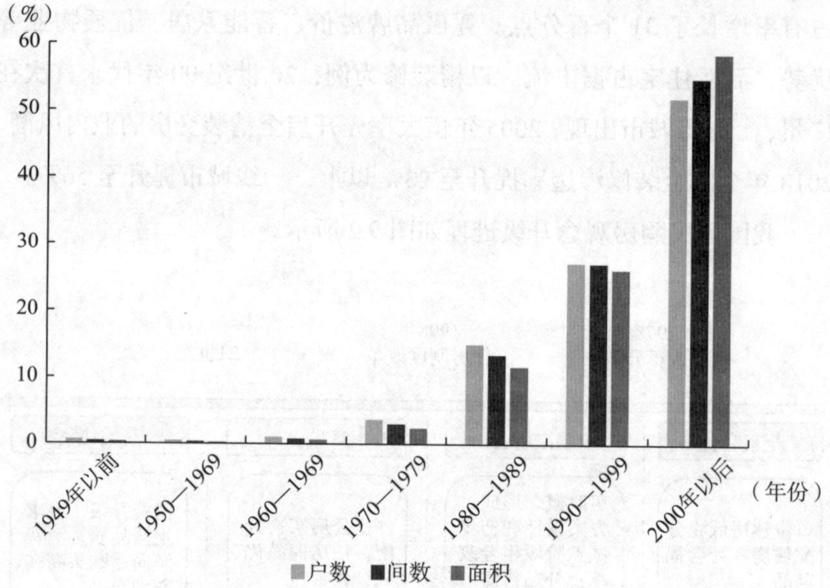


图 9.3 城镇家庭户按建筑年代存量住房情况

资料来源：国家统计局，恒大研究院。

2014—2018 年，我国典型城市商品房累计销售中，90 ~ 144 平方米的改善户型套数占比明显提升，表明在住房质量改善的需求下，居民更偏好功能完备的较大面积住宅。

### 2. 城镇主力置业人口数量保持稳定，但年龄中枢上移，住房改善的能力提升

人口总量峰值临近，但受益于鼓励生育政策，估计仍能维持 5 ~ 10 年的增长。1978 年以来，我国生育政策经历了从严格计划生育到放松

计划生育的转换，总和生育率下滑，从 1970 年之前的 6.0 降至当前的 1.5 左右。

根据恒大研究院研究报告《中国生育率报告:2019》，按照当前 1.5 的低生育率预测未来人口总量，最保守估计我国人口将于 2024 年前后到达峰值 14.10 亿人（低方案）。但应考虑生育政策变化将对生育率提升产生积极影响。目前全面二孩政策已经实行，预计未来会继续出台政策提高生育率，比如推行全面放开生育，出台个税抵扣、经济补贴、支持托育服务供给、完善女性就业权益等一系列配套生育支持政策。若生育率提高至 1.6 和 1.8，预计总人口将分别在 2026 年前后（中方案）、2030 年前后（高方案）达到峰值 14.19 亿人、14.33 亿人。

联合国对中国人口规模有 9 个预测方案。其中低方案的总和生育率假设为 1.45，将于 2024 年达到人口峰值 14.5 亿人。固定生育率方案和中方案对未来总和生育率假设为 1.69 和 1.70，分别将于 2030 年、2031 年达到 14.6 亿人的峰值。

城镇主力置业人口数量稳定在 5.5 亿人左右。根据联合国预测的我国未来城镇化、固定生育率方案下的人口总数和年龄结构，虽然 20 ~ 60 岁人口占比持续小幅降低，但受益于城镇化率提升和总人口增长，2045 年以前 20 ~ 60 岁城镇人口数量稳定在 5.5 亿人左右。

主力置业人口年龄中枢上移，住房改善能力提升。主力置业人口中，20 ~ 34 岁以首置需求为主，35 ~ 60 岁以改善需求为主。对改善需求进行细分，35 ~ 45 岁一般为二次购房的首改群体，45 ~ 60 岁为三次及以上的再改和豪改群体。根据联合国预测的未来我国人口年龄结构数据，2020—2030 年，首置需求人口占比由 36.8% 降低至 32%，首改需求人口占比由 23% 提升至 28.6%，再改和豪改需求人口占比维持在 40% 左右。

2020—2050 年城镇主力置业人口数量及年龄结构如表 9.1 所示。

表 9.1　2020—2050 年城镇主力置业人口数量及年龄结构

| 全国总人口中主力置业人口占比 | | | | | | | |
|---|---|---|---|---|---|---|---|
| 年龄 | 2020 | 2025 | 2030 | 2035 | 2040 | 2045 | 2050 |
| 20 ~ 34 | 21.8% | 18.2% | 17.2% | 17.1% | 17.4% | 17.0% | 16.2% |
| 35 ~ 44 | 13.6% | 15.6% | 15.3% | 12.5% | 11.5% | 11.4% | 11.9% |
| 45 ~ 60 | 23.8% | 23.0% | 21.1% | 21.7% | 21.9% | 21.2% | 18.4% |
| 总计 | 59.2% | 56.8% | 53.6% | 51.3% | 50.8% | 49.6% | 46.5% |
| 城镇主力置业人口数量（亿人） | | | | | | | |
| 20 ~ 34 | 1.93 | 1.77 | 1.77 | 1.85 | 1.92 | 1.90 | 1.81 |
| 35 ~ 44 | 1.21 | 1.51 | 1.58 | 1.34 | 1.27 | 1.27 | 1.33 |
| 45 ~ 60 | 2.10 | 2.22 | 2.18 | 2.34 | 2.42 | 2.37 | 2.05 |
| 总计 | 5.24 | 5.50 | 5.53 | 5.53 | 5.61 | 5.54 | 5.19 |
| 城镇主力置业人口中各年龄段占比 | | | | | | | |
| 20 ~ 34 | 36.8% | 32.1% | 32.0% | 33.4% | 34.2% | 34.3% | 34.8% |
| 35 ~ 44 | 23.1% | 27.5% | 28.6% | 24.3% | 22.6% | 23.0% | 25.7% |
| 45 ~ 60 | 40.1% | 40.4% | 39.4% | 42.3% | 43.2% | 41.7% | 38.5% |
| 总计 | 100% | 100% | 100% | 100% | 100% | 100% | 100% |

资料来源：联合国，恒大研究院。

## （五）经济增长：经济增长带动居民住房消费持续增加

居民居住消费水平与经济发展水平相匹配。美国 1960—2008 年个人住房消费支出 /GDP 维持在 8.5% ~ 10.3%，两者增速的相关系数达 0.77。如图 9.4 所示，中国 2005—2018 年居民最终居住消费 /GDP 也稳定于 5.4% ~ 6.6%，增速相关系数为 0.59。国内外经验表明，经济发展会带动居民居住消费增加。一是住户部门收入增长带动居民整体消费增长；二是随着温饱问题解决，经济增长对住房消费带动力增强。以我国为例，1998—2018 年城镇居民消费性支出增速和居民可支配收入增速相关系数为 0.91，具有强正相关关系。1985—2018 年，我国城镇家庭消费中用于居住的消费支出占比由 4.8% 提升至 24%，吃穿用消费支出占比由 75.4% 下降至 40.9%。

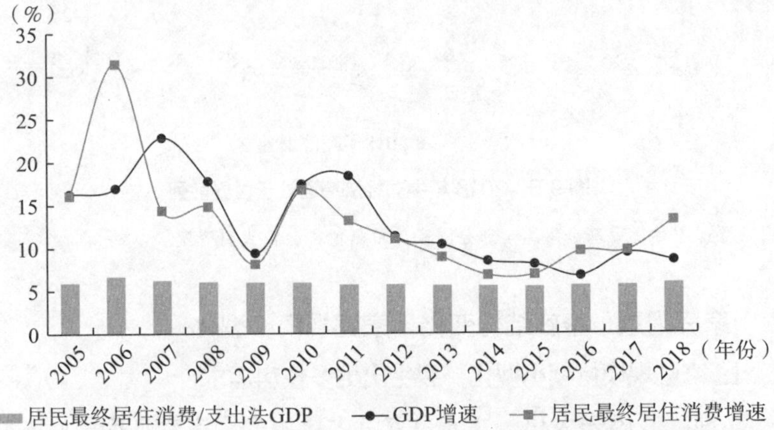


图 9.4　2005—2018 年 GDP 和居民居住消费增速

资料来源：国家统计局，恒大研究院。

我国经济基数低、增速快，未来增长空间大。未来经济增长将带动居民住房消费持续增加。1978—2018 年，我国 GDP 从不足 4 000 亿元增长至 90 万亿元，40 年内增长约 245 倍。在经济发展取得举世瞩目成绩的同时依然存在巨大潜力，虽然 GDP 总量位居世界第二，但人均 GDP 仅为 9 771 美元，不足美国的 1/6、日本的 1/4。2018 年，我国实际经济增速 6.57%，增速换挡后仍处于世界前列，如图 9.5 所示。

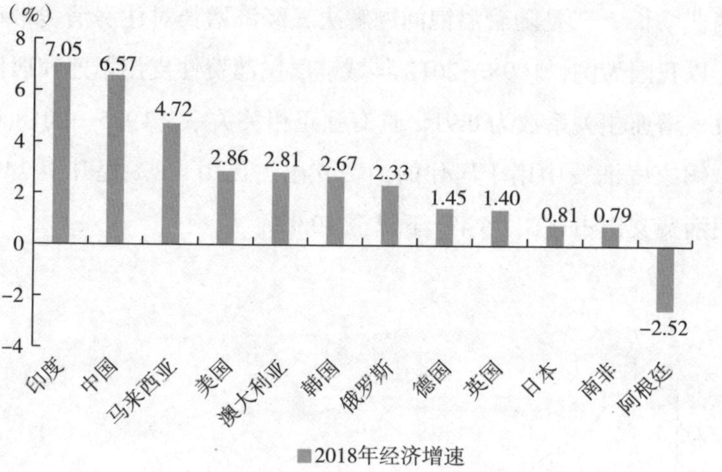


图 9.5 2018 年中国经济增速处于世界前列

资料来源：国际货币基金组织（部分国家为预测值），恒大研究院。

## （六）家庭因素：家庭结构变化，家庭规模小型化

### 1. 家庭规模持续小型化，裂生出更多住房需求

当前，我国一人户、二人户家庭占比提升，家庭平均规模不断减小。2004—2017 年，户均人数由 3.24 人下降为 2.99 人。一人户、二人户家庭占比分别由 7.8%、19.6% 上升至 15.6%、27.2%；三人户家庭占比由 31.4% 下降至 24.7%。如图 9.6 所示，二人户已取代三人户，成为我国最主要的家庭结构类型。

### 2. 和发达国家相比，我国家庭规模仍有下降空间

从现状看，德国、日本、英国、韩国、美国的家庭平均规模均低于我国，分别为 1.99、2.38、2.39、2.50、2.54 人，且这些国家的一人户、二人户家庭户占比全部高于 55%。从趋势看，家庭规模随工业化和城镇化的深入推进而下降。以美国、日本为例，1975—2015 年日本城镇化率由 75.7% 上升至 91.4%，平均家庭人数由 3.32 人下降至 2.38 人；

1960—2010 年美国城镇化率由 70% 上升至 80.8%，平均家庭人数从 3.29 人下降至 2.59 人。

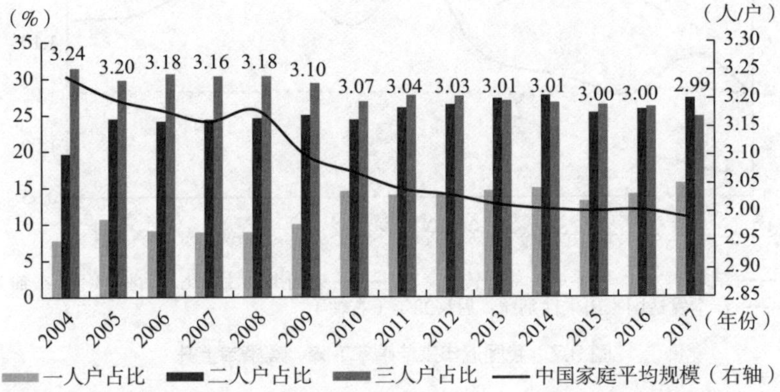


图 9.6　我国户均人数呈下降趋势，二人户逐渐超过三人户家庭

资料来源：国家统计局，恒大研究院。

### 3. 未来我国家庭结构变化将继续推动家庭规模小型化

一是婚姻观念改变、婚姻成本提高和适婚人口性别比失衡，结婚率下降叠加离婚率上升，单身和单亲核心家庭增加，如图 9.7 所示。2018 年全国结婚登记 1 013.9 万对，离婚登记 446.1 万对，分别较 2014 年减少 22.4%，增加 22.7%。根据联合国出生性别比数据，未来我国适婚人口性别比位于 1.12 ~ 1.19 的失衡高位，结婚率提升较难，家庭结构将向更多的一人户和单亲核心家庭发展，产生住房刚需。二是现代城市生活方式下传统家庭功能弱化，代际分居形成更多一代和两代户。随着高成本、快节奏的城市生活方式逐渐普及，老年父母对子女赡养的依赖度因退休金机制和日趋完备的养老服务而减弱，已婚子女追求私密空间，自立门户现象普遍，三代及以上同堂的传统大家庭数量减少，一代和两代户增加。

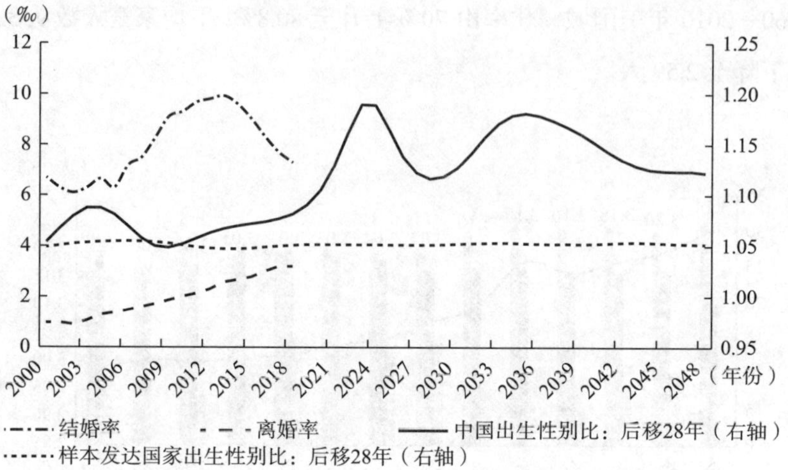


图 9.7 我国近年来结婚率下降，离婚率上升

资料来源：Wind，恒大研究院。

注：样本发达国家包括欧洲国家、北美国家、澳大利亚、新西兰和日本。

## 二、总量稳定，我国房地产市场仍有巨大的潜力

### （一）六大因素支撑下的三类自住需求

在“房住不炒”政策的导向下，居民自住需求平稳释放，支撑我国房地产市场空间。按照产生来源，居民自住需求可分为三类。

一是城镇人口增加需求。城镇常住人口增长受益于全国总人口数的增加和城镇化率的提升，可进一步细分为城镇人口自然增长、农村人口进城产生的“农转非”，以及行政区划变动产生的就地城镇化人口。无论是内生的城镇人口自然增长，还是外源性的农村进城常住人口，均产生新的自住刚需。

二是城市更新改造需求。旧城改造更新涉及大量老旧住宅拆迁，通过实物和货币两种方式进行安置，其中货币化安置部分居民持币进入二手和商品房市场解决自住刚需。随着经济发展，城市更新改造需求增加。一个

是城市逐步进入存量改造时代，城市空间增量扩展受限，老旧城区拆迁增加。另一个是老城区旧宅难以满足居民住房消费升级，居民需要品质住宅。

三是居住条件改善。首先，经济增长提升居民可支配收入，居民住房消费能力增强；其次，住房是居民重要的消费领域，也是消费升级的重要组成部分，住房消费在品质、区位和品牌上持续升级；最后，离婚率上升叠加结婚率下降，家庭规模小型化，对成套住房的需求增加。

此外，未来住房市场总需求中有一部分需求不会在商品房实际销售中体现，产生需求漏损。例如，农转非自带房入城、城镇流入人口返乡置业等现象使住房需求通过其他渠道得到解决。

### （二）未来房地产市场空间测算方法与数据

长周期住房需求分析方法为：

当年商品住房需求 =（1- 有效需求漏损率）×

（城镇人口增长需求 + 城市更新改造需求 + 居住条件改善需求）

需求 1，城镇常住人口增长需求 = 全国总人口 × 城镇化率增量 × 人均住房面积。根据人口增量来源，城镇常住人口增长需求可分为城镇常住人口自然增长需求和农转非城镇常住人口需求。全国总人口和人口自然增长率根据《中国生育率报告：2019》中 1.5 的低生育率进行保守估计。城镇化率采用联合国《世界城市化展望（2018）》中的预测。城镇人均住房面积根据 2014—2018 年的年均增速，按照一定速率递减计算未来增速进行预测。

需求 2，城市更新改造需求 = 存量住房面积 × 折旧率 × 货币化安置比例。其中 2013—2020 年采用当年棚改新开工套数、货币化安置比例和每户棚改新增住房需求 85.1 平方米计算。2021 年及以后，以向前推 20 年的存量住房，年拆迁率 1/70，货币安置化比例维持在 30% 估算。

需求 3，居住条件改善需求 = 当年城镇常住人口 × 人均住房面积增量。用人均住房面积增长表示因居住条件改善产生的自住需求。

最终，当年商品住房需求 =（1- 有效需求漏损率）× 未来住房市场总需求。2019—2020 年，在“三个 1 亿人”政策持续影响下，户籍人口城镇化率增速将继续高于常住人口城镇化率，漏损率继续维持低位。从 2021 年开始，假设漏损率回升至 2013 年以来的均值。未来商品住房需求测算方法如图 9.8 所示。

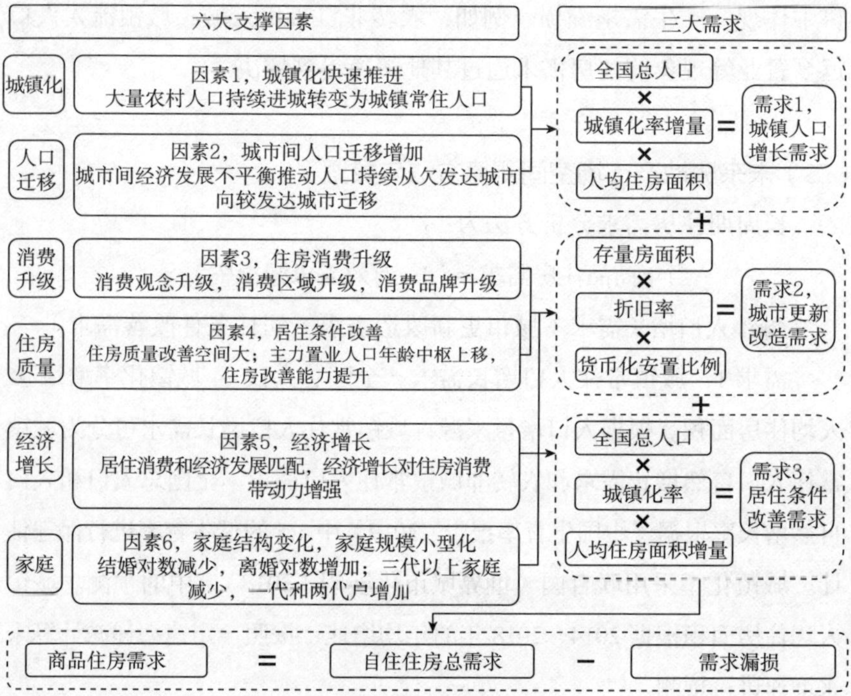


图 9.8　未来商品住房需求测算方法

资料来源：恒大研究院。

## （三）测算结果：市场空间稳固十年以上

受益于城镇常住人口增长和区域迁移、居住条件改善、城市更新，中期看我国住房市场未来仍有巨大潜力。

分阶段看，商品房市场空间仍可稳固保持 10 年以上。2019—2030 年，全国商品住房需求年均 11.7 亿平方米，超过 2013 年全国商品住房销售面积。其中，2019—2020 年、2021—2025 年、2026—2030 年年均分别为 13.6 亿、11.6 亿和 11.0 亿平方米，相当于 2016 年、2013 年和 2015 年全国商品住房销售面积。

商品住房市场空间预测如图 9.9 所示。

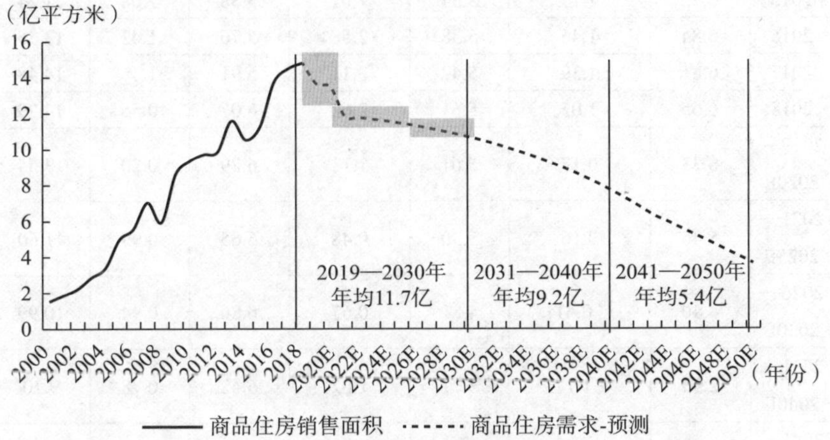


图 9.9　商品住房市场空间预测

资料来源：国家统计局，恒大研究院。

如表 9.2 所示，分类别看，城镇常住人口增加、城市更新改造和居住条件改善需求分别占总需求的 41.4%、5.4% 和 53.2%。

农转非支撑未来 10 年城镇常住人口增长需求。2019—2030 年，全国城镇常住人口增长产生的自住房需求年均为 5.2 亿平方米，不考虑需求漏损，占总需求的 41.4%。其中，在持续的快速城镇化推动下，农村人口进城产生新增住房需求占比高达 99.8%。而生育率下滑导致人口自然增长率从 2025 年开始转为负增长，城镇常住人口自然增长产生的需求仅占0.2%。整体而言，由于人口增速和城镇化率提升速率均持续回落，未来城镇常住人口增长产生的自住房需求呈平稳减少趋势。

表9.2 城镇常住人口增加、城市更新改造、居住条件改善年均需求预测

| 年份 | 城镇常住人口增加需求（亿平方米） | 其中，人口自然增长需求（亿平方米） | 其中，农民进城需求（亿平方米） | 城市更新改造需求（亿平方米） | 人均住房面积增长（亿平方米） | 需求漏损（亿平方米） | 商品住房新增需求（亿平方米） |
|---|---|---|---|---|---|---|---|
| 2013 | 6.38 | 1.05 | 5.33 | 0.54 | 5.26 | 0.61 | 11.57 |
| 2014 | 6.57 | 1.17 | 5.40 | 0.82 | 5.42 | 2.29 | 10.52 |
| 2015 | 6.72 | 1.17 | 5.54 | 1.02 | 5.58 | 2.08 | 11.24 |
| 2016 | 6.84 | 1.46 | 5.38 | 2.58 | 5.76 | 1.42 | 13.75 |
| 2017 | 6.81 | 1.39 | 5.42 | 3.11 | 5.91 | 1.36 | 14.48 |
| 2018 | 6.65 | 1.05 | 5.61 | 2.62 | 6.07 | 0.56 | 14.79 |
| 2019—2020E | 6.33 | 0.17 | 5.61 | 1.13 | 6.29 | 0.20 | 13.54 |
| 2021—2025E | 5.46 | 0.16 | 5.30 | 0.48 | 6.65 | 0.99 | 11.60 |
| 2026—2030E | 4.40 | –0.41 | 4.81 | 0.67 | 6.86 | 0.94 | 10.99 |
| 2031—2040E | 2.54 | –1.17 | 3.71 | 1.02 | 6.42 | 0.78 | 9.20 |
| 2041—2050E | –0.40 | –2.87 | 2.47 | 1.55 | 4.71 | 0.46 | 5.40 |

资料来源：国家统计局，恒大研究院。

注：因四舍五入，个别数据加总后不等于合计项。

棚改收官，旧改接棒。从2021年开始，城市拆迁改造需求持续增加。2019—2030年，全国城市拆迁改造产生的自住房需求年均有0.7亿平方米，不考虑需求漏损，占总需求的5.4%。其中，2019—2020年全国棚户区改造收尾攻坚，预计新开工884万套，产生自住房需求2.2亿平方米。从2021年开始，成片集中的棚户区改造基本结束，城市更新以旧城改造为主。随着存量住宅面积增长，每年拆迁面积重回

持续上升通道，估计2021—2030年城市旧改产生自住房需求5.7亿平方米。

居住条件改善需求在未来10年内持续增长，并从2020年开始占据市场主导。2019—2030年，全国居住条件改善产生自住房需求年均为6.7亿平方米，占总需求的53.2%。未来10年，受益于人均住房面积增加，居住条件改善需求持续增长，并从2020年开始成为住房市场最主要的需求来源，这表明房地产市场进入改善时代。

## 三、区域分化，市场空间向一、二线城市和主要城市群集中

### （一）需求向一、二线城市集中

#### 1. 测算结果

2019—2030年，住房需求向高能级城市集中。如表9.3所示，一线、二线、三四线城市的年均需求分别约为1.00亿、4.38亿、6.31亿平方米，占全国总量的8.6%、37.5%、53.9%，与2012—2018年商品住房销售面积占比相比，分别提升4.4个、4.4个百分点，下降8.8个百分点。如图9.10所示，一线和部分区域核心二线城市住房需求持续旺盛，重庆、成都、广州、深圳、北京、郑州、上海、杭州、天津、长沙、武汉等一、二线城市需求旺盛，市场份额占比均达1.5%以上。

表9.3　一线、二线和三四线城市未来住房市场空间预测

| 年均商品住房实际销售面积（2012—2018年） | | | | |
|---|---|---|---|---|
| | 全国 | 一线 | 二线 | 三四线 |
| 商品住房实际销售面积（亿平方米） | 14.14 | 0.59 | 4.68 | 8.87 |
| 占全国比重 | 100% | 4.2% | 33.1% | 62.7% |

续表

| 年均住房市场需求（2019—2030E） | | | | |
|---|---|---|---|---|
| | 全国 | 一线 | 二线 | 三四线 |
| 商品住房需求（亿平方米） | 11.69 | 1.00 | 4.38 | 6.31 |
| 占全国比重 | 100% | 8.6% | 37.5% | 53.9% |
| 其中，城镇常住人口增长需求（亿平方米） | 5.19 | 0.38 | 2.15 | 2.66 |
| 占全国比重 | 100% | 7.3% | 41.4% | 51.3% |
| 居住条件改善需求（亿平方米） | 6.67 | 0.65 | 2.37 | 3.65 |
| 占全国比重 | 100% | 9.7% | 35.5% | 54.8% |
| 城市更新改造需求（亿平方米） | 0.67 | 0.05 | 0.17 | 0.45 |
| 占全国比重 | 100% | 6.8% | 25.8% | 67.4% |
| 需求漏损（亿平方米） | 0.84 | 0.07 | 0.31 | 0.46 |
| 占全国比重 | 100% | 8.3% | 36.9% | 54.8% |

资料来源：恒大研究院。

### 2. 区域分化成因

从需求类别看，城镇人口增长需求中一线、二线、三四线城市分别占比 7.3%、41.4%、51.3%；居住条件改善需求分别为 9.7%、35.5%、54.8%；城市更新改造需求分别为 6.8%、25.8%、67.4%。与总需求构成相比，一线、二线城市需求占比提升，分别受益于居住条件改善需求和城镇人口增长需求占比提升；三四线城市的城镇常住人口增长、居住条件改善对住房需求的拉动力低于平均水平，需求占比总体下降。

（1）一线城市

2019—2030 年，城镇人口增长、居住条件改善和城市更新改造需求中，一线城市占比分别为 7.8%、9.7% 和 6.8%。和总需求占比 8.6% 相比，表明居住条件改善是支撑一线城市需求增长的核心因素。

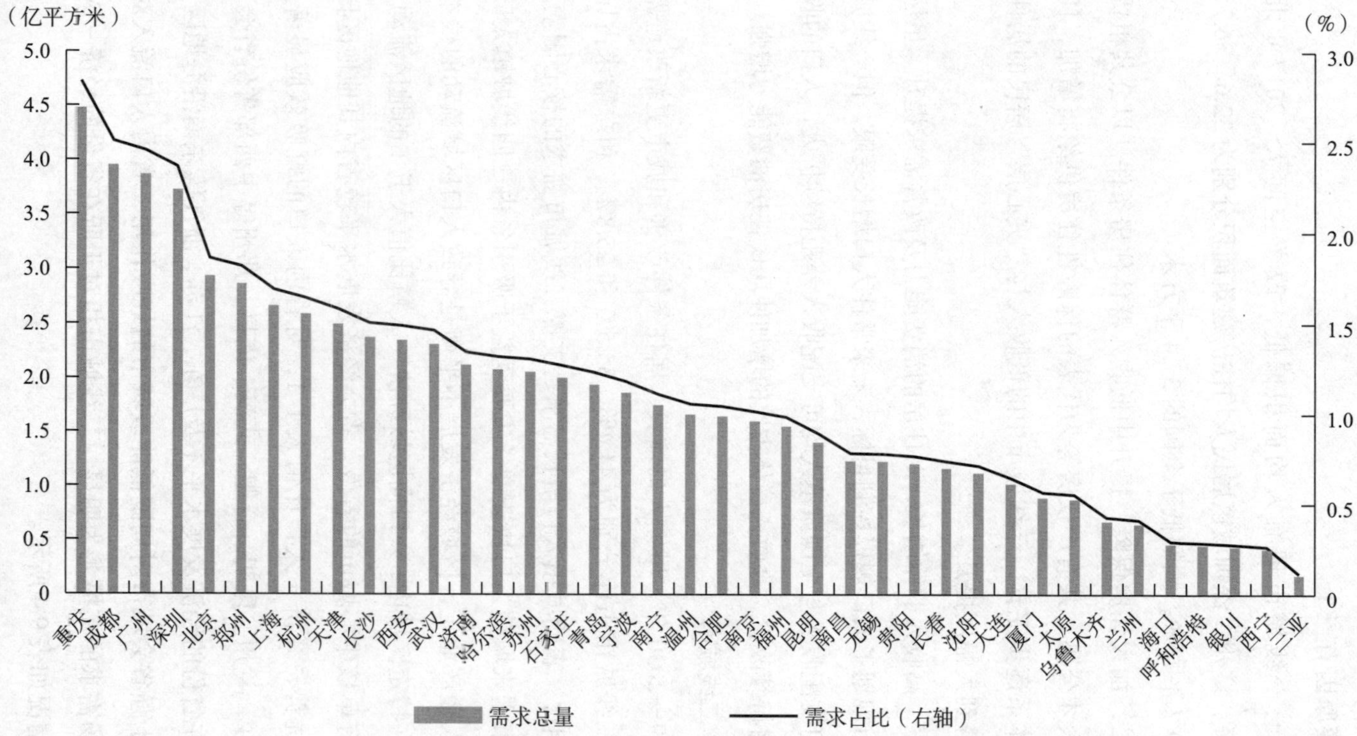


图 9.10　2019—2030 年重点城市住房需求总量及占比

资料来源：恒大研究院。

主要原因有三个。

第一，一线城市现有人均面积偏低，改善空间大。2017年北京、上海、广州、深圳城镇居民人均住房建筑面积分别为32.6、36.7、33.1、19.7平方米，大幅低于全国的37.4平方米。

第二，加大住房保障，提升中低收入群体住房条件。以公共租赁住房、人才公寓、共有产权房等为代表的保障性住房供给将增加，住房供应体系逐步完善，一线城市中的低收入与“夹心层”居民的居住环境将得到大幅度提升。

第三，高收入群体增长，对住房的消费能力及改善需求提升。虽然一线城市规划了人口规模控制目标，未来常住人口增长受限，但一线城市人均可支配收入与全国城镇人均可支配收入差距持续扩大，人口的收入结构将持续改善，高收入群体占比的增加使居民住房消费能力增强。

（2）二线城市

2019—2030年，城镇人口增长、居住条件改善和城市更新改造需求中，二线城市占比分别为41.4%、35.5%和25.8%。和总需求占比37.5%相比，表明城镇人口增长需求是支撑二线城市需求的核心因素。二线城市未来城镇人口快速增长主要受益于吸引省内三四线城镇人口流入。人随产业走，区域经济发展不平衡是导致人口区域流动的根本原因。在特定区域内，人口向区域经济－人口比值大于1的地区流动。对于具有单核中心城市的省份，省会经济发展水平较省内其他地区具有绝对优势，经济－人口比值大于1，对省内人口的虹吸效应显著。例如长沙、兰州、昆明、合肥、武汉、南昌、郑州等中西部省份省会，虽然所在省份的经济发展水平不及广东、江苏、浙江等东南沿海地区，但受益于强省会城市对周围低能级城市的虹吸作用，省内人口流入对住房市场需求的支撑尤为明显。二线城市相对于所在省份的经济－人口比值情况如表9.4所示。

表 9.4　二线城市相对于所在省份的经济 – 人口比值

| 序号 | 城市 | 经济 – 人口比值 | 序号 | 城市 | 经济 – 人口比值 |
|---|---|---|---|---|---|
| 1 | 长沙 | 2.56 | 19 | 三亚 | 1.46 |
| 2 | 兰州 | 2.33 | 20 | 南宁 | 1.45 |
| 3 | 昆明 | 2.06 | 21 | 杭州 | 1.41 |
| 4 | 合肥 | 2.04 | 22 | 济南 | 1.39 |
| 5 | 武汉 | 2.02 | 23 | 呼和浩特 | 1.36 |
| 6 | 南昌 | 2.02 | 24 | 哈尔滨 | 1.34 |
| 7 | 郑州 | 2.00 | 25 | 宁波 | 1.34 |
| 8 | 太原 | 1.95 | 26 | 南京 | 1.32 |
| 9 | 成都 | 1.93 | 27 | 西安 | 1.32 |
| 10 | 贵阳 | 1.90 | 28 | 沈阳 | 1.31 |
| 11 | 大连 | 1.89 | 29 | 厦门 | 1.29 |
| 12 | 天津 | 1.87 | 30 | 海口 | 1.27 |
| 13 | 乌鲁木齐 | 1.81 | 31 | 石家庄 | 1.17 |
| 14 | 长春 | 1.71 | 32 | 西宁 | 1.14 |
| 15 | 青岛 | 1.68 | 33 | 福州 | 1.12 |
| 16 | 银川 | 1.57 | 34 | 重庆 | 1.02 |
| 17 | 无锡 | 1.52 | 35 | 温州 | 0.66 |
| 18 | 苏州 | 1.50 | 二线城市平均经济 – 人口比值 | — | 1.59 |

资料来源：国家统计局，恒大研究院。

（3）三四线城市

2019—2030 年，城镇人口增长、居住条件改善和城市更新改造需求中，三四线城市占比分别为 51.3%、54.8% 和 67.4%，而需求漏损占比高达 67.4%。和总需求占比 53.9% 相比，表明三四线城市需求占比下降主要有两个原因。一是人口净流出。2018 年，三四线城市的经济 – 人口比为 0.76，人口整体呈净流出态势。二是需求漏损较多。三四线城市新增城镇常住人口中行政区划调整占比较高，存在大量带房入城现象。

## （二）需求向主要城市群集中

### 1. 测算结果

《“十三五”规划纲要》提出，“优化城镇化布局，加快城市群发展”，将全国主要城市划分为19个城市群。19个城市群包括257个城市，占全国城市总量的40%左右，但常住人口和GDP占比高达73%和81.7%。19个城市群将提供我国绝大部分房地产市场，根据国家发改委预计，其未来常住人口占比将进一步提升至80%以上。受数据可得性限制，我们通过计算各省份住房需求，预测未来各城市群市场空间。

按照住房需求总量从大到小，19个城市群可分为三个梯队。

第一梯队包括6个城市群，分别为长三角、长江中游、京津冀、成渝、珠三角、山东半岛城市群，年均需求分别为2.07亿、1.67亿、1.24亿、1.05亿、1.03亿、1.02亿平方米，占全国总需求的比重为17.7%、14.3%、10.6%、9.0%、8.8%、8.7%，2019—2030年年均需求为1亿～2.1亿平方米，占全国的8.7%～17.7%。

第二梯队包括8个城市群，分别为中原、滇中、关中平原、北部湾、黔中、海峡西岸、兰西、晋中城市群，年均需求分别为0.56亿、0.35亿、0.35亿、0.35亿、0.33亿、0.32亿、0.32亿、0.26亿平方米，占全国总需求的比重为4.8%、3.0%、3.0%、3.0%、2.9%、2.7%、2.7%、2.2%，年均需求为0.26亿～0.56亿平方米，占全国总需求的比重在2.2%～4.8%。

第三梯队包括5个城市群，分别为哈长、天山北坡、呼包鄂榆、辽中南、宁夏沿黄城市群，年均需求分别为0.24亿、0.19亿、0.15亿、0.14亿、0.04亿平方米，占全国总需求的比重为2.1%、1.6%、1.3%、1.2%、0.4%，年均需求在0.25亿平方米以内，占全国总需求的比重低于2.1%。

未来房地产市场的城市群分布具有两个特征。第一，需求向重要城市群集中，地区分化显著。第一梯队全部由6大国家级城市群组成。2019—2030年第一、第二和第三梯队年平均需求分别为1.35亿、0.35亿和0.15亿平方米，占比分别为11.5%、3.0%和1.3%。第二，需求集中于东部沿海、中部和西南部城市群，从沿海向内陆逐步减少。东部沿海、中部、西南部、西北部和东北部城市群需求占比分别为51.5%、24.2%、14.9%、5.9%和3.3%。第一梯队中有2/3为东部沿海城市群，第二梯队中有5/8为中部和西南部城市群，第三梯队中全部为东北和西北部城市群。

2019—2030年19个城市群所在省份年均商品住房需求预测情况如表9.5所示。

表9.5 2019—2030年19个城市群所在省份年均商品住房需求预测情况

| 梯队 | 城市群 | 辐射省份 | 商品住房年均需求（亿平方米） | 各类需求占全国比重 | | | |
|---|---|---|---|---|---|---|---|
| | | | | 商品住房需求 | 城镇人口增长 | 居住条件改善 | 城市更新改造 |
| 第一梯队 | 1. 长三角 | 江苏 | 0.70 | 6.0% | 5.0% | 6.7% | 6.3% |
| | | 浙江 | 0.59 | 5.1% | 5.6% | 4.7% | 4.6% |
| | | 安徽 | 0.58 | 5.0% | 5.4% | 4.7% | 4.3% |
| | | 上海 | 0.19 | 1.6% | 0.9% | 2.2% | 2.1% |
| | | 小计 | 2.07 | 17.7% | 16.9% | 18.2% | 17.3% |
| | 2. 长江中游 | 湖北 | 0.68 | 5.8% | 4.5% | 7.0% | 4.2% |
| | | 湖南 | 0.68 | 5.8% | 7.7% | 4.3% | 4.8% |
| | | 江西 | 0.31 | 2.6% | 3.9% | 1.6% | 3.2% |
| | | 小计 | 1.67 | 14.3% | 16.1% | 12.9% | 12.2% |
| | 3. 京津冀 | 河北 | 0.84 | 7.2% | 7.2% | 7.5% | 5.3% |
| | | 北京 | 0.22 | 1.9% | 0.6% | 2.9% | 1.8% |
| | | 天津 | 0.18 | 1.6% | 1.0% | 2.1% | 1.5% |
| | | 小计 | 1.24 | 10.6% | 8.7% | 12.4% | 8.6% |

续表

| 梯队 | 城市群 | 辐射省份 | 商品住房年均需求（亿平方米） | 各类需求占全国比重 | | | |
|---|---|---|---|---|---|---|---|
| | | | | 商品住房需求 | 城镇人口增长 | 居住条件改善 | 城市更新改造 |
| 第一梯队 | 4. 成渝 | 四川 | 0.71 | 6.1% | 7.3% | 5.2% | 5.5% |
| | | 重庆 | 0.34 | 2.9% | 2.8% | 3.0% | 2.4% |
| | | 小计 | 1.05 | 9.0% | 10.1% | 8.2% | 8.0% |
| | 5. 珠三角 | 广东 | 1.03 | 8.8% | 8.9% | 8.8% | 9.2% |
| | 6. 山东半岛 | 山东 | 1.02 | 8.7% | 8.1% | 9.3% | 7.3% |
| 第二梯队 | 7. 中原 | 河南 | 0.56 | 4.8% | 6.0% | 3.7% | 6.2% |
| | 8. 滇中 | 云南 | 0.35 | 3.0% | 3.1% | 3.0% | 3.0% |
| | 9. 关中平原 | 陕西 | 0.35 | 3.0% | 2.6% | 3.2% | 2.7% |
| | 10. 北部湾 | 广西 | 0.30 | 2.6% | 3.2% | 2.0% | 3.1% |
| | | 海南 | 0.05 | 0.4% | 0.5% | 0.3% | 0.7% |
| | | 小计 | 0.35 | 3.0% | 3.8% | 2.3% | 3.8% |
| | 11. 黔中 | 贵州 | 0.33 | 2.9% | 3.6% | 2.4% | 2.3% |
| | 12. 海峡西岸 | 福建 | 0.32 | 2.7% | 4.0% | 1.6% | 3.1% |
| | 13. 兰西 | 甘肃 | 0.21 | 1.8% | 1.9% | 1.7% | 1.6% |
| | | 青海 | 0.11 | 0.9% | 0.5% | 1.3% | 0.4% |
| | | 小计 | 0.32 | 2.7% | 2.3% | 2.9% | 2.0% |
| | 14. 晋中 | 山西 | 0.26 | 2.2% | 1.9% | 2.4% | 2.6% |
| 第三梯队 | 15. 哈长 | 黑龙江 | 0.14 | 1.2% | 0.4% | 1.7% | 2.6% |
| | | 吉林 | 0.10 | 0.9% | 0.4% | 1.2% | 1.8% |
| | | 小计 | 0.24 | 2.1% | 0.8% | 2.9% | 4.4% |
| | 16. 天山北坡 | 新疆 | 0.19 | 1.6% | 1.9% | 1.4% | 1.6% |
| | 17. 呼包鄂榆 | 内蒙古 | 0.15 | 1.3% | 0.3% | 2.0% | 1.8% |
| | 18. 辽中南 | 辽宁 | 0.14 | 1.2% | 0.3% | 1.8% | 3.2% |
| | 19. 宁夏沿黄 | 宁夏 | 0.04 | 0.4% | 0.4% | 0.3% | 0.5% |

资料来源：恒大研究院。

注：因四舍五入，个别数据加总后不等于合计项。

### 2. 区域分化成因

第一，经济发展不平衡带来的人口区域间流动。以 2018 年各省经济 - 人口比测度未来人口迁移方向，结果表明，长三角、珠三角、京津冀、山东半岛、长江中游、成渝、呼包鄂榆城市群所在省份经济 - 人口均值比大于 1，未来人口净流入。哈长、兰西、滇中、黔中、北部湾城市群等经济 - 人口比低于 0.7，人口持续净流出。

第二，农业人口城镇化潜力差异。除了区域间人口迁移，区域内部农转非也是城镇人口增长的关键来源。用 2017 年各省乡村常住人口规模来衡量这一需求，中部及东部城市群所在省份乡村平均常住人口在 2 000 万以上，伴随中远期城镇化快速推进，农业人口城镇化空间较大。具体来看，包括中原、成渝、山东半岛、京津冀、珠三角、长江中游、北部湾和滇中城市群。

第三，居住条件改善空间差异。用 2017 年城镇套户比衡量地区住房是否存在短缺。一般而言，套户比低于 1，表明存在住房短缺；套户比高于 1，表明基本住房需求得到满足。当前各省套户比存在北高南低、内陆高沿海低的特征。其中，京津冀、山东半岛、成渝城市群所在省份城镇套户比低于 1，表明还存在住房短缺问题，未来住房条件改善空间最大。哈长、辽中南、呼包鄂榆、晋中、中原和黔中所在省份套户比大于 1.1；部分产业衰落、人口流出区域出现住房过剩现象，但核心城市吸引区域内人口流入，住房需求仍有支撑。其他省市群所在省份套户比位于 1 ~ 1.1，住房短缺问题已基本解决，但仍存在进一步提升空间。

# 第二节　当前房地产市场风险有多大

## 一、房价涨幅趋稳，不存在全局性泡沫风险

过去20年，中国房价绝对涨幅居全球前列。如图9.11所示，1998—2018年，全国商品住宅平均售价上涨3.9倍，年均涨8.3%；同期，英国、法国、美国、新加坡分别上涨2.4倍、1.6倍、1.3倍、0.5倍，年均涨6.3%、4.9%、4.2%、2.1%。中国房价涨幅高于多数发达经济体。

从相对涨幅来看，受收入高速增长的支撑，房价相对涨幅低于多数发达经济体。1998—2018年，全国商品住宅销售均价上涨近4倍的同时，城镇居民人均可支配收入上涨6倍，名义房价涨幅/人均收入涨幅仅为0.6，低于OECD平均值1.1。

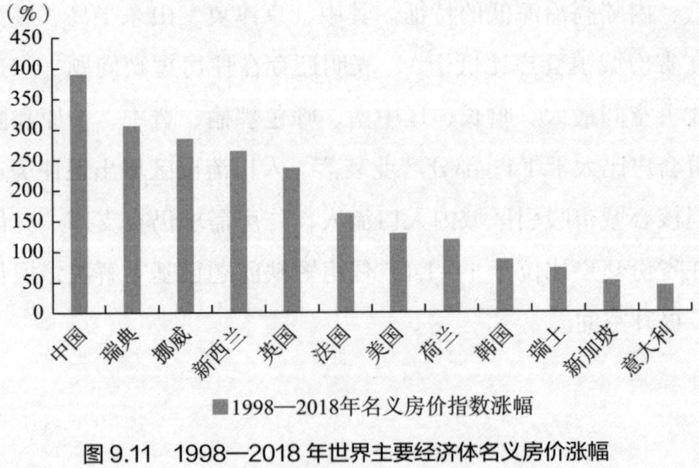


图9.11　1998—2018年世界主要经济体名义房价涨幅

资料来源：BIS，中国统计局，恒大研究院。

2016年“930”后，一线城市和强二线城市房价已先行停涨。2016年9月30日前后，北京等16个一线城市和强二线城市重启限购/限贷，成为房价拐点。根据统计局70城二手住宅价格指数，2016年“930”至2018年12月，厦门、上海、北京3个城市房价下跌；合肥、石家庄、深圳等13个城市上涨幅度在10%以内。部分前期上涨过快的区域房价回调。根据中指院百城数据，2018年有9个城市商品住宅价格环比2017年下跌，主要为前期涨幅过高的城市，如环京区域的香河、固安跌幅最大，分别下跌18.3%、17.1%，此前的2014—2017年，两地房价分别大幅上涨102.0%和90.2%。

如图9.12所示，从房价收入比看，2014年“930”以来，居民购房压力加大。2014—2018年，全国商品住宅销售均价累计上涨44.0%，而同期全国城镇居民人均可支配收入仅上涨36.1%，房价收入比从6.9上升至7.3，结束了2009—2014年长达5年的连续下行，居民购房压力加大。

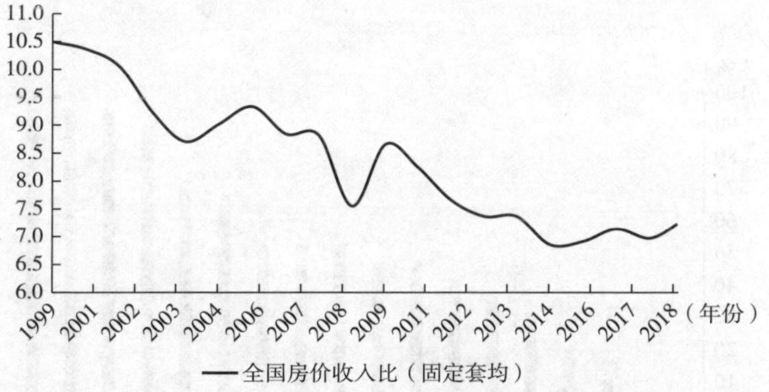


图9.12　2014年以来全国房价收入比回升

资料来源：国家统计局，恒大研究院。

注：房价收入比＝（全国商品住宅平均售价×100）/（城镇居民人均可支配收入×3），2018年城镇居民人均可支配收入＝2017年人均可支配收入×（1+2018年前三季度人均可支配收入累计同比）。

从历史对比来看，当前房价收入比尚处于安全区间。2000年以来，城镇居民人均可支配收入年均增长10.6%，而商品住宅均价年均增长8.6%，房价收入比总体呈现下行趋势，仅在三个区间明显反弹：2004—2005年、2009年、2015—2018年。当前的房价收入比相当于2012年的水平，处于历史最低25%分位，仍处于安全区间内。

如图9.13所示，从国际对比来看，中国房价收入比绝对值偏高，但处在相对安全的水平。以欧洲国家为对照样本，我们测算，可比口径下，中国房价收入比为7.0（人均可支配收入用住户部门可支配收入/总人口计算），高于绝大多数欧洲发达国家，中国居民购房压力偏大。但从历史趋势来看，很多发达国家房价经历了2000—2006年、2013年至今的两段快速上涨后，当前房价收入比处于历史高位。如加拿大、新西兰、澳大利亚处于历史（1999年起）最高10%分位以上，英国、德国、美国、日本处于历史中值之上，OECD经济体整体处于历史最高31.6%分位。而中国和韩国、希腊、南非、意大利等国均处于历史中值之下，房价收入比处在较安全的水平。

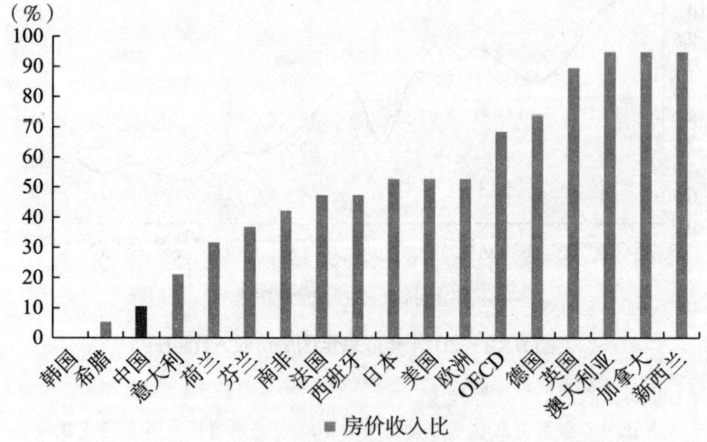


图9.13　全球主要经济体房价收入比所处历史分位

资料来源：OECD，国家统计局，恒大研究院。

分城市能级来看，一线城市房价收入比整体高于二线、三四线城市。2018 年，4 个一线城市，34 个二线城市，58 个三四线城市，平均房价收入比分别为 22.4、10.2、7.8。

分城市群来看，东部发达城市群房价收入比整体高于中西部。珠三角、海峡西岸、京津冀、长三角四大城市群房价收入比最高，分别为 12.6、12.2、10.9、9.7；西北（含呼包鄂榆、兰州西宁、宁夏沿黄、天山北坡城市群）、长江中游、北部湾三大区域房价收入比最低，分别为 6.3、6.8、7.3。

从具体城市来看，三类城市房价收入比“偏高”，但长期看，风险水平不同。一是城市群的核心城市，如深圳、上海、厦门、北京，人口流入动力强，经济发展水平在区域内领先，有较多外来人口，是本轮周期中房价最先上涨、涨幅最大的区域。这些城市房价有较强的基本面支撑，中长期来看，房价大幅下跌的风险较小。二是发达城市群的次核心城市，如南京、珠海、苏州，这些城市自身有较好的产业、人口支撑，风险也较可控。三是部分过去两年房价大幅上涨，但收入仍然较低的三四线城市。这些城市又可分为两类，一类是一、二线城市的卫星城，如廊坊、沧州、东莞，上涨主要受益于核心城市调控收紧，需求外溢，中长期仍受城市群发展支撑；另一类是受益于去库存政策的三四线城市，如赣州，近两年房价上涨较快，偏离基本面，风险水平更高。

## 二、库存有效去化，存量住房尚未过剩

以 2000 年、2010 年人口普查数据公布的家庭户住房数据为基础，假定集体户人均住房面积为家庭户的 35%，得到 2000 年、2010 年全国城镇住房存量。通过公式“2010 年城镇住房存量 + 历年城镇竣工住宅面

积－拆迁面积＋未被统计的农民带房入城和城镇竣工住宅面积”合计得到2017年中国城镇住房存量。其中，“未被统计的农民带房入城和城镇竣工住宅面积”，依据2000—2010年全国城镇住房面积增量推算。

测算结果显示，2017年中国城镇住宅套户比为1.07，接近1.1的国际均衡线，供需较为均衡。如考虑集体户，但不考虑学生及其宿舍，2017年中国城镇住房存量、城镇人均住房建筑面积、住房套数分别为261.3亿平方米、34.4平方米、2.93亿套，套户比为1.07。一般而言，考虑到休闲度假需求、因人口流动带来的人宅分离等情况，成熟市场的套户比一般在1.1左右。从国际看，当前美国、日本分别为1.15、1.16，德国为1.02，英国为1.03，而中国城镇住房套户比尚低于1.1，表明并不存在过剩问题。

从历史来看，我国城镇住房经历了从严重短缺到基本均衡的演变历程。如图9.14所示，房改以前我国曾面临严重的“房荒”，1978年人均居住面积仅3.6平方米，套户比仅0.81。但自1998年房改以来，住房供给大幅增加，套户比从2000年的0.91增长至2015年的1.07，此后一直维持在1以上，2017年保持在1.07的水平。

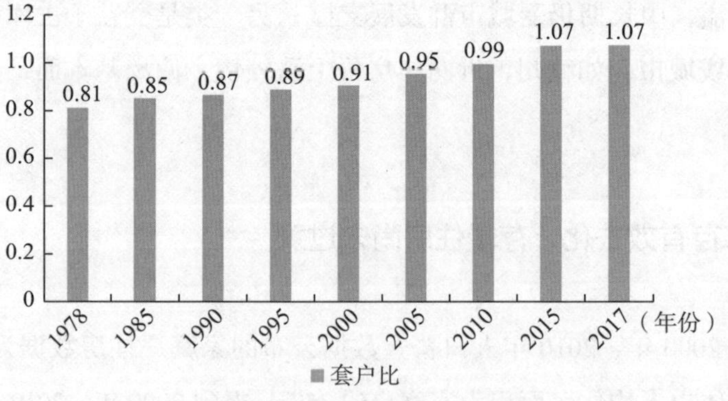


图9.14　城镇住宅套户比测算结果

资料来源：恒大研究院。

当前，部分城市已完成住房大建设，进入存量房市场。1998 年房改以来，中国进入住房大建设时代，截至 2018 年，住宅新开工年复合增速 16.8%。当前房地产市场进入“总量放缓，区域分化”的第二发展阶段，部分城市新房成交量已稳定超过二手房，进入存量房市场。以过去 2015—2017 年二手房成交占比平均值作为判别指标，目前深圳（61%）、北京（55%）、大连（51%）、厦门（50%）、上海（50%）已进入存量房市场，南京（48%）、天津（47%）和杭州（46%）已非常接近存量房市场。

2017 年城镇共有 267 亿平方米住宅，人均住房建筑面积 34.2 平方米，套户比达到 1.07。根据恒大研究院《中国住房存量：过剩还是短缺？》测算，2017 年中国城镇住房存量达到 2.9 亿套，对应面积 267 亿平方米，人均住房建筑面积 34.2 平方米，基本达到合理水平。但存量住房的结构还有较大的改善空间，如图 9.15 所示，存量住房中商品房占比仅 40%，高达 34.4% 的住房为自建房或已出售的老旧公房；2000 年以前修建的住房占 39%；居住设施不完善的住房占 31%（无独立抽水马桶或厨房）。

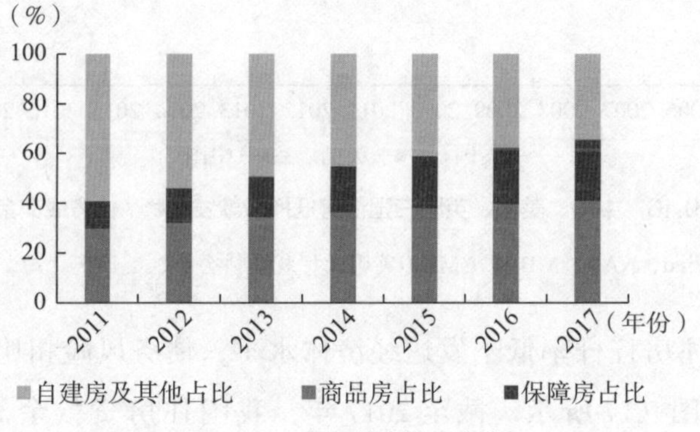


**图 9.15　存量住宅性质占比**

资料来源：第六次人口普查等，恒大研究院。

## 三、居民和企业杠杆增速回落，流动性风险可控

### （一）居民住房杠杆风险

居民加杠杆增速放缓，存量杠杆仍有空间。2017 年，新增商业个贷杠杆率回落 4.2 个百分点，住房贷款余额 /GDP 为 33.7%，低于发达国家 50.9% 的均值。居民杠杆安全边际充足，2017 年房贷收入比为 51.4%，低于样本国家 68% 的均值，商业个贷不良率一直维持在 0.4% 以内。2005—2017 年，中国、美国、英国三国住房抵押贷款发放额 / 住房成交金额如图 9.16 所示。

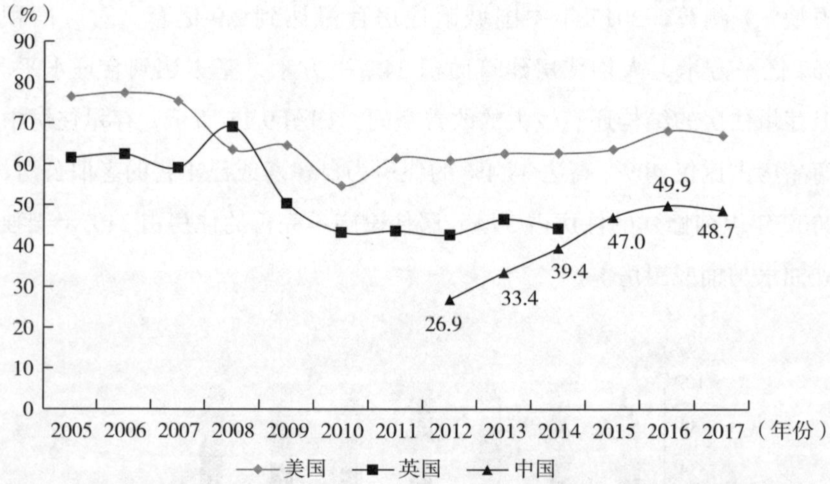


图 9.16　中国、美国、英国三国住房抵押贷款发放额 / 住房成交金额

资料来源：Wind，NAR，MBA，CML（英国抵押贷款协会），英国统计局，恒大研究院。

居民住房杠杆率低于发达经济体水平，债务风险相比国际均值不高。如图 9.17 所示，截至 2017 年，我国住房贷款余额 /GDP 为 33.7%，低于发达经济体 50.9% 的均值，在样本国家中仅高于意大利；住房贷款余额 / 房地产市值为 15.2%，低于样本国家 18.8% 的均值。

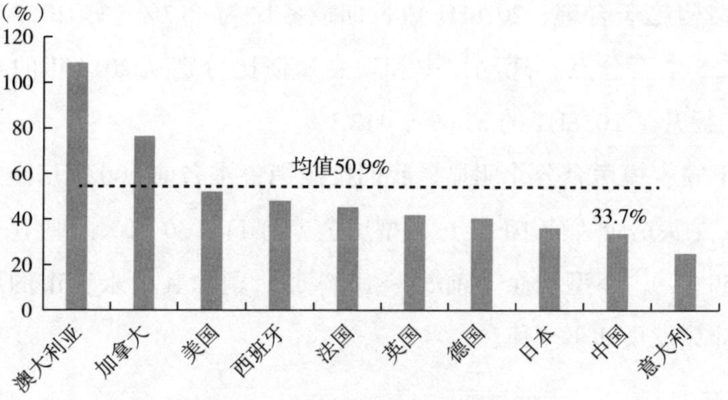


图 9.17　2017 年住房贷款余额 /GDP

资料来源：OECD，Wind，恒大研究院。

近年来，我国居民房贷偿还压力持续增加。2012—2017 年，房贷收入比和房贷金融资产比分别从 28.5% 上升至 54.1%，从 12% 上升至 21.9%。但我国居民房贷偿还能力高于发达国家平均水平，安全边际尚充足。2017 年，我国房贷收入比为 51.4%，低于样本国家 68% 的均值，仅小幅高于日本和意大利。我国房贷金融资产比为 21.9%，大幅低于样本国家 50.2% 的均值，显著低于主要发达经济体。考虑到我国居民总资产中金融资产占比更低，居民资产对房贷的保障度更高。

用居民负债的房贷占比衡量居民负债结构，即居民住房贷款余额 / 居民负债余额，表示房贷对居民部门的负债贡献度。2017 年我国居民负债的房贷占比为 54.8%，低于 OECD 经济体 67.2% 的均值，居民负债用途结构尚处于合理范围。

## （二）房企杠杆风险

企业加杠杆节奏明显放缓，龙头房企风险最低。如图 9.18 所示，A+H 上市房企真实负债率 2018H1 为 55.3%，较上年底小幅回落 0.6 个百分点；净负债率增幅明显收窄，仅较 2017 年上涨 1 个百分点。房企债务结构趋于合理，2018H1 短长期债务比为 45.1%，较 2017 年明显下降 2.5 个百分点；速动比率和现金短债比分别从 2014 年的 46.5%、81.6% 提升至 2018H1 的 57.6%、112.3%。

不同规模房企分化明显，我们按照销售排名前 100 家房企划分为四类：龙头房企（前 10 家）、大型房企（前 11 ~ 30 家）、中型房企（前 31 ~ 50 家）、小型房企（前 51 ~ 100 家），剔除其中未上市的房企后分别计算发现如下规律。

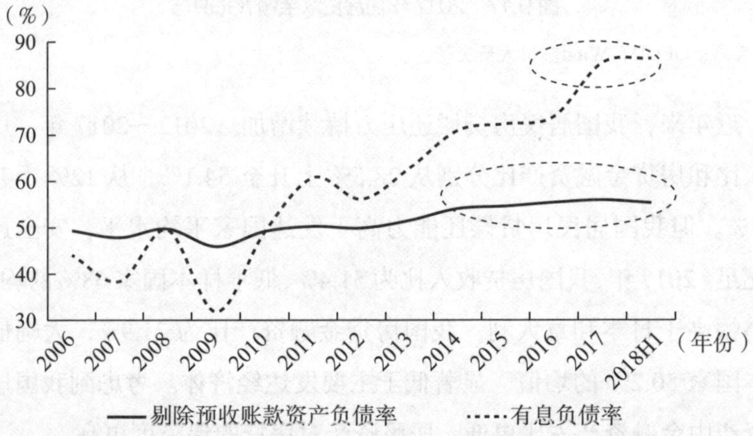


图 9.18　A+H 上市房企从“加杠杆”步入“稳杠杆”时代

资料来源：Wind，恒大研究院。

龙头房企杠杆水平最低，短期偿债能力最好，且债务结构合理，发生风险的可能性最小。从净负债率看，2018H1 龙头房企为 88.6%，较 2017 年大幅下降 6.8 个百分点，杠杆水平明显低于其他三类房企；从现金短债比看，2018H1 龙头房企增至 1.33，在四类房企中处于最高水平，短期偿债能力最好；从债务结构看，2018H1 龙头房企短期有息负债 / 长期有息负债较 2017 年大幅下降 6.9 个百分点，至 43.8%，债务结构更加合理。随着行业集中度继续提升，龙头房企将更依赖销售回款等内源融资实现扩张，杠杆水平有望继续下降，财务较为稳健。

小型房企杠杆水平最高，短期偿债压力最大，且高度依赖短期债务，财务稳健性最弱。2018H1，小型房企剔除预收账款后的真实负债率为 67.7%，远高于其他三类房企，长期偿债压力最大，而以现金短债比衡量的短期偿债能力也明显处于弱势，仅为 0.94。在债务结构上，小型房企对短期债务依赖度最高，短期有息负债 / 长期有息负债为 53.6%，主要在于长期资金更青睐于抵押物充足、销售回款多的龙头房企，小型房企只能通过短期借贷缓解资金压力，若融资环境继续收紧，小型房企发生资金链断裂的风险极高。

大中型房企继续加杠杆扩张，短期偿债能力下降，财务风险增加。在龙头房企积极降杠杆的同时，大中型房企仍未停止加杠杆的脚步，2018H1 净负债率分别为 119.1% 和 102.2%，较 2017 年底增加 8.9 个和 19.2 个百分点；短期偿债能力也有明显的下降，现金短债比从 1.09 和 1.57 分别降至 1.04 和 1.18，长短期偿债能力均有下滑趋势。这说明大中型房企在积极追赶的同时，财务风险也在累积，应采取措施加以控制。

## 第三节　未来行业集中度能有多高

### 一、住房消费观念、区域和产品的多层次升级

伴随住房制度改革，中国居民经历了住房领域的三轮“消费升级”。第一轮是买公房，解决“有房住”的问题，此时消费者的观念是有房就行，多数公房没有成熟规范的小区。第二轮是买商品房，购买“带小区的商品房”，实现对便民化居住服务的需求。物业管理行

业也从无到有逐渐发展成熟。第三轮是买品质住宅，购买“品质开发商的商品房”，对园林绿化、建材品质、一体化装修等提出更高要求，追求更有视野的生活理念，实现“住好房”。

## 二、市场集中度提升，行业发展从粗放到成熟

伴随住房制度改革，中国的房地产行业从无到有，从国企垄断到民企崛起，从群雄争霸到三足鼎立。2015—2018 年，前 10 强房企市场占有率从 17% 提升至 26.9%，年增幅分别为 0.1、1.7、5.4、2.8 个百分点；前 20 强房企市场占有率从 23.1% 提升至 37.4%，年增幅分别为 0.3、2.1、7.3、4.9 个百分点；前 50 强房企市场占有率从 32.1% 提升至 55.1%，年增幅分别为 1.0、3.2、10.6、9.2 个百分点。如图 9.19 所示，行业集中度从 2016 年开始加速提升，主要在于此轮周期中地价快速上涨，出让门槛提高，限制条件增加，中小房企独立拿地并开发获利的难度大幅提升。

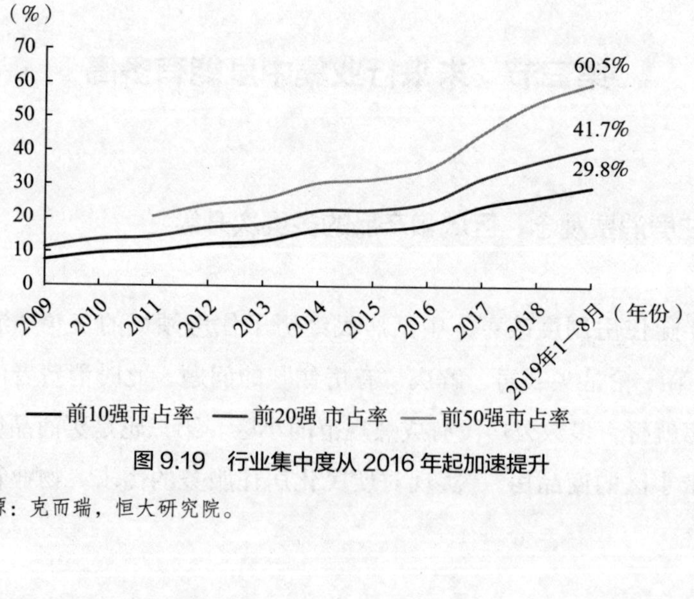


图 9.19　行业集中度从 2016 年起加速提升

资料来源：克而瑞，恒大研究院。

## 第四节　从国际经验来看中国房企的三种未来之路

### 一、中国香港模式：重资产下的租售混合经营

香港房地产市场高度集中，前十大地产商形成垄断之势。香港土地资源稀缺与单价值较高的特点，形成了香港房地产行业高度集中的局面。经过香港数次房地产周期，香港房地产行业通过不断并购整合，形成了十家规模庞大、实力雄厚的房地产企业，其中郭德胜创办的新鸿基、李嘉诚创办的长实集团、郑裕彤创办的新世界发展及李兆基创办的恒基地产稳居排行榜前四位，成为香港地产界的四大家族。从总资产集中度来看，四大家族资产规模占港交所上市房企（主要业务在内地或非香港地区的除外）总资产规模的 45%，前十大房企占 72%；营收进一步向头部集中，四大家族营收占比接近 60%，前十大房企占比 77%。2018 年中国、美国、新加坡、中国香港四地龙头房企杜邦分解情况如表 9.6 所示。

表 9.6　2018 年中国、美国、新加坡、中国香港四地龙头房企杜邦分解情况

| 公司名称 | 总资产（亿港元） | 净资产（亿港元） | 营业收入（亿港元） | 分部收入占比 | | |
|---|---|---|---|---|---|---|
| | | | | 房地产开发 | 房地产投资 | 其他 |
| 新鸿基地产 | 7 155 | 5 484 | 868 | 45.8% | 22.4% | 31.8% |
| 长实集团 | 4 759 | 3 410 | 504 | 69.0% | 14.8% | 16.1% |
| 新世界发展 | 4 815 | 2 552 | 607 | 38.5% | 5.1% | 56.3% |
| 恒基地产 | 4 411 | 3 180 | 223 | 59.8% | 27.0% | 13.2% |

续表

| 公司名称 | 总资产（亿港元） | 净资产（亿港元） | 营业收入（亿港元） | 分部收入占比 | | |
|---|---|---|---|---|---|---|
| | | | | 房地产开发 | 房地产投资 | 其他 |
| 太古地产 | 3 336 | 2 813 | 149 | 7.1% | 81.2% | 11.7% |
| 九龙仓置业 | 2 727 | 2 130 | 209 | 28.3% | 63.8% | 7.9% |
| 恒隆集团 | 1 986 | 1 507 | 100 | 12.3% | 87.7% | 0.0% |
| 嘉里建设 | 1 702 | 1 109 | 216 | 66.9% | 22.4% | 10.7% |
| 信和置业 | 1 591 | 1 404 | 114 | 47.9% | 27.9% | 24.2% |
| 希慎兴业 | 870 | 776 | 39 | — | 90.2% | 10.3% |

资料来源：公司年报，Wind，恒大研究院。

注：数据来源于公司2018年年报，其中九龙仓置业数据为2017年。有些数据为四舍五入。

由于成长于土地资源稀缺的香港，港资房企形成了重利润、精开发、稳财务的业务模式。由于土地稀缺，香港房企希望充分挖掘每一个项目的价值，重视项目盈利能力。为提高项目利润，香港房企一般有两大手段：一是高端产品线，通过精细化、个性化开发，提升项目溢价率；二是拉长项目开发周期，等待增值后再出手，吃透土地溢价。拉长项目周期势必造成大量资金沉淀，考验企业资金链，而稳健的财务能为企业提供良好的保障。港资房企重视内部现金流平衡，将负债率控制在较低水平，崇尚现金为王。

## （一）专注地产主业，采取租售混合经营的业务模式

香港房地产主要有房地产开发和房地产投资两类公司。港交所对房地产行业二级子行业分为地产开发、地产投资、地产代理和房地产投资信托四类。剔除主要业务在内地或其他非香港地区公司，港交所地产行业总市值约为2.2万亿港币，其中地产开发类公司占比46.0%，地产投资类占比53.9%，而其他两类公司市值之和占比不足0.1%。

香港前十大房企专注地产主业，采取租售混合经营模式，如图9.20所示。根据港交所分类，香港前十大房企中五家为物业开发类，五家为物业投资类。根据主营业务构成，新世界发展、长实集团、恒基地产三大家族及嘉里建设和信和置业被分类为物业开发类，新鸿基地产、九龙仓置业、太古地产、恒隆集团及希慎兴业被分类为物业投资类。而实际上，香港前十大房地产公司普遍深耕地产主业，采用住宅开发销售及物业自持租赁"两条腿走路"的模式。除了新世界发展的基建、服务业务对营收贡献占比较大外，其他房企收入来源70%以上来自地产主业。物业开发类企业也有20%~30%的收入来源于物业租赁，物业租赁类房企稳定收入来源于物业租金，但也会保留一定的开发业务，销售收入受开盘进度影响，不同年份波动较大。

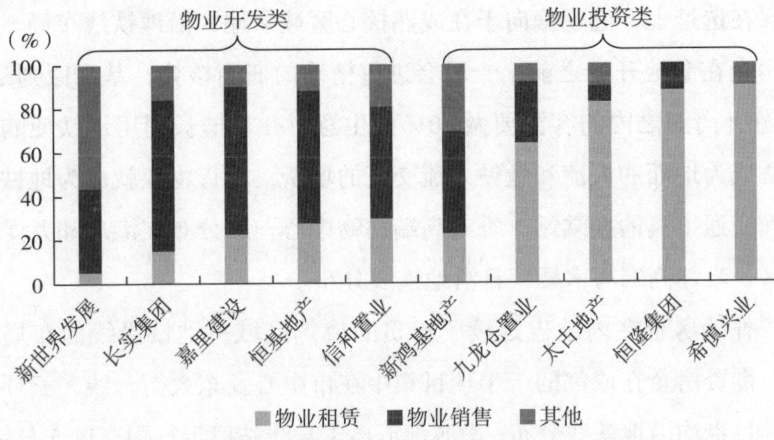


图9.20　香港前十大房企业务结构

资料来源：公司公告，Wind，恒大研究院。

## （二）定位高端产品线，精雕细琢打造精品

香港房企定位于高端物业，从拿地、设计、开发到运营全程操刀，精雕细琢。恒隆集团、新鸿基地产、九龙仓置业、太古地产等均是精

细化运营的代表。

### 1. 拿地环节：地段是核心

在项目布局上，香港房企立足一线及核心二线城市。香港房企1990年前后开始北上，发展商业地产业务。由于运营时间早，管理经验充足，恒隆集团、新鸿基地产、九龙仓置业等港资地产商项目主要分布于一线及高等级二线城市核心地段，并培育了较为成熟的物业。成都太古里、上海港汇广场、上海IFC（国际金融中心）等均为城市地标式商圈。而近年随着内地二线城市经济崛起，恒隆集团、新鸿基地产、九龙仓置业等也逐步向长三角、珠三角发达二线城市如杭州、南京等下沉。2017年九龙仓置业在苏州拿下多个地块，恒隆集团也将其业务范围拓展到沈阳、大连等城市。

在选址上，港企偏向于在成熟核心区域拿地，沿地铁线布局。香港房企在拿地开发之前，一般会进行精确的商圈核算，基本原则是：20分钟商圈之内的客源要做80%的生意，并且擅长利用地铁使购物中心成为地面的人流和地铁人流交汇的场所，零售物业就成为地铁与地面交通工具的换乘站。香港高端购物中心一般分布在港岛和九龙等地区，毗邻高端写字楼，且沿地铁线分布。

香港房企在内地也延续了一贯的成熟区域+地铁沿线的布局风格。港资房企在成都的一半项目集中在市中心及东大街一线，三环外的项目也均沿地铁线分布，南城都汇离1号线站口步行距离仅5分钟，彩叠园锁定4号线的出站口，华置西锦城距2号线站台仅数十米。

### 2. 设计、开发环节

在设计、开发环节，港资企业重前期调研与规划，前期软性投资占项目总投资的10%左右。为了实现后期的良好运营，香港房企前期项目规划上会投入大量的时间和精力。市场调研、商业规划、建筑管理、招商运作等前期软性投资一般占项目总投资的10%。

在业态上，香港开发商擅长城市综合体开发，通过不同物业之间的互补吸引人流。香港房企很少开发单一商业项目，在进行物业设计时一般遵循“金三角原则”，即混合开发商场、写字楼、酒店、住宅等不同类型物业，利用不同类型物业之间的互补吸引人流、一站式的购物体验锁住需求。如写字楼、住宅为商业地产带来更大的人流，商业可以带动住宅写字楼的销售，同时出售型物业对于持有型物业在现金流上也能起到平衡混合回款的作用。

典型的城市综合体是成都太古里项目，项目总建筑面积达25.1万平方米，整体规划为甲级写字楼、街区购物中心、博社酒店和服务式公寓。写字楼面积占比49%，开发完成后整体出售，而购物中心、太古里博舍酒店及服务式公寓，全部持有招商自营。酒店及写字楼的住客与租客都将是购物中心稳定、具有较高消费能力的潜在消费群。

在开发策略上，港资地产商一般将市场容量和需求结构分阶段开发。一方面，可以分散经营风险，降低投资压力，通过项目内部现金流的回笼支持下一期开发；另一方面，也为未来的发展留出空间，充分享受土地价值增长带来的收益。

### 3. 招商及运营

香港的商业地产一般都被地产商作为长期增值物业持有，因此在物业的招租与运营上，业主拥有较高的自主权，注重项目整体性。

在招租过程中，香港地产商注重整体性、商户的互补性和实现零售的均衡。根据对太古广场、海港城、时代广场、又一城等核心商场的统计，商场商户一般由服饰配饰鞋帽、美食、珠宝精品、美容美发个人护理等四部分组成，并且每种商业类型比例一般都被控制在一定范围内，面积占比最高的为美食（占比 25%），其次是百货、服装鞋帽等（累计占比超过 40%）。

同时，为了保证商场的竞争力，商场设淘汰机制，对业态持续提升调整。商场与承租商户的租约一般在 2 ~ 3 年期，但对于经营不善的商户，商场会每年进行一次淘汰，通过对商户不断地调整优化，保证商场竞争力。

### （三）项目周期长，充分挖掘土地价值

与精细化模式对应的是港资开发商较低的周转率。香港地产商除部分开发类企业总资产周转率高于 0.1 外，大部分物业投资类企业仅为 0.05，均值不足美国房企的 1/10，也远低于内地房企。

为了提高项目利润，吃透土地增值溢价，港资地产商会采取主动拉长开发周期的策略。港资房企普遍采取逆周期拿地、顺周期开发的策略。通过对市场周期精准的把握，在市场不好的时候低成本拿地，等到市场回暖再出售或出租，吃透土地溢价，提升项目利润率。以新鸿基地产为例，其香港 ICC（环球贸易广场）项目从拿地到商户入驻用了 8 年；上海 ICC 从拿地到第一期写字楼招租耗费 5 年，目前仍在持续开发中；成都 ICC 从 2007 年拿地，到目前也仅开发了 A、B 住宅项目，C 商业物业部分仍未建成。

### （四）低负债运营，现金为王、重视利润

在低周转的运营模式下，香港房企为保持企业抗风险能力，主要依靠内部融资，负债率低，资产结构优。香港房企普遍采用租售混合经营的业务模式，注重业务间内部现金流的平衡，对外部资金依赖程度相对较低。香港前十大房企资产负债率均值为 24%，其中最高的新世界发展资产负债率也不到 50%；从净负债率情况看，房企均值在

14% 左右，其中最高的新世界发展为 30%，最低的信和置业不到 1%。在部分年份，房企净负债率为负数，现金资产可以完全覆盖有息负债，企业靠内部资金滚动经营。

租赁业务带来稳定现金流，香港地产商资金实力雄厚。香港前十大房企中，租赁收入贡献占比平均为 40%，为房企带来稳定的现金流。2018 年，新世界发展、长实集团等现金及现金等价物规模超过 500 亿港元。现金在流动资产中占比平均为 30%，而希慎兴业现金在流动资产中占比更超过 60%。

现金可覆盖短期债务，资金链稳固。稳定而充裕的现金流为企业的偿债能力提供了有力的保障，香港房企除恒基地产外现金及等价物基本可以覆盖短期有息负债外，部分房企在售资金甚至达到短期有息负债的 30 倍，偿债能力无忧。

一方面，香港国际金融中心地位为房企提供了多渠道、低成本的融资能力；另一方面，房企良好的财务状况也降低了其融资成本。对比内地物业租赁业务发展较好的房企，港资房企平均融资成本为 3.3%，其中九龙仓置业、嘉里建设、新鸿基地产不到 3%。而内地房企平均融资成本为 6.6%，是香港的 2 倍。

前十大房企持有优质租赁资产，租金回报率远超香港市场平均水平。近年来，由于房价上涨等因素，香港商业地产租金回报率不断走低，近 5 年租金回报率均值降为 2.7%，而前十大地产商凭借优质的资产与出众的运营能力跑赢大市，租金回报率均值为 4.9%，接近市场水平的 2 倍，其中嘉里建设更高达 6.6%。

港资房企所持内地物业盈利能力也远超本土房企。从规模上看，由于港资房企近几年实施保守策略和内地房企的迅速扩张，内地房企在商业地产的规模已超过港资房企。但从租金效率看，港资房企仍处于绝对优势。太古地产、新鸿基地产单位月租金均超过 200 元 / 平方米，而内地除大悦城具有一定优势外，近年在商业地产领域大力扩张的龙湖地产和新城控股，单位月租均在百元左右徘徊，太古地产每平方米物业创收达新城控股的三倍。

## 二、美国模式：标准化运营，业务模式以REITs为主

美国房地产企业主要由REITs（房地产投资信托）、住宅建筑商、房地产服务商三类构成。根据GICS（全球行业分类标准），美国房地产行业包括三个子行业：住宅建筑、房地产管理和开发、REITs，分别代表房地产行业的三种业态——开发、运营和服务。截至2019年5月末，美国共有251家上市房企。其中住宅建筑商26家，市值989亿美元，市值占比8%；REITs 174家，市值1.1万亿美元，市值占比86%；其他51家，市值占比6%。

住宅建筑商以土地获取、住宅设计、工程施工、销售及售后服务为主业。“三巨头”是莱纳（Lennar）、霍顿（D.R Horton）和帕尔迪（Pulte Group），2019年5月底，三者市值分别为308亿、164亿、89亿美元，共占住宅建筑板块总市值的56.6%。三者均作为本节分析样本。

REITs是美国房地产行业的核心，上市REITs占上市房企的69.4%，市值占85.8%。REITs是集合投资者资金，由专业机构管理，投资能产生稳定现金流的不动产，并进行定期派息的信托型或公司型基金。美国是全球规模最大、产品最丰富和最成熟的REITs市场。1986年美国修订《国内税收法典》，规定REITs只要将应税收入的100%进行分配，即可免征企业所得税，这是美国REITs腾飞的起点。目前美国市值在400亿美元以上的普通REITs有两家，一是西蒙地产（Simon Property），二是普洛斯（Prologis），两者分别是商业地产和工业地产领域的龙头。本节以西蒙地产为样本进行分析。

“房地产管理和开发”的子行业主要为房地产服务商，主要业务为物业租售咨询、物业估值等，代表企业是世邦魏理仕、仲量联行等，以及部分不以REITs形式存在的房地产运营商。

## （一）住宅建筑商：高周转、标准化、重并购

### 1. 高周转，缩短项目周期、持有土地期权、主推中低端项目

相比世界各国的龙头房企，美国住宅开发领域的龙头房企周转速度遥遥领先。美国住宅建筑商“三巨头”莱纳、霍顿、帕尔迪，2018年总资产周转次数达到1.2、1.0、0.9，而中国内地、中国香港、新加坡三地龙头房企平均为0.3、0.1、0.1。高周转成为美国开发类房企高ROE（净资产收益率）的来源。2018年中国内地、美国、新加坡、中国香港四地龙头房企杜邦分解情况如图9.21所示。

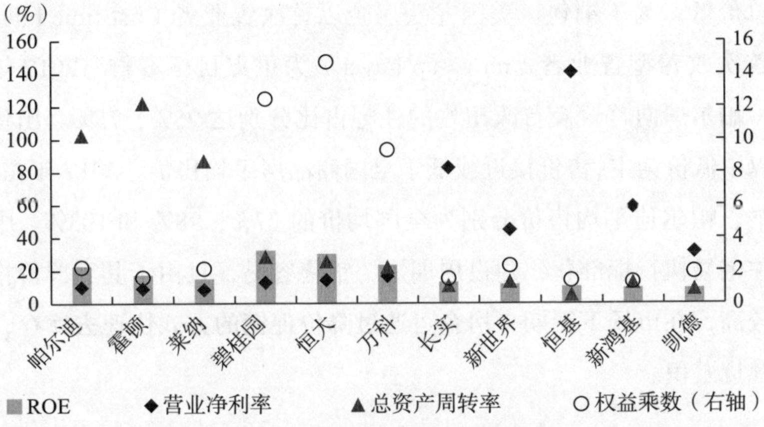


图9.21 2018年中国内地、美国、新加坡、中国香港四地龙头房企杜邦分解

资料来源：公司公告，恒大研究院。

美国房企实现高周转的“秘诀”有三个。

一是缩短项目建设周期。霍顿致力于缩短土地持有年限，在创

始人唐纳德·霍顿眼里，“破产的房地产开发商，所有的墓志铭上都写着‘长期错误持有土地’”。2017年霍顿88%的竣工住宅为独栋住宅，从出售到交房只需2~6个月，基本实现当年销售、当年回款、当年结算。帕尔迪则要求在新社区开售24~36个月内完成区内全部住宅单位的销售和建造。莱纳的土地策略要求缩短拿地到销售之间的时滞。

二是借助土地期权锁定土地。美国住宅开发商通过与土地持有者签订期权合约，获得以确定价格在未来购买地段的权利，期权费通常为地价的10%~20%，期限通常在8年左右。土地期权既能保障充足的土地储备，又能避免房企在土地储备上沉淀过多资金，周转速度大幅提升。2017年，霍顿、帕尔迪、莱纳通过期权控制的土地占总土地储备的49.7%、36.9%和18.0%，土地保障系数高达5.4、6.7和6.1。

三是开发项目以中低端住宅为主，便于标准化建设，项目周期短且总价低，易于销售。美国龙头房企以首次置业者（fist-time buyer）或首次改善型置业者（move-up buyer）为重点目标客群。2017年霍顿、帕尔迪向首置及首改出售的住宅占比分别达95%、75%。出售项目以中低价为主，售价接近或低于全国商品房平均售价。2017年霍顿、莱纳、帕尔迪平均售价分别为全国均价的77%、98%和103%。中低端住宅易执行标准化，建设周期短，销售容易，且由于其客群价格弹性较高，在市场下行期，房企可通过降价促销的方式快速去库存，避免存货淤积。

### 2. 低成本，通过标准化、统一采购实现

通过标准化降低成本。根据哈佛住房研究中心数据，过去15~20年，以缩减成本为目的，美国住宅建筑行业呈现去定制、标准化的趋势。而龙头房企是这一趋势的引领者。帕尔迪以实行标准化

配置为特长，2007 年曾大幅度削减户型，将户型从 2 000 多个减少至 600 多个，方便采用统一部件组装住宅，削减设计和施工成本。霍顿前首席执行官唐纳德·J. 汤姆尼茨认为，“公司高速成长的关键，是与沃尔玛一样，在房地产行业内创造了工业化标准”。霍顿建造的住宅以标准化为主，如果买家要求个性化调整，如升级家具、添加天窗等，则需单独付费。

统一招标，统一采购，通过规模化削减成本。霍顿致力于与全国供应商谈判，通过大量采购降低成本。规模优势使公司在采购家具、设备、建材等方面掌握主动权，可在每套房屋上平均节约 3 500 美元。帕尔迪以沃尔玛为标杆，曾聘用沃尔玛的高级经理专门负责供应链采购，利用集团采购的议价能力，统一购买建材、家电等，缩小成本。帕尔迪致力于与大型供应商签订长期合作协议，如 2001 年与通用电气签署协议，为所有帕尔迪住宅提供由通用出品的家用电器。

低成本提高毛利率。2017 年霍顿、帕尔迪、莱纳单套住宅建造成本分别为 23.4 万、28.6 万、28.3 万美元，住宅建筑板块毛利率达到 24.9%、38.3%、32.7%。

### 3. 专业化，聚焦房地产价值链前后两端

房地产开发价值链可分为“设计—建造—销售”三个环节，美国住宅开发龙头聚焦于前后两端，建造等中间环节通过外包完成。唐纳德·霍顿认为，“房地产开发更像零售业，开发商的工作是设计和营销那些实际上不是它们生产的产品”。霍顿、莱纳、帕尔迪均将建造业务外包，聚焦于设计和销售两个环节。

（1）设计环节，以客户为导向，关注住宅品质

以客户为导向。霍顿执行“灵活”的标准化，可根据客户的个性化需求改变标准图纸，通过测算改变标准图纸的某一设计所增加的成

本,向消费者的个性化需求收费。帕尔迪支持客户自主组装标准化模块，2011 年推出 iPad（平板电脑）应用程序，消费者可在线完成房屋设计。

注重住宅品质。帕尔迪致力于推广智能家居系统。2011 年与 Georgia Power（一家电力公司）合作，开发了亚特兰大首个创新型智慧社区 Smart Neighborhood TM，社区设太阳能发电系统、智能加热和冷却系统、智能 LED（发光二极管），以及家庭自动化功能，如智能恒温器、智能锁和语音控制等。

莱纳致力于推广太阳能电力系统。2011 年莱纳成立子公司 SunStreet，专门研发和推广太阳能发电系统。莱纳在屋顶安装采用微逆变器技术的太阳能电池板，并设置智能控制功能，住户可通过应用程序随时随地实时控制太阳能系统运作。莱纳太阳能发电成本比使用普通公用事业供电便宜 20% 左右，广受消费者欢迎。

（2）销售环节，多样化品牌组合、注重售后质保

多样化的品牌组合满足个性化需求。霍顿的产品线分四条，包括 D.R.Horton、Express Homes、Emerald Homes 和 Freedom Homes，售价从 10 万美元到 100 万美元不等。其中 D.R.Horton 是主力产品，针对首次置业者，在 2017 年竣工住宅中占比 64%; Express Homes 针对入门级买家，占比 31%; Emerald Homes 针对高端需求，占比 4%; Freedom Homes 主要提供老年人住宅，占比 1%。

帕尔迪的产品线分为五条，包括 Contex、Pulte Homes、John Wieland、Del webb、Divosta。其中 Contex 为低端住宅，针对入门级和首次购房者，在 2017 年竣工住宅中占比 31%; Pulte Homes 针对改善型需求，占比 29%; John Wieland 针对高端奢侈型需求，占比 15%; Del webb 和 Divosta 主要针对 55 岁以上老年人，共占 25%。

重视售后质保。帕尔迪推出“Pulte10 年保修计划”，为购房者提供 1 年建材保修，2 年管道、空调、电力保修，5 年排水系统保修，

10 年建筑结构保修。霍顿为购房者提供 1 年工程和建筑材料保修，10 年建筑结构保修。

**4. 重并购，通过兼并收购实现跨越发展**

行业整合是美国住宅建筑行业的主旋律。龙头房企重视收购和并购，实现区域扩张和业务发展。

霍顿的收购活动始于 1994 年，大规模收购使公司进入龙头房企行列。霍顿是三大龙头中成立和上市最晚的，成立时间比帕尔迪晚 20 年，比莱纳晚 10 年，但 90 年代以后公司发起 17 起并购，进入增长快车道，并在 2002 年成为美国第二大房企。其中最具影响力的两起收购是在 1997 年收购亚特兰大最大的住宅建筑商 Torrey 集团，亚特兰大是当时全美最大的房地产市场；在 2002 年收购 Schuler Homes，使公司在加利福尼亚州、科罗拉多州、俄勒冈州、华盛顿州、亚利桑那州和夏威夷州占据了主导地位。

莱纳的收购活动开始于 1979 年，和 CalAtlantic Homes 并购完成后，成为美国第一大住宅建筑商。莱纳的并购活动在 20 世纪 90 年代以后进入高潮，1991—2018 年共发起 32 起并购。其中最具影响力的收购包括 2000 年收购 U.S home，使公司规模翻番；2017 年收购 WCI，进入豪宅市场；2018 年与 CalAtlantic Homes 合并，完成后将成为美国最大的房屋建筑商。

帕尔迪的收购活动开始于 1973 年，通过收购进入首次置业和养老市场。帕尔迪 1998 年收购 DiVosta Homes，2001 年收购 Del Webb，两者以养老地产为主要业务；2009 年收购行业前五的 Centex，加强在首次置业市场的布局。

### 5. 兼金融，金融业务作为住房销售的附属业务

美国住宅开发企业兼开展抵押贷款发放、产权保险等金融业务。如图 9.22 所示，2017 年，帕尔迪、霍顿、莱纳金融业务收入分别占总收入的 8.3%、2.5%、2.2%，税前净利润分别占比 11.7%、7.0%、7.8%。

金融业务是住房销售的附属业务，主要服务于本公司的购房者。2017 年，霍顿、莱纳、帕尔迪发放的按揭贷款中，95%、80%、80% 向本公司的购房者发放。

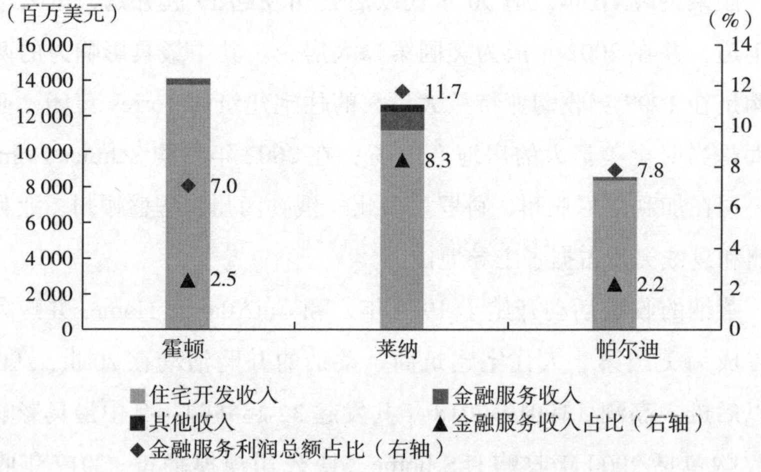


图 9.22　2017 年美国三大住宅开发龙头收入结构

资料来源：Wind，恒大研究院。

抵押贷款业务的运作模式为：筹集借款—发放抵押贷款—二级市场出售回笼流动性。抵押贷款业务资金来源主要靠外部借款。房企和第三方签订抵押贷款回购协议，循环借入期限为 45 ~ 60 天的短期借款。抵押贷款发放完成后短时间内即出售给房利美、房地美、吉利美等第三方购买者，回笼流动性，继续发放贷款。高杠杆和二级市场出售策略极大地提高了资金效率，以霍顿为例，2017 年末其金融部门净

资产仅 3.3 亿美元，借入短期借款 4.2 亿美元，发放了 2.7 万份按揭贷款，按本公司销售均价计算，总价值达 80.6 亿美元。

### （二）REITs：高杠杆收购、长期持有核心资产

本部分样本为西蒙地产。西蒙地产是美国最大的零售房地产 REITs，公司有三条产品线，购物中心（Simon Malls）、奥特莱斯（Premium Outlets）和大都会区购物中心（The Mills）。截至 2017 年末，公司在北美洲、亚洲、欧洲拥有 207 个物业，约 2.41 亿平方英尺（约 2 200 万平方米），平均出租率为 95%，年接待购物者达 2 亿人次。

西蒙地产是美国零售地产行业的绝对领导者。2018 年公司总资产 2 087 亿人民币，营业收入 385 亿人民币，2019 年 5 月末总市值 3 720 亿人民币，为后三家之和，占零售地产 REITs 的 30.1%。

西蒙地产为股东创造了丰厚回报。2018 年西蒙地产 ROE 高达 65.9%，在国际龙头房企中遥遥领先，每股分红 7.15 美元，股息率达 4.2%。过去 5 年，西蒙地产每年股息率保持在 4% 左右。

#### 1. 募：高杠杆收购，负债久期长、成本低，利息覆盖倍数高

商业地产 REITs 运营的四大关键是“募、投、管、退”。商业地产投资周期长，现金回流慢，“募”决定融资渠道和成本，是公司运营的根基；“投”决定项目区位，是公司盈利能力的基础；“管”决定物业运营水平，可增厚公司盈利能力；“退”反映公司筛选、整合资产的能力，资产变现收益是现金流的重要来源之一。

西蒙地产商业模式的第一大特点是高杠杆运作。2018 年西蒙地产资产负债率为 86.9%，在美国零售业 REITs 中处于较高水平，更明显高于以 REITs 为主要运作形式的新加坡凯德集团，2018 年凯德集团资产负债率仅为 48.5%。高杠杆成为公司高 ROE 的主要来源，2018 年

公司 ROE 达到 65.9%，在各经济体龙头房企中遥遥领先。

高杠杆率的制度基础是美国对 REITs 负债管制宽松。美国对 REITs 资产负债率无明确监管要求，而新加坡、中国香港为 REITs 设定的最高资产负债率上限分别为 60%、45%。主要发达经济体 REITs 限制性条款对比如表 9.7 所示。

高杠杆率的来源是借款收购。西蒙的 REITs 身份要求其每年至少分配应税收入的 90%，因此公司拓展新项目时，主要通过借款进行融资。以 2016 年 4 月的一笔大额收购为例，公司收购拉斯维加斯一家奢侈品购物中心，总价为 11 亿美元，权益占比 50%。公司为这笔收购借入 5.5 亿美元的 10 年期抵押贷款，全部覆盖公司应付收购款，相当于公司未为此笔收购投入自有资金。

表 9.7　主要发达经济体 REITs 限制性条款对比

| 国家 / 地区 | 负债限制 | 资产限制 | 收入限制 | 分红要求 |
| --- | --- | --- | --- | --- |
| 新加坡 | 资产负债率不得超过 35%，获得 A 评级可超过 35%，但不能超过 60% | 至少 70% 的资产需投资于房地产和房地产相关领域 | 无限制 | 每年 90% 以上的租金收入用于分配 |
| 中国香港 | 资产负债率不得超过 45% | 只可以投资房地产项目 | 收入应主要来自房地产出租收益 | 每年 90% 以上的租金收入用于分配 |
| 美国 | 无明确限制 | 需将总资产不少于 75% 投资于不动产、抵押贷款、其他 REITs 份额等 | 总收入中至少 75% 来自不动产出租或出售利得等；如果不能满足收入测试，将承担 100% 的惩罚性税收 | 每年 90% 以上的租金收入用于分配 |

续表

| 国家 / 地区 | 负债限制 | 资产限制 | 收入限制 | 分红要求 |
|---|---|---|---|---|
| 日本 | 只能向合格机构借款 | 资产总值 50% 以上投资于合格资产（证券、地产、出租权等） | 无限制 | 需将 90% 以上的租金收入及出售利得进行分配 |

数据来源：新加坡金融管理局等，恒大研究院。

尽管公司杠杆率处于高位，但负债期限长、成本低、利息保障倍数高，公司财务状况健康，信用风险低。

债务期限上，公司负债以长期为主，2017 年末有息负债的平均久期为 7 年。短期债务到期压力小，2017 年末短长期有息负债比仅为 0.09，仅 8.3% 的有息负债在 1 年内到期，高达 51.6% 的负债在 6 年后到期。

负债成本上，公司融资成本低且以固定利率为主。2017 年，公司单笔借款融资成本为 0.32% ~ 9.35%，综合融资成本为 4%。融资以固定利率为主，固定利率债务占总有息负债的 95.2%，有利于锁定利率风险。

融资来源上，无抵押借款占比高，赋予公司更高的财务灵活性。公司融资来源主要包括抵押贷款和无抵押借款两类，后者主导，2017 年无抵押借款占有息负债的 72.0%，包括 50 亿美元的无抵押循环贷款额度、42.5 亿美元的无抵押补充借贷工具，利率为 LIBOR（伦敦银行同业拆借利率）上浮 77.5 ~ 80 个基点。无抵押借款的高占比使公司在信贷市场不景气时拥有更大的财务灵活性，可以通过抵押资产迅速获得银行贷款，或在最坏的情况下出售资产偿还债务。

在偿债能力指标表现上，EBITDA（税息折旧及摊销前利润）覆盖倍数高，财务状况健康。信评机构通常认为 REITs 的 EBITDA 利息保障倍数应在 3 以上，2018 年西蒙地产 EBITDA 利息保障倍数达 5

倍，净有息负债（有息负债－现金及现金等价物）/EBITDA 仅 5.5 倍，公司是美国仅有的两家被标普和穆迪分别评为 A 和 A2 等级的 REITs 之一。

2. 投：长期持有核心区位资产

西蒙地产商业模式的第二大特点是长期持有核心区位的资产。公司从 1960 年成立至今的 60 年里，积淀了大量优质项目，这是其他商业地产公司短期无法超越的核心竞争力所在。以 2018 年公司拥有的 107 个区域购物中心为例，67.1% 的项目获取时间在 2000 年以前，34.1% 的项目获取时间在 1990 年以前，20.3% 的项目获取时间在 1980 年以前。

早期获取的项目区位优势明显，通过再开发提升资产回报率。公司早期项目多位于城市核心地段，区位优势明显，按取得时间划分，1990 年前、1990—2000 年、2000 年以后取得的购物中心，平均出租率分别为 95.6%、95.2%、93.3%。公司通过"再开发"提升老项目的租金回报率，包括增加新的主力租户、剧院、体育和健康设施等。2017 年公司累计完成 40 个项目的再开发，总投资为 6.3 亿美元，投资回报率在 8% 以上。

以 1970 年获取的项目南戴尔中心（Southdale Center）再开发为例，该项目是美国第一个全封闭购物中心，2017 年公司对其启动再开发，替换原有的彭尼百货门店，取而代之的是 Life Time 品牌系列和一家拥有 146 个房间的酒店，为商场增加健身中心、共同办公空间、室内运动场馆等设施，创造购物、餐饮、锻炼、工作、生活一站式体验。

项目区位优势保证物业出租率处于高位。2017 年公司购物中心和奥特莱斯平均出租率达 95.6%，大都会购物中心达 98.4%，过去五年整体出租率保持在 95% 以上。高出租率是高盈利的来源，2018 年公司租金收入达49亿美元，净利润达24亿美元。

### 3. 管：产品线层次清晰，关注上下游关系维护

（1）产品线层次清晰、定位明确

西蒙地产主要有三条产品线。

一是位于近郊的区域购物中心。区域购物中心是西蒙独创的商业地产类型，以室内为主，特征是以一家或者多家传统百货商店作为“锚店”（Anchor store），与商场签订10年以上长期租约，商场给予较大的租金折扣，并由锚店带动周边小型商户及商场人气。区域购物中心面积在2万～2.5万平方米，是西蒙地产的主力业态，2017年公司在美国持有107个，占美国项目总数的51%。

二是位于远郊的奥特莱斯品牌折扣店。奥特莱斯以露天为主，包含众多工厂折扣店和设计师品牌店，面积在1万～8万平方米，位置主要在城市远郊或旅游景区。截至2017年，公司在美国持有奥特莱斯68家，占美国项目总数的33%。奥特莱斯是西蒙在海外尤其是亚洲地区最受欢迎的物业类型。截至2017年末，公司在日本、韩国、加拿大、马来西亚、墨西哥分别拥有9家、4家、2家、2家、1家奥特莱斯品牌折扣店。

三是位于城市核心区域的大都会购物中心。大都会购物中心是集区域购物中心、奥特莱斯、娱乐设施于一体的混合型商业地产，通常位于城市核心区域，体量较大，面积在11万～22万平方米。截至2018年，公司共在美国拥有14家，占美国项目总数的7%。

（2）注重上下游关系维护

从上游看，和主力供应商签订长期租约。公司致力于为供应商提供折扣租金和全方位服务，2017年末区域购物中心长期合作的“锚店”达到500家。“锚店”最大的租户是梅西百货，其为美国最大的百货

公司，一度是“美国时尚”的象征，商品包括鞋服、化妆品、礼品、餐厅、美容院等。此外，彭尼百货、迪拉德百货、诺德斯特龙百货等均与公司签订长期租约。

通过结构租金与供应商形成利益共同体。公司向供应商收取的租金包括三个部分：最低租金、超额租金和租金补偿。超额租金按照营业额提取一定比例，租金补偿为财产税、财产保险、运营成本向租户的分摊。2017 年公司租金收入中最低租金、超额租金、租金补偿分别占比 67%、3%、30%。

从下游来看，注重维护消费者关系。1999 年西蒙集团首次在行业内发起全国性的品牌营销活动，引起业界的普遍质疑，人们认为商业地产无须进行品牌推销。很快西蒙就证实了品牌营销的意义，通过将西蒙品牌与高质量的零售环境紧密结合，西蒙在商家及消费者之间树立了高端的品牌形象。

杰出的物业管理能力帮助公司租金和坪效（每平方米营业额）稳步上涨，租金坪效比处于健康水平。以区域购物中心和奥特莱斯为例，2014—2017 年每平方米平均租金从 508 美元上涨至 574 美元，上涨 13%；坪效从 6 685 美元上涨至 6 782 美元，上涨 1%；2018 年租金 / 坪效仅 8.5%，处于较健康水平。

### 4. 退：适时剥离非核心资产

对不符合公司战略或失去竞争优势的资产及时剥离。公司每年保持出售一定的资产，如 2017 年、2018 年分别出售 2 项、3 项零售物业，获得资产处置收益 3.1 亿美元、170 万美元。出售资产每年对公司营业收入的贡献保持在 5% ~ 10%。资产处置净收益计入营业收入中的其他收入中，2016—2018 年其他收入占营业收入的比重分别为 5%、5%、7%。

## 三、新加坡模式：混合经营，“PE+REITs”双基金模式轻资产扩张

新加坡最具代表性的房企是凯德集团。凯德集团是亚洲最大的房地产公司，2000年在新加坡上市，截至2019年第一季度，拥有及管理的资产总值超过4 700亿人民币。集团经营的房地产业态多元，包括商业综合体、购物中心、服务公寓、酒店、长租公寓、办公楼、住宅等，同时它还是一家成熟的资产管理公司，管理5只REITs和17只房地产私募基金。2019年集团项目分布于全球30多个国家的180多个城市，以新加坡和中国为核心市场，不断开拓印尼、越南、美国、欧洲等市场。

目前公司拥有在新加坡和马来西亚上市的5只REITs，包括凯德商用信托（CMT）、凯德商务产业信托（CCT）、雅诗阁公寓信托（ART）、凯德商用中国信托（CRCT）、凯德商用马来西亚信托（CMMT）。

### （一）全产业链，开发和自持混合经营、房地产和金融双轮驱动

凯德集团兼有三个角色：房地产开发商、房地产运营商、资产管理人。集团业务贯穿整个房地产产业链，表现在三个方面。

第一，开发和自持混合经营。不同于美国模式（专业细分、房地产开发和经营由独立的公司完成），新加坡模式以混合经营为特点。从资产分布来看，凯德集团坚持开发资产：自持资产为20：80的配置比例，用前者博取高收益，用后者创造穿越周期的稳定现金流。2018年，集团开发类资产和自持类资产分别占总资产的14.8%、82.0%，基本符合20：80的配置原则。从收入和利润来源来看，2018年开发和自持业务分别贡献营业收入的39%、61%，分别贡献息税前净利润的21%、79%。

第二，自持业务混业态经营。凯德集团自持物业包括购物中心、写字楼、酒店、公寓等，不同于美国房地产运营企业只聚焦于一种业态，如西蒙地产集中持有购物中心，普洛斯集中持有工业地产。从资产分布来看，2018 年公司自持物业部分资产中，购物中心、写字楼、公寓及酒店分别占 49%、32%、19%；从收入及利润来源来看，2018 年公司自持物业创造的收入中，购物中心、写字楼、公寓及酒店分别占 47%、19%、34%，分别贡献息税前净利润的 62%、29%、9%。

第三，房地产和金融双轮驱动。凯德集团不仅是一家房地产企业，也是一家资产管理公司。2018 年末集团总资产管理规模约 2 400 亿人民币，其中 REITs 占 57%，房地产私募基金占 43%。募集的资金多数投向了中国和新加坡，分别占 48% 和 40%，其中投入中国的资金主要来自房地产私募基金，投入新加坡的资金主要来自 REITs。

### （二）轻资产，双基金模式轻盈扩张

“REITs+PE Funds”是凯德模式的核心。对于高风险、高收益的项目，如开发物业和培育期的商业物业，凯德主要用房地产私募基金进行投资；对于现金流稳定的成熟商业物业，凯德主要用 REITs 进行投资。而 REITs 通常对私募基金培育的项目具有优先购买权，凯德形成了“私募基金培育，再打包出售给 REITs”的双基金配对运作模式。

以凯德商用中国信托及两只配对私募基金为例，2006 年以中国零售物业为主要资产的 REITs 凯德商用中国信托上市，与凯德商用中国信托同时成立的还有两只私募基金 CRCDF（凯德商用中国发展基金）和 CRCIF（凯德商用中国收入基金），作为凯德商用中国信托的储备基金，前者向凯德商用中国信托输送相对成熟的项目，后者主要孵化早期项目，孵化完成后再出售给凯德商用中国信托完成退出。

### 1. 私募基金：为项目开发提供资金支持，孵化和培育商业物业

凯德旗下的私募基金主要分为两类。

一是开发型私募基金，主要投资于住宅开发项目。如2003年成立的凯德置地中国住宅基金，以参与中国核心城市中高档住宅开发为使命，成立后收购了北京上元项目和东城项目、上海天山河畔花园、上海西郊林茵湖畔项目、广州天河项目的部分股权。

二是自持型私募基金，主要投资于商业地产项目。此类基金可投资成熟物业，如2008年成立的来福士中国基金一期，成立当年即收购上海、北京、成都、宁波的来福士广场，2009年收购广州的来福士广场。它也可投资培育期物业，如2005年成立的凯德置地中国基金，收购宁波一处综合性房地产开发项目，逐步培育为宁波来福士广场。

私募基金将项目培育成熟后，可出售给REITs完成退出。例如，北京西直门凯德广场先由中国零售物业孵化基金收购进行孵化，再于2008年专门出售给凯德商用中国信托。

私募基金的募资来源以机构投资者为主。凯德私募基金的认购者主要是来自亚太、北美、中东和欧洲的主权财富基金、养老基金和保险公司。如2016年发起的来福士中国基金三期，25%的股份由加拿大退休金计划投资委员会（CPPIB）认购。

### 2. REITs：持有成熟期物业

REITs持有物业为核心城市成熟的商业物业。以凯德商用中国信托为例，它成立于2006年，在中国的8个城市拥有11家购物中心，总计可出租面积约70万平方米，项目包括：北京西直门凯德广场、望京凯德广场、凯德大峡谷和凯德双井，广州摇滚广场（51%权益），成都新南凯德广场，上海七宝凯德广场，武汉明珠乐园凯德广场，郑州凯德广场二期，呼和浩特赛罕凯德广场，芜湖凯德广场（51%权益）。

截至 2019 年 3 月 31 日，凯德商用中国信托的总资产为 31 亿新元，比信托上市时增加了 4 倍。

公司担任 REITs 的基金管理人和物业管理人。凯德商用中国信托由凯德中国商用信托管理有限公司做基金管理人，由凯德物业管理有限公司做物业管理人，两家公司均为凯德集团的全资子公司。凯德集团作为凯德商用中国信托的发起人，不仅可以拥有凯德商用中国信托所持物业的一定比例权益，同时还可以通过收取基金管理费和物业管理费获取相应收益。

### （三）擅于运营，通过物业提升计划增厚收益

公司通过三种方式增厚投资回报率。一是内部增长，通过提高租金增加收入。凯德集团收取结构型租金，包括最低租金和超额租金两部分，后者为营业额的一部分，可实现和商场营业额共同增长。二是物业提升，通过改造物业最大化租金收入。过去 10 年，公司从物业提升中获得的收益率超过 8%。三是增值收购，当投资回报率大于融资成本时，公司会收购优质项目以增厚收益。

物业提升是凯德集团的核心竞争力之一。通常的做法包括：最大限度地利用公共区域，例如桥梁空间，并将机械和电气区域转换为可租用空间；升级设施，改造立面，增加游戏和休息区等。过去 10 年，公司从物业提升中获得的收益率超过 8%，有时通过一系列的物业提升策略（如 IMM 购物中心、纳福坊、Anchorpoint 购物中心和碧山第 8 站）获得的收益率可超过 10%。

以淡滨尼广场和武吉班让广场的资产提升计划为例，2007 年凯德商用信托向市区重建局发出申请并获得批复，将淡滨尼广场的容积率由 3.5 增加至 4.2。这一改造为淡滨尼广场增加了 9 500 平方米的办公空间，项目租金回报率由 5% 提升至 5.2%。2018 年，武吉班让广场

启动物业提升计划，包括更换天窗、升级自动扶梯、新建屋顶花园、扩建公共图书馆等，改造成功后将大幅增加商场的公共和休闲空间，提高租金回报率。

第十章

# 房地产税的国际经验与中国实践

本章作者：夏磊、黄什、易炜林、孔艺颖

2019 年政府工作报告强调“健全地方税体系，稳步推进房地产税立法”，从“稳妥”到“稳步”，房地产税改革正在提速。2019 年全国人大常委会工作报告中，栗战书委员长提出“今年将集中力量落实好党中央确定的重大立法事项，包括制定房地产税法等立法调研、起草”，房地产税立法进程正在加快。房地产税改革涉及面广、影响深远，待论证的问题较多，深入研究典型经济体房地产税的征收范围、征收方式、税率涉及、减免政策等，对我国建立与完善房地产税制度有借鉴意义。

从财政角度来看，房地产行业对于我国全国及地方政府财政收入的贡献巨大，绝大部分来自土地出让收入。当前中国房地产市场已逐步进入提质降速阶段，住房建设由高速转向中高速，逐渐向存量房阶段过渡，随着存量房时代逐步到来，土地财政面临挑战，征收保有环节税是必由之路。研究房地产税能否代替土地出让收入成为重要的财政收入来源，对于我国房地产市场的发展具有深远意义。城镇人口和人均居住面积逐渐提高使得税基总和不断增加，人均可支配收入增速高于房价增速促使居民可承受更高的实际税率，以及地方政府征税动力的提升，促使房地产税有望替代土地出让收入。

## 第一节　发达经济体房地产税怎么收

### 一、以虚拟租金为征税基础的经济体有新加坡和中国香港

#### （一）新加坡

保有环节征收财产税。新加坡自殖民时期就开始对房屋和土地征收财产税，征收范围包括组屋、私人住宅、EC 公寓和所有土地。其中，房屋税基为虚拟租金，按可比物业出租一年的市场租金（去除家居、装修折旧及维护费用），土地按市值的 5% 征收。自住型住宅虚拟租金 8 000 新元以内免征，超过部分在 4%~16% 累计递进；非自住型住宅适用六级累进税率，虚拟租金 3 万新元以内 10%，3 万新元以上 12%~20%。

#### （二）中国香港

保有环节征收差饷和土地租金。差饷自 1848 年开始征收，面向所有租赁、持有或占用物业者征收，税基为截止到指定估价日期时按可比物业出租的租金，税率为 5%。土地租金自 1841 年开始征收，由土地契约业主缴纳，分地租与地税两种。其中，地租税基为应课差饷租值，地税税基是续期当日物业差饷租值，二者税率均为 3%。自 1984 年以前拥有土地的部分香港原著居民免征土地租金，税收收入用于市政服务开支。

## 二、以评估价值为征税基础的经济体有美国、日本、德国和英国

这几个国家的主要区别在于：美国评估价值与市场价值接近；日本评估价值小于市场价值；德国和英国评估标准较早，评估价值远小于市场价值。

### （一）美国

保有环节征收房地产税。房地产税起源于殖民时期，为州和地方政府税种，征收范围包括土地和房屋，通常由郡政府统一征收，然后划转到相应的政府部门。房地产税 = 评估价值 × 评估率 × 名义税率。其中，评估价值参考市场价值；有些州并不对评估价值进行全额征收，而是设置评估率，用以调节不同类型房产的实际税率；政府以支定收确定税率。2018 年，各州房地产税实际税率介于 0.27% ~ 2.4%。

### （二）日本

保有环节征收固定资产税和都市计划税。日本市町村政府每年向土地和房产所有者征收固定资产税和都市计划税。其中，固定资产税始于 1950 年；都市计划税创立于 1940 年，1950 年曾废止，1956 年开始重新征收。固定资产税的税基为房屋或土地评估价值，每 3 年评估一次；基准税率统一为 1.4%；设置“负担率”调节机制，避免地价大幅波动带来额外的税收压力。都市计划税的税基与固定资产税相同，税率在 0.2% ~ 0.3%。

### （三）德国

保有环节仅征收土地税，没有房产税。土地税是州政府和地方政

府依据《土地税法》，对土地所有者征税，收入归地方政府所有。土地税 = 税基 × 基准税率 × 稽征率。其中，税基由土地登记处和公证处等相关部门根据政府估值标准、产权登记价值等综合确定；基准税率由联邦政府规定，联邦德国为 0.31%～0.6%，民主德国为 0.5%～1%；稽征率由各市政府自行确定，最低只有 1.5，最高达 11.42，住宅用地稽征率较高，如柏林是 8.1。

使用环节有二套住房税。二套住房税，以居民登记使用而非持有的第二套及以上住房为征税基础，税基通常为房屋所在区域平均租金，税率由当地政府依据本地消费标准制定，多数城镇税率在 5%～20%。

（四）英国

保有环节仅征收市政税，没有土地税。市政税为地方税种，自 1993 年开始征收，由实际使用住房的居民缴纳。英格兰、苏格兰与北爱尔兰将每个住宅在 1991 年 4 月 1 日的房屋价值分为八个等级，威尔士按照 2003 年的房屋价值分为九个等级；各级住宅的纳税额由各地方政府根据当年财政预算支出缺口决定，2017 年市政税约占房价的 0.3%~1.2%。市政税计算按照一个房屋有两名成年人为标准，若只有一名成年人则税额减少 25%，若均为未成年人则减少 50%，若均为全日制学生则可免缴，残疾人也可享受减免优惠。此外，居民带家具的第二套房或度假用房可获最高 50% 减免，但对于空置两年及以上的房屋可加征最高 50% 的额外市政税。

## 三、发达经济体征税方式对我们有哪些启发

房地产税对调节房地产市场的作用有限。从国际经验看，房价的

决定因素是供需和金融，房地产税仅是一个调节因素，既不是稳定市场运行的关键，也无法防范房地产泡沫的产生和破灭。德国仅征收土地税，且税负较低，但房价长期稳定，主要依靠供需平衡和稳健的货币金融制度；日本、美国、英国很早就开征房地产税，但日本经历了两次房地产危机，美国出现60年大牛市又爆发次贷危机，英国房价长期刚性上涨，主要是由于土地供给不足和房地产过度金融化。

多数经济体的房地产税以评估价值来征收，普遍设置调节机制，地方政府自行调节，居民实际税负不高。美国房地产评估价值和市场价值接近，设置评估率来调节实际税率，2018年，各州的房地产税实际税率在0.27%~2.4%。日本房地产价值每三年评估一次，评估价值一般低于市场价值，基准税率统一为1.4%，设置负担率来调节实际税率。德国土地评估标准较早，联邦德国为1965年，民主德国为1935年，基准税率由联邦政府统一制定，但设置稽征率来调节实际税率，各地方政府自行确定，由于评估标准较早，居民实际税负水平不高。英国房产评估采用1991年市场价值（威尔士采取2003年），税率分为八个等级，地区政府自行调整基准税率来调节实际利率水平。

居民自住房有税收优惠。新加坡采取超额累进制税率，与非自住房税率不同，自住房税率更低，税基为可比物业年租金，起征点为8 000新元。美国居民为自住房缴纳的州和地方房地产税可在计征联邦个人所得税时从应税收入中扣除，租赁房、商业营用房、境外房产等不扣除。德国首套自住房不收房产税，只有在使用第二套及以上住房时缴纳二套住房税。

# 第二节　房地产税能否替代土地出让收入

## 一、土地财政难以为继，房地产税改革势在必行

2019 年政府工作报告强调“健全地方税体系，稳步推进房地产税立法”。与 2018 年用词相比，“稳妥”转为“稳步”，表明在财税改革的大背景下，房地产税立法工作正在有序推进。

### （一）与国际相比，我国房地产税规模明显偏小

国际上，房地产税是地方的主要税种。如表 10.1 所示，OECD 研究的 55 个样本经济体，房地产税占地方税收收入比重的均值为 50%，中位数为 42%。具体而言，有 10 个经济体房地产税是地方政府的唯一税收来源，1/4 的经济体房地产税占地方税收收入的比重高于 85%，1/2 的经济体高于 42%，3/4 的经济体高于 18%。

表 10.1　OECD 研究的 55 个样本经济体，房地产税占地方税收收入的比重

| 排序 | 经济体 | 地方房地产税 / 地方税收 | 排序 | 经济体 | 地方房地产税 / 地方税收 |
|---|---|---|---|---|---|
| 1 | 澳大利亚 | 100% | 6 | 毛里求斯 | 100% |
| 2 | 南非 | 100% | 7 | 斯威士兰 | 100% |
| 3 | 危地马拉 | 100% | 8 | 特立多巴哥 | 100% |
| 4 | 牙买加 | 100% | 9 | 伯利兹 | 100% |
| 5 | 马来西亚 | 100% | 10 | 英国 | 99% |

续表

| 排序 | 经济体 | 地方房地产税 / 地方税收 | 排序 | 经济体 | 地方房地产税 / 地方税收 |
|---|---|---|---|---|---|
| 11 | 爱尔兰 | 91% | 34 | 葡萄牙 | 34% |
| 12 | 新西兰 | 89% | 35 | 哥伦比亚 | 32% |
| 13 | 立陶宛 | 87% | 36 | 波兰 | 30% |
| 14 | 加拿大 | 85% | 37 | 巴西 | 27% |
| 15 | 爱沙尼亚 | 84% | 38 | 日本 | 26% |
| 16 | 以色列 | 80% | 39 | 厄瓜多尔 | 24% |
| 17 | 摩洛哥 | 79% | 40 | 匈牙利 | 19% |
| 18 | 美国 | 69% | 41 | 意大利 | 18% |
| 19 | 斯洛伐克 | 65% | 42 | 冰岛 | 17% |
| 20 | 拉美加勒比 | 58% | 43 | 奥地利 | 15% |
| 21 | 比利时 | 58% | 44 | 韩国 | 15% |
| 22 | 乌拉圭 | 57% | 45 | 哈萨克斯坦 | 15% |
| 23 | 捷克 | 57% | 46 | 斯洛文尼亚 | 15% |
| 24 | 荷兰 | 52% | 47 | 拉脱维亚 | 14% |
| 25 | 墨西哥 | 51% | 48 | 德国 | 14% |
| 26 | 秘鲁 | 45% | 49 | 丹麦 | 11% |
| 27 | 法国 | 44% | 50 | 土耳其 | 10% |
| 28 | 智利 | 42% | 51 | 芬兰 | 7% |
| 29 | 哥斯达黎加 | 41% | 52 | 挪威 | 6% |
| 30 | 菲律宾 | 40% | 53 | 卢森堡 | 5% |
| 31 | 巴拉圭 | 39% | 54 | 瑞士 | 3% |
| 32 | 西班牙 | 35% | 55 | 瑞典 | 2% |
| 33 | 希腊 | 35% | 均值 | | 50% |

资料来源：OECD，恒大研究院。

我国房地产保有环节的税收规模相对小，占地方财政收入比例远低于国际水平。我国房地产保有环节的税种包括房产税和城镇土地使用税，2017 年规模分别为 2 604.3 亿元和 2 360.6 亿元，仅相当于地方本级税收收入的 3.8% 和 3.4%。

我国房地产保有环节税收规模相对较少，主要是因为税基小。一是在征税范围方面，现行房产税和城镇土地使用税对居民自用住房免征，对居民出租住房未强制征税。二是在计税依据方面，房产税采用房产原值扣除 10% ~ 30%，或租金、城镇土地使用税采用固定单位税额。

我国房产税和城镇土地使用税规模变化如图 10.1 所示。

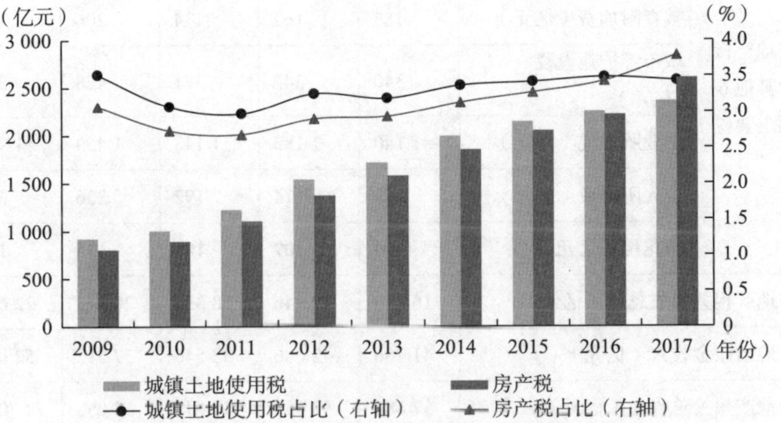


图 10.1　我国房产税和城镇土地使用税规模变化

资料来源：《中国税务年鉴》，财政部，恒大研究院。

## （二）“土地财政”面临转型，开征房地产税势在必行

我国地方财政高度依赖土地出让收入和房地产相关税收，形成“土地财政”。如表 10.2 所示，2017 年地方本级财政收入中，土地出让收入占比 34.6%，房地产相关税收占比 15.0%。2013—2017 年土地出让收入和房地产相关税收规模占地方本级财政收入比重在 41.6% ~ 49.7%。

表 10.2　2013—2017 年地方本级财政收入中，土地出让收入和各项房地产相关税收规模

| 项目 | | 2013 年 | 2014 年 | 2015 年 | 2016 年 | 2017 年 |
|---|---|---|---|---|---|---|
| 5 项房地产专项税 | 契税（亿元） | 3 844 | 4 001 | 3 899 | 4 300 | 4 970 |
| | 土地增值税（亿元） | 3 294 | 3 915 | 3 832 | 4 212 | 4 911 |
| | 房产税（亿元） | 1 582 | 1 852 | 2 051 | 2 221 | 2 604 |
| | 城镇土地使用税（亿元） | 1 719 | 1 993 | 2 142 | 2 256 | 2 361 |
| | 耕地占用税（亿元） | 1 808 | 2 059 | 2 097 | 2 029 | 1 652 |
| 房地产行业其他 6 项主要税收 | 营业税 / 增值税（亿元） | 2 070 | 2 157 | 2 321 | 3 052 | 3 152 |
| | 教育附加费（亿元） | 155 | 162 | 174 | 206 | 185 |
| | 城市维护建设税（亿元） | 340 | 342 | 371 | 428 | 399 |
| | 企业所得税（亿元） | 1 140 | 1 185 | 1 148 | 1 459 | 1 994 |
| | 个人所得税（亿元） | 169 | 174 | 192 | 256 | 315 |
| | 印花税（亿元） | 94 | 107 | 105 | 125 | 147 |
| 房地产相关税收总计（亿元） | | 16 214 | 17 946 | 18 332 | 20 543 | 22 629 |
| 土地出让金收入（亿元） | | 41 266 | 42 606 | 32 546 | 37 512 | 52 074 |
| 房地产相关总收入（亿元） | | 57 480 | 60 552 | 50 877 | 58 055 | 74 7044 |
| 地方本级财政收入（亿元） | | 117 696 | 126 479 | 122 160 | 130 883 | 150 461 |
| 房地产相关税收 / 地方本级财政收入 | | 13.8% | 14.2% | 15.0% | 15.7% | 15.0% |
| 土地出让金收入 / 地方本级财政收入 | | 35.1% | 33.7% | 26.6% | 28.7% | 34.6% |

资料来源：《中国税务年鉴》，财政部，恒大研究院。

注：地方本级财政收入 = 地方本级一般公共预算收入 + 地方本级政府性基金收入 + 地方本级国有资本运营收入。有些数据为四舍五入。

房地产相关税收主要有 11 种，其中 5 种是针对不动产的开发建设、交易和保有征收的，主要包括耕地占用税、土地增值税、契税、

房产税和城镇土地使用税；其他 6 种是房地产行业涉及的税收，主要有营业税 / 增值税、教育附加费、企业所得税、个人所得税、城市维护建设税、印花税。这些税收集中在房地产开发建设环节，2017 年房地产相关税收中开发建设环节、交易环节和保有环节规模占地方房地产相关主要税收的比重分别为 54.3%、23.8% 和 21.9%。

存量房时代渐行渐近，"土地财政"面临转型。在快速城镇化和工业化阶段，土地出让收入和房地产开发建设环节税收是地方政府资本原始积累的重要来源，而存量环节的房地产税难以应对城市拆迁改造、大量基础设施建设等一次性、大规模的财政支出。

当前，一线城市房地产市场已经进入存量房时代，二手房成交占比超过 50%。随着我国城市化推进，新房成交占比不断下降，土地出让收入和房地产开发建设环节税收规模增速降低是一大趋势。叠加减税降费，地方财政压力将进一步凸显。

房地产税改革，目的在于健全地方税收体系，使房地产税替代土地出让收入成为地方政府的重要收入来源。在存量房时代，地方政府房地产相关税收的主要税源应该集中于交易和保有环节。国际上，房地产税是地方的主要税种，OECD 研究的 55 个样本经济体房地产税占地方税收比重的均值达 50%。为使我国地方政府财政收入适应未来存量房时代的新形势，房地产税改革势在必行。

## 二、短期土地出让收入地位难以撼动

### （一）测算模型与参数设定

#### 1. 房地产税规模测算模型

税率、税收优惠和税基规模是决定房地产税规模的关键因素。其中，税率是房地产税的名义税率；在从价征收模式下，税基即房地产资产价值，规模取决于存量房数量和市场公允价格；税收优惠是各类导致实际计税依据和税基差异的因素，包括起征额、免征面积、评估率、特定用途或群体减免、房贷抵扣等多种形式的税收优惠。

考虑数据可得性，我们设定模拟征收的住房房地产税测算方法：

房地产税规模 = 全国存量住房价值 × 名义税率 × 征税住房占比

**2. 参数指标选取和数量范围设定**

（1）全国存量住房价值

我们认为，以应征城镇存量住房的市场价值为税基。农村宅基地不在征税的范围内，主要原因有三个：一是土地所有权归属村集体；二是宅基地不能流通，难以测度市场价值；三是征收成本高，税收规模小，收益成本不合理。

我国尚未统计最新的存量房面积，我们根据 2015 年人口抽样调查数据得到城镇住宅存量建筑面积，再加上 2016—2017 年的城镇住宅竣工和农民自带房进城面积，减去拆迁折旧的面积进行估算。2017 年底全国城镇存量住房建筑面积 279.7 亿平方米，按 2017 年商品住宅销售均价 7 613.8 元 / 平方米计算，2017 年底全国城镇存量住房价值为 213 万亿元。

（2）名义税率

房地产税名目众多，以采取“计税价值 × 税率”的样本国家和地区为例，名义税率整体在 0.3% ~ 5%。

（3）征税住房占比

为兼顾居民居住需求、税收公平和市场调节作用，各国房地产税基本配套优惠减免政策。如英国会对低收入群体、学生等特殊群体实行房地产税收的减免，日本对于人口少于 30 万人的城市免征都市规划税，美国部分州为鼓励企业发展减免房地产税等。

我国对个人自住房开征房地产税，也将配套灵活的税收优惠，以保障居民的基本居住需求，体现税负公平。其中，我们认为设置一定免征面积将是主要的税收优惠措施。根据 2015 年全国人口抽样调查，全国城镇人均住房面积低于 20、30、40、50 平方米的家庭户占比分别为 20%、43.8%、62.4%、75.2%。我们分别采用人均免征面积为 12、20、30、40、50 平方米模拟全国征税住房的占比。

### 3. 短期房地产税无法替代土地出让收入

#### （1）模拟房地产税规模的税率与免征面积敏感性分析

在模拟房地产税规模测算模型中，征税住房占比由人均免征面积和城镇家庭人均住房建筑面积分布结构决定。因此，税收方案中的名义税率和免征面积，是模型中决定模拟房地产税规模的税制因素。

测算显示，模拟房地产税规模受税收优惠和综合名义税率的影响显著。当税率在 0.3% ~ 4%，人均免征面积在 0 ~ 50 平方米时，模拟房地产税规模变动范围大，最少仅 228 亿元，最多可达 85 184 亿元。

当给定人均免征面积，分别为 0、12、20、30、40、50 平方米时，综合名义税率每提升 0.5 个百分点，模拟房地产税规模将分别增加 10 648 亿、7 034 亿、4 906 亿、2 797 亿、1 345 亿、380 亿元。当给定综合名义税率时，人均免征面积分别为 12、20、30、40、50 平方米，模拟房地产税规模较没有免征面积分别减少 34%、54%、74%、87%、96%。

模拟房地产税规模的名义税率和人均免税面积双因素敏感性分析如表 10.3 所示。

表10.3 模拟房地产税规模的名义税率和人均免税面积双因素敏感性分析（单位：亿元）

| 城镇存量住房价值 213万亿元 | 人均免税面积（平方米） | | | | | |
|---|---|---|---|---|---|---|
| 综合税率 | 0 | 12 | 20 | 30 | 40 | 50 |
| 0.3% | 6 389 | 4 221 | 2 944 | 1 678 | 807 | 228 |
| 0.5% | 10 648 | 7 034 | 4 906 | 2 797 | 1 345 | 380 |
| 1.0% | 21 296 | 14 069 | 9 812 | 5 594 | 2 690 | 761 |
| 1.5% | 31 944 | 21 103 | 14 718 | 8 391 | 4 035 | 1 141 |
| 2.0% | 42 592 | 28 137 | 19 624 | 11 188 | 5 380 | 1 522 |
| 2.5% | 53 240 | 35 172 | 24 530 | 13 985 | 6 725 | 1 902 |
| 3.0% | 63 888 | 42 206 | 29 436 | 16 782 | 8 070 | 2 283 |
| 3.5% | 74 536 | 49 240 | 34 342 | 19 579 | 9 415 | 2 663 |
| 4.0% | 85 184 | 56 275 | 39 248 | 22 376 | 10 760 | 3 043 |

资料来源：恒大研究院。

注：测算结果是在特定名义税率和人均免征面积条件下，模拟的短期内全国城镇住房房地产税规模。

（2）模拟房地产税完全替代土地出让收入的税率临界点

如表10.4所示，当免征面积超过12平方米，且税率在4%以内时，模拟全国城镇住房房地产税无法替代土地出让收入。以2017年52 704亿元为标准，测算模拟房地产税对土地出让收入的替代率。结果表明，在当前房价和城镇存量房规模下，模拟房地产税要替代土地出让收入：当免征面积为0时，税率需在2.5%以上；当免征面积为12平方米时，税率需在4%以上。因此，当免征面积超过12平方米，同时税率在4%以内时，模拟房地产税无法替代土地出让收入。

表 10.4　模拟房地产税完全替代土地出让收入时的税率临界点分析

| 2017 年土地出让收入 52 704 亿元 | 人均免税面积（平方米） | | | | | |
|---|---|---|---|---|---|---|
| 综合税率 | 0 | 12 | 20 | 30 | 40 | 50 |
| 0.3% | 12.1% | 8.0% | 5.6% | 3.2% | 1.5% | 0.4% |
| 0.5% | 20.2% | 13.3% | 9.3% | 5.3% | 2.6% | 0.7% |
| 1.0% | 40.4% | 26.7% | 18.6% | 10.6% | 5.1% | 1.4% |
| 1.5% | 60.6% | 40.0% | 27.9% | 15.9% | 7.7% | 2.2% |
| 2.0% | 80.8% | 53.4% | 37.2% | 21.2% | 10.2% | 2.9% |
| 2.5% | 101.0% | 66.7% | 46.5% | 26.5% | 12.8% | 3.6% |
| 3.0% | 121.2% | 80.1% | 55.9% | 31.8% | 15.3% | 4.3% |
| 3.5% | 141.4% | 93.4% | 65.2% | 37.1% | 17.9% | 5.1% |
| 4.0% | 161.6% | 106.8% | 74.5% | 42.5% | 20.4% | 5.8% |

资料来源：恒大研究院。

注：测算结果是在特定名义税率和人均免征面积条件下，模拟的短期内全国城镇住房房地产税规模 2017 年土地出让收入；灰底部分表示模拟房地产税能够达到 2017 年土地出让收入 52 704 亿元。

（3）短期：模拟房地产税无法替代土地出让收入

短期内，模拟房地产税规模无法超过土地出让收入，更难以撼动当前地方政府财政收入依赖土地财政的现状。

主要有两个原因：一是考虑合理税负和居民居住需求，税率温和，税收优惠力度较大；二是快速城镇化阶段房地产税规模难以匹及土地出让收入和房地产交易税费，为避免冲击土地财政，地方政府征收动力不足，征收力度受限。

第一，为避免居民税负过重，税率温和，税收优惠力度较大。我们测算，考虑居民房地产税负担能力，2017 年合理的住房房地产税规模为 1 678 亿～19 579 亿元，仅占 2017 年地方财政收入的 0.8%～9%，和 2017 年土地出让收入 5.2 万亿元相去甚远。

用房地产税收入比衡量居民的房地产税负担，计算方法为：房价收入比（房产价值 / 居民收入）× 综合实际税率（房地产税金额 / 房产价值）。根据我们的研究报告《当前房地产市场风险状况评估》，以 8 个欧洲成熟经济体为对比样本，样本国家房地产税收入比均值为 2.2%，以房地产税作为地方主体税种的英国、法国、荷兰和捷克，房地产税收入比分别为 6.7%、4.1%、1.2% 和 0.6%。以 0.6%～6.7% 作为我国合理的房地产税收入比区间，对应的合理房地产税综合实际税率为 0.1%～1%。当人均免征面积为 30 平方米时，对应的合理房地产税综合名义税率在 0.3%～3.5%。

我国房价收入比为 7，在样本国家中最高，比位居第二的英国高 1.1。高企的房价收入比对我国房地产税的实际税率形成限制：房地产税制设定会充分考虑居民税负承受能力，房地产税法大概率会设定灵活的税收优惠和较宽的税率范围供地方政府选择；地方政府将选择较低的名义税率和较大的税收优惠，以降低实际税率，使房地产税收入比维持在合理范围。

因此，考虑合理的居民房地产税负担，以 2017 年底全国城镇住宅市值 213 万亿元计算，模拟房地产税规模为 1 678 亿～19 579 亿元，占 2017 年地方本级财政收入的 1.1%～13.0%，和 2017 年土地出让收入 5.2 万亿元相差甚远。

第二，快速城镇化阶段，地方政府难以摆脱土地财政的依赖，征收动力不足，征管力度受限。当前，我国仍处于快速城镇化阶段，地方政府城市和基础设施建设财政支出规模较大，土地财政是分税制改革后地方政府筹集大量财源推动市政建设和补贴工业发展的重要收入来源。2009—2016年土地出让收入和房地产相关税收占地方本级财政收入的比例平均为46.9%，其中土地出让收入占地方本级财政收入的比重平均为31.7%，大部分用于城乡和基础设施建设。

2018年我国城镇化率为59.68%，相比发达国家81%的城镇化率，预计我国快速城镇化阶段仍将维持10年以上。由于短期内房地产税规模难以匹及土地出让收入，为避免冲击房地产市场，影响财政收入，地方政府征收房地产税动力不足，征管力度受限，难以保证足额征缴。

（4）短期内各省模拟房地产税规模及对土地出让收入替代率

在当前房价和存量房条件下，短期内各省模拟房地产税均无法替代土地出让收入。同时，区域发展不平衡导致模拟房地产税规模对土地出让收入的替代程度显著分化。人均收入水平高、城镇化率高的省份，模拟房地产税规模大。但由于房地产市场活跃，土地出让收入规模大，地方财政对土地出让收入依赖度高，短期内模拟房地产税更难以替代土地出让收入。

从模拟房地产税规模看，呈“西部、东北和京沪—中部—东部沿海”递增的规律。主要原因在于：经济发达、城镇化水平越高的省份，存量房市值越大，税基规模越大。

从模拟房地产税对土地出让收入替代程度看，呈“西部、东北和京沪—中部—东部沿海”递减的规律。主要因为除京沪外，各省均处于增量房时代，土地出让收入规模远高于模拟房地产税规模，模拟房地产税规模越大的省份，土地出让收入规模更大。京沪已进入存量房时代，出让的土地相对存量房规模有限。

①短期内各省的模拟房地产税规模偏小，呈“东部—中部—西部和东北部”阶梯式减少。

测算当前条件下各省的模拟房地产税规模和对地方财政的影响。

第一，计算各省2017年底的存量房规模和价值；第二，采取居民税负合理情况下的税制设定（根据前文计算，在房地产税收入比合理的情况下，对应的税收优惠人均免征30平方米，名义税率采用根据房地产税收入比测算的合理区间上限3.5%），结合2015年统计局公布的各省家庭户人均住房面积结构，计算各省房地产税绝对规模；第三，计算各省房地产税占一般公共预算收入的比重，衡量房地产税相对规模。

如表10.5所示，从总量看，短期内各省的模拟房地产税规模都偏小。从结构看，无论是绝对值还是相对值，呈“东部沿海—中部—西部和东北”阶梯式递减规律。具体而言，31个省市中，有8个省市模拟房地产税征收规模上千亿元，10个省市模拟房地产税征收规模不足200亿元；各省市模拟房地产税占地方财政收入比重的均值和中位数分别仅6.9%、6.0%。结构方面：浙江规模最大，绝对规模2 170亿元，占地方财政收入的14.0%；西藏规模最低，绝对规模仅17亿元，占地方财政收入的0.8%。10个东部省市中，7个模拟房地产税规模上千亿元，占地方财政收入均值为10.3%；中部省市除湖北外，模拟房地产税规模在200亿～800亿元，占地方财政收入均值为8.4%；西部地区超过一半省市规模低于200亿元，占地方财政收入均值为3.9%；东北三省除辽宁省外，模拟房地产税规模均小于200亿元，占地方财政收入比重均值仅为4.1%。

城镇化和人均可支配收入水平，和模拟房地产税规模具有较显著的正相关关系。在不考虑税制差异的情况下，城镇化水平高、人均可支配收入高的省份，人口和经济基本面好，住宅存量大，房价高，税源充足，模拟房地产税规模大。

②各省均无法替代土地出让收入，替代度和地方财政对土地出让收入依赖度负相关。

（a）各省模拟的短期房地产税取代土地出让收入的税率临界值。

表 10.5 各省短期内模拟房地产税规模和占地方财政收入比重

| 省 / 市 | 所属区域 | 存量房价值 | 模拟房地产税规模 | 房地产税 / 财政收入 | 省 / 市 | 所属区域 | 存量房价值 | 模拟房地产税规模 | 房地产税 / 财政收入 |
|---|---|---|---|---|---|---|---|---|---|
| | | 亿元 | 亿元 | % | | | 亿元 | 亿元 | % |
| 福建 | 东部 | 82 399 | 1 086 | 16.3% | 安徽 | 中部 | 63 323 | 524 | 5.8% |
| 浙江 | 东部 | 174 511 | 2 170 | 14.0% | 辽宁 | 东北 | 52 753 | 358 | 5.5% |
| 北京 | 东部 | 170 580 | 1 349 | 12.8% | 海南 | 东部 | 15 907 | 109 | 5.4% |
| 上海 | 东部 | 140 400 | 1 289 | 12.3% | 天津 | 东部 | 49 708 | 251 | 4.9% |
| 湖北 | 中部 | 91 222 | 1 044 | 12.0% | 山西 | 中部 | 31 846 | 222 | 4.4% |
| 江苏 | 东部 | 173 446 | 1 910 | 11.2% | 重庆 | 西部 | 39 967 | 330 | 4.3% |
| 江西 | 中部 | 50 756 | 552 | 10.7% | 黑龙江 | 东北 | 35 087 | 176 | 3.8% |
| 河北 | 东部 | 88 113 | 696 | 10.2% | 贵州 | 西部 | 20 246 | 168 | 3.1% |
| 河南 | 中部 | 83 604 | 874 | 9.6% | 吉林 | 东北 | 23 908 | 134 | 3.1% |
| 广东 | 东部 | 223 537 | 1 578 | 8.6% | 新疆 | 西部 | 15 685 | 111 | 2.5% |
| 湖南 | 中部 | 62 544 | 649 | 7.8% | 宁夏 | 西部 | 4 833 | 33 | 2.4% |
| 云南 | 西部 | 40 625 | 433 | 7.7% | 甘肃 | 西部 | 16 568 | 83 | 2.4% |
| 山东 | 东部 | 119 385 | 1 021 | 7.3% | 内蒙古 | 西部 | 17 769 | 102 | 2.2% |
| 广西 | 西部 | 43 760 | 454 | 6.8% | 青海 | 西部 | 4 654 | 30 | 2.1% |
| 陕西 | 西部 | 41 702 | 338 | 6.4% | 西藏 | 西部 | 1 807 | 17 | 0.8% |
| 四川 | 西部 | 79 530 | 704 | 6.0% | | | | | |

资料来源：《中国国土资源年鉴》，各省财政厅，恒大研究院。

注：地方财政收入 = 一般公共预算收入 + 转移性支付 + 政府性基金收入 + 国有资本经营收入。

表10.6　各省模拟房地产税完全替代土地出让收入的临界名义税率

| 省 / 市 | 免征面积（平方米） | | | | | 省 / 市 | 免征面积（平方米） | | | | |
|---|---|---|---|---|---|---|---|---|---|---|---|
| | 0 | 12 | 20 | 30 | 40 | | 0 | 12 | 20 | 30 | 40 |
| 北京 | 0.5% | 0.8% | 1.2% | 2.1% | 4.9% | 湖北 | 1.4% | 2.0% | 2.7% | 4.3% | 7.6% |
| 天津 | 2.0% | 3.4% | 5.7% | 14.0% | 143% | 湖南 | 1.5% | 2.2% | 3.1% | 5.2% | 10.4% |
| 河北 | 1.3% | 2.1% | 3.1% | 5.9% | 15.4% | 广东 | 1.4% | 2.3% | 3.5% | 6.8% | 17.0% |
| 山西 | 1.2% | 1.9% | 3.0% | 6.0% | 17.4% | 广西 | 1.4% | 2.1% | 2.9% | 4.8% | 8.7% |
| 内蒙古 | 1.2% | 1.9% | 3.1% | 7.1% | 32.2% | 海南 | 1.5% | 2.4% | 3.7% | 7.5% | 21.9% |
| 辽宁 | 0.9% | 1.5% | 2.4% | 4.8% | 12.1% | 重庆 | 2.4% | 3.6% | 5.4% | 10.1% | 24.6% |
| 吉林 | 1.1% | 1.8% | 3.0% | 6.8% | 30.1% | 四川 | 1.5% | 2.3% | 3.3% | 6.1% | 14.7% |
| 黑龙江 | 0.5% | 0.9% | 1.5% | 3.7% | 19.0% | 贵州 | 2.2% | 3.4% | 5.0% | 9.3% | 23.2% |
| 上海 | 1.0% | 1.6% | 2.3% | 3.8% | 6.5% | 云南 | 0.9% | 1.3% | 1.7% | 2.8% | 4.9% |
| 江苏 | 3.3% | 4.7% | 6.5% | 10.5% | 18.9% | 西藏 | 1.5% | 2.3% | 3.2% | 5.8% | 16.7% |
| 浙江 | 1.9% | 2.7% | 3.5% | 5.3% | 8.4% | 陕西 | 1.0% | 1.5% | 2.2% | 4.3% | 12.1% |
| 安徽 | 3.4% | 5.2% | 7.7% | 14.5% | 34.8% | 甘肃 | 1.2% | 2.0% | 3.4% | 8.4% | 160% |
| 福建 | 1.5% | 2.1% | 2.8% | 4.0% | 6.0% | 青海 | 0.7% | 1.1% | 1.7% | 3.8% | 20.2% |
| 江西 | 1.7% | 2.5% | 3.4% | 5.5% | 10.0% | 宁夏 | 1.6% | 2.6% | 4.0% | 8.4% | 28.1% |
| 山东 | 1.9% | 2.8% | 4.1% | 7.6% | 19.1% | 新疆 | 1.1% | 1.7% | 2.6% | 5.2% | 15.7% |
| 河南 | 1.7% | 2.4% | 3.4% | 5.6% | 10.8% | 平均值 | 1.5% | 2.3% | 3.4% | 6.4% | 25.0% |

资料来源：《中国国土资源年鉴》，各省财政厅，恒大研究院。

如表10.6所示，按照30平方米的免征面积，各省模拟的房地产税完全替代土地出让收入的税率临界值处于4.8%～23.0%，远高于我国合理名义税率上限3.5%。随着免征面积增加，模拟房地产税取代土地出让收入的税率临界值加速提升：当免征面积为0、12、20、30、40平方米时，各省模拟房地产税替代土地出让收入的临界名义税率均值分别为1.5%、2.3%、3.4%、6.4%和25.0%。

（b）合理税率和免征面积下，模拟房地产税对土地出让收入替代率测算。

采用模拟房地产税对土地出让收入替代缺口率（以下简称“模拟房地产税替代缺口率”）这一指标描述模拟房地产税对土地出让收入的替代程度。定义模拟房地产税替代缺口率=（土地出让收入规模－短期内模拟房地产税规模）/地方财政收入。缺口率的数值越小，表示房地产税对土地出让收入的替代度越高。

我们测算了在30平方米的免征面积和3.5%综合名义税率的情况下，2017年和2016年各省模拟房地产税对土地出让收入的替代缺口率、各省土地出让收入依赖程度，发现以下规律。

第一，短期内各省模拟房地产税均无法替代土地出让收入，且由于2017年全国土地出让收入规模大幅增长39%，替代缺口率较2016年扩大。

2017年，我国各省模拟房地产税替代缺口率均值由2016年的6.7%扩大到9.6%，增加3.9个百分点。土地出让收入依赖度均值由2016年的12.8%上升到2017年的17.2%，增加4.5个百分点。其中，北京、重庆、贵州、浙江、广东、河北、四川等省市模拟房地产税替代缺口率及土地出让收入依赖度增幅靠前，均超过7.5%。主要是因为2017年我国土地成交量价大幅增长，2017年北京、重庆、贵州、浙江、广东、河北、四川等省市土地出让收入同比平均增长5.5倍。

第二，模拟房地产税替代缺口呈“东部沿海—中部—西部、东北和京沪”阶梯式递减规律。

我国各省模拟房地产税对土地出让收入的替代缺口，呈现明显的“东部沿海—中部—西部、东北和京沪”阶梯式递减规律。以2016年为例，第一阶梯主要位于长三角、珠三角及环京地区的7个东部省份及重庆、江西。其土地出让收入占地方财政收入的比重为15.1%～34.6%，平均模拟房地产税替代缺口率为14.7%，其中安徽替代缺口率最大，达到27.4%。第二阶梯为中部、西部11省，土地出让收入占地方财政收入的比重为5.8%～17.7%，平均模拟房地产税替代缺口率为5.4%，其中替代缺口率最大的海南达到了7.9%。第三阶梯为东北、西北及北京、上海等11个省市，除北京、上海外，其他省市土地出让收入占地方财政的比重均低于7%，平均模拟房地产税替代率为1.6%。2017年因棚改货币化、热点城市加大土地供应等短期因素，大部分省份土地出让收入规模增加，替代缺口不同程度加大，北京及部分东北、西部省份增幅较明显。

这主要与经济发达程度和房地产市场发展阶段相关。京沪已进入存量房时代，土地出让收入不再是地方政府的主要收入来源，同时房地产税税源规模大，因此替代缺口小。其他省份处于增量房时代，房地产税相对土地出让收入规模非常有限。经济越发达、房地产市场越活跃，模拟房地产税规模越大，但土地出让收入规模越大，替代缺口越小。

## 三、长期看房地产税可成为地方政府的重要财源

长期看，房地产税有望成为地方政府的重要收入来源，完全替代土地出让收入。测算表明：未来模拟住房房地产税收规模可达0.6万

亿～7.2万亿元，是短期模拟规模的3.7倍，占地方本级财政收入的4.1%～47.7%，可替代土地出让收入成为地方的重要收入。

### （一）城镇人口和人均居住面积提高，房产名义价格上升，城镇应税房地产规模大幅增加

城镇化率提升推高城镇常住人口，居住条件改善增加人均住房面积，叠加房价上升，全国存量住宅价值将大幅增加。根据国务院《国家人口发展规划（2016—2030年）》，我国人口峰值将在2030年达到14.5亿。参考主要发达国家现状，未来我国城镇化率估计达80%，人均住房面积有望达到44.62平方米。因此，城镇存量住宅将从目前的279.7亿平方米上升至517.6亿平方米，在不考虑价格因素的情况下，价值将从213万亿元上升至394.1万亿元。

### （二）房价收入比回落，税收优惠和税率制定有更大空间

若保持房地产市场平稳健康发展，房价增速低于人均可支配收入增长，则房价收入比下降，居民在房地产税负稳定的情况下可承受更高的实际税率，在税收优惠和税率制定上有更大空间。若我国的房价收入比由7下降至样本国家平均水平3.8，则可承受的综合实际税率较当前提高84.2%，达0.16%～1.76%。随着居民收入对房地产税的硬约束减少，地方政府在税制设定和征缴力度上有更大空间。

同时不考虑房价上涨和地方财政收入增加，未来模拟住房房地产税收入规模可达0.6万亿～7.2万亿元，是当前合理规模的3.7倍，占地方本级财政收入的比重为4.1%～47.7%。而2015—2017年土地出让收入占地方财政收入的比重分别为26.6%、28.7%和34.6%，低于模拟房地产税收入占地方财政收入的比重。

## （三）地方政府征税动力提升，征管力度加大

随着城镇化率的提升，存量房时代到来，土地出让收入和建设交易环节占比近 90% 的土地财政收入逐步减少，地方政府主要事权支出也由大规模开发建设转向公共服务，因此地方政府征收动力提升，征管力度加大。

## （四）存量房时代逐步到来，土地出让收入规模降低

如图 10.2 所示，从 2014 年开始，国有建设用地出让面积已进入下行通道。2017—2018 年地方政府土地出让收入大幅增加，主要是因为房价上涨、房企集中补库存带动地价大幅上涨。长期看，随着存量房时代逐步到来，未来土地出让收入将随出让面积减少而重回下行通道，房地产税规模随税基和实际税率提升而增加，最终超过土地出让收入规模。

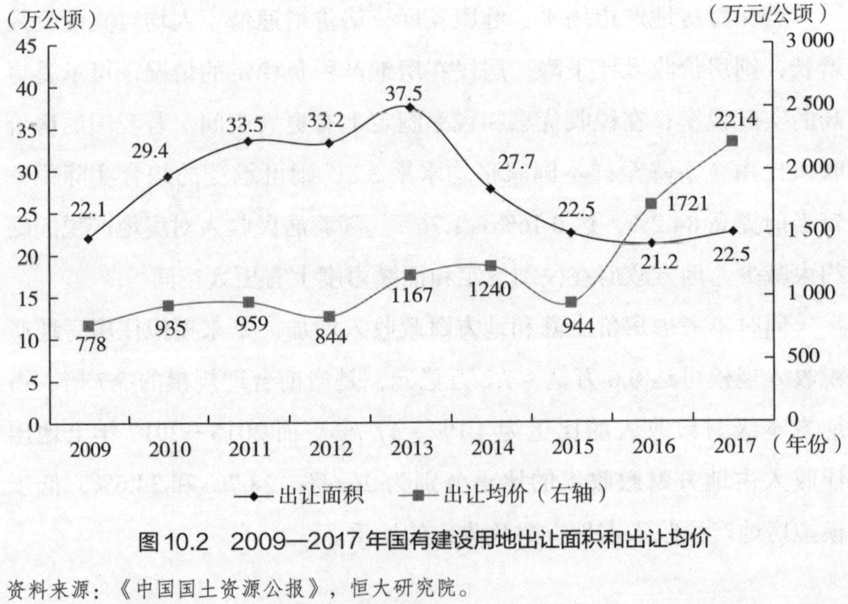


图 10.2　2009—2017 年国有建设用地出让面积和出让均价

资料来源：《中国国土资源公报》，恒大研究院。

## 第三节　中国房地产税的改革历程、征收现状及效果

### 一、房地产税改革历程及现状

我国很早就开始了房地产税的立法实践，但在征收实践上，受制于客观经济环境和政策需求，一直没有被作为主力税种。新中国成立后房地产税的改革历程主要经历了初创阶段（1950—1972 年）、萎缩阶段（1973—1983 年）、萌芽发展阶段（1984—2002 年）、改革探索阶段（2003—2010 年）和新型房地产税试点阶段（2011 年至今）。我国房地产税改革历程见表 10.7。

表 10.7　我国房地产税改革历程

| 时间 | 文件或事项 | 内容 |
| --- | --- | --- |
| 1950 年 1 月 | 《全国税务实施要则》 | 规定除农业税外，全国统一征收 14 个种税，其中包括房产税、地产税等，并统一建立了各级税务机构 |
| 1950 年 6 月 | 调整税收 | 合并地产税和房产税，统称为房地产税 |
| 1951 年 8 月 | 《城市房产税暂行条例》 | 全国范围内执行房产税，以标准房价为计税依据，按年计征，税率为 1%，产权所有人或出典人缴纳 |
| 1973 年 | 简化税制 | 将部分以国有企业和集体企业为征收对象的房产税纳入工商税种范围，经济调节功能大大削弱 |

续表

| 时间 | 文件或事项 | 内容 |
| --- | --- | --- |
| 1984 年 10 月 | 改变税种 | 恢复征收停征超过十年的房产税，将房地产税分为房产税和城镇土地使用税，但不立即征收 |
| 1986 年 9 月 | 第 90 号文件，颁布《中华人民共和国房产税暂行条例》 | 保留对外资企业和外国人继续征收城市房产税，正式面向全国内资企业和国内居民开征房产税，对个人非营业用的房产全部免征房产税 |
| 1993 年 | 《中华人民共和国土地增值税暂行条例》 | 为征收土地增值税而暂时发布的条例 |
| 2003 年 | 《中共中央关于完善社会主义市场经济体制若干问题的决议》 | 提出条件成熟时可以取消不动产的相关收费，改为对不动产征收统一物业税 |
| 2006 年 | 房产部门、财政部 | 联合对物业进行评估和税收统计，开始物业税空转 |
| 2008 年 12 月 | 改变条例 | 废止《城市房产税暂行条例》，依照《中华人民共和国房产税暂行条例》全面征收房产税 |
| 2011 年 1 月 | 改革试点 | 在上海、重庆启动房产税改革试点 |
| 2013 年 11 月 | 十八届三中全会《中共中央关于全面深化改革若干重大问题的决定》 | 提出“加快房地产税立法并适时推进改革”，房地产税立法被提上日程 |
| 2018 年 9 月 | 立法规划 | 房地产税立法工作列入五年立法规划，法律草案正在拟定中 |

资料来源：国务院、住建部、财政部等政府网站，恒大研究院。

初创阶段（1950—1972 年）：1950 年，中央政府政务院颁布《全国税政实施要则》，房产税成为全国开征的一个独立税种。1951 年，政务院公布《城市房地产税暂行条例》，房产税、地产税合二为一，简并为城市房地产税，只在核准的城市范围内征收。

萎缩阶段（1973—1983 年）：1973 年简化税制，将部分以国营企业和集体企业为征收对象的房产税纳入工商税种范围，经济调节功能大大削弱。

萌芽发展阶段（1984—2002 年）：1984 年工商税制改革，房地产税被分为房产税和城镇土地使用税两个税种。1986 年《中华人民共和国房产税暂行条例》实施，成为目前房产税的适用依据，条例中将所有非营业的个人用房纳入免税范围，排除了 80% 以上的可征税房产。

改革探索阶段（2003—2010 年）：2003 年，十六届三中全会通过《中共中央关于完善社会主义市场经济体制若干问题的决议》，提出条件成熟时可以取消不动产的相关收费，改为对不动产统一征收物业税。这是我国首次提到对自住房进行征税。2006 年，房产部门、财政部等联合对物业进行评估和税收统计，即物业税的空转。2009 年 1 月 1 日起，《城市房地产税暂行条例》废止，外商投资企业、外国企业和组织以及外籍个人纳入 1986 年《中华人民共和国房产税暂行条例》适用范围，内外两套税制完成统一。

新型房地产税试点阶段（2011 年至今）：2011 年，上海和重庆率先开展自住房房产税改革试点。2012 年，国务院发文指出，要稳步推进房产税改革试点，让房产税成为财政收入的可持续来源。2013 年 5 月，国家发改委发布《关于 2013 年深化经济体制改革重点工作的意见》，提出扩大房产税改革试点。2013 年 11 月，十八届三中全会通过的《中共中央关于全面深化改革若干重大问题的决定》提出“加快房地产税立法并适时推进改革”，房地产税立法被提上日程。2015 年 8 月，房地产税纳入第十二届全国人大常委会立法规划，正式为房地产税立法划定时间表。2018 年 9 月，房地产税立法工作列入五年立法规划，法律草案正在拟定。

现行房地产税征税对象范围窄，税基小。我国目前房地产税征收依据是 1986 年颁布的《中华人民共和国房产税暂行条例》，征收范围为城镇，税基为房产原值减除 10%~30% 后的余值，税率为 1.2%。如果房屋出租，则税基为租金收入，税率为 12%（个人出租的税率为 4%）。

我国现行房地产税制度要素见表 10.8。

表 10.8　我国现行房地产税制度要素

| 项目 | 内容 |
|---|---|
| 地区 | 城市、县城、建制镇和工矿区 |
| 纳税人 | 产权全民所有：经营管理单位。产权出典：承典人。产权所有人、承典人不在房产所在地，或者产权未确定及租典纠纷未解决：房产代管人或者使用人缴纳 |
| 税基 | 房产原值一次减除 10%～30%后的余值；房产出租，租金收入为计税依据 |
| 税率 | 房产余值税率为 1.2%，房租收入税率为 12% |
| 免征范围 | 国家机关、人民团体、军队自用的房产，由国家财政部门拨付事业经费的单位自用的房产，宗教寺庙、公园、名胜古迹自用的房产，个人所有非营业用的房产，经财政部批准免税的其他房产 |
| 征收单位 | 房产所在地地税机关 |
| 征收方式 | 按年征收、分期缴纳 |

资料来源：《中华人民共和国房产税暂行条例》，恒大研究院。

主要征税对象为办公楼和商业营业性用房，对个人住房免征。《房产税暂行条例》规定了房产税的五类免征对象，其中包括个人所有非营业用的房产，意味着占全国城镇商品房存量金额 80% 以上、存量面积 90% 以上的房产被纳入免征范围。目前办公楼和商业营业性用房成为主要征税对象，两者在全国存量房市值中占比不到 20%，面积占比不到 10%；采用历史成本法的房屋余值作为税基，和西方采用的房产评估值相比，房产增值额未被纳入征税范围。

## 二、房产税试点：沪渝率先开征，效果有限

### （一）沪渝开展房产税改革试点

2011 年，上海和重庆率先试点进行房产税改革，开始对个人住房

征收房产税。当时实施的背景是房地产短周期牛市，房价迅速上涨。2010 年 4 月国务院推出《关于坚决遏制部分城市房价过快上涨的通知》（新“国十条”），开始在全国主要省会及计划单列市进行限购措施，而房产税也被当作抑制不合理房地产需求和房价过快上涨的工具进行试点。

从征税规模看，2011 年房产税试点当年，重庆房产税登记应税住房仅 8 791 套，总建面积 215.1 万平方米，征收总额约 1 亿元；上海房产税登记住房 7 000 多套，认定为应税住房 1 017 套，征收总额不超过 1 000 万元。

从税收方案看，上海方案主要体现在：第一，仅对新购住宅征收，本市家庭、持有居住证满 3 年或属于高新人才的非本市家庭首套免征；第二，家庭人均有 60 平方米免征面积；第三，税率为 0.4%~0.6%。重庆方案主要体现在：第一，存量房仅对独栋住宅征收，新购房仅对独栋住宅、高档住宅和在本市无工作、户籍和企业的人员第二套住宅征收；第二，税率为 0.5%~1.2%，交易价格在上两年主城均价 3 倍以下的税率为 0.5%；第三，存量住宅每户有 180 平方米免征面积，除“三无”人员外的家庭新购商品住宅有 100 平方米免征面积。

上海和重庆的试点方案应该是未来全国推广房产税的重要参考方向，共同之处是：第一，征税重点以新增购房为主，同时，买高价房就要交更多税；第二，实行差别化税率，上海有两档，重庆有三档，控制高档住房的比例；第三，较为宽松的免税政策，可以减少征税对居民基本住房需求的影响；第四，限制外来的投资需求，根据是否为本地居民采取不同征税条件。不同之处是：第一，征税目标不同，上海主要是抑制投资，重庆主要是抑制高档住房消费；第二，实施范围不同，上海全市推行，重庆仅覆盖主城九区；第三，征税对象不同，上海针对增量住房，重庆针对高端住房。

2011 年上海和重庆两地房产税试点办法见表 10.9。

表 10.9　2011 年上海和重庆两地房产税试点办法

| 方案 | 上海 | 重庆 |
| --- | --- | --- |
| 试点范围 | 上海全市 | 主城九区 |
| 征收对象 | 本市居民家庭新购二套及以上住房<br>非本市居民家庭新购商品住房，其中高新人才和持有居住证满 3 年并在上海工作生活的放宽至第二套及以上 | 存量独栋商品住宅<br>新购独栋商品住宅<br>新购高档住房<br>三无人员新购第二套普通住房 |
| 纳税人 | 应税住房产权所有人 | 应税住房产权所有人 |
| 计税依据 | 交易价格的 70% | 交易价格 |
| 计税标准 | 市统计局公布的上年度新建商品住房均价 | 国土房管部公布的上两年新建商品住房均价 |
| 税率 | 0.4%～0.6%<br>单价超过上年度全市均价的 2 倍：0.6%<br>单价低于上年度全市均价的 2 倍：0.4% | 0.5%～1.2%<br>独栋、高档住房建筑面积均价为上两年主城均价的 3 倍以下的、三无人员新购第二套普通住房（2017 年修订为首套及以上）：0.5%<br>3～4 倍：1%<br>4 倍及以上：1.2% |
| 税收优惠 | 人均住房不超过 60 平方米：新购住房免税<br>本市居民有无住房成年子女共同居住的：计人免征住房面积 | 试点前独栋商品住宅：免征面积 180 平方米<br>新购独栋商品住宅、高档住宅：免征面积 100 平方米 |
| 纳税期限 | 12 月 31 日前 | 每年 10 月 1 日至 31 日 |
| 征税目的 | 抑制投资投机需求 | 抑制高档住房消费 |
| 税收用途 | 用于公共租赁房的建设和维护 | 用于保障性住房建设等方面的支出 |

资料来源：沪渝房产税试点文件，恒大研究院。

### （二）房产税改革试点并未达成预期效果

从税收效果看，试点并未带来可观的税收收入。上海和重庆房产税占地方税收总额的比重未明显增长，2018 年两市房产税分别为

213.8 亿元和 67.3 亿元，占地方税收比重分别为 3.4% 和 4.2%，分别相当于各自土地出让收入的 11.1% 和 3.2%。而扩围的个人住房房产税并不多，重庆市 2011 年对居民住宅征收房产税收入 1 亿元，2012 年也仅 1.4 亿元。

从市场效果看，对房价影响不显著。短期看，2011—2012 年上海和重庆商品房均价涨幅放缓，其中上海 2012 年出现负增长。实际上这并非主要受到房产税试点的影响，而是政府宏观政策调控的结果。对比 2011—2012 年部分重点城市，相同时期内，各城市新建商品住宅价格指数步调一致，上海和重庆并未出现独立走势。长期看，沪渝房产税试点对房价的影响不大，2011—2018 年，上海和重庆的商品房均价平均涨幅分别为 8.5% 和 8.6%。

### （三）试点效果为什么有限

一是征税范围窄，税率偏低，免征面积大。上海的房产税只针对增量房，不涉及存量房，因此试点之前拥有多套房产的产权人就不被纳入征税范围；重庆包括存量房，但只针对高档住房，不涉及重庆市居民家庭拥有的大量普通住房。这一方案可操作性强，定位精准，但税基窄，且对试点前后买房者稍显不公。税率方面，上海房产税税率是 0.4% 和 0.6%；重庆是 0.5%、1% 和 1.2%，税率偏低。低税率不能增加投机者的持房成本，降低了抑制投机的作用。免征面积方面，上海市新购住宅免征面积为人均 60 平方米，重庆市独栋住宅每户免税 180 平方米，新购独栋住宅和高档住房每户免税 100 平方米，而截至 2011 年末，两市城镇人均住房建筑面积仅分别为 33.4 平方米和 31.8 平方米，免征面积过大进一步削弱了对房价的影响。

二是试点城市房价上涨的背后是住房供给不足，房产税对房价抑制作用有限。一般而言，套户比小于 1，表明区域住房供给总体不足；

套户比等于1，表明住房总体基本供求平衡；考虑到休闲度假需求、因人口流动带来的人宅分离等情况，套户比一般在1.1左右较为合理。上海和重庆2010年套户比分别为0.93、0.98，2018年的套户比分别为0.93、1.01，两地房地产市场整体上处于供给不足的状态。随着城镇化进程不断推进，人口向大城市集聚的趋势愈加明显，对于住房需求旺盛的大城市来说，房产税难以起到房价调控作用。

## 第四节　房地产税出台的最佳时机和预期影响

### 一、为什么一定要征收房地产税

存量房时代渐行渐近，土地财政面临挑战，征收保有环节税是大势所趋。随着20世纪六七十年代的婴儿潮先后进入首置期、城镇化大幅推进、经济高速增长，住宅新开工年复合增速为16.8%，住房短缺大获改善。当前中国房地产市场已逐步进入提质降速阶段，住房建设由高速转向中高速，逐渐向存量房阶段过渡。2018年我国城镇住房套户比为1.09，住房短缺问题基本得到解决；土地购置面积和商品住宅新开工均处于峰值水平，住房大建设时代的基础不复存在，开发建设环节的税收和土地出让金必将不断减少。而我国地方财政高度依赖土地相关收入。2018年，地方本级财政收入中土地出让收入占比38.1%，仅依赖于开发环节的土地财政难以为继，拓宽税源是必由之路。

房地产税是典型经济体地方财政收入的重要来源。新加坡2017年财产税额为43.9亿新元，占税收总额的6.7%，占财政预算总收入的4.7%。美国学区政府96%的收入、郡政府45%的收入和市政府

40% 的收入均来自房地产税。2016 年，日本仅固定资产税（土地与房屋部分）和都市计划税合计 8.4 万亿日元，占市町村政府税收收入的 40%，占地方政府税收的 22%。2017 年德国土地税收 140 亿欧元，占财政收入的比重达 0.98%，占乡镇税收收入的比重达 14.5%。2016 年英格兰市政税合计征收 261 亿英镑，占地方政府本级财政收入的 43%，占地方政府全部财政收入的 16%。

满足三个前提，房地产税有望成为我国地方政府的重要税源。一是城镇人口和人均居住面积逐渐提高，使税基总和不断增加；二是人均可支配收入增速高于房价增速，促使房价收入比降低，居民住房购买能力提升，可承受更高的实际税率；三是存量房时代逐步到来，土地出让收入规模降低，提升地方征税动力。

## 二、何时是房地产税出台的最佳时机

房地产税的最佳出台时机是经济稳定发展、房地产市场平稳健康运行时期。

在经济稳定发展、房地产市场健康运行时期出台房地产税，边际影响最小，更容易被市场接受。当房地产市场上行时，房地产税预期成本远低于房价和房租上涨的预期收益，征税不会有效抑制投资需求，反而会被转嫁给租房者推动租金上涨。当市场下行，一方面持有房地产的预期损失放大；另一方面也强化了政府调控和房价下跌的预期，使持有者更急于脱手，加速房价下跌。

房地产业对国民经济有巨大的拉动作用。房地产对国民经济增长的重要作用表现在投资、生产和消费三个领域。房地产不仅自身促进经济增长、提高民生质量和水平、解决就业、贡献财政税收，而且具有产业链条长、关联行业多的特点，拉动一大批产业的发展。第一，房地产开发投资直接形成固定资产投资；第二，房地产投资带动建筑业，以及水泥、钢铁、有色金属、挖掘机等上下游制造业的生产与投资；第三，房地产销售带动与住房有关的消费，促进家电、家具、家纺、装潢等制造业的生产与投资；第四，房地产的开发和销售，对金融、物业管理等第三产业也有明显的带动。2018 年房地产业增加值占 GDP 的比重为 6.6%，房地产直接推动的上下游相关行业增加值的拉动占 GDP 的比重为 16.5%，二者合计占比高达 23.1%。

当前经济下行压力加大，未能给房地产税出台提供最佳环境。我国经济金融形势严峻，2019 年三季度 GDP 增速创 1992 年以来新低。其中，2019 年 8、9 月出口连续两个月负增长，消费低迷，固定资产投资持续放缓。财政税收收入下滑，税收收入 2019 年 5 月开始连续 5 个月负增长，11 省市财政出现负增长。

## 三、征收房地产税需要哪些基础设施建设

房地产税出台，应立法先行，并满足六大前提条件。

一是开展全国住房普查，掌握全国住房基本情况。1984 年以来，我国还未进行一次全国性住房普查，住房基础信息薄弱。2020 年我国将开展第七次全国人口普查，主要调查人口和住户基本情况，有望摸清楚住房底数。

二是统一界定房屋性质。由于历史遗留原因，现存房改房、福利房、央产房、军产房、小产权房、经济适用房、集资房、两限房等不同类型的房屋，产权性质差别大，税基不统一。

三是解决征税“技术前提”，建立全国统一的不动产登记系统，准确及时地采集房屋登记和交易数据，实现全国联网、实时查询。《不动产登记暂行条例》自 2014 年底公布，2015 年 3 月 1 日起施

行。2018 年 6 月，全国统一的不动产登记信息管理基础平台已实现全国联网，不动产登记工作也在全面推进。2018 年，全国 335 个地市、2 853 个县区共设立 3 001 个不动产登记办事大厅，3.8 万个窗口，8 万多名一线登记工作人员，平均每天为 30 多万次企业和群众提供不动产登记服务。

四是完成房地产税改革。目前在房地产税收环节约有 10 个税种，应重新设置建设、交易、保有环节税种，避免重复征税。

五是设置科学合理的评估机制。主要包括不动产的评估价值和评估基期、税率调节机制等，确保居民税负负担可承受。

六是完成修订《税收征管法》，为依法治税提供依据。2015 年 1 月 5 日国务院公布《税收征管法》（2015 年修订征求意见稿），对比原税收征管法，此征求意见稿对税收征纳权利与义务做了大幅修订。国务院办公厅印发的《关于国务院 2016 年立法工作计划的通知》，就做好国务院 2016 年立法工作提出相关意见，并发布了 2016 年立法工作计划的具体安排，其中包括抓紧修订《税收征收管理法》等税收立法项目。

## 四、什么样的房地产税方案最好

### （一）地方主导，优先对空置房、高端房征税

地方主导房地产税制设计，因地制宜，避免“一刀切”。房地产税具有高度地方性，与地方居民利益密切相关。中央统一立法虽然必要，但各地方住房需求、住房发展阶段等具体情况都不一样，不宜“一刀切”。留给地方政府充足的自主空间，兼顾地方特点，才能保证房地产税符合地方实情，稳妥实施。

区域上，从经济发达地区试点，逐步过渡到全国。相较于经济欠

发达地区，发达地区居民收入水平、支付能力和纳税意识都更强，从经济发达地区开展房地产税试点，总结经验，逐步过渡到全国，阻力较小。

征税对象上，从空置住房、高端住房逐步过渡到所有住房，有利于改革推进。房地产税是直接税，居民对税负敏感，房地产税应由小范围征收向全面征收过渡。从国际看，房地产税是财产税的一种，税制设定上以“宽税基、低税率”为主，针对存量住房征收房地产税可确保税源规模。开征初期，考虑居民负担水平和接纳程度，可从空置房、高端住房逐步过渡到所有住房。

即使是普征，差异化的税制方案有利于精准调控。对于空置房、高端住房和全部住房，当税率、税基和税收优惠措施都相同时，无法体现税制公平性。当税基和减税措施相同，但对空置房与高端房高税率征税、一般住房低税率征税时，有利于打击投机性需求，减少空置，抑制高端需求，提高房地产税的接受度。当税率和税基相同，仅对一般住房实施税收减免政策，既保护居民正当的自住需求，又有利于提高住房利用率，减少不必要的住房资源浪费。

### （二）合理的税率调节机制，确保居民可负担

设定合理的价值评估基期和税率调节机制，确保居民可负担。美国房地产评估价值虽与市场价值接近，但可通过评估率来调节实际税率，2018 年，各州的房地产税实际税率在 0.27%~2.4%。德国土地价值评估基期较早，联邦德国为 1965 年，民主德国为 1935 年，基准税率由联邦政府统一制定，同时，设置稽征率来调节实际税率，由地方政府自行确定。由于评估标准较早，居民实际税负水平不高，2017 年土地税 140 亿欧元，占财政收入比重达 0.98%。英国房产评估采用 1991 年市场价值（威尔士采取 2003 年），税率分 8 个等级（威

尔士分 9 个等级），地区政府自行调整基准税率来调节实际税率水平，2017 年平均税率仅约 1.8%，如考虑房价上涨因素，则实际税负更轻。借鉴国际经验，设定合理的不动产价值评估基期和税率调节机制，让居民能负担起，才是房地产税顺利落地的前提。国际上，房地产税实际税率不高，19 个样本 OECD 经济体的平均房地产税实际税率仅为 0.54%。

### （三）居民自住房税收减免，或设置人均免征面积，满足居民自住需求

免征面积作为主要税收优惠政策。国际上常见的房地产税减免条件是对首套房、一定面积或价格以内的部分进行税收减免，以保障必要的住房需求。我国对个人自住房开征房地产税，也将配套灵活的税收优惠。结合国际经验和沪渝两市房产税试点方案，我们认为免征面积将是主要税收优惠措施。

## 五、房地产税出台有何影响

### （一）短期看，房地产税通过影响供需格局来影响市场

房地产税通过影响市场预期和持有收益来影响供需，抑制房价上涨。国际经验表明，房地产税开征前后，征税力度和市场反应尚未明确，市场预期受影响，需求入市节奏推迟，部分投资者抛售房产，影响短期市场供需，房价回调。

购房者关注征税力度和市场反应，导致市场观望情绪浓厚。我国房地产税征税时点、力度和市场反应尚未明确，部分购房者会持观望态度，推迟需求入市，短期内购房需求将减少。

房屋持有者可能出租或出售部分征税房产应对持房成本上升。由于征税力度未明确，持房者或大多持观望态度，采用出租或出售

部分征税房屋以应对持房成本上升。对于人口净流出、缺乏需求支撑的部分城市，房产持有者可能会选择出售房产；对于人口持续流入、住房需求旺盛的城市，持房者短期内会采取出租房产以应对持有成本上升，并将部分房地产税负担转嫁给承租者，导致房租上涨。

## （二）长期看，房地产税市场调节作用不明显

房价长期走势由供需决定，房地产税的市场调节作用有限。从国际经验看，房价的决定因素是供需，房地产税仅是一个调节因素，既不是稳定市场运行的关键，也无法防范房地产泡沫的产生和破灭。德国仅征收土地税，且税负较低，但房价长期稳定，主要依靠供需平衡和稳健的货币金融制度。日本、美国、英国很早就开征房地产税，但日本经历两次房地产危机，美国出现60年大牛市又爆发次贷危机，英国房价则长期上涨，主要是由于土地供给不足和房地产过度金融化。

# 启　示

# 住房制度深度塑造房地产市场

本章作者：夏磊、俞涛、易炜林

## 第一节　房地产过度金融化是风险之源

货币金融政策稳定是房地产市场稳健发展的重要前提。金融通过货币、杠杆、监管深刻影响房地产，货币超发、低利率政策或不恰当的住房金融体系是泡沫滋生的温床，货币政策反转则导致泡沫的破灭。德国能够保持房价长期稳定，主要在于稳健的货币金融制度。美国60年房地产大牛市，在于房地产过度金融杠杆化。日本在20世纪90年代地价泡沫的催生与破灭，在于货币超发、金融改革节奏过快和专业住房金融机构监管缺失。

金融稳，则房地产稳。典型的如德国，“二战”后德国央行的首要目标是保持物价稳定，其次才是经济增长。1998年，欧洲央行成立，总部设在德国法兰克福，这在很大程度上继承了德国央行严控通胀的货币政策传统。《马斯特里赫特条约》使欧洲央行成为世界上独立性最强的中央银行，规定物价稳定是欧洲央行压倒一切的长期目标。在货币政策长期稳定的基础上，德国的住房金融业保持中性稳健，引导居民理性加杠杆。德国的首付比例在国际上处于相对较高的水平，通常在20%~30%，与美国、日本等国实际可操作的零首付还有一定差距。此外，德国是少数提供中长期固定利率住房贷款合同的国家，80%的新发放住房贷款都是采用固定利率，有助于稳定居民和金融机构预期，促进居民杠杆保持平稳。在稳健中性的货币金融政策下，德国房价长期保持稳定，房价涨幅与通胀基本同步。1970—2017年，房价指数上涨234%，CPI上涨242%。

货币金融政策频繁变动是房地产市场大起大落的重要原因，典型的如日本。20世纪70年代初“宽松”：1968—1973年M1、M2增速高达22%和20%，远高于同期9%的经济增速。货币宽松叠加强劲住房需求，推动地价快速上涨。1973年底“收紧”：第一次石油危机爆发后，日本国内爆发恶性通胀，政府不得不收紧货币，1973年12月央行上调贴现率至战后最高值9%，地价转跌，危机爆发。1985年再次“宽松”：《广场协议》签署后，为抑制日元过快升值及其对经济的不利影响，政府在1986年连续4次下调贴现率至3%的低利率水平。为了稳定国际货币市场，1987年2月，日本签署《卢浮宫协议》，并再次下调贴现率至战后最低值2.5%，并一直维持历史最低水平直到1989年4月。1985—1989年M1、M2增速分别达7%和10%，高于同期4.5%的经济增速。持续低利率和日元升值导致大量资金流入股市和房地产市场，推升资产价格。1989年起再次“收紧”：为了抑制经济过热和资产泡沫化，1989—1990年央行连续5次上调贴现率至6%，使1991年和1992年M2增速分别为2%和-0.4%，货币快速收紧，叠加1990年大藏省出台政策限制房地产融资总量和开征地价税，泡沫迅速破灭。

房地产泡沫归根结底是一种货币现象，宽货币政策是房地产泡沫的温床。2000—2003年，美联储连续13次降息，政策利率和房贷利率降至20世纪50年代以来的低位水平，2001—2004年M2与实际GDP年均增速差达4.5个百分点，货币超发，孕育房地产泡沫。日本政府在1986年连续4次下调贴现率至3%的低位水平，1987年再次下调至战后最低值2.5%，并维持到1989年4月，1985—1989年M1、M2增速均大幅高于同期经济增速，导致资产泡沫快速膨胀。

层层杠杆，孕育泡沫。在住房金融一级市场，美国政府通过《美国梦首付款法》《零首付法》降低首付比例，在二级市场要求两房加大对中低收入家庭的贷款支持力度，2001—2006 年不低于 50%，刺激银行、抵押贷款公司大量发放次贷，2005 年抵押贷款余额突破 10 万亿美元，较 1999 年翻倍。中国香港本地居民购买首套房杠杆高，通过购买资助出售房屋或申请按揭（住房抵押贷款）保险，首付可低至 5%，还有加按、转按、楼换楼按揭等按揭业务，叠加低利率环境，刺激居民加杠杆购房，房价不断攀升。

金融监管缺失，铸就乱象。金融自由化浪潮下，美国大型金融机构混业经营但分业监管，影子银行体系庞大但缺乏监管，衍生品创新活跃但难以监管，在房价只涨不跌的一致预期下，金融体系涌现出大量投资抵押贷款相关证券及其衍生品，导致资本市场流动性过度流入住房市场，2006 年抵押贷款相关证券的规模接近 10 万亿美元，占抵押贷款余额的比重达 80%。日本大藏省 1990 年虽出台政策限制房地产融资，但因 6 家“住专”公司社长均为大藏省退休官员，“住专”和农林系统金融机构并未受到政策影响，从 1991 年开始，地价快速下跌，导致“住专”不良债权高筑，无法偿还母行资金，大量金融机构因此倒闭，日本金融系统稳定性受到严重冲击。

加息刺破泡沫，房地产风险最终升级为严重的经济危机。次贷家庭的首付比例、收入水平、信用等级较低，2006 年新发放房贷中次贷约占 1/4，新发行和存量非机构 RMBS 中非优级或次贷占 2/3，房地产和金融市场集聚较大风险。2004—2006 年美联储连续加息 17 次共 425 个基点，导致浮动利率为主的次贷家庭月供大增，偿付困难，因此违约和止赎激增，2007 年次贷止赎率超 10%，最终引发房价大跌，房地产牛市终结。房地产危机触发抵押贷款相关证券严重贬值，众多参与投资的大型金融机构巨亏甚至破产，市场恐慌和流动性危机波及整个金融体系，进一步冲击房地产市场，最终升级为全球金融和经济危机。

房地产天然带有很强的金融属性和杠杆属性，货币金融政策频繁波动易催生泡沫。但长期以来，我国将住房金融政策作为稳周期的调控手段，变动十分频繁。2003 年至今，累计动用全国性金融调控达 12 次（不含 2016 年推行因城施策后各地的调整），7 次收紧，5 次刺激，首付比例在 20%～60% 变动，利率在基准利率的 0.7～1.3 倍变动。与其他国家相比，我国的金融调控频率明显偏高。根据 IMF 统计，2007—2013 年，金融调控频繁的地区为韩国、中国香港、马来西亚、波兰，分别动用金融调控 7 次、6 次、4 次、3 次，中国内地为 6 次，处于全球较高水平。不稳定的信贷政策扰乱市场预期，居民在政策放松时过度加杠杆，2014—2017 年伴随 4 降首付比，居民部门杠杆率从 35.7% 上升至 48.4%，累计上涨 12.7 个百分点，杠杆率在发展中国家中处于较高水平。

保持货币金融政策稳定连续是治本之策。作为宏观经济调控的重要工具之一，货币金融政策对房地产市场的短期波动影响最为显著。首付比、利率、信贷等政策直接影响居民的购买力，金融政策的松绑会在短期内刺激需求快速释放。为促进房地产市场平稳健康发展，建议实行长期稳定的住房金融政策。如研究和探索居民购房时首付比例和贷款利率固定或者两者反向变动的房贷政策，以稳定购房者预期，避免购房需求在短期内提前释放。中长期内，可考虑成立专门的住房储蓄银行，通过与通胀水平挂钩，使真实贷款利率长期保持稳定。

## 第二节　土地供给是房价的直接决定因素

土地制度直接影响房地产供给，决定着中期房价走势。土地供应量是住房市场供求平衡和稳健运行的重要基础。土地供给不足或过多，极易造成住房供求失衡，进而导致房价涨跌。多数发达经济体是土地私有制，在用途和规划管制下可自由交易，在获得许可后可建设住宅，但各经济体的具体政策差异较大。

土地供给不足，导致高房价，典型的如英国和中国香港。英国在土地分配上严重不均，由于土地私有，王室贵族后代垄断了大量土地，受土地资源稀缺和长期上涨预期影响，大地主阶级转让土地的积极性不高。此外，英国政府长期坚持保护乡村与生态环境的理念，开发用地较少，且开发效率低下，平均需要耗时 44 周才能获得规划许可证，进一步加剧住宅用地供给不足。土地供应不足推高地价，进一步推高房价，1963—2002 年，英国住宅用地价格上涨 112 倍，同期房价上涨 45 倍。中国香港曾长期受英国殖民，在土地制度上延续了英国模式，房价也因土地供应不足而居高不下。受环保影响，香港填海造地大幅下降，2004—2010 年香港政府为了维护楼市稳定发展，采用勾地方式减少土地出让，使土地供给长期受到控制。1985—2017 财年，香港政府年均出让土地 23.59 万平方米，其中住宅用地年均 16.84 万平方米，人均增加土地供应仅 2.81 平方米。中国香港土地市场长期供给不足，需求无法满足，导致房价居高不下。

土地供应充足、精细化管理是房价稳定的基础。美国是地广人稀的典型代表，居住用地面积高达 56 万平方公里，占国土面积的 6.2%，对应着 3.3 亿人的居住需求，人均居住面积高达 1 728 平方米，居住用地供给充足。此外，美国的土地市场发达，私人土地之间的买卖手续十分简单，除了对土地买卖投机进行必要的监管之外，政府主要是为市场提供服务。土地制度有效保障了美国住房供给充足且价格较低。目前，普通家庭 5 年收入即足以购房，租金收益率长期达 6%~7%，主要城市房价普遍不超过 1 万美元 / 平方米，房价收入比低于 10，在国际对比中明显偏低。新加坡虽然国土面积小，人口密度大，但是政府对稀缺土地资源进行集约化运作，土地利用效率极高。政府对土地进行规划，并定期调整，保障各功能区用地合理。此外，政府不依赖土地财政，以低价将土地出让给建屋发展局，保障组屋建设量足价廉。

土地金融属性过强，容易催生泡沫。典型的如日本，土地除了基本的使用价值外，还具有很强的金融功能。日本的商业银行原则上以土地作为担保进行贷款，在战后资本不足时，企业通过大量抵押土地获取融资。20 世纪 80 年代以后的金融自由化导致银行贷款竞争加剧，土地抵押贷款增加，刺激地价大涨。而土地增值可作为营业外收入入账，进一步提升了企业的囤地意愿。1981—1990 年，法人企业以年均 17.6% 的增速投资不动产，远超 8.5% 的制造业，直接导致第二次房地产危机。

进一步推进人地挂钩，实现跨省的耕地占补平衡和城乡用地增减挂钩是房地产市场稳健运行的一剂良药。土地在房地产行业处于基础性地位，是一切房地产活动的先导性资源，土地决定供给，是政府调控房地产市场最直接有效的政策工具。房地产市场平稳发展的核心是供求平衡，供小于求时要加大土地供给力度，供过于求时应减少土地供给，调整土地政策理应参考人口总量、结构的变化和人口流动等指标。建议大力实施人地挂钩，推行新增常住人口与土地供应挂钩，对人口流入的城市群和都市圈应加大建设用地供应，而人口流出的区域要减少土地供应。同时，加快推进一线和热点二线城市低效工业用地转为居住用地，以及农村集体建设用地入市。此外，探索并推进中西部地区外出农民工大省与东部地区农民工接收大省之间的城乡建设用地增减挂钩政策。

## 第三节　税收是短期调节因素

税收制度在短期内对居民预期有一定影响，但长期看，在稳定房地产市场方面的作用并不显著，不是政府调控房价的理想政策工具。从国际经验看，房价的决定性因素是供需，房地产税仅是一个调节因素，既不是稳定市场运行的关键，也无法防范房地产泡沫的产生和破灭。

短期来看，房地产税影响居民预期，但效果取决于出台时机。当市场上行，由于评估值滞后于市场公允价值变化，房价上涨将使实际房地产税率下降，预期成本远低于房价上涨的预期收益，不会对市场产生重大冲击。当市场下行，一方面房地产税实际税率随房价下跌而上升，持有房地产的预期损失放大；另一方面也强化了政府调控和房价下跌的预期，使持有者更着急脱手，加速房价下跌。如日本 1991 年出台地价税，加强特别土地保有税以后，地价加速下跌，主要原因在于房地产泡沫已经破裂，加税进一步强化了市场对政府调控和房价下跌的预期。当时大量企业法人和个人加杠杆投机房地产，受加税影响预期成本大幅增加，导致加速抛售不动产。而其他 4 次调控时，市场均处于上行期，加税未对房地产价格上涨预期产生实质性影响。

长期来看，房地产税不显著影响市场需求和房价长期走势。主要在于房地产税综合实际税率相对于房地产持有收益较小。2011 年新加坡的房屋财产税实行超额累进税率后，财产税规模占总税收比重约从 7% 上升至 8%。日本 1973 年设立的特别土地保有税、1991 年设立的地价税，以及韩国 2005 年设立的综合不动产税，针对高价值或大面积房地产征收惩罚性税率，影响范围有限。日本 1973 年的特别土地保有税和 1992 年的地价税总规模，占当年全国土地价值不到 0.05% 和 0.03%。

房地产税虽对调控住房市场作用有限，但可成为地方稳定而重要的财政收入来源。美国、英国等典型经济体普遍征收房地产税，主要目的是为地方筹集税源，而不是将其作为房地产调控的政策工具。美国各州从 19 世纪中期开始普遍征收房地产税，但没有改变美国房地产价格的波动，也没有避免次贷危机的爆发。英国政府从 1993 年 8 月 1 日开始执行新的住房财产税，由英格兰、苏格兰、威尔士地方政府负责征收，从 1993 年至今，英国的房价仍然出现大幅上涨。中国香港的税收体系中与不动产直接相关的税种有房地产税、差饷、遗产税、利得税和印花税等，虽然其不动产税制完备，但既没有解决中国香港的高房价问题，也没有解决中国香港房地产市场的暴涨暴跌问题。

借鉴典型经济体的房地产税政策，宜将重点放在完善税制、筹集财政收入等方面，而不宜将其作为房地产调控的主要政策选择。

## 第四节　租购并举的市场才是健康的房地产市场

住房存量时代，租购并重，推动租赁市场规范发展是解决住房问题的有效方式。1965—2005 年，德国人口增速放缓，城市化率平稳，住房供给趋于充分，政府开始将政策重点转向需求端，完善租赁市场相关法律法规，确保暂时买不起房的居民可以长期稳定地租房住，同时加大对租房群体的租金补贴，并利用财税优惠或补贴举措支持有房群体进行住房消费升级。同时，德国政府加重超额占用和投机住房需求的税收负担，开征二套住房税，不断提高不动产交易税率，遏制非合理需求。日本约在1973年进入住房存量时代，政策重心开始转向规范发展租赁市场。20世纪80年代末房地产市场非理性上涨，政府加大租赁住房供应，培育发展租赁住宅管理业态。20世纪90年代以来，住宅资产管理业务蓬勃发展。受益于住房租赁市场的规范发展，尽管房地产市场波动起伏，但民有所居。

现阶段我国的租赁市场发展尚不成熟，亟待规范。与多数发达国家相比，我国城镇居民租赁比例明显偏低。第五次、第六次全国人口普查数据显示，2000—2010年城镇家庭租房比例维持在21%左右，明显低于瑞士（57%）、德国（55%）、韩国（45%）、日本（39%）、美国（36%）等发达经济体。由于发展较晚，我国的住房租赁市场缺乏规模化、规范化、长期机构投资者，个人房源占比高达83%。同时，热点城市房源明显不足，以北京为例，2016年末北京常住人口2 173万人，租赁人口占比约34%，估算租赁房需求为238万套，而目前北京租赁房屋约150万套左右，存在约1/3供需缺口。此外，我国租赁市场存在各种问题，如商品房占比低、租赁体验差、市场乱象多、租期不合预期导致搬家频繁等。

我国目前正迈向住房存量时代，应加快推进住房租赁市场规范化发展，全面落实租购并举。从典型发达经济体的经验来看，住房自有率有其自身规律：过低将导致居民缺乏恒产，无法实现财富效应；追求过高的住房自有率，也会导致不合理的需求进入市场，产生泡沫，甚至引发危机。因此，为实现房地产市场平稳健康发展，不能一味追求高住房自有率，而要尊重客观规律，租购并举。2015年以来，中央和地方出台了一系列政策，支持租赁市场发展。中央层面，住建部等部委相继出台《关于加快培育和发展住房租赁市场的指导意见》

（2015 年 1 月）、《关于在人口净流入的大中城市加快发展住房租赁市场的通知》（2017 年 7 月）、《利用集体建设用地建设租赁住房试点方案》（2017 年 8 月）等，从租赁用地供给、培育专业化住房租赁企业、支持租赁融资、推进租购同权等方面推动租售并举。地方层面，多地相继出台政策响应租售并举。2017 年 7 月，上海“十三五”规划提出未来五年供应商品住房 45 万套，租赁住房 70 万套，各类保障性住房约 45 万套。租赁住房供给占比高达 44%。2017 年 7 月，上海首推纯租赁用地，增加租赁房供给的同时稳定土地市场。

未来，应继续加大力度完善租赁市场。一是尽快出台住房租赁相关法律，对租赁市场予以全面规范，对租户予以充分保障，如构建覆盖解约保护、租金限制、当事人变更、改造升级等多项租赁双方合同关系的较为完备的、市场化的《住房租赁法》体系等。二是推进租购同权，如参考德国，只要居民依法纳税，即可享有当地医疗、养老、教育等公共资源与服务，不存在住房产权的门槛限制等。三是通过税收优惠和补贴等方式促进租赁房供应，如提供融资支持、发展 REITs 或提供补贴等，鼓励更多私人资本参与租赁住房建设。四是鼓励机构主导，逐步形成专业化程度更高、住房质量更好、监管透明、规范化发展的住房租赁市场。

## 第五节　住房保障是对中低收入阶层的必要支持

住房保障政策是一项重要的社会福利政策，核心是保障居民的居住权利，特别是中低收入家庭的居住需求。从国际经验看，政府主要是直接或间接提供住房保障。在直接支持模式中，政府是保障房建设的主体，如新加坡的公共组屋、中国香港的公屋和居屋等；在间接支持模式中，政府并不直接建设，而是在供给端提供优惠贷款或税收减免，支持非政府机构建设住房等，或是在需求端为低收入购房者提供低息贷款、首付担保等，典型的如德国和美国。住房保障的持续稳定发展，依赖于平稳的财政投入、充足的土地供应、完备的法律保障和市场准入退出等机制。

在住房短缺时代，需以政府为主导，通过大规模公共住房建设，满足居民住房需求；在住房存量时代，要处理好政府与市场的关系，打造多主体供应体系，坚持以市场化为导向，注重住房政策、存量盘活、市场监管和低收入家庭住房保障等方面的建设。从国际经验看，“二战”后的英国、德国、日本等经济体都是政府投资大规模建设保障住房，以缓解短期内住房供求失衡矛盾。待住房短缺问题解决后，通过住房协会、住房合作社等机构继续提供社会保障住房。

在住房短缺时代，政府主导保障房建设可快速增加住房供给，解决“房荒”问题。以德国为例，“二战”以后大量住房受损，人均住房面积仅 15 平方米，在严重短缺的背景下，德国政府实施“住房统制经济”，严格的租金管制叠加政府分配住房，有效保障了居民最基本的居住需求。英国在“二战”后出现严重的房荒问题，中央政府通过给予地方政府大量补贴、兴建低租金的社会住房来解决此类问题，1946—1979 年累计建成 514 万套，占新完工住房总量的 50%。新加坡政府主导的组屋制度初衷也是解决“自治”初期的住房严重短缺问题，建屋发展局修建了大量组屋，保障中低收入家庭住房需求。

住房短缺结束后，市场化主导有利于盘活存量，建立多主体供应体系。英国约在 1979 年基本解决了住房短缺问题，此后开始推行住房制度改革，地方政府供应住房的责任逐渐减轻，住房协会与开发商逐渐成为保障房的供给主体。2016 年英国房屋产权分布中，地方政府出租住房占7%，住房协会出租住房占10%。德国从1950年开始借助金融财税等政策工具撬动市场建房，先后出台了《第一部住房建设法》和《第二部住房建设法》，采取无息或低息贷款、税收优惠等方式，撬动有限的私人资本进行建房活动。新加坡的住房市场虽然一直以政府为主导，但是在“房荒”问题解决后，政府也开始鼓励私人住宅市场发展，逐步形成“廉租房—廉价组屋—改善型组屋—私人住宅”的阶梯化住房供应体系。

# 参考文献


1. 冯邦彦 . 香港地产业百年［M］. 上海：东方出版中心，2007.
2. 王与渐 . 香港长远房屋策略和港人港地［M］. 香港：中华书局（香港）有限公司，2013.
3. 容东 . 香港住房政策：基于社会公平视角的案例研究［M］. 北京：中国建筑工业出版社，2012.
4. 陈友华，吕程 . 香港房地产神话［M］. 北京：中国发展出版社，2014.
5. 邓郁松 . 住房市场发展阶段、波动与风险［M］. 北京：科学出版社，2016.
6. 王微，邓郁松，邵挺，等. 房地产市场平稳健康发展的基础性制度与长效机制研究［M］. 北京：中国发展出版社，2018.
7. 韩昱 . 香港特区政府治理房地产泡沫经验及其启示［J］. 价格理论与实践，2017（09）：160–163.
8. 王飞，张骏 . 住房按揭保险促香港房地产业健康发展［J］. 银行家，2006（06）：108–110.
9. 范珣，翟晨曦 . 住宅金融体系国际经验借鉴与分析［J］. 中国房地产金融，2006（02）：16–21.
10. 曾清慧 . 关于香港特区政府房屋政策的几点思考［J］. 港澳经济，1998（10）：4–8.
11. 骆祖春，赵奉军 . 香港房地产财税体制设计及对内地改革的参照意义［J］. 地方财政研究，2016（02）：104–112.
12. 张莹雪 . 房地产税改革道路探寻——借鉴香港地区经验［J］. 财会研究，2019（06）：17–20.
13. 夏素莲 . 香港住房保障制度研究及其对大陆的启示［D］. 武汉：武汉科技大学，2009.

14. 邹伟新．战后初期港英政府房屋政策研究（1945—1955）[D]．广东：华南师范大学，2007.
15. 李朝晖．香港和大陆房地产业政府管理与政策比较研究[D]．武汉：武汉科技大学，2003.
16. 林峰．城市房屋拆迁该如何实现和谐——土地征收与补偿：香港的经验[J]．法学，2007（08）：9-18.
17. 团结香港基金．团结香港基金政策研究及倡议系列：土地及房屋[R/OL]．（2015-11-09）[2018-11-06]https：//www. ourhkfoundation. org. hk/zh-hant.
18. 张前荣．香港房地产泡沫破灭的原因、传导机制及后果[R/OL]．（2015—04-28）[2018-11-06]http：//www. sic. gov. cn/News/458/4527. htm.
19. 张豪．论房屋拆迁中土地使用权的收回模式——香港的启示[J]．中国土地科学，2009，23（05）：71-75.
20. 梁美仪．家：香港公屋四十五年[M]．香港：香港房屋委员会，1999.
21. 郭雨松．香港土地制度和土地出让金管理及其借鉴[J]．地方财政研究，2012（05）：76-80.
22. 郑力．建行大庆分行个人住房贷款市场营销研究[D]．吉林：吉林大学，2008.
23. 王子昱．香港公屋的建筑设计特点及其对深圳公共租赁住房启示的研究[D]．北京：北京交通大学，2015.
24. 万科企业股份有限公司，英国领事馆文化教育处．双城笔记：中英解决社会住房问题的思想火花[M]．汕头：汕头大学出版社，2007.
25. 戴维·莫林斯，艾伦·穆里．英国住房政策[M]．陈立中，译．北京：中国建筑工业出版社，2012.
26. 罗志如，厉以宁．二十世纪的英国经济——“英国病”研究[M]．北京：商务印书馆，2013.
27. 咸鸿昌．英国土地法律史：以保有权为视角的考察[M]．北京：北京大学出版社，2009.
28. 沈汉．英国土地制度史[M]．上海：学林出版社，2005.
29. 黄小东．当代英国地方财政研究[M]．北京：人民出版社，2017.
30. 王章辉．英国经济史[M]．北京：中国社会科学出版社，2013.
31. 李凌云，王之芬．英国住宅与居住环境——为新型城镇化建设而作[M]．辽宁：大连理工大学出版社，2014.
32. LOWE R. The Welfare State in Britain since 1945［M］. Basingstoke：Palgrave Macmillan，2005.
33. BARKER K. Barker Review of Land Use Planning：Final Report - Recommendations［EB/OL］. 2006. https：//www. gov. uk/government/publications/barker-review-of-land-use-planning-final-report-recommendations.
34. 毛锐 . 撒切尔政府私有化政策研究［M］. 北京：中国社会科学出版社，2005.
35. 李佩珈 . 国外保障性住房金融制度经验借鉴——以美国和英国为例［J］. 国际金融，2013（05）：71–76.
36. 王中 . 城市规划的三位人本主义大师——霍华德、盖迪斯、芒福德［J］. 建筑设计管理，2007（04）：41–43.
37. 吕洪业，沈桂花 . 英国住房保障政策的演变及启示［J］. 行政管理改革，2017（06）：52–55.
38. 陈默 . 英国的住宅政策（上）［J］. 中外房地产导报，1995（12）：22–24.
39. 刘玉亭，何深静，吴缚龙 . 英国的住房体系和住房政策［J］. 城市规划，2007，31（9）：54–62.
40. 王霄燕 . 英国住房法专论［M］. 北京：新华出版社，2016.
41. 吴铁稳 . 论第一次世界大战与英国住房政策转变［J］. 理论界，2013（04）：126–128
42. BALCHIN P，RHODEN M. Housing：the essential foundations［M］. London：Routledge，1998.
43. MALPASS P. Housing and the Welfare State：The Development of Housing Policy in Britain［M］. Basingstoke：Palgrave Macmillan，2005.
44. MALPASS P. Housing Associations and Housing Policy：A Historical Perspective［M］. Basingstoke：Palgrave Macmillan，2000.
45. HOLMANS A. E. Housing Policy in Britain：A History［M］. London：Croom Helm，1987.
46. 丁翌 . 英国艾德礼工党政府住房政策研究［D］. 山东：山东师范大学，2011.
47. 王园园 . 撒切尔政府住房保障政策研究［D］. 辽宁：辽宁大学，2014.
48. 贠恬 . 英国住房法沿革研究［D］. 山西：山西大学，2015.

49. 汪建强．二战后英国住房保障政策的变化及其启示［J］．四川理工学院学报（社会科学版），2011，26（3）：17–21.
50. 毛锐，王林虓．试论撒切尔政府的公共住房私有化改革［J］．山东师范大学学报（人文社会科学版），2006，51（4）：118–121.
51. 马金华．英国金融组织变迁［M］．北京：社会科学文献出版社，2018.
52. 安德鲁·塔隆．英国城市更新［M］．杨帆，译．上海：同济大学出版社，2017.
53. 尼古拉·蒂姆斯戴尔，安东尼·霍特森．1825 年以来英国的金融危机［M］．沈国华，译．上海：上海财经大学出版社，2017.
54. 王琪琼，古雯．80 年代以来英国金融体制的变革［J］．国际金融研究，2001（8）：30–35.
55. 阿列克斯·施瓦兹．美国住房政策［M］．陈立中，译．北京：中国社会科学出版社，2012.
56. 罗伯特·M. 哈达威．美国房地产泡沫史（1940—2007）［M］．陆小斌，译．北京：海峡书局，2014.
57. 乔纳森·休斯，路易斯·凯恩．美国经济史［M］．杨宇光，吴元忠，杨炯，童新耕，等，译．上海：格致出版社，2013.
58. 多德－弗兰克华尔街改革与消费者保护法案［M］．董裕平，全先银，汤柳，姚云，等，译．北京：中国金融出版社，2010.
59. 特伦斯·M. 克劳瑞特,G. 斯泰西·西蒙斯．房地产金融：原理与实践［M］．王晓霞，汪涵，谷雨，译．北京：中国人民大学出版社，2012.
60. 格温德琳·赖特．筑梦：美国住房的社会史［M］．王旭，等，译．北京：商务印书馆，2015.
61. 杰瑞·马克汉姆．美国金融史（第五卷）：次贷危机前的美国金融（2004—2006）［M］．王胜邦，叶婷，译．北京：中国金融出版社，2018.
62. 杰瑞·马克汉姆．美国金融史（第六卷）：金融危机与大衰退（2006—2009）［M］．金凤伟，等，译．北京：中国金融出版社，2018.
63. 罗伯特·J. 希勒．非理性繁荣［M］．李心丹，俞红海，陈莹，岑咏华，译．北京：中国人民大学出版社，2016.
64. 卡门·M. 莱因哈特，肯尼斯·S. 罗格夫．这次不一样：八百年金融危机史［M］．綦相，刘晓锋，刘丽娜，译．北京：机械工业出版社，2012.

65. 埃里克·劳赫威.大萧条与罗斯福新政［M］.陶郁，黄观宇，译.南京：译林出版社，2018.
66. 理查德·比特纳.贪婪、欺诈和无知：美国次贷危机真相［M］.覃扬眉，丁颖颖，译.北京：中信出版社，2008.
67. 迪克逊·威克特.美国总统经济学［M］.北京：北京时代华文书局，2015.
68. The Financial Crisis Inquiry Commission. THE FINANCIAL CRISIS INQUIRY REPORT［R/OL］. https：//www. govinfo. gov/content/pkg/GPO–FCIC/pdf/GPO–FCIC. pdf
69. 胡怡建，田志伟，李长生，编著.房地产税国际比较［M］.北京：中国税务出版社，2017.
70. 张平.现代房地产税：美国经验与中国探索［M］.北京：中国社会科学出版社，2016.
71. 汪利娜.美国住宅金融体制研究［M］.北京：中国金融出版社，1999.
72. 巫云仙.美国金融制度的历史变迁［M］.北京：社会科学文献出版社，2017.
73. 刘鹤.两次全球大危机的比较研究［M］.北京：中国经济出版社，2013.
74. 孔庆山.美国早期土地制度研究（1785—1862）［M］.广东：中山大学出版社，2002.
75. 李茂.美国土地利用规划特点及其对我国的借鉴意义［J］.国土资源情报，2009（3）：38–42.
76. 张其光.美国住房金融制度及对我国的启示［J］.人民论坛，2010（20）：134–139.
77. 巴曙松，牛播坤.利率市场化与资产证券化兴起：来自美国经验的启示［J］.湖北经济学院学报，2013，11（05）：5–19.
78. 张桥云，吴静.美国住房抵押贷款市场：风险转移与回流、扩散与放大机制——兼论美国次级贷款危机的形成原因［J］.经济学家，2009（02）：76–85.
79. 张桥云，郎波.美国住房金融市场：运行机制、监管改革及对中国的启示［J］.经济社会体制比较，2011（03）：94–101.
80. 陈杰.政策性住房金融的美国案例分析［J］.财经智库，2016，1（05）：61–79+142–143.

81. 汪利娜．“两房”与美国的住宅金融市场——兼论中国保障房融资机制创新［J］. 金融评论，2011，3（05）：99-111+126.
82. 逯新红．借鉴美国经验建立中国政策性住房金融体系的建议［J］. 国际金融，2016（08）：55–59.
83. 张江涛．发达经济体政策性住房金融与房价稳定的关系研究［J］. 国际金融，2018（01）：73–80.
84. 巴曙松，牛播坤，杨现领．保障房制度建设：国际经验及中国的政策选择［J］. 财政研究，2011（12）：16–19.
85. 大野健一．从江户到平成：解密日本经济发展之路［M］. 臧新远，译．北京：中信出版社，2016.
86. 冯昭奎．日本经济［M］. 第三版．北京：中国社会科学出版社，2015.
87. 野口悠纪雄．战后日本经济史：从喧嚣到沉寂的70年［M］. 张玲，译．北京：民主与建设出版社，2018.
88. 小见康夫，栗田纪之，佐藤考一．日本住宅建设与产业化［M］. 吴东航，章林伟，译．北京：中国建筑工业出版社，2016.
89. 平山洋介．日本住宅政策的问题——展望“自有住房社会”的将来［M］. 丁恒，译．北京：中国建筑工业出版社，2012.
90. 三桥规宏，内田茂男，池田吉纪．透视日本经济［M］. 丁红卫，胡左浩，译．北京：清华大学出版社，2018.
91. 哈瑞·丹特．人口峭壁［M］. 萧潇，译．北京：中信出版社，2014.
92. 凌维慈．公法视野下的住房保障——以日本为研究对象［M］. 上海：上海三联书店，2015.
93. 日本自治省税务局．日本地方税法［M］. 吴炳昌，译．北京：经济科学出版社，1990.
94. 池田信夫．失去的二十年：日本经济长期停滞的真正原因［M］. 胡文静，译．北京：机械工业出版社，2012.
95. 吉川元忠．金融战败：发自经济大国受挫后的诤言的新描述［M］. 孙晓燕，袁英华，译．北京：中国青年出版社，2000.
96. 杨栋梁．日本近现代经济史［M］. 北京：世界知识出版社，2010.
97. 沈联涛．十年轮回：从亚洲到全球的金融危机［M］. 第三版．杨宇光，刘敬国，译．上海：上海远东出版社，2009.

98. 日本建築センター . A quick look at housing in japan [EB/OL]. 2017. https : //www. bcj. or. jp.

99. Masahiro Kobayashi. The Housing Market and Housing Policies in Japan [EB/OL]. 2016. https : //www. adb. org.

100. Miki Seko. Housing Finance in Japan [EB/OL]. 1994. https : //www. nber. org.

101. Takatoshi Ito. Public Policy and Housing in Japan [EB/OL]. 1994. https : //core. ac. uk.

102. The Japan Federation of Housing Organizations. Social Housing Policy in Japan [EB/OL]. 2017. http : //www. internationalhousingassociation. org.

103. 王化 . 日本 1990 年代经济泡沫破灭及危机应对 [EB/OL]. 2015. http : //www. csrc. gov. cn.

104. 迪特尔・比尔克 . 德国税法教科书 [M]. 徐妍，译 . 北京：北京大学出版社，2018.

105. 约翰・艾克豪夫 . 德国住房政策 [M]. 毕宇珠，丁宇，译 . 北京：中国建筑工业出版社，2012.

106. 周弘，彼得・荣根，朱民，主编 . 德国马克与经济增长 [M]. 北京：社会科学文献出版社，2014.

107. 陈洪波，蔡喜洋 . 全球房地产启示录之稳定的德国 [M]. 北京：经济管理出版社，2015.

108. 赵柯 . 德国马克的崛起——货币国际化的政治经济学分析 [M]. 北京：中央编译出版社，2015.

109. 殷桐生 . 德国经济通论 [M]. 北京：社会科学文献出版社，2017.

110. 徐聪 . 德国经济治理 [M]. 北京：时事出版社，2015.

111. 丁建弘 . 德国通史 [M]. 上海：上海社会科学院出版社，2012.

112. 玛丽・弗尔布鲁克 . 德国史：1918—2008 [M]. 卿克辉，译 . 上海：上海人民出版社，2011.

113. 弗里茨・里特纳，迈因哈德・德雷埃尔 . 欧洲与德国经济法 [M]. 张学哲，译 . 北京：法律出版社，2016.

114. 卡尔－鲁道夫・科尔特 . 德国统一史（第一卷）・科尔总理时期的德国政策：执政风格与决策（1982—1989）[M]. 刘宏宇，译 . 北京：社会科学文献出版社，2016.
115. 迪特尔·格鲁瑟尔 . 德国统一史（第二卷）· 货币、经济和社会联盟的冒险之举：与经济学原理相冲突却迫于形势的政治举措［M］. 邓文子，译 . 北京：社会科学文献出版社，2016.
116. 沃尔夫冈·耶格尔，米夏埃尔·瓦尔特 . 德国统一史（第三卷）· 克服分裂：1989—1990 年德国内部的统一进程［M］. 杨橙，译 . 北京：社会科学文献出版社，2016.
117. 维尔纳·魏登菲尔德，彼得·瓦格纳，埃尔克·布鲁克 . 德国统一史（第四卷）· 争取德国统一的外交政策：决定性的年代（1989—1990）［M］. 欧阳甦，译 . 北京：社会科学文献出版社，2016.
118. 比约恩·埃格纳 . 德国住房政策：延续与转变［J］. 左婷，译 . 德国研究，2011（3）：14-23.
119. 李超君，张鸣 . 从大规模公共住房建设到有针对性的住房供给——二战后德国公共住房政策的发展和演进［C］. 2008 中国城市规划年会论文集，2008.
120. 邵挺 . 德国房价涨幅长期保持较低水平的经验及启示［J］. 中国产业经济动态，2012（4）：17-20.
121. 张其光 . 中国与新加坡公积金制度的差异［J］. 中国房地产金融，1997（5）：20-23.
122. 张其光 . 新加坡的住房制度、公积金制度及对我国的借鉴意义［J］. 北京房地产，1996（10）.
123. 韩福光，朱莱达，蔡美芬，林惠敏，刘意庆，林悦忻，陈子敬 . 李光耀：新加坡的硬道理［M］. 北京：外文出版社，2015.
124. 李光耀 . 李光耀回忆录：我一生的挑战［M］. 南京：译林出版社，2013.
125. 李光耀 . 李光耀观天下［M］. 北京：北京大学出版社，2015.
126. 黄雪珍，梁凤莲，曾益龙 . 新加坡公共政策背后的经济学：新加坡的故事［M］. 北京：中央编译出版社，2013.
127. 严崇涛 . 新加坡发展的经验与教训［M］. 南京：江苏人民出版社，2014.
128. 吕元礼，刘歆，刘宇红，曾园俐 . 问政李光耀：新加坡如何有效治理［M］. 天津：天津人民出版社，2015.
129. 张永和 . 李光耀传［M］. 广州：花城出版社，1993.

130. 张祚 . 公共商品住房分配及空间分布问题理论与实践［M］. 北京：中国建筑工业出版社，2012.
131. 廖治宇 . 新加坡保障性住房模式及对我国的启示［J］. 价格理论与实践，2012（03）：31–32.
132. 朱启文 . 新加坡中央公积金制度与我国住房公积金制度的比较与启示［J］. 中国房地产金融，2011（04）：43–46.
133. 张玉青 . 新加坡住房制度对我国的启示［J］. 投资理论与实践，1996（10）：43–44.
134. 张世涵 . 新加坡住房和公积金制度经验教训及启示［J］. 中国房地产，2015（15）：77–82.
135. 陈军 . 日本、新加坡公共住房政策的经验与启示［J］. 前沿，2013（20）：98–101.
136. 郭伟伟 ."居者有其屋"——独具特色的新加坡住房保障制度及启示［J］. 当代世界与社会主义，2008（6）：164–169.
137. 赵红艳，施琳琳 . 他山之石，可以攻玉——瑞典、美国、新加坡住房保障制度体系借鉴［J］. 城市开发，2007（12）：84–86.
138. 肖淞元 . 英国、美国、新加坡住房保障制度的产生、演变及启示［J］. 中国房地产，2012（9）：76–79.
139. 邓秋菊 . 我国房地产交易税和保有税对房价的影响［M］. 成都：四川大学出版社，2013.
140. 谢家瑾 . 房地产这十年：房地产风雨兼程起起伏伏之内幕［M］. 北京：中国市场出版社，2009.
141. 刘守英 . 土地制度与中国发展［M］. 北京：中国人民大学出版社，2018.
142. 杨现领，粟样丹 . 租赁新时代［M］. 厦门：厦门大学出版社，2017.
143. 温梓森 . 北京旧居住区典型调查［J］. 建筑学报，1956（06）：29–38.
144. 傅斌，王峥 . 对我国房改思路的分析和研究［J］. 江苏经济探讨，1997（07）：39–42.
145. 陈杰 . 中国住房公积金的制度困境与改革出路分析［J］. 公共行政评论，2010，3（03）：91–119+204.
146. 温信祥，张双长 ."十三五"住房金融改革发展的新思路［J］. 清华金融评论，2016（05）：55–60.

147. 刘丽巍．我国住房公积金制度的现实挑战和发展方向［J］．宏观经济研究，2013（11）：14–20.
148. 王剑．住房抵押贷款证券化的国际经验与启示——兼议政策性住宅金融机构的角色［J］．金融与经济，2015（09）：46–50.
149. 唐旭君．实施固定利率住房公积金贷款的可行性分析［J］．中国房地产金融，2008（05）：11–13.
150. 易宪容．差别化个人按揭贷款政策理论基础及经验分析［J］．金融与经济，2010（09）：4–8.
151. 张智．国外土地供给限制制度及其对我国房地产市场的启示［J］．中国房地产，2009（07）：23–24.
152. 陈明星，李扬，龚颖华，陆大道，张华．胡焕庸线两侧的人口分布与城镇化格局趋势——尝试回答李克强总理之问［J］．地理学报，2016，71（02）：179–193.
153. 谈明洪，李秀彬．世界主要国家城市人均用地研究及其对我国的启示［J］．自然资源学报，2010，25（11）：1813–1822.
154. 李昊，陆禾．对我国土地储备制度和房地产市场关系的研究［J］．价格理论与实践，2009（08）：35–36.
155. 李艳．借鉴国际经验 加快我国土地和住房制度改革［J］．国际金融，2018（06）：66–73.
156. 张涛，陈颖梅，张怀清．房屋预售制度的国际比较［J］．金融纵横，2006（01）：4–8.
157. 张定一．对商品房预售资金监管模式的探讨［J］．房地产市场，2006（09）：19–22.
158. 汪利娜．刍议中国的商品房预售制度［J］．中国房地信息，2005（10）：4–7.
159. 宋庭敏．我国商品房预售制度发展研究［J］．财经问题研究，2006（01）：45–50.
160. 易宪容，黄苑．中国房地产预售制度：深层问题与对策建议［J］．江海学刊，2007（02）：74–80+238.
161. 张清勇．中国住房保障百年：回顾与展望［J］．财贸经济，2014（04）：116–124.
162. 张远索，张占录，姜志法．从房价变化看我国住房改革历程与政策走向［J］．

价格理论与实践，2011（02）：29–30.
163. 张其光．市场经济国家的住房金融［J］．中国房地产金融，1997（06）：43–46.
164. 包宗华．为何我国要加快住房制度改革？［J］．上海房地，2018（02）：56–60.
165. 陈艳萍，赵民．我国城镇住房制度改革及政策调控回顾与思考——基于经济、社会、空间发展的综合视角［J］．城市规划，2012，36（12）：19–27.
166. 黄海洲，汪超，王慧．中国城镇化中住房制度的理论分析框架和相关政策建议［J］．国际经济评论，2015（02）：29–54+4.
167. 易成栋，高璇，刘威．中国城镇住房制度改革的效果——总体改善、阶层分化以及对房屋普查、人口普查等数据的实证分析［J］．中国房地产，2018（15）：23–35.
168. 易成栋，李玉瑶．中国城镇住房制度改革和长效机制建设——基于 CMO 视角的分析［J］．开发研究，2018（05）：128–134.
169. 吴宾，杨彩宁．住房制度、住有所居与历年调控：自 1978—2017 年中央政府工作报告观察［J］．改革，2018（01）：74–85.
170. 李文．我国房地产税收入数量测算及其充当地方税主体税种的可行性分析［J］．财贸经济，2014（09）：14–25.
171. 陈杰．我国保障性住房的供给与融资：回顾与展望［J］．现代城市研究，2010，25（09）：13–17.
172. 巴曙松．中国房地产市场的主要问题及解决对策［J］．新金融，2017（11）：8–11.
173. 徐忠．房价过快上涨的宏观经济影响及应对［J］．中国金融，2017（17）.
174. 陈志勇，陈莉莉．“土地财政”：缘由与出路［J］．财政研究，2010（01）：29–34.
175. 何国钊，曹振良，李晟．中国房地产周期研究［J］．经济研究，1996（12）：51–77.
176. Eugenio Cerutti，Jihad Dagher，Giovanni Dell’Ariccia. Housing Finance and Real-Estate Booms：A Cross-Country Perspective［J］. *Journal of Housing Economics*，2017.
177. 赵伟，张蓉蓉，顾皓卿．预售制度的“忧”与“思”［R］．2018.

178. 陈慎，姜宇辉，尹欢科．我国房屋预售制度的回顾及猜想［R］. 2018.

179. 亿翰智库．关于房地产预售制度若干问题的研究［R/OL］. https：//www.sohu. com/a/259847698_179625.

180. 候一麟，任强，张平．房产税在中国：历史、试点与探索［M］. 北京：科学出版社，2014.

181. 贾康．中国住房制度与房地产税改革［M］. 北京：企业管理出版社，2017.

182. 胡怡建，田志伟，李长生．房地产税国际比较［M］. 北京：中国税务出版社，2017.

183. 石坚，陈文东．房地产税国际比较［M］. 北京：中国财政经济出版社，2011.

184. 汪建华．小型化还是核心化？——新中国 70 年家庭结构变迁［J］. 中国社会科学评价，2019（02）：118–144.

185. 张翼．中国家庭的小型化、核心化与老年空巢化［J］. 中国特色社会主义研究，2012（06）：87–94.

186. 毛其智，龙瀛，吴康．中国人口密度时空演变与城镇化空间格局初探［J］. 城市规划，2015，39（2）：38–43.

187. International Monetary Fund Ann–Margret Westin，Dawn Yi Lin Chew，Francesco Columba，Alessandro Gullo. Housing Finance and Financial Stability–Back to Basics［J］. *Global Financial Stability Report*. 2011，April：111–157.

188. 叶智辉．香港购物中心借鉴与吸收［EB/OL］. 2010. http：//www. docin. com/p-493724405. html.

189. 许宪春，贾海，李皎，等．房地产经济对中国国民经济增长的作用研究［J］. 中国社会科学，2015（01）：84–101.

190. 包宗华．中国房改 30 年［J］. 中国建设信息，2010（05）：38–41.

191. 葛扬，徐晓明，贾春梅．我国住房公积金制度演化的回顾与展望［J］. 华东经济管理，2015. 29（3）：1–5.

192. 陈学斌．90 年代中期住房制度改革回顾［J］. 百年潮，2010（07）：26–34.

193. 贾雁岭，苏国灿．OECD 转型国家房地产税改革及启示［J］. 中国房地产，2015（08）：28–35.

194. 侯淅珉．“九五”期间房改策略问题研究［J］. 中国房地产金融，1996（02）:

35–38.

195. 博比·加雅拉曼．投资 REITs，积累财富［M］. 北京：中信出版集团，2016：156–187.

196. 王蒙徽．住房和城乡建设事业改革发展取得四方面成就［J］. 建筑，2017（11）：8.

197. 姜万荣．当前中国房地产市场的发展态势和前景展望［J］. 北京房地产，2004（01）：40–43.

198. 陈锦华．国事忆述［M］. 北京：中共党史出版社，2005.

199. 侯淅珉．主要市场经济体制国家（地区）住房保障制度及其对我们的启示［J］. 北京房地产，1996（1）.

200. 侯淅珉．房改：对经济发展的影响［J］. 人民论坛，1998（04）：23–24.

201. 侯淅珉．安得广厦千万间［J］. 求是，2009（06）：58.

202. 倪虹．国外住房发展报告（2018）［M］. 北京：中国建筑工业出版社，2019.

203. 倪虹．城市成长与规划创新［J］. 决策，2012（9）：24.

204. 冯俊．住房与住房政策［M］. 北京：中国建筑工业出版社，2009.

205. 冯俊．中国城市化与经济发展协调性研究［J］. 城市发展研究，2002（2）：24–33.

206. 张其光．住房问题是重大战略问题［J］. 中国房地产金融，2008（09）：23–25.

207. 张其光．继续深化城镇住房制度改革［J］. 比较，2013（2）：192–213.

208. 杨佳燕．德国建房互助储蓄与我国住房公积金的比较研究——关于我国住房融资基本渠道的思考［J］. 中国房地产金融，1997（10）：23–26.

209. 曹金彪．不断增强住房保障能力加快解决群众住房困难［J］. 旗帜，2019（10）：5–6.

210. 柴强．国内外住房租赁的比较与借鉴［J］. 中国房地产，2018（03）：20–23.

# 致 谢

十多年来，我们认真研究和思考房地产的一系列重大问题，直到时机成熟，本书方始动笔。

在书稿的形成过程中，得到住房城乡建设部、中国房地产业协会、恒大集团等单位众多领导和同事无私的指导和帮助，在此深表感谢。

感谢德高望重的师长黄奇帆、杨伟民、冯俊，以及好友丁祖昱、吴晓波、管清友阅读书稿，亲自为本书撰写推荐语。

感谢宝盈基金、交银施罗德基金、易方达基金、南方基金、博时基金、鹏华基金、华宝兴业基金、泰康资产等机构的优秀基金经理和研究员，你们的提问启发我们采取国际化的视角和科学严谨的方法不断深入探索。

感谢恒大研究院的同事们，罗志恒、熊柴、甘源、俞涛、黄什、王菁菁、易炜林、庞欣、赵璇、陈雨田、孔艺颖、郑南宏、王伟鹏、鞠辰、白皓天，你们参与本书写作、数据收集整理、校对，并不断给出好建议，你们是最优秀的，成果属于我们的团队。

感谢中信出版社各位编辑专业和勤奋的工作，正是你们的努力，在这个特殊时期，让本书得以迅速、顺利地呈现给各位读者。